감성사회

감성은 어떻게 문화 동력이 되었나

최기숙 · 소영현 · 이하나 엮음

감성사회

글항아리

감성은 어떻게 사회 변화의 동력이 될 수 있는가

'감성은 어떻게 사회 변화의 동력이 될 수 있는가'라는 물음은 몇 가지 전제를 함축하고 있다. '감성=동력'이라는 발상과 '사회 변화'에 감성이 매개된다는 것이 그것이다. 이러한 등식의 성립 자체를 문제 삼지 않고 이를 하나의 질문으로 제시한 것은, 감성이 지닌 문화적 힘과 그것을 깊이 이해하는 힘에 대한 학문적이고도 실천적인 과정을 이야기하기 위해서다. 또한 일상적인 경험으로 확인한 사실에 대한 성찰과 비판의 지점을 명확하게 제안하기 위해서다.

이 연구는 감성이란 무엇인가, 그것은 감정이나 정서, 감수성, 감각 등의 유사어와 어떻게 다른가라는 '정의적 질문'을 강조하지 않았다. 그 첫 번째 이유는 학문의 출발을 개념 정의로부터 시작해 일정한 타협안을 마련하는 태도를 지양하기 위해서였다. 따라서 이 글에서는 감성 연구에 대해 이미 존재하는 특정한 학적 계보, 예컨대 철학의 특정 학파와 감정사회학의 계보, 심리학적 입장을 공유하고 있지 않다. 오히려 대립되는 입장을 따르면서도 감성 연구를 통한 텍스트(주체, 사회, 역사) 이해의 공감대를 발견할 수 있었다는 것이 이러한 연구 태도의 결실이었다고 생각된다.

두 번째 이유는 개념 정의를 둘러싼 학문적 입장 차이로 인해 논의 자체가 진행되지 않는 난점을 줄이기 위해서였다. 특정한 계보나 정의를 따르면 연구의 자율성이 훼손될 수 있고, 풍부한 해석 가능성이 배제된다는 점을 고려해 오히려 공동의 참고문헌을 따르는 것을 경계하고자 했다. 세 번째 이유는 일상 문화와 개인이 감각적으로 인지하는 경험으로 연구의 시각을 이행시켜보자는 일종의 학적 실험을 위해서였다. 연구 분야와 시기, 전공이 서로 다른 학자들이 모여, 분과학문의 언어에서 벗어나 인문학 공통의 학적 언어와 문법을 찾기 위한 모색이기도 하다.

이 과정에서 여러 차례 세미나와 토론, 워크숍을 했다. 이를 통해 '감성'을 인간과 사회, 역사라는 텍스트를 바라보는 하나의 비평적 관점이자 이해의 태도로 고려할 때의 유효성에 대한 공감대가 마련되었다. 그렇지만 연구자의 전공이나 철학적 배경, 정치적 입장 차이로 인한 고유한 선택은 각자의 글 속에서 펼쳐내고 있다.

감성은 하나의 존재하는 현상이며 일상적으로 경험되는 실체다. 감성은 일상 문화 속의 '비-문자' 언어다. 말하자면 감성은 언어라는 문화자본을 습득하지 않은 존재에게도(예컨대 아동), 그리고 그것을 능숙하게 표현하지 못하는 이에게도(재현 능력), 또한 공적으로 자신의 의사를 표현할 수 있는 문화적 힘(문화 권력)으로부터 소외된 존재일지라도 언제나 일상에서 경험하고 인지하는 하나의 뚜렷한 의미-기호다. 그리고 그것은 공감 가능한 것이라는 의미에서 이미 '사회화' 되어 있으며, 경험적으로 축적되고 기록되어왔다는 점에서 '역사화된' 산물이다. 또한 (무)의식적으로 표현되거나, 일부러 배제하고 통제하는 대상이 되었다는 점에서 '메타적 시선'의 성찰을 요청하고 있다.

감성이라는 '비-문자' 언어에 주목한 이유는 분명하다. 문자화된 역사적 기록, 발언된 사회적 목소리가 아닌 '비-문자' 역사, 침묵하는 사회적 목소리를 복원하고 이를 경청하기 위해서다. 바로 이런 태도야말로 그동안 인문학이 누락시켜온 인문적 자산이라는 판단을 담고 있다. 기록된 문서, 발언된 말에 관심을 갖고 그것의 의미에 응대하거나 처리하는 일도 필요하지만, 기록조차 될 수 없었던 역사, 발언권을 가질 수 없었던 존재에 대한 관심도 필요하다. 그리고 그것은 사회적 차원에서뿐만 아니라 개인적 차원에서도 동시에 이뤄져야 한다.

예컨대 '차마 하지 못한 말'이나 '표현하지 못한 감정'의 행방을 추적하고, 그것을 말하지 못하게 만든 모종의 힘의 실체를 밝히는 것은 역사와 사회의 추동력을 재성찰하기 위해 반드시 필요하다. 감성은 바로 그러한 '비-문자' 언어로서 관심을 두어야 할 일상과 경험의 주요한 영역이자 대상이다.

연구를 통해 확인하게 된 것은 역사와 문화권에 따라 끊임없이 '감성 통제'가 이루어졌으며, 감성규율의 문화규칙과 정치학을 수행해왔다는 사실이었다. 조선시대에 그것은 윤리와 예법의 이름으로 통제되었으며, 동아시아적 차원에서 그것은 중심의 문화가 소수 문화를 억압하는 형식으로 규제되었다. 반공의 이념이 정치의 문법이 아닌 문화적 텍스트를 통해 일상화되었으며, 말할 수 없는 하위주체의 감정 표현을 일종의 사회적 범죄로서 추적했다. 비고용, 무한 경쟁의 신자유주의 시대를 사로잡은 불안의 감성은 금융의 상품화를 추동했으며, 고도의 자살률 속에 시름하는 현대인은 살아 있는 행복과는 다른, 살아남은 자로서의 죄책감을 떠안게 되었다.

현대사회에 명시적 의미에서의 차별은 존재하지 않으며, 있다고 해도 법적인 규제나 보호를 받는 듯 보인다. 그러나 경험적 차원의 현실은 여전히 보이지 않는 '차별'이 작동함을 알려준다. 이러한 것을 인지하도록 만드는 것이 바로 '감성'이다. 동시에 이것을 포착해서 공론화하게 하는 힘 또한 감성이라는 비평적 시각이다. 개인이 일상에서 느끼고 생각하는 감성 요인은 사회적 공감대를 통해 문화적 힘을 발휘해낼 수 있다. 예컨대 개인이 혼자서 겪은 어떤 고통이나 상처가 어쩐지 억울한 느낌이 든다면, 거기에는 사회나 역사가 개인에게 압박하는 정치적 부조리, 사회적 압력, 역사적 상처 등이 결부되어 있기 때문이다. 반대로 어떤 개인이 행복감을 느낀다면, 그것은 역사·사회적으로 합의되어온 행복의 의미 기호에 대한 인지와 개인의 성취가 복합적으로 작용한 결과다.

개인의 감성 재현이 사회적 공감대를 형성하고 집단 감성을 이루었을 때, 이것은 사회와 역사를 성찰하거나 변혁시키는 하나의 실질적인 에너지가 될 수 있다. 최근 들어 세계적으로 유행하는 한류 현상도 감성적 힘이 아니었다면 그만한 파급력을 갖기 어려웠을 것이다. 원작이 같은 드라마를 통해 동아시아 공통 감각의 가능성과 차이에 주목하거나, 동아시아의 감성 교류에 관한 전통의 사례를 연구한 것은 이 때문이다. 이때의 감성은 단순히 개인의 감정이나 기질의 문제가 아니라, 정치·사회·문화·철학이 혼용된 복잡계의 성격을 띠고 있다. 감성에 대해 다양한 관점의 접근과 연구가 수행되어야 하는 이유이기도 하다.

이 책에서는 '경험-언어'로서의 감성과 '분석-언어'로서의 감성을 모두 고려했다. 그리고 감성이 개인과 사회를 넘나들며 상호적으로 의미를 규정하는 역사화된 활동이라는 인식에서 출발해, 앞으로 더 많은 연구를 통해 학문 간 대화, 학문과 사회가 대화하는 지점을 찾을 수 있다는 공감대를 확인했다.

책은 크게 두 부분으로 나뉜다. 1부는 구체적인 텍스트를 정하지 않고 사회와 문화 자체를 하나의 텍스트로 삼아 '시각'으로서의 감성에 초점을 맞춘 것이다. 감성이 어떻게 문화와 사회를 보는 하나의 시각이 될 수 있는지에 관해, 일상과 경험을 토대로 연구했다. 금융화 시대에 불안과 공포의 감성이 어떻게 상품화의 매개가 될 수 있는지에서부터(서동진), 세계 자살률 1위에 이른 불명예의 나라에서 살아남은 자의 죄책감과 부채의식에 관해 다룬 도덕감정론(김왕배)까지, 그리고 법과 감정의 분리 불가능성에서부터 논쟁적 대립과 화해를 다룬 조선시대 판례의 연구(김지수)와 옥안과 판부에 서술된 감정에 관한 법 해석 및 공감의 역학 연구(강혜종), 신분과 젠더 차이에 따른 감정의 위계화를 다룬 연구(소영현)에 이르기까지, 감성을 통해 문제적 사회와 문화, 역사를 비판하고자 했다.

2부는 구체적인 텍스트를 대상으로 공감적 감성과 공통 감각을 분석한 것이다. 그렇더라도 구체적인 텍스트를 분석한 케이스 스터디로 한정하지 않고, 감성 연구의 보편 이론을 찾으려는 연구 관점을 견지했다. 따라서 여기서는 '사랑'의 감정을 중심으로 감성의 문화적 힘과 사회적 동력에 대한 탐구(최기숙)에서부터, 지역과 인종에 따라 위계화된 감정 문법의 사례(후샤오전), 문화 교류에서 감성의 역할(김기완), 감성 기획으로서의 이데올로기와 문화(이하나), 동아시아 공통 감각의 가능성에 대한 타진(앤서니 펑·최기숙) 등이 논의되었다.

이 연구는 연세대학교 국학연구원 HK사업단에서 '감성과 공공성'이라는 리서치 워킹그룹을 통해 수행되었다. 국문학, 역사학, 사회학, 커뮤니케이션학, 중국문학 등 서로 다른 연구의 이력을 지녔을 뿐 아니라 관심도 저마다 다른 전공자들이 모여 3년 남짓한 연구와 토론을 거쳐 도달한 결론은, '감성'은 타고난 천성이나 기질이 아니라 문화와 교육을 통해 습득되는 하나의 '능력'이라는 점이다. 또한 감성을 '시각'으로 상정했을 때, 문화적으로 위계화된 사회와 주체의 의식과 무의식을 풍성하게 읽어낼 수 있는 성찰성이 확보된다는 점이다. 타인에 대한 '공감 능력'은 타자의 윤리학을 완성시킨다. 그것은 타인에게 행사되는 것이 아니라, 타인의 상태에 대한 이해와 공감을 통해 주체를 성찰하게 하는 윤리적 태도다.

감성이라는 키워드를 통해 잘 단련된 하나의 학적 이슈를 사회에 던지려는 것이 아니라, 타자의 윤리를 생성하고 공생적 공감사회를 만드는 실천적 밑거름을 마련하려는 것이 필자들이 글을 쓰도록 하는 마음의 동력이 되었다는 점을 전하고 싶다.

이 연구는 HK사업단의 백영서 단장님과 HK프로젝트라는 새로운 학문 공동체의 동료로서, 서로에게 좋은 환경이 되기 위해 노력해주신 여러 선생님의 배려와 관심, 헌신과 공감 속에서 완성되었다. 마음으로부터 깊은 감사를 전한다. '감성과 공공성' 팀으로 학문과 공동체 문화의 정립을 위해 서로에게 힘이 되어준 소영현, 이하나 선생님과 '감성과 공공성' 리서치 워킹그룹의 일반연구원으로 학제간 공동연구를 함께한 김왕배, 서동진 선생님, 객원연구원 김지수 선생님, 전공과 언어가 다르지만 글을 통해 학적 공감대를 나눈 후샤오전, 앤서니 펑 선생님께도 감사드린다. 사업단의 연구보조원으로 참여해 학문적 동료로 성장해간 김기완, 강혜종 선생께도 마음으로부터의 격려와 고마움을 전한다.

이 책을 만들어준 글항아리의 이은혜 편집장은 '감성과 공공성'이라는 어젠다로 학제간 학문 기획을 하는 과정에서 직접 학술대회를 참관하는 정성과 열정을 보여주었다. 연구자로서 사회와 소통하려는 모습에 공감하고, 책을 통해 독자와의 접점을 찾기 위해 애써주신 데에 감사드린다.

이 책을 내기까지 새로운 학문 어젠다와 방법론적 실험, 협업을 통한 창신을 위해 고군분투하면서도 각자의 생에 가장 아름다운 학적 결실을 맺는 것을 지켜본 것이 앞으로도 서로에게 커다란 자산이 될 것이라 생각하고 있다.

그 힘과 에너지를 이 책의 독자들과 함께 나누고 싶다.

2014년 4월
'감성과 공공성' 리서치 워킹그룹을 대표하여
최기숙 씀

제2부 문화의 감성과 공통 감각

제1부

사회 비판으로서의 감성

1장

정동의 경제, 경제의 정동

금융화된 주체의 증오와 환멸 그리고 분노

서동진

1. 불안과 안전의 변증법

드디어 다시 때가 온 것 같다. 감정과 정동情動, 靜動이 경제의 언어 속으로 침투할 때가 말이다. 이제 감정과 정동이 경제의 타자가 아니라 경제를 인식하기 위해 기꺼이 참조해야 할 격자가 된 듯 보인다. 허시먼의 고전적인 저작의 제목 『열정과 이해관계』가 대조하는 것처럼, 경제에 대한 표준적인 표상은 정동이 제거된 세계였다.[1] 병리적인 정념에 음산하게 침윤된 것처럼 보이던 경제적 실천은 고전 정치경제학을 거치며 감정으로부터 초연한 이해관계의 활동으로 전환되었다. 그러나 그 어떤 경제적 실천도 다양한 감정과 정동으로부터 자유롭지 못하고, 그것을 모르는 이는 아무도 없었을 것이다. 그렇지만 경제적 실천을 둘러싼 표상 그 어디에도 온전히 감정이나 정동을 위한 자리는 마련되어 있지 않았다. 케인스가 침울한 어조로 '야성적 충동'이라고 불렀던 자본주의 정신은 실은 이해관계를 좇는 냉정하고 타산적인 주체와는 거리가 먼 것이었다. 그러나 그것이 케인스의 경제적 교설의 핵심을 이루는 것이었음에도 불구하고 케인스 경제학은 한 번도 정동의 경제학으로 받아들여진 적이 없다. 그러던 중 지난 수십 년간, 좀 더 본격적으로는 지난 21세기의 첫 10년 동안 세계를 뒤흔든 경제적 변화는 감정과 정동을 경제를 응시하는 눈길 속으로 도입시켰다. 나는 이 글에서 바로 그 정동의 경제, 경제의 정동을 경유한 표상에 주목하려 한다.

변화된 자본주의 경제를 헤아리려는 최근의 접근들은 크게 '금융화financialization'라는 주제로 수렴되는 듯 보인다. 최근 목격되는 자본주의의 위기와 한계를 거론하는 자리면 어디에서나 금융화에 관한 이야기가 끊이지 않는다. 이제는 그럴싸한 시사용어로 자리잡은 '주주자본주의'는 주주라는 투자자의 이해에 따라 기업활동을 조직하는 새로운 경제적 관행을 지적하며 금융화를 자본제적 기업활동의 주된 원리로 간주한다. '모든 것의 금융화'[2]라고 할 만큼 자본의 축적체제(예컨대 조절학파 이론가들이 제기하는 포스트-포스트-포드주의적 '금융주도 축적체제'론[3])로부터 '일상생활의 금융화'■[4]에 이르기까지 거의 모든 곳에서 금융화라는 개념을 발견하게 된다. 그 탓에 거의 모든 경제적 실천과 주체가 금융적 행위, 금융적 주체로 변환된 듯 보이기까지 한다. 더 많은 돈을 낳는 돈을 좇는 것이 경제적 실천의 전부인 듯 보이는 풍경은, 우리가 겪고 있는 현실과 어지간히 맞아떨어지는 듯하다. 사람들은 이제 근로소득보다는 금융소득이나 자산을 증식하여 얻을 수 있는 수입에 더 매달리고, 임금을 통해 소비하기보다는 신용카드나 대출을 통해 하루하루를 연명한다. 물론 저축이란 것은 거의 꿈도 꿀 수 없는 일이 되어가고 있다. 사실 먹고산다는 일은 자신의 재무관리라는 렌즈를 통해 지각되어가고 있다고 해도 과언이 아니다.

■ 거칠게 말하자면 일상생활의 금융화란 자신의 삶을 다양한 리스크의 관리로서 인식하고, 이러한 리스크에 대처하기 위해 자신의 부富를 부르는 새로운 이름인 자산asset을 능동적으로 경영하는, "투자자investor" 멘털리티가 만연한 세태를 가리킨다.

무엇보다 노동자라는 주체보다는 투자자라는 주체의 꼴에 더 기울어 있는 경제적 인물상은 우리 시대의 큰 특징을 이룬다. 일본에서 유입되었을 터인 재테크財Tech란 용어는 그런 점에서 더욱 시사적이다. 재테크는 자산이라는 이름으로 알려진 대상을 소유하고 증식시킴으로써만 자신의 부를 늘려갈 수 있음을 암시한다. 그것은 근로소득에 의존하던 '사회국가the social state' 혹은 발전국가가 물러나면서 생겨난 결과다. 사회국가의 가장 큰 특징 가운데 하나는 인구학적인 상상력을 통해 노동자인 사회 성원들을 질병, 안전, 노후, 교육 등과 관련한 일련의 리스크risk로부터 벗어나도록 하는 보장을 제공하는 것이다. 그리고 그 보장은 국가라는 장치에 의해 마련된다. 우리는 이 보장을 제공하는 국가를 흔히 복지국가라 부른다. 따라서 복지welfare 혹은 사회적 안녕social well-being이란 낱말은, 제거할 수는 없지만 그럼에도 조정하고 대처할 수 있는 위험이란 뜻에서 위험danger과 다른 위험, 즉 계산할 수 있고 또한 예측할 수 있으며 대처할 수 있는 위험risk, 바로 그것으로부터 벗어나 있음을 가리킨다. 위험하지 않은 삶이란 없을 터이다. 더욱이 변화를 추진력으로 삼는 자본주의적 근대성은 현기증 나는 변화를 통해 자신의 한계이자 모순을 제어하고 끝없이 앞으로 나아간다. 단 그것은 자본주의의 모순을 위험이라는 관리할 수 있는 대상으로 전환시킴으로써만 가능한 일이다. 그리고 그렇게 통제할 수 있는 위험으로 전환된 것을 관리하는 일이 사회국가의 역할이라고 할 수 있다.

그렇지만 이제 위험은 거의 시장의 손에 내맡겨져 있다. '100세 시대'가 임박했음을 알리며 노후 보장을 위해 당신은 어떻게 대처할 것인지를 묻는 텔레비전 광고는 수시로 우리를 집요하게 덮친다. 생명-위험-안전이라는 앙상블을 통해 굴러간 한 세계의 규칙이 해체되었을 때, 우리는 그 속에 끼어 있던 위험을 해결하는 데 더 이상 노동이란 것에 의존할 수 없는 듯 보인다. 이제 위험을 해결하는 방법은 자신이 겪을 위험을 해결해줄 수 있을 자산을 용의주도하게 관리하고 증식시키는 일이거나 아니면 위험을 회피할 수 있는 상품을 시장에서 구입하는 일이다. 노화를 방지하기 위한 식료품과 화장품, 건강보조식품을 미친 듯이 구매하고, 면역능력을 유지하고 건강을 챙기기 위한 운동을 장려하는 아웃도어 제품을 팔아치우는 기업들이 성가를 올리는 것은 어제오늘의 일도 아니다. 물론 온갖 위험에 대비하자고 현혹하는 온갖 보험상품은 이제 홈쇼핑의 단골 품목이 되었다. 바야흐로 안전의 쇼핑이 우리 시대의 가장 널리 알려진 소비가 되어버린 듯하다.

그렇지만 안전에 대한 염려는 당연히 위험에 쏠린 감정과 짝을 이룬다. 위험에 대한 감정은 불안이다. 여기서 유의할 점은 위험이 불확실성uncertainty은 아니라는 것이다. 그런 점에서 우리는 하이데거가 말하는 것과 같은 근대성의 고유한 감정적 자질로서의 불안을 잊어야 할 필요가 있는지도 모른다. 하이데거가 말하는 불안Angst은 존재의 위계 속에 놓여 있는 주체로부터 떨어져나온 주체, 자신을 기획하고 개척해야 하는 근대적 주체에게 고유한 무제한적인 불안이라 할 수 있다. 그렇지만 위험은 외려 확실성에 가깝다고 말할 수 있다. 위험의 범위와 크기를 예측하고 예보하는 수많은 모델은 위험이 얼마나 확실한 것으로 예기될 수 있는지를 말해준다. 위험을 측정하는 모델은 지구 모든 곳의 금융 기관과 거래 기관을 연결하는 '머니그리드money grid'에 장착된 수리금융학적인 모델에서부터 성인 남성이 암과 같은 질병에 걸릴 확률에 이르기까지 셀 수 없이 많다. 그리고 위험이 야기하는 불안은 그런 위험의 확실성에서 비롯될 수밖에 없다. 그런 위험은 인지되고 계산된 위험이자 끊임없이 제조되는 위험이다. 그리고 그 위험에서 발생하는 불안은 다양한 방식으로 제어된다.

사회국가라면 그것은 국가라는 안전장치를 통해 효과적으로 제어될 수 있다는 믿음을 제공했다. 이를테면 사회국가 시대에 화폐와 신용의 근본적인 불안정성은 최종대부자로서의 국가, 그리고 중앙은행이 발행하는 불환지폐에 대한 무조건적인 신뢰는 화폐와 신용의 안전을 제공하는 것으로 믿어져왔다. 연금과 사회보험은 중단되거나 고갈되지 않을 것이라는 절대적인 믿음을 주었다. 그렇지만 변화된 자본주의에서 사회국가가 고안해냈던 위험과 그 위험의 보장을 위해 제안된 다양한 안전장치는 해체되었다. 금-달러 본위제가 붕괴된 이후 들어선 포스트-브레튼우즈 체제에서 화폐와 신용이 처한 안전 문제, 즉 화폐와 신용의 가치를 규정하는 것이 무엇이어야 하는가의 문제는 새로운 방식으로 해결된다. 즉 화폐 가치의 위험을 '회피hedge'하는 데 도움을 준다고 알려진 수많은 상품이 등장하고, 그것은 화폐와 신용의 위험을 구제한다고 자처한다.[5] 물론 이를 대표하는 상품은 오마하의 현인이라는 작위爵位를 수여받은 워런 버핏이 대량살상무기라 불러 악명 높아진 '파생상품' 그리고 마침내 2008년 금융위기를 초래한 주범이었던 '증권화securitization'일 것이다. 연금이나 사회보장 역시 이제는 다양한 민간 보험을 구매함으로써 대체된다. 물론 그 목록에는 위험과 불안을 대신할 물신物神의 목록이 꼬리를 잇는다. 그것은 언제나 불사신과 같은 능력을 지닌 것으로 안겨진 대상들이다. 이를테면 '대마불사'라거나 '부동산 불패' 같은 어구가 상기시켜주듯이, 전능한 힘을 지닌 것으로 알려진 대기업 주식이나 부동산에서부터 귀금속과 미술품에 이르기까지, 위험으로부터의 도피를 보장해줄 수많은 물신이 사람들을 유혹한다.

그런데 이러한 안전의 추구는 실은 경제의 금융화를 가능케 하는 원천이자 동시에 자본주의의 위기를 초래한 결정적인 요인이기도 하다. 그렇다면 안전 추구를 위해 고안된 수많은 제조물이 경제의 안전을 근본적으로 위협하는 이 역설을 어떻게 이해해야 할까. 나아가 그러한 위기의 경과를 제시하기 위해 동원되는 수많은 언표(불안, 광기, 버블, 패닉, 동요, 풍요감euphoria 등)는 경제의 문제가 곧 감정과 정동의 문제인 것처럼 여기게 만든다.

> 자본이 잉여를 창출하고(생산하고) 순환의 마지막 단계에서 그 잉여를 얻어내도록(실현하도록) 보장하기 위해 가능한 모든 것이 실행되어야 하지만, 사태는 흔히 잘못되곤 한다. 이는 기대, 신뢰, 믿음, 예상, 욕망, 그리고 야성적 충동animal spirit(1930년대에 경제학자 케인스가 이것들을 지칭한 단어)이 자본을 그 순환으로 투입하는 결정에 중요한 역할을 한다는 것을 의미한다. 많은 소규모의 저축을 모아 이자를 대가로 자본가에게 대출해주는 금융 시스템의 완전성에 대한 신뢰 정도만큼이나 투자자의 심리가 중요하다.[6]

인용한 글에서 데이비드 하비가 말하듯이 오늘날의 자본주의는 그 어느 때보다 "기대, 신뢰, 믿음, 예상, 욕망, 그리고 야성적 충동"에 의지하는 것처럼 보인다. 그런 탓에 지금의 자본주의가 그 어느 때보다 더 정동적인 경제 현실, 감성적인 힘의 자장 속에서 출렁이는 경제의 세계 안에서 움직인다고 말해도 틀리지 않을 것이다. 그러나 여전히 우리가 의탁하는 경제에 관한 표상은 자기조정적 시장경제라는 경제적인 것에 대한 환상과 이를 지탱하는 합리적인 개인이라는 경제적 주체성에 대한 미망迷妄으로 짜여 있다. 그리고 이는 정서와 감정을 경제의 합리성의 타자로서, 그것의 외부로 밀어냄으로써만 가능한 것이었다. 그렇지만 이제 금융화된 경제를 에워싼 우리 시대의 표상은 전적으로 감정과 정동에 내맡겨진 것처럼 보인다. 연방준비제도를 이끌던 앨런 그린스펀이 했던 말로, 금융위기를 거론하는 자리에서는 언제나 모습을 나타내는 '이상 과열' 혹은 '비이성적 과열irrational exuberance'이란 추세는, 마치 금융화된 경제를 추동하는 것이 바로 비합리적이고 비이성적인 정동 그 자체인 것처럼 보이게 한다. 그리고 경제적인 것에 대한 지식은 점차 경제적인 정동과 감정에 관한 지식에 열광하는 듯이 보인다. 이런 추세는 최근 행동금융학이나 사회경제학socionomics이 부쩍 이목을 끄는 것에서도 짐작해볼 수 있다.

그렇다면 경제의 정동 혹은 감정은 경제적인 것에 관한 기존의 표상을 대체하거나 교정할 수 있는 대안일까. 그리고 이러한 정동의 경제는 '정동적 전환affective turn'이란 표현처럼 합리성의 경제라는 경제적 표상을 바꾸는 새로운 전환을 예기하는 것일까. 아니면 정동의 경제란 마르크스의 정치경제학 비판이 제안하듯이 자본주의의 내적인 적대로 인하여 경제적인 것에 관한 표상은 근본적으로 불가능하다는 입장을 다시금 확인해야 할까. 이 글에서 나는 이런 질문을 좀 더 다듬어내기 위한 예비 작업을 시도해볼 작정이다.

2. 금융화된 경제와 그 표상—정동의 경제

투기로 말미암은 불안정성을 떠나서도, 우리의 적극적인 활동의 대부분은, 그것이 도덕적인 것이건 쾌락주의적인 것이건 또는 경제적인 것이건 간에, 수학적 기대치에 의존하는 것보다는 오히려 자생적인 낙관에 의존한다는 인간성의 특징으로 말미암은 불안 정성이 또 있는 것이다. 장래의 긴 세월에 걸쳐 그 완전한 결과 가 나오는 어떤 적극적인 일을 행하고자 하는 우리의 결의 대부 분은, 추측건대, 오직 야성적 활기野性的 活氣, animal spirits——비활 동보다는 오히려 활동을 하려는 자생적인 충동——의 결과로 이 루어질 수 있을 뿐이며, 수량적인 이익에 수량적인 확률을 곱하 여 얻은 가중평균의 소산으로 이루어지는 것은 아니다. 기업은, 기업 자신의 설립 취지서의 서술이 아무리 솔직하고 진지한 것 이라 할지라도, 주로 그것에 의해 동기를 부여받는 일은 없고 그 저 그런 척할 따름이다. 그것이 장래 이익의 정확한 계산을 기초 로 하는 것이 아님은 남극 탐험의 경우와 별 차이가 없다. 따라 서 만약 야성적 활기가 둔화되거나, 자생적인 낙관이 주춤거리 게 됨으로써 수학적 기대치 이외에 우리가 의지할 수 있는 것이 없어진다면, 기업은 쇠퇴하고 사멸하게 될 것이다.——물론 손실에 대한 공포도 이전에 이윤에 대한 희망이 가지고 있었던 것 이상 으로 합리적인 기초를 가진 것이 아닌 것도 사실이다.[7]

이 글은 케인스의 『고용, 이자 및 화폐의 일반이론』에서 따온 것 이다. 이 책에서 가장 자주 인용되곤 하는 이 대목에서, 우리는 '음 울한 과학dismal science'으로서의 경제학을 말하는 어느 경제학자가 느 닷없이 경제의 시학詩學을 언급하는 기이한 장면에 이르게 된다. 흔히 '동물적 감각'으로 번역되는 편인 '야성적 활기'란 말은, 흔히 짐작하 는 경제적인 이성과 대립하는 자리에 있다. 그것은 "수학적 기대치에 의존"하는 것도, "수량적인 이익에 수량적인 확률을 곱하여 얻은 가

중평균의 소산"으로 만들어지는 것도 아니다. 칼라일이 '즐거운 지식 gay science'인 시학에 대립하는 것으로 내세웠던 경제학의 다른 이름인 '음울한 과학', 그 경제학은 이제 동물적인 감각을 축복하는 기쁜 정동의 지식으로 귀환하는 것일까. 곰곰이 생각해보면 우리는 사정이 전연 그렇지 않다는 점을 깨닫게 된다.

　　장래의 이익을 계산하는 일이라기보다는 남극 탐험과 다르지 않다고 케인스가 확언하는 경제 행위, 무엇보다 투자라고 불리는 화폐운동에 유의할 때, 우리가 마주치는 것은 자본주의 경제의 비합리성을 가리키는 수많은 표상이다. 그리고 이는 합리성이라고는 전연 찾아볼 수 없는, 거꾸로 광기와 패닉으로 가득한, 근본적으로 비합리적인 감정에 휘둘리는 변덕스럽고 불안정한 세계다. 특히 지난 10년 동안 미국을 필두로 동아시아와 유럽을 휩쓸었던 그리고 여전히 현재 진행 중인 금융위기와 더불어, 우리는 정동의 경제로서 자본주의 경제를 표상하려는 시도가 더욱 지지받는 모습을 관찰할 수 있다. 그런 추세 가운데 흥미로운 것 하나를 꼽자면 하이먼 민스키Hyman Minsky[8]의 이른바 금융불안정성론을 들 수 있다. 그는 신고전학파 경제학자들이 말하는바 시장이란 언제나 안정적인 최적의 균형상태 부근에서 운동하며 결국은 거기에 이를 것이라는 주장을 조롱한다. 그는 외려 사정은 정반대이며 금융 시스템에는 안정된 균형점이 없고, 언제나 호황과 불안의 파괴적인 주기를 형성할 수밖에 없다고 역설한다. 그렇지만 여기서 주목할 점은 효율적 시장인가 금융 불안정성인가와 같은 시장을 둘러싼 시점의 차이가 아니라 오히려 경제를 어떻게 표상할 것인가와 관련한 대립이라 할 것이다. 민스키의 주장에서 요체는 비합리적인 감정이 경제를 규정하는 힘이라는 데 있기 때문이다.

　　민스키의 금융불안정성론을 거칠게 요약하자면 이럴 것이다. 먼저 그는 자본주의 경제의 변동을 신용이란 축에서 접근한다. 그는 이런 식의 논리를 제시한다. 신용 공급의 순환은 경기가 확장할 때 늘어났다가 경기 둔화 국면에는 줄어든다. 그리고 이것이야말로 자본주의 경제의 기본적인 동학이다. 이를 조금 더 자세히 말하면 이렇다. 경기 확장 국면에서 투자자들은 미래에 대한 낙관적인 태도를 증폭시키고, 다양한 영역에서 투자에 대한 수익성 추정치를 상향 조정하기 마련이다. 그리고 그 미래의 수익에 대한 기대에서 자금을 차입하려는 의욕이 팽만하게 된다. 동시에 대여자들은 투자에 대한 위험 평가를 낮추고 당연히 위험 회피 성향도 줄어들 수밖에 없다. 이어서 한때 무척 위험하다고 판단했던 투자가 긍정적인 여신의 대상으로 바뀐다. 그러나 곧 경제 여건이 둔화되자 투자자들의 낙관은 위축되고 신중론이 확산되기 시작한다. 동시에 대출 손실이 늘어나면서 대여자들은 위험에 유의하게 된다. 물론 그 결과는 신용 공급의 축소로 이어지고 갑자기 과도한 채무를 진 차입자들은 자기 자산을 투매하기 시작한다. 그리하여 금융위기가 발발한다. 운운.

민스키의 이와 같은 주장은 여러 흥미로운 점을 지니고 있다. 먼저 거의 죽은 개 취급을 당하고 있는 위기 혹은 공황론을 중심으로 자본주의의 운동을 표상하려 시도한다는 점에서 그렇다. 그리고 무엇보다 화폐와 신용의 운동을 자본주의의 운동을 매개하고 조직하는 핵심적인 항으로 고려하고 있다는 점에서 더욱 그렇다. 그렇지만 민스키 르네상스라고 부를 만한 최근의 유행은 요 몇 년 사이 우리가 목격하는바 금융위기 현상을 어김없이 정확하게 예측하고 있는 것처럼 보인다는 점에 힘입고 있을 것이다. 이를테면 '민스키 모멘텀Minsky Momentum'과 같은 용어는 숫제 투자자들이나 애널리스트들 사이에서 흔히 쓰이는 말로 자리잡고 있다. 미국 신경제의 닷컴 버블, 최근의 서브프라임모기지 사태에 이르는 거의 모든 금융위기는 바로 민스키가 제시하는 논리의 전개와 빠짐없이 대응하는 듯 보인다. 따라서 민스키의 주장은, 사람들이 흔히 부채경제debt economy라고 말하기도 하는, 금융화된 경제의 논리를 나무랄 데 없이 효과적으로 설명한다.

그러나 이것은 구조적인 착시錯視와 다를 바 없다. 여기서 자세히 설명할 수 없겠지만 화폐, 특히나 신용 운동으로부터 자본주의 경제의 운동을 표상하려는 것은 전형적인 화폐 물신주의의 효과일 뿐이다. 당연한 말이지만 화폐적 매개를 통해 자본주의는 자신의 경제적 활동을 표상한다. 마르크스는『자본』에서 상품과 노동의 관계가 어떻게 화폐의 자기 증식 운동으로 표상되는지 고발한다. 특정한 양의 화폐가 더 큰 양의 화폐를 낳는 것처럼 보이는 이 마법과도 같은 움직임, 'M-M'으로 표상되는 운동은, 마르크스의 말처럼 세인들에게 '출입금지'로 표시된 영역, 즉 가치 증식 과정으로서의 노동 과정을 시야에서 지움으로써 가능해진다.[9]

그렇지만 여기서 표층에서 이뤄지는 화폐운동, 특히나 신용운동 자체가 경제의 운동을 대리 표상한다는 환상을 비판하는 데 머물러서는 안 될 것이다. 부동산 가격은 결코 떨어지지 않을 것이라고 생각하면서 낮은 이자의 대출로 주택을 구입하고 내심 나중에 되팔면 큰 이익을 남길 것이라는 투자자의 믿음은, 미래에 관한 특정한 감정, 경제학자들이 풍요감이라고 부르는 감정을 따른다. 물론 이자율을 상회하는 부동산 가격의 하락은 투자자를 불안하게 만든다. 지속적으로 경기가 나아질 것이라 믿은 채 은행이나 금융기관이 대출을 남발하고, 그 대출에 따르는 채권을 고수익의 배당이 따르는 증권으로 바꿔 다시 투자자들에게 팔아치울 때, 그러한 부채담보부증권CDO, Collateralized Debt Obligation에 깃들어 있는 영혼이 있다면 그 역시 풍요감일 것이다. 그리고 그 풍요감이라는 도취된 감정은 돈을 벌어들이는 돈으로 둔갑한, 미래의 수익에 대한 권리를 제공한다고 자처하는 돈, 즉 주식, 채권, 부동산 그리고 다양한 파생상품을 향해 돌진하는 광기로 전환된다.

물론 이 광기는 기괴한 경제적 표상인 '거품bubble'을 낳는다. 거품이란 경제학자들의 말을 좇자면, 어떤 자산이나 유가증권 혹은 상품의 가격이 '펀더멘털'을 기준으로는 설명할 수 없는 모든 경우의 괴리를 표현할 때 사용되는 용어다. 그들은 '잡음noise'이란 용어도 가끔 쓰는데, 이는 펀더멘털에서 크게 벗어나지 않는 적은 가격 변동을 가리킨다. 그렇지만 거품과 잡음은 효율적 시장 이론에서 가정하듯 자기조정적 시장이란 불가능하다는 것을 말하는 데 그치지 않는다. 거품과 잡음이라는 것이 경제적 과정을 구성하는 불가피한 요소라고 할 수 있다면, 그것을 초래하는 원인은 무엇인가. 이에 대하여 우리가 내릴 수 있는 답은 바로 광기 혹은 패닉이라고밖에 할 수 없다.

> 경제 이론은 인간이 합리적이라는 가정에 기반을 두고 있다. 경제 이론의 기저에 자리잡고 있는 이 합리성 가정은 투기적 광기와 합치하지 않는 것으로 보인다는 점에서 서로 배치되는 두 견해는 조율돼야 한다.[10]

인용한 글에서 킨들버그는 합리적인 경제 주체와 투기적 광기에 감염된 주체를 조정하는 것을 새로운 경제학의 과제로 내세운다. 그렇다면 이런 조정은 어떻게 가능할까? 이런 문제에 답하려는 가장 인상적인 시도는 행동경제학을 유행시킨 로버트 실러의 『이상과열』이라는 저작일 것이다. 그는 금융 호황과 붕괴가 흔히 생각하는 것처럼

"감정이 과잉된emotion-laden 사건이 아니"라고 말한다.[11] 그렇다고 해서 시장은 전적으로 합리적으로 작동하는 것도 아니다. 그렇다면 그것은 어떻게 움직이는 걸까. 그는 시장에서 경제적 주체의 행위를 결정하는 "특정한 자연적인 행동의 양식"이 있다고 주장한다. 그리고 그러한 자연적 행동 양식을 규정하는 두 가지 '심리적 앵커anchor'를 제시한다. 하나는 수량적 앵커이고 다른 하나는 도덕적 앵커다. 그는 수량적 앵커와 도덕적 앵커의 관계를 이렇게 설명한다.

> 수량적 앵커는 그 자체로 시장의 적절한 수준에 대해 지표를 제공해주며, 몇몇 사람은 그것을 시장이 고평가 혹은 저평가되었는지, 투자하기에 좋은 시점인지 판단하는 데에 사용한다. 그리고 도덕적 앵커는 사람들이 주식을 사도록 하는 이유를 강하게 만드는 작용을 하는데, 사람들은 이 이유와, 그들이 이미 주식시장에 투자한(혹은 투자했을 수도 있는) 부를 다른 곳에 쓰는 것과 비교한다. 수량적 앵커를 가지고, 사람들은 실제의 주식 가격을 고려하여 주식의(혹은 다른 자산의) 가격 수준이 적절한가를 결정한다. 도덕적 앵커를 통해 사람들은 그들의 부와 다른 곳에 돈을 써야 할 필요를 고려하며, 주식시장에 투자해야 한다는 주장이 직관적intuitive 혹은 감정적으로emotional으로 얼마나 강력한지 비교한다.[12]

실러는 여기서 순전한 감정의 불가능성을 언급한다. 감정이 과잉된 사건이라 할지라도 그 안에 감정만이 깃들어 있지는 않다는 것이다. 외려 그것은 감정을 가능케 하는 어떤 '앵커'를 통해 형성된다. 그 앵커는 감정의 부재지不在地라 할 수 있을 수량적인 정보와 지식이다. 실러의 말을 다시 빌리자면 사람들은 불안정하고 모호한 상황에서 자신의 행동을 결정하기 위해 "최근에 기억된 주가 수준"을 기억하고, 그것을 통해 자기 행동을 선택한다는 것이다.[13] 감정을 조정하고 매개하는 그러한 수량적 지식이 믿음을 제공한다고 말할 때, 그러나 수량적 지식은 이성의 대극에 있기는커녕 "이성의 배후 감정back-ground emotion"[14]이라 할 감정, 즉 냉정, 안전, 확신 등의 감정 그 자체로 충전되어 있다고 해야 옳을지도 모른다. 반면 도덕적 앵커란 행동을 낳는 인간의 사고가 대개 "이야기하기storytelling나 정당화justification란 형태를 띤다는 심리적 원칙"[15]을 강조한다. 얼마간의 확률에 근거해 도박을 하는 도박꾼이 있는 게 아니라 운이 따르거나 운수 좋은 날이 있다고 생각하는 도박꾼이 있을 수밖에 없다는 점을 상기한다면, 이는 쉽게 이해될 수 있다. 도덕적 앵커는 바로 이러한 '직관'에 따라 행동하는 경제적 주체를 설명해준다. 그러므로 미국의 투자자들이 주식이나 다른 자산을 보유하는 이유가, 미국 문화에서 "책임 있는 사람, 착하거나 침착한 사람이라는" 정체성에 대한 생각과 관련된 것 때문일 수도 있는 것이다.[16]

　　그런데 행동경제학이 말하는 정동적인 경제 주체로서의 투자자가 합리적인 개인이라는 모델을 좇는다면, 사회경제학은 오히려 사회적인 것 자체가 '심적인 기관'인 것처럼 간주한다. 로버트 프렉터의 사회경제학■[17]을 확장하여 '사회적 분위기로서의 사회'라는 가설을 제안하는 캐스티의 주장은 이런 점에서 매우 흥미롭다. 그는 마치 양자론이 뉴턴 물리학이 표상하는 세계에 종지부를 찍은 것처럼, 사회경제학은 사회의 움직임을 이해하고 예측하는 데 결정적인 통찰을 제공한다고 역설한다. 먼저 그는 "세상이 사건의 인과성보다는 사회적 인과성을 통해 작동"한다고 강변한다.[18] 그런데 여기서 캐스티는 인과성

이란 개념에 대해 유의할 것을 주문한다. 우리가 흔히 생각하는 인과
성이란 외부 힘의 충격에 의해 운동이 만들어진다는 뉴턴적 사고를
따른다. 그렇지만 그는 사회적 인과성이란 바로 그런 외부성, 그리고
그런 외부성을 상상하기 위해 원인의 자리에 놓인 작인으로서의 사건
이라는 개념을 거부한다고 거듭 강조한다. "나는 외부의 힘을 믿지 않
는다. 하나의 사회집단은 자기 충족적이며, 실제로 사회 체계 내에 '외
부의 힘' 따위가 존재할 여지는 없다"고 말할 때, 그는 이런 자신의 생
각을 간명하게 요약한다.

그렇다면 외부 충격으로서의 사건, 그리고 사건의 발생으로 인
한 사회 운동이 아닌 내재적 사회론은 어떻게 자신의 운동을 조직하
는가? 이에 대한 캐스티의 답은 '사회적 분위기'다. 사회적 분위기란
"한 집단이 미래에 대해 느끼는 방식"■■19을 가리킨다. 그렇다면 사
회적 분위기란 미래에 대한 기대와 예상의 감정 혹은 정동일 수밖에
없다. 캐스티는 이런 감정의 변화를 "희망-오만-두려움-절망"의 순
환으로 묘사한다.20 물론 여기서 그런 사회적 분위기로서의 사회적 정
동의 변화를 세부적으로 규정하고 설명할 필요는 없을 것이다. 실제
그런 정동의 내용은 굳이 세론하지 않더라도 직관적으로 충분히 짐

■ 캐스티가 요약하는 바에 따르면 사회경제학이란 이런 것이다. 그는 로버트 프렉터가
『인간행동의 이론과 사회경제학의 새로운 학문』에서 사회적 인과성의 '사회경제학적 가
설'을 제안했다고 말하면서 이를 다음과 같이 요약한다. "사회 분위기는 사람들 사이의
상호 작용의 자연스런 결과다. (…) 사회 분위기의 동향과 범위는 경제적, 정치적, 문화적
행동을 포함한 사회적 행동의 특징을 결정짓는다. 달리 말하면, 분위기가 사건을 지배한
다는 것이 사회경제학의 가설이다." 그런데 여기에서 말하는 사회경제학socionomics은
사회학과 경제학을 혼합한 사회-경제학socio-economics이나 질서자유주의자들이 제
창한 경제 이론으로서의 사회경제학social economics과 다른 것이다.
■■ 또한 캐스티는 "분위기란 어떤 개인이나 집단의 미래에 대한 느낌이다. 따라서 사회적
분위기는 특정 집단이나 공동체, 인구 집단 또는 사회의 미래에 대한 느낌이다"라고 말한다.

작할 수 있다. 여기서 더 중요한 점은 캐스티가 제안하는 사회적 존재론일 것이다. 그는 흥미롭게도 사회적인 것을 사회적 분위기로 기꺼이 환원한다. 그것은 사회적 존재론을 감정적인 것의 내재적인 지평과 동일시하는 것이다. 그렇다면 이런 사회적 존재론을 가능케 하는 것은 무엇인가?

캐스티는 사회적 분위기를 분석하고 규정하는 지표, 그가 프렉터의 용어를 빌려 사용하는 표현으로 보자면 사회측정기sociometer[21]를 통해 사회적 분위기를 볼 수 있다고 주장한다. 그리고 '사회적 분위기 측정기'로서 '금융시장의 평균치'[22]를 꼽는다. 그렇다면 왜 "금융 데이터에 필적할 수 있는 사회측정기"는 없을까.[23] 캐스티는 그 이유가 될 만한 것으로 여러 가지를 꼽는다. 거의 100년 동안 누적된 데이터가 풍부하다는 점에서의 데이터 이용도, 데이터 수집이 용이하다는 점, 그리고 데이터에 흠이 없다는 점과 분석 도구 역시 풍부하다는 점 등을 꼽는다. 그러나 금융시장 지수가 사회측정기로서 손색없다는 주장에 대해 이견이 있을 수도 있다. 어떻게 소수의 투자자와 거래자trader가 사회 전체를 대표하는가? 이에 대해 그는 전반적인 사회적 분위기 형성은 특정 인물과 기관에 의해 전달된다고 강변한다. 각각의 개인에게 동일한 비중을 둘 수도 없음은 물론이다.

그렇다면 우리는 사회적 분위기로서의 사회적인 것이라는 캐스티의 가설을 따를 때, 다우존스지수와 S&P500지수를 통해, 혹은 코스피200지수를 통해 사회를 알 수 있다! 그렇지만 여기서 우리는 흥미롭게 전도된 경제결정론을 발견하게 된다. 그것은 금융이 사회를 결정한다는 것이다. 물론 지금 말하는 금융이란 경제의 다양한 영역이나 분야의 한 항목으로서의 금융이 아닐 것이다. 그보다는 경제적 동향 전체를 표상하는 심급으로서의 역할을 차지하는 금융이다. 물론 그때의 금융은 더 이상 합리적인 이해에 따른 냉정한 계산적 타산에 의해 지배받는 세계가 아니다. 그것은 오직 "희망－오만－두려움－절망"으로 이어지는 외부 없는 내재적 정동의 세계일 뿐이기 때문이다.

3. 정동의 경제인가 적대의 경제인가

그렇다면 정동으로서의 경제를 역설하는 경제 담론의 부상을 어떻게 이해해야 할까? 아마 그러한 추세는 어쩌면 경제적 지식과 담론의 세계에 국한된 일만은 아닐 것이다. 정동과 감정에 대한 관심은 정동적 전화라 부를 만큼 다양한 학문 분야에서 각축을 벌이고 있다. 물론 그것은 급진적인 사회 문화 이론에 한정된 것이 아니다. 체험 경제니 미적 경제니 하는 최근의 경영 및 경제 담론은 열정과 긍정, 몰입, 유희 등을 비롯한 다양한 정동을 경제적 가치의 원천으로 추켜올린다. '감정자본주의'란 말도 등장한 지 오래다. 그러나 이러한 전반적인 전환을 여기서 일일이 열거할 필요는 없을 것이다.

한편 정동적 전환이 강조하듯이 감정과 정동을 구분하는 편이 좋을지도 모른다. 정동을 강조하는 이들은 들뢰즈나 마수미의 주장을 따르며 심리적 개인에 의해 주관화된 감정과 달리 정동은 기존의 주체성/객관성의 구분을 벗어난다고 주장한다. 들뢰즈는 자신의 여러 저작에서 정동이란 범주를 강조한다. 스피노자의 독해를 통해 그가 새로운 인식론의 정초적인 개념으로 제안하는 정동이란 "비재현적 사고 양식"이란 점에서 재현이라는 문제 설정 속에서 인식된 사고 양식과 구별된다. 힘의 증감이란 차원에서 이해되는 이러한 사고는 주체의 반성적인 사유를 통해 파악된 세계와의 관계에서 벗어난다. 그렇기에 정동은 "비인격적인 사실로부터 유래"한다거나[24] "주관성으로 환원되지 않는" 것으로 간주된다.[25]

> 정동과 감정의 차이에 주목하는 것이 중요하다. 정동은 사회적이지만 전－개인적이면서 의미와는 무관한 흐름들non-significatory flows이다. 정동은 의미의 사회적, 심리적 성층들을 통해 순환하며 그 자체 어떤 의미가 있을 필요는 없다. 반면 감정—예컨대분노, 탐욕 그리고 불안—은 개인화되고 정상화된 사회적 구성물이다. '사랑을 표현하기'에 관해 말하는 것은 감정의 개인화를 가리킨다. 이에 반해 패닉은 전염적인 것으로, 즉 전염의 운동 안에 존재하는 것으로서 기술된다. 다시 말해 그것은 사람을 열띠게 만들지만intoxicating 그러한 패닉의 원천은 아무것도 아니다. 그런 탓에 정동은 또한 정동되어짐의 능력, 가능한 사건들에 대한 열려 있음을 뜻하기도 한다.[26]

인용한 글에서 우리는 감정과 정동의 차이에 관한 매우 간명한 설명을 볼 수 있다. 위의 설명에 따르면 전－개인적이면서 동시에 의미를 만들어내는 일과 무관한 것으로서의 정동은 희로애락과 같은 감정과 다른 것일 수밖에 없다. 그런 점에서 패닉보다 정동을 더 잘 보여주는 것도 없을 것이다. 패닉은 공포를 일으키는 신의 이름인 팬Pan에서 유래했으며, '이유 없이 엄습하는 공포'란 뜻을 담고 있다. 이러한 '이유 없는' 공포나 불안에서의 '이유 없음'은 바로 의미화에 저항하는 것이면서 동시에 심리적인 개인적 주체에 선행하는 것으로서의 정동을 밝혀준다. 그렇지만 한 발짝 물러서서 생각하면 개인화된 것으로서, 또한 표상적인 것으로서 여겨지는 감정이 과연 정동과 그렇게 거리가 먼 것인지는 의문이다. 이를테면 감정사회학자들이 "감정은 사람들의 경험에 대한 주체의 사고도 아니며, 그러한 경험에서 나오는 자기 설명의 언어도 아니다. 감정은 자기가 관여하는 세계와의 직접적인 접촉이다"라고 말할 때, 정동에 대한 서술과 크게 다르지 않음을 알 수 있다.[27]

오히려 쟁점은 감정과 정동의 차이를 구분하는 것보다 정동과 감정이란 주제가 어떻게 철학적 인식론은 물론 사회적 존재론 자체를 변전시킬 수 있는 계기로 부상하게 되었는가일 것이다. 조심스러운 가정이지만, 나는 그것이 바로 자본주의, 나아가 자본주의 경제의 표상의 한계로부터 비롯된 일이라고 생각한다. 광기와 패닉, 풍요감이라는 감정은 물론 지금 거의 모든 경제적 행위 주체를 감염시키고 있다. 그것은 투자자나 금융적인 투기를 일삼는 이들에게 제한된 감정이 아닐 것이다. 앞서 말했듯이 자본주의적 적대 혹은 계급투쟁을 제도화했던 사회국가는 사회라는 것의 관리라는 이름으로 불안을 안전 혹은 보장으로 전환시켰다. 그것은 연금이나 보험, 사회보장 같은 관료적이고 행정적인 자동장치의 운동을 통해 수행되었다. 그렇지만 이제 그러한 안전 장치들은 해체되어가고 있다. 그것은 고작해야 사회안전망이란 이름으로 구축된 최소한의 안전 기구로 남아 있거나 아니면 사악하리만치 불안과 안전의 변증법을 조작하면서 안전의 상품을 판매하는 시장에게 내맡겨져 있다.

그렇지만 이런 안전의 감정과 짝을 이루는 불안, 광기, 풍요감, 패닉 등의 정동은 자본주의에 구성적인 것이라 할 수 있다. 실은 앞서 든 감정의 종류들은 자본주의의 구성적인 감정이라고 불러야 옳을지도 모른다. 아리기가 말했듯이 축적의 지속적인 확장을 거부하는 자본의 파업이 벌어질 때 금융 팽창은 새로운 축적의 단계를 위한 자기 무덤을 파며, "자본의 가을"에 접어든다.[28] 물론 그것에 선행하는 것은 자본의 '벨 에포크belle époque'다. 아리기는 자본의 과잉 생산으로 인한 과잉 축적에서 발생하는 위기가 자본주의의 새로운 축적체제로의 전환을 위한 결정적인 계기라고 분석한다. 그리고 자본주의의 역사적인 헤게모니가 이동하게 된 이유를 이러한 과잉 축적의 위기를 해결하기 위한 금융적 팽창과 그로 인한 위기에서 찾는다. 따라서 자본주의의 역사적인 축적체제의 변화를 그는 실물적 팽창과 금융적 팽창의 교대 운동을 통해 파악한다. 그렇게 이해할 때 아리기가 금융적 팽창이라고 부르는, 그리고 최근 많은 사람이 금융화라고 부르는 추세는 자본주의의 내적인 적대 혹은 모순 그 자체로부터 비롯되는 것이라 할 수 있다.

그렇다면 우리는 금융적 팽창 혹은 금융화 단계에서 비롯되는 특유의 정동을 이해할 수 있다. 그것은 경제적 행위 주체가 동물적인 감각에 의해 추동되는 것도 혹은 냉정하고 타산적인 이해로부터 비롯된 것도 아니라는 점을 알려준다. 허시먼이 말했듯이 이해관계란 열정, 혹은 칸트 식으로 말해 병리적인 정념에서 비롯된 것이다.[29] 따라서 이해 관심의 주체라는 냉정하고 평정된 감정을 지닌 주체는 언제나 특정한 열정에 감염되어 있다. 결국 자본주의는 언제나 특정한 감정에 침윤되어 있는 주체를 동원한다. 한편으로 자본주의는 그런 정동과 감정을 승화하거나 변용시킴으로써 정동의 경제를 기율하고 관리한다. 그렇지만 금융화된 경제에서 자본주의의 고유한 정동은 단말마적으로 폭발하지 않을 수 없다. 수백 배의 수익을 얻을 수 있는 다양한 금융상품을 향해 돌진하는 투자자나 금융기관들은 풍요감에 휩싸여 흥분하고 광기 상태에 빠진다.￭ 불과 수년 사이에 몇 배로 커진 미국의 증권거래소와 나스닥 주식 가격은 분명 광기의 표상

이다. 그리고 단 며칠 사이에 거의 반 토막이 나버린 주식 가격은 단
연 패닉의 표상이다. 결코 가격이 떨어지지 않을 것이란 믿음에서 비
우량신용자에게 대출을 강권하고 그렇게 만들어진 채권을 수익이 높
은 증권으로 전환해 판매하는 금융기관들은 광기에 물들어 있다. 그
렇지만 서브프라임모기지 사태 이후 엄습한 금융위기는 패닉으로 출
렁인다.

　　결국 자본주의의 축적운동에 내재적인 경제적 정동은 새로운
정동의 경제로 전환되지 않을 수 없다. 금융적 팽창을 통해 격발하는
자본주의 위기는 새로운 역사적 축적체제로 바뀌고 그에 상응하는
형태의 안전 체계를 생산한다. 푸코가 생명권력이라고 언급했던 자유
주의의 형성과 변전의 정치는 실은 바로 이러한 것을 가리킬지도 모른
다. 안전, 환경, 인구라는 각각의 항으로 구성된 자유주의적 생명권력
은, 그가 예상했던 것처럼 봉건적인 주권적 주체와 신민의 짝을 근대
적 자유주의 국가와 생명을 지닌 인구라는 짝의 관계로 대체한 결과
탄생한 것만은 아니리라. 오히려 그것은 자본주의의 내적인 모순의 결
과 되풀이되는 축적의 위기를 해결하기 위한 새로운 안전 장치의 발

■ 아마 이런 점에서 금융화된 경제의 진면목을 보여주는 곳은 한국일 것이다. 앞서 말한
바 있던 금융화의 가장 중요한 산물이자 파국의 원인이 되기도 했던 '금융파생상품'은
한국이 세계 시장에서 거래 1위를 차지하고 있다. 거래가 처음 시작된 1995년부터 지금
까지 불과 15년 만에, 파생상품 시장 거래 대금 예상치는 3경350조 원에 이르렀다. 이는
2011년 11월 15일 금융감독원과 금융거래소가 발표한 수치다. 당연한 말이겠지만 3경이
라는 숫자는 계산 가능한 범위를 넘어선다. 물론 3000조 원에 달하는 국내 전체 부채의
규모 역시 파생금융상품과 짝을 이루는 숫자다. 그 부채에는 휴대전화 구입에서부터 신
용카드, 전세 대출, 학자금 대출과 같은 가계 대출을 비롯해 민간 기업과 국가 기관의 부
채가 모두 망라되어 있다. 물론 여기서 언급하는 숫자는 모두 가상의 수치에 불과하다.
그것은 장부에서 장부 사이로 이전하는 숫자의 광란적인 유희에 다름 아니기 때문이다.
그러나 이런 수치는 아주 짧은 순간, 채권자의 채무 회수나 이자율의 인상, 예금자의 뱅
크런만으로도 순식간에 실제 화폐에 대한 필요로 둔갑할 수 있다. 그렇더라도 3경이 넘
는 화폐란 세상에 존재하지 않는다.

명과 상관이 있을 것이다. 그렇다면 신자유주의라는 정치적 기획은 금융 팽창을 통해 기존의 역사적인 축적체제를 새로운 형태로 전환시키는 역사의 막간극일까?

신자유주의 시대를 거쳐온 우리로서는 바로 그것이 독특한 정동의 경제를 풀어놓았음을 큰 어려움 없이 확인할 수 있다. 우리는 도처에서 열광과 패닉 그리고 불안과 공포에 휩싸인 채 허우적거리고 있다. 물론 문제는 아무도 그것이 자본의 가을이 무르익은 것임을 감지하지 않으려 한다는 데 있다. 아니 그것을 감지한다 하더라도, 프레드릭 제임슨의 말처럼 자본주의 체제의 종말보다는 생태학적 종말이나 말세론의 광신적 환상을 꿈꾸는 것에 열중한다. 앞서 캐스티의 표현을 빌리자면, '희망—오만—두려움—절망'으로 이어지는 사회 분위기의 순환에서 우리는 절망을 끝내고 희망으로 이어지는 그 틈새, 그 단절의 순간을 주체화하지 못한다. 절망의 정동은 과연 어떻게 희망의 정동으로 전환되는가? 그것은 금융지수를 통해 예언될 수 없다. 절망과 희망의 정동 사이에서, 알튀세르의 어법을 감히 빌리자면, 우리는 주체 없는 역사적 과정으로서의 계급투쟁이 마침내 주체화된 계급투쟁으로 발발하는 무대를 상상하지 않을 수 없다. 그리고 우리는 그것이 자신을 혁명적 주체화하는 노동의 주체화일 거라고 말할 수 있을지 모른다. 그러나 더 멀리 나아가지는 않도록 하자.

마르크스가 즐겨 사용하는 비유에 이런 것이 있다. "경제가 호황일 때는 누구나 신교도처럼(즉 순수한 믿음에 근거하여) 행동한다. 그러나 공황이 발발하면 누구나 갑자기 화폐의 토대인 지금地金을 신봉하는 교리주의자(즉 구교도)로 변신한다."[30] 마르크스는 이런 비유를 통해 화폐와 신용의 물신주의적 특성을 솜씨 좋게 묘파한다. 그가 말하는 신교도라는 주체는 지속적으로 이윤을 확대하고 그 일부를

노동에게 기꺼이 양보하리만치 성장하는 자본주의 축적 시기의 경제
적 주체를 가리킨다. 그 신교도는 내면적인 믿음을 통해 자본주의를
신뢰한다. 그런 믿음은 단적으로 화폐와 신용에 대한 믿음으로 현상
한다. 화폐와 신용을 향한 우리의 믿음, 작은 금속 조각 혹은 컴퓨터
화면 위에서 점멸하는 숫자가 우리에게 부를 가져다줄 것이라는 믿음
은, 실은 동어반복에 가까울 신용credit에 대한 믿음이다. 그렇지만 마
르크스가 말하듯이 신용 제도가 발전하면 금은이라는 금속 혹은 증
권과 주식을 비롯한 신용화폐는 자본의 운동 자체에 대한 "물적 장벽
일 뿐만 아니라 관념적인 장벽"으로 바뀌지 않을 수 없다.[31] 모든 화
폐와 화폐의 청구권(유가증권, 주식, 파생상품 등)은 결국 상품이어야
한다. 그렇다면 우리는 가치를 보증하는 영원한 보장을 얻을 수 있는
상품을 꿈꾼다. 그것은 다시 황금일 수도 있고, 미술품일 수도 있고,
석유나 곡물이 될 수도 있다. 마치 내면적인 개인의 믿음을 앞세우는
신교도가 아니라 사제의 목소리에서 신의 목소리가 흘러나오고 성물
에 온전히 믿음이 담겨 있다고 믿는 가톨릭 신자처럼 꿈을 꾸는 것이
다. 당연한 말이지만 패닉에 빠진 주체는 가톨릭 신자이고, 지금 우리
는 또한 구교도처럼 행동하는지도 모른다.

　　마르크스가 누차 강조하듯이 화폐는 결국 상품으로부터 출현
한다. 따라서 최근 많은 인류학자나 문화학자, 사회학자, 나아가 급진
적인 좌파 이론가들이 역설하듯 화폐는 단순히 상징이나 표상이 아
니다. 그들은 화폐와 신용을 국가에 의해 보장되는 하나의 사회적 약
속,[32] 순전히 회계 단위로서의 기능만을 지닌 교환의 표상 체계로,[33]
아니면 자기 지시적인 부정성의 기호記號[34]로 취급한다. 그렇지만 이
모든 화폐와 신용의 정치학은 화폐의 상품적인 성격을 부인한다. 물
론 그것은 상품으로서의 화폐가 존재하기 위한 결정적인 조건, 즉 화

폐는 사회적 필요노동을 측정하는 척도여야 한다는 점을 부인한다. 따라서 기호학과 정신분석학을 터득하고 포스트 구조주의에 밝은 이라면 누구나 기원적 본질이자 준거로서의 노동이란 대상을 상상하는 마르크스의 화폐론을 제거되어야 할 오점으로 취급한다. 그러나 그럴 때 남는 마르크스는 자본주의에 대하여 도덕적으로 분노하는 성난 인도주의적 지식인일 뿐이다.

가치척도로서의 화폐를 부인할 때, 화폐에 남는 것은 유통수단이나 지불수단, 축적수단의 기능뿐이다. 그렇지만 그러한 화폐의 초역사적인 기능으로부터 화폐의 자본으로서의 성격을 부인하는 것은 어처구니없는 결론만 낳는다. 화폐가 가상적, 상징적인 것이라고 역설하는 것은 난해하고 복잡한 철학적 반성을 필요로 하지 않는다. 일상생활에서 우리는 주머니 속에 사회적 관계를 넣어 다니면서 살고 있고, 그 주머니 속에 든 작은 종잇조각으로 무엇이든 살 수 있다고 믿기 때문이다. 그렇지만 그런 화폐물신주의가 은폐하는 것은 가격이라는 상품의 화폐적 현상 형태가 곧 사회적 필요노동 시간의 현상 형태라는 점이다. 마르크스가 겸손한 척 너스레를 떨며 자화자찬하듯이, 그가 정치경제학과 자신의 정치경제학 비판 사이의 차이는 바로 노동이라는 것에 '사회적 필요'라는 말을 덧붙인 것뿐이라고 말할 때, 그의 농담을 액면 그대로 받아들여서는 안 된다. 그것은 사실 자본주의의 내적 적대를 드러내는 급소이기 때문이다.

상품의 가치는 사회적 필요노동을 가리킨다고 할 때 우리가 주목해야 할 것은 추상적인 노동으로서의 노동, 즉 자본주의에 고유한 노동으로서의 임노동일 것이다. 그리고 이러한 노동은 당연히 임금노동자를 통해 이뤄진다. 그러나 흔히 오해하듯이 그것이 상품의 가치를 측정하기 위한 단위로서의 노동 일반을 가리키는 것은 아니다. 그러한 노동이란 존재하지 않기 때문이다. 우리는 역사적으로 특수한 자본주의적 노동을 다룬다는 점에 유의해야만 한다. 마르크스의 노동가치론으로 알려진 것은 투하노동설이 아니라 바로 그러한 노동의 가치화를 가능케 하는 조건에 대한 분석이다. 나아가 단순/복잡 노동이든, 아니면 탈물질화된 노동이든 노동 자체의 사회학적인 특성에 대한 관심은 오직 바로 그것을 노동으로서의 노동으로 구성하는 기원적인 폭력을 전제할 때만 가능하다. 물론 우리는 여기에 노동력을 상품화함으로써 그 상품의 가치, 즉 필요노동의 크기를 확정하는 폭력을 추가할 수 있을 것이다.

사회적으로 필요한 노동시간은 단순히 전체 노동시간을 평균한 값이 아니다. 자본주의에서 노동은 이중적이다. 선반 일, 재봉 일, 제빵 일처럼 특정한 사회적 쓸모를 가진 생산물을 만들어내는 활동으로서의 구체적인 노동은 언제나 어디에나 있다. 그렇지만 자본주의에서 노동은 추상적이다. 그 추상성은 모든 상품 사이의 교환을 가능케 하는 원천이다. 그리고 모든 종류의 상품이 교환될 수 있기 위해서는 하나의 예외적인 상품이 존재해야 한다. 물론 그 상품의 이름은 노동력이다. 그 상품의 가치는 전연 자명하지 않다. 그것은 순전히 경제 외적인 폭력을 통해 강요되고 또한 노동자 스스로의 저항을 통해 보장되거나 개선되어야 하는 것이다.

그러나 경제학은 오직 자본의 자기운동만을 알 따름이다. 죽어 있는 노동의 체현물로서의 자본은 결코 자신의 비밀을 알려주지 않는다. "노동의 사회적 성질이 상품의 화폐적 존재로서, 그리하여 현실적 생산 밖에 있는 하나의 사물(즉 화폐)로서 나타나는 한, 화폐공황─진정한 공황(산업공황)과는 무관하거나 진정한 공황을 격화시키는 것─은 피할 수 없다"고 마르크스가 말할 때,[35] 우리는 금융위기가 단순히 부의 총계보다 더 많은 화폐의 양 때문도, 도덕적인 해이나 투기적인 탐욕 때문도 아닌, 그 위기의 원인을 짐작해볼 수 있다. 그 위기의 원인은 노동이 부재하는 화폐와 신용의 자기운동 속에서 표상되는 경제의 세계다. 화폐를 낳는 화폐라는 물신적 환상은 이제 경제 운동을 정동의 운동을 빌려 표상하게 한다. 우리가 알고 있는 경제세계는 감정적 주체들이 요동치는 만화경과 같은 세계다. 그렇지만 금융위기는 금융을 통해 자신의 이윤을 늘려가려는 자본의 모험적인 여정의 몰락일 뿐이다. 그렇다면 화폐와 신용을 통한 자본주의적 모순의 격렬한 폭발, 아리기의 표현을 빌리자면 금융적 팽창을 통한 역사적 축적 체제의 몰락은 "공황과 낡은 생산양식을 해체하는 요소들을 촉진"[36] 할 수 있을까? 물론 그에 대한 답은 저절로 주어지지 않는다. 오히려 우리는 새로운 정동의 경제를 생산함으로써 그에 답할 조건을 가까스로 마련할 수 있을지도 모른다. 어느 노구의 전직 레지스탕스의 말처럼 지금 금융화된 신자유주의적 자본주의의 광란에 필요한 것은 "분노하라"이지 않을까.[37] 그러나 분노를 대신하여 우리가 목격하는 것이 분노의 정동이 아닌 환멸과 증오의 정동일 뿐이라면? 다시금 감정의 정치학이 필요한 이유도 아마 이 때문일 것이다.

2장

도덕감정

부채의식과 죄책감의 연대

김왕배

1. 도덕감정은 어떻게 실현되는가

당신들은 양심적인가? 이 질문을 받았을 때 약간의 떨림을 느낀다면 그 이유는 무엇인가? 즉 '양심'이란 낱말이 내적 긴장감을 유발하는 까닭은 무엇일까? 양심에 비추어 자신의 행위를 성찰한다는 말은 곧 개인에게 외재하면서 내면화된 도덕에 의해 자신의 행위를 평가함을 뜻한다. 일반적으로 내면화된 도덕은 개인이 속한 공동체의 집단 표상이기 때문에 개인의 자유분방한 욕구와 대립 관계를 맺고, 집단 표상을 위반하는 행위는 일탈로 낙인찍힌다. 외면적 통제 규준規準에 순응하지 못한 자신의 행위를 반성하고 부끄러워하는 감정을 결여했을 때 우리는 흔히 '후안무치厚顏無恥'하다고 하는데, 유교의 사단칠정론에 의하면 도덕감정은 곧 의義의 단서가 되는 수오지심羞惡之心에서 발로한 것이다.

도덕은 시공간의 맥락에 따라 집단 구성원들이 상호 작용에 의해 구성한 협약 체계로서 구성원들에게 부여되는 당위적인 행위 규범이다. 도덕은 개개인의 본능적 욕구를 억제하면서 그들을 공동체에 순응시키는 대가로 '안녕'과 '존속'을 보증해주는 일정한 지침으로 작용한다. 이 규준들이 시공간을 따라 구조화되고, 마침내 행위습속(아비투스habitus)으로 자리잡아가면 좀처럼 변하지 않으려는 도덕이 되는 것이다. 도덕의 지평은 그 강도와 가변성, 적용 범위의 차원에서 매우 다양한 형태로 구조화된다. 즉 개인이 속한 작은 집단에서의 역할 규범부터 시민사회의 행위 규칙, 이데올로기와 종교적 교리 등 다층화된 형태로 존재한다.

그런데 왜 도덕이 아니라 도덕감정인가? 이 글에서 내가 도덕보다 도덕감정에 주목하는 이유는 객관화된 추상적 범주로서의 도덕은 개개인 스스로의 반성 혹은 성찰의 인지 심리적 과정을 통해 실현된다는 점 때문이다. 다시 말해 객관화된 실체로 존재하는 도덕이 개개인에게 내면화되어 어떻게 행위 추동력으로 작동하는가에 관심이 있기 때문이다. 뒤에서 말하겠지만 이 감정은 특별히 타자에 대한 상상과 공감을 발현의 첫 단계로 삼는다. 도덕감정은 타자 공감을 출발로 하여 스스로를 수치스러워하고, 죄스러워하고, 경멸하고 분노하는 감정들을 복합적으로 지니고 있다. 도덕감정은 타자 지향의 공동체 의식을 바탕으로 형성된 복합 감정체이기에 자신과 타자를 제3자 입장에서 성찰하는 공감, 배려, 호혜 등 사회연대의 기초를 이루는 감정이 되기도 한다. 도덕감정의 타자 지향적 성격, 즉 대자적이고 공동체적인 속성 때문에 기본적으로 이 감정 속에는 공동체에 대한 부채와 감사, 그리고 이를 수행하지 못하는 것에 대한 죄책감이 하나로 얽혀 있다.

최근의 한국 사회를 도덕감정이 결핍되었다고 규정하고 이를 힐난할 수 있다면, 도덕감정을 절대적이고 보편적인 선이나 '옳고 그름'의 잣대로 여겨서가 아니라, 우리 사회에 타자성에 대한 성찰이 결여되어 있기 때문이다. 정치인은 정치인대로, 종교인은 종교인대로, 의사, 언론인, 교수 등의 전문가는 전문가대로, 일반 시민은 그들대로 모두 즉자적即自的이고 즉물적即物的인 자기 이해관계에 탐닉해 있어 타자 성찰을 골간으로 하는 공적 감정으로서의 도덕감정이 부재하기 때문이다.

　이 글은 도덕감정이 빈곤한 사회에 대한 문제의식을 바탕으로 도덕감정의 내용을 다뤄보고자 한다. 한국 사회에서 도덕감정이 빈곤해지는 이유, 다시 말해 도덕감정을 빈곤하게 만드는 사회 조건에 대한 세세한 논의는 차후 과제로 남겨둔다. 도덕감정의 빈곤을 설명할 수 있는 사회 배경과 중매 요인들에 대한 분석은 일단 미루어두고, 이 글에서 나는 도덕감정의 기저에 흐르는 단서의 감성에 주목해볼 것이다. 미리 말해두건대 도덕감정의 단서를 이루는 근저 감정은 부채의식과 감사, 그리고 죄책감이다.

2. 도덕감정을 구성하는 하위 감정들

　도덕은 추상적인 보편 가치로서 높은 수준의 규범 원리와 다양한 하위 행동 강령 체계를 의미한다. 예를 들어 의義를 행하라 했을 때 그 내용의 추상성에도 불구하고 대부분의 사회 구성원은 그 가치를 수긍하고, 그 기준에 맞춰 행위하며, 이를 어긴 사람들에게 여러 유형의 규제와 통제를 가한다. 그리고 그 가치 규범에 따라 스스로의 행동을 제어하기도 한다. 일반적으로 도덕은 그 사회의 옳고 그름을 평가하는 기준이 된다. 그러나 도덕을 종교나 윤리 등의 형이상학적 규범 논리처럼 보편적 당위성의 개념이 아닌 사회 통합의 객관적 규범 체계로 보는 사회학적 관점에서, 도덕은 일정 시기에 사회 구성원들의 합의에 의해 구성된 가치 체계로서 구성원들을 결속시키는 사회적 연대를 일컫는다. 구원이나 해탈과 관련된 종교적 신념 체계, 즉 초월적인 보편 윤리 수준의 규범 원리마저도 당대의 사회 구성원들이 합의하고 공유하는 도덕moral으로서 공동체에 대한 복종과 양보, 의무 등의 행위 동기를 부여하고 연대시키는 '사회적 실재'인 것이다(Durkheim, 1984).

그러나 현실에서 도덕은 구체적으로 다양한 수준의 규범을 지니고 있고, 하위 수준의 규범 체계일수록 상대적이고 가변적인 속성을 띤다. 도덕은 당대의 '바른 행실'을 지도하는 윤리, 혹은 의롭다고 규정된 행위 규범을 일컫지만 '무엇이 의로운가? 무엇이 바른 행실인가?' 하는 기준에 대해서는 시대에 따라, 그리고 사회를 구성하는 집단, 계층, 성, 세대 등에 따라 여러 각도로 해석되고 변화되어왔다. 도덕의 차원은 상황적 규범(행위와 상호 작용의 지침을 이루는 기대), 협동 단위의 규범(분업 체제 속에서 각 개인이 어떠한 지위에서 어떻게 행동해야 하는가에 대한 특정 기대), 제도적 규범(특정 제도 영역에서 개인들의 지위에 따르는 일반적인 기대), 사회 구성원들이 담지하고 있는 선악, 옳고 그름, 타당/비타당성을 규정하는 추상적이고 초超맥락적인 개념 체계 등으로 분류되기도 한다. 이처럼 도덕 코드의 수준은 매우 다양하고, 후자에 이를수록 평가적 내용의 강도는 세진다(Turner and Stets, 2007).

공동체에 습속화되어 있는 도덕은 그 구성원들에게 일정한 책무를 요구한다. 도덕은 넓게는 생활 규범으로서 사회화의 기제이기도 하며, 사람들이 상호 작용 속에 살아가게 하는 일상의 지식이 되기도 한다. 도덕은 타자를 인지하고 평가하는 잣대이며 자신의 행위를 조율하는 틀이다. 내면화된 도덕은 '아주 당연한 세계의 구성' 요인이 되어 슈츠Alfred Schutz가 말한 대로 생활세계를 살아가는 '레시피recipes', 즉 살아가기 위해 선대에 의해 만들어진 다양한 생활 방식, 기대, 역

할, 상호 작용, 언어, 기술 등을 망라하는 삶의 지침으로서 거의 무
의식적인 전형typification으로 작용한다(Schutz, 1975; 김광기, 2002,
2005). 이 무의식적인 내용 가운데 하나가 공동체에 대한 책무다. 영
웅 혹은 의로운 자들, 사회투쟁가들, 도덕 재무장 운동가들, 또는 극
단적 이타주의를 일컫는 '테레사주의자들'이 갖춘 것과 같이 높은 수
준의 도덕이 아니더라도, 일반적인 사회 구성원 모두가 '별달리 회의
하지 않고 묵묵히 지켜가는 규범 체계'가 존재한다. 그 안에는 서로가
자신의 책무를 지킬 것이라는 신뢰가 있다. 그 암묵적 규범 체계는 우
리 삶에 질서와 의미를 부여하고, 안녕을 보장한다. 도덕은 개인들의
자유분방한 개별적 욕망과 긴장 대립 관계에 있으면서, 또 어느 정도
부담으로 안겨지면서 동시에 우리의 상생 공존을 가능케 하는 지침서
인 것이다. 그렇기 때문에 비록 매우 하찮은 것일지라도 누군가가 도
덕을 어길 때, 우리는 그를 보고 질타한다. 예컨대 누군가의 교통위반
행위는 교통신호를 지키겠다는 사회 성원들의 암묵적 합의와 신뢰를
깨뜨린 것이기에, 즉 우리가 평상시 회의 없이 지키며 살아가던 규범
을 일탈한 것이기에 우리는 위반자를 보고 공분公憤한다. 이런 공분이
야말로 도덕감정의 표현이 아니겠는가?

도덕은 감정의 회로를 통해 실현된다. 도덕은 단순히 객관적으로
구조화된 실재가 아니라 객체−주체 간의 역동적 상호 작용에 의해 발
생하며, 이성적 판단의 기준을 제시하고, 감정에 의한 행위를 통해 실
현된다. 도덕이 객관적 대상으로 존재하는 표상이라면 도덕감정은 도
덕을 주객의 상호 교환적 차원으로 이해하고, 내재화된 도덕을 구체적
인 현실에서 적용하는 행위자의 실천적인 동적 개념이다.■1

일반적으로 도덕감정은 사회문화적인 관습, 전통, 맥락에 따라
전수되고 형성된다. 뒤르케임에 따르면 "도덕은 사변적이고 추상적

인 기하학이 아니며, 삶의 영역에 속한 것으로 사람들이 타자와 교류하는 구체적인 삶의 양식인 한에서 존재하는 것이다."(김종엽, 1998: 247) 한편 도덕감정이라는 고유명사에는 도덕의 속성 자체에 이미 도덕을 구성하는 요인으로서 다양한 감정이 존재한다는 의미가 들어 있기도 하다. 이성적인 정언명령이나 규범 원리인 도덕의 내면에는 상상, 공감, 부끄러움, 죄책감, 경멸, 분노 등의 감정 요소가 응결되어 있다는 것이다. 이러한 도덕감정은 비교적 오랜 기간을 통해 이뤄지는 객체와 주관의 상호 작용의 산물이라는 점에서 '구성적'이고 사회문화적이며, 사람들의 특정한 성향disposition이나 기질을 드러내는 아비투스로 기능한다.

그렇다면 도덕감정을 구성하는 감정들은 무엇인가? 도덕감정은 여러 개별 감정이 얽혀 있는 총체로서 매우 복합적이고 다면적인 속성을 지닌다. 도덕감정을 이루는 개별 감정들을 크게 긍정/부정의 두 범주로 나누어본다면 전자에는 동정, 공감, 감사, 신의 등이, 후자에는 부끄러움, 죄의식, 모멸, 경멸 등이 들어 있다(Turner and Stets, 2007). 그러나 도덕감정은 다양하게 대비되는 개별 감정으로 구성되

■ 일반적으로 감정을 "인간에게 가해지는 다양한 외부의 자극체(빛, 색, 소리 등의 자연적 자극으로부터 사회관계나 구조, 타자의 행위 등)로부터 발생하는 총체적인 오성적 반응"이라고 간단히 정의해보았을 때, 감정과 유사한 단어들만 나열해도 매우 다양하다. 감성, 정서, 느낌, 감상, 기분(영어로는 emotion, sentiment, affection, feeling, mood) 등 여러 어휘로 표현되는 이 감정은 각기 상황적 가변성과 내용의 차이성을 보인다. 감정은 객체화된 대상에 대한 주관성—흔히 감정을 이 주관성의 표피, 단순한 객체 인지認知 등으로 보는 경향이 강하다—혹은 주관적 반응으로 보기도 하는데, 이러한 주관성의 발흥을 마음으로 볼 것인지, 신경 시스템의 작용으로 볼 것인지 혹은 이 양자의 결합 과정으로 볼 것인지, 나아가 사회적 과정으로 볼 것인지에 대해 다양한 영역의 접근들이 부딪치고 있다. 예컨대 감정을 단순히 심리적 형태로 이해하려는 경향부터 감정을 일으키는 뇌하수체의 반응이나 작동으로 보려는 시각, 심리적 접근이나 생물학적 접근 등이 간과하고 있는 측면들, 즉 감정의 사회화, 감정의 법칙 혹은 규율, 감정의 사회문화적 요인들에 대한 사회학적 접근까지 다양한 시도가 있다.

면서도 이른바 '발현적 속성emergent properties'을 갖는 유기적 '감정 덩어리'이기 때문에 단일 감정으로 환원시킬 수 없다. 다만 어떤 구체적인 속성이 강조되는 것은 그것이 도덕감정이 발현되는 상황과 깊은 연관을 맺기 때문이다. 즉 특수한 상황에 따라 도덕감정의 한 측면이 강하게, 지배적으로 드러남으로써 발현적 속성을 대표한다는 것이다.

그러나 그 모든 속성을 발효시키는 도덕감정의 바탕 감정은 부채의식과 감사, 그리고 죄책감이다. 그와 같은 감정들의 연결점에는 타자 성찰, 즉 공감이 놓여 있다. 객체화된 도덕은 공감의 타자 성찰 과정을 통해 타자를 내면화하며, 내면화된 자아를 통해 자신의 행위를 성찰하고 조정한다. 부채의식과 감사, 죄책감은 모두 이 타자 성찰의 공감이 전제될 때 생겨난다. 이렇게 형성된 도덕감정은 개인들을 공동체에 접착attachment시키는 사회연대의 기능을 담당한다. 공동체의 집합 의지에 반反하는 개인 본능의 억제와 조율, 이탈자에 대한 처벌과 배제를 통해 공동체의 유대를 존속시키는 것이다.

타자 성찰을 출발로 하는 부채의식, 감사, 죄책감을 논하기에 앞서 '공감과 연대'와 관련된 도덕감정론의 두 계보를 살펴보자.

3. 도덕감정론의 계보

도덕감정은 타자 지향의 태도로부터 생겨난다. 타자 지향적 태도는 타자 입장에 서서 나를 객관적으로 바라봄을 뜻하기도 한다. 즉 이것은 일방적 관계가 아니라 교호적 관계이며(나로부터 타자로 지향하는 나→타자뿐 아니라 타자가 나를 지향하는 타자→나), 이 과정을 통해 타자는 내 의식 속에 존재하게 된다.■ 사회심리학자인 쿨리

Charles Cooley는 이런 식으로 형성된 자아를 "거울 자아"라고 불렀다. 거울 자아란 내 안에 타자가 존재해—결국 그 타자는 익명적인 사회다—그 타자의 거울을 통해 나를 들여다볼 수 있게 한다. 자아를 생물학적 현상이 아닌 사회적 과정의 산물로 본 미드는 이러한 거울이 되는 타자를 일반화된 타자generalized others라 일컬었다(Mead, 1934; 하홍규, 2011). 자아self는 주관적 자아I와 객관적 자아ME로 구성되는데, 바로 객관적 자아는 사회적 관계를 통해 형성되는 자아로서 미드는 이러한 객관적 자아가 상징(언어)을 통한 상호 작용의 사회적 과정을 통해 형성된다고 본다. 예컨대 아이들이 소꿉장난을 하면서 타자의 역할을 맡아보게 되고, 그러한 놀이를 통해 타자 이해를 하는데(즉 타자 입장에서 자신을 들여다보게 되는데), 이 타자가 익명의 일반화된 타자로 발전해 그를 통해 자신을 바라봄으로써 자기 행위를 조절하고 통제하는 자아를 발전시킨다는 것이다.

도덕감정은 바로 이러한 상호 관계성을 통해 형성된 객체적 자아의 일부다. 상호 관계성과 타자 성찰성을 지니고 있기에 도덕감정은 기본적으로 집단 구성원들의 공감에 기초하고, 개인을 공동체에 결착시키는 연대의 기능을 한다.

도덕감정과 공감의 원리

도덕감정을 기본적인 사회관계로 인식하면서 정치경제학의 근본을 세운 애덤 스미스는 '인간에게는 태어나면서부터 타인의 고통, 슬픔, 기쁨 등 감정을 이해할 수 있는 상상력이 내재해 있으며 이 상상력의 작용으로 타자의 처지를 이해하고 감정을 공유한다'고 말한

■ 자아의 타자성은 헤겔이 쓴 『정신현상학』의 대자적 자아 개념 속에서도 잘 나타나 있다.

다. 아무리 난폭한 사람이라도 타인의 고통이나 불행을 보면 그 상황을 공유하는 감정을 지니고 있다는 것이다.[■] 타자를 이해하는 상상력은 단순한 공상이 아니다. 감정이 철학사에서 지성보다 하위에 놓여 있었던 것처럼 지각의 의사적pseudo 재현 능력 혹은 자의적 공상 능력으로서의 상상력도 비록 이성보다 열등한 것으로 여겨져왔으나, 감성과 지성을 매개하는 것, 또는 지성을 선취하는 창조적 능력으로서의 상상력은 칸트에 의해 재조명되었다. 그리고 칸트와 동시대인이었던 애덤 스미스 역시 이 상상력의 중요성을 간파했다.

> 상상의 작용에 의해 우리는 자기 자신을 타인의 입장으로 바꾸어놓고 (⋯) 말하자면 타인의 신체에 이입하여 어느 정도 그 사람과 동일한 인격이 됨으로써, 그 인간의 느낌에 관한 모종의 지식, 즉 그 인간이 느끼는 감정과 완전히 다르다고 생각하지 않는 어떤 종류의 감각을 느끼게 된다(스미스, 2009: 25).

즉 인간은 타자 입장에 서서 그를 이해하고, 나아가 객관적으로 나를 바라보는 역지사지의 역량을 지니고 있다. 즉 인간은 상대편 입장에서 상상력을 동원해 타자의 감정과 의도를 이해할 수 있다는 것이다. 이는 감정이입과 추체험의 과정을 통해 상대의 행위 동기를 이해할 수 있다고 본 딜타이의 '해석학'이나 베버의 '이해적 방법verstehen'과 유사하다(딜타이, 2002; Weber, 1949).

이러한 역지사지의 상상력이 '공감'이다.[■■2] 그러나 그 공감의 능력은 타자 이해만을 뜻하진 않는다. 온전한 이해는 또한 타자 입장

[■] 맹자의 측은지심惻隱之心과도 유사하다.

에 서서 자신을 내다보는 것으로, 자신의 행동거지(감정과 행위)에 대해 그 적정함을 판단하고, 또한 그 적정선에 따라 감정과 행위를 조율하며 통제하는 것이다(Barbalet, 2005).

여기서 중요한 것은 '어디까지의 공감'인가 하는 그 적정선이다. 내가 타자 입장에서 봤을 때 충분히 그의 행위(감정)가 이해되고 결과를 수긍할 수 있다면, (또한 타자 입장에서 내 감정을 보았을 때 타자가 수긍할 것이라는 판단이 선다면) 내 감정 행위는 옳은 것이다. 즉 내가 상상의 방관자인 제3자 입장에 서서 나의 혹은 타자의 감정 상태를 '시인'할 때 그 공감이 바로 도덕감정이 된다. 따라서 도덕감정이란 "나와 타자의 행위를 제3자인 방관자 입장에 서서 이해해보고 그것이 적정하다고 인정되는 공감"이라고 할 수 있다. 이 공감이 옳고 그름 혹은 수용과 비非수용을 판단하는 도덕적 기준이다.

스미스에게 도덕감정은 그의 스승인 허치슨Francis Hutchson이 말한 이타심이 아니며 계몽주의적 경건성을 담고 있지도 않다. 비록 이기주의적 행위라도 그것이 제3자 입장에서 공감된다면 그 행위는 도덕적인 것이다. 테레사 수녀처럼 모든 것을 타자를 위해 내어주는 헌신적인 태도는 존중할 수 있고, 공감할 수도 있다. 하지만 가장이 처와 자녀의 안녕을 저버리고 타자를 돕는 이타적 행위는 '시인'하기 어렵고(즉 공감하기 어렵고) 그렇기에 도덕적으로 바르다고 말할 수 없다. 오히려 처와 자녀를 위해 타자에게 관심을 두지 않았을 때, 그의 이기심이 그럴 수밖에 없는 것이라고 공감된다면 그것은 도덕적으로

■■ 물론 스미스의 도덕감정론에서 등장하는 sympathy를 공감으로 볼 것인가 동정으로 볼 것인가에 대해 논의의 여지가 있다. 심리학자들은 sympathy와 empathy를 동정과 공감 혹은 동감으로 구분한다. 후자는 남의 처지를 이해하는 데 머무르지만, 전자는 단순한 이해를 넘어 남의 처지를 안타까워하고 도와주려는 이타적 감정까지 포괄한다.

바를 수 있다(스미스, 2009).

　　앞서 말한 바처럼 도덕감정이 타자를 돕고 자비로움을 베풀어야 한다는 이타심으로 곧장 연결되진 않는다. 도덕감정은 타자의 입장을 이해하고 그 위치에 서서 타자와 자신을 평가하며, 그 평가의 적정선을 공감할 때 생겨난다. 애덤 스미스는 흔히 이기심을 옹호한 학자로 평가된다. 하지만 그가 말하는 이기심이란 타자(제3자) 입장에서 공감이 가는 한도 내에서의 이기심이므로, 타자의 이해를 해친다거나 타자에 대한 몰이해적 태도와는 거리가 멀다. '인간이 소유한 이기심대로 행동하라. 그러나 타자 입장에 서서 공감될 수 있는 이기심을 보여라. 결국 자기 필요를 해소하려는 이기적인 욕구를 서로 간의 교환 행위를 통해 잘 해소할 수 있다면 그것이 곧 공동선善을 이루고, 그 공동선이야말로 전체의 도덕이 되지 않겠는가'라는 것이 그의 생각이었다.■

　　애덤 스미스의 흥미로운 통찰은 이와 같은 이기심의 교환을 통해, 즉 이기심이 상호 작용하는 사회 관계망을 통해 공동체적 선을 이룰 수 있다는 점이다. 시장은 바로 이러한 교환을 통해 공동선을 완성시키는 장場이다. 내가 필요한 것을 충족시키기 위해, 즉 나의 필요 해소라는 자리自利의 의도로 생산물을 타자와 교환하고, 타자는 그 자신의 자리를 위해 그가 생산한 것을 교환한다(박영주, 2004; 박순성, 1994; 전주성, 2006). 이것이 곧 상품 교환인데, 교환 메커니즘의 총체인 시장은 '보이지 않는 손'에 의해 조절되고 작동되는 것이다. '보

■ 이러한 그의 생각은 최대 다수의 최대 행복에 기초한 공리주의나 실증주의적 과학주의와는 차이가 있다. 나는 그의 이기심을 자리自利로 표현하는 것도 타당성 있어 보인다고 생각한다. 이기심이라는 표현 자체는 자신에게만 도움이 되는, 혹은 자기 이해관계만을 위해 타인의 입장을 무시하는 태도와 행위라는 뉘앙스가 강하기 때문이다.

이지 않는 손'은 신으로부터 부여받은 자연권적 권리이므로 국가는 그 작동의 메커니즘을 훼손시키지 말고 시장활동을 원활하게 할 수 있는 다양한 조건(시설 제공과 치안 담당 등)을 확보하는 데 그 역할을 제한하라는 것이 그의 요청이었다.

이처럼 공감에 기초한 도덕감정은 시장경제에 기초한 자본주의를 떠받드는 원리로서 스미스의 '자본주의 정신'이라 부를 수 있다.■ 절제와 근면, 공정하고도 자유로운 경쟁, 인간 저변에 깔린 자리적 이기심에 의해 운영되는 자본주의 체제가 타자를 이해하고 타자 입장에서 스스로를 판단하는 공감, 즉 도덕감정에 의해 운용된다면 가히 신의 은총이라 볼 수 있지 않겠는가?

'집합 의식'으로서의 도덕감정

전체론적 존재론과 방법론 때문에 뒤르케임의 사회학은 구성 요원으로서의 개인들을 무시한 것처럼 보인다. 하지만 그의 궁극적인 관심사는 사회적 실재가 개인들과 어떻게 엮이는가, 개인들의 내면세계에 사회적 실재가 어떻게 체화되는가를 밝히는 데 있었다고 본다. 알렉산더가 지적한 것처럼 그 역시 구조라는 거시와 개인이라는 미시를 연계시키려 한 학자였다(Alexander, 1982). '도덕적 개인주의'라는 말이 그의 의도를 잘 대변해주듯이■■3 개인의 심리 속에 내면화된 사회적인 실재, 결국은 사회적인 개인 혹은 공동체적 개인을 염두에 두었다는 것이다. 그렇기 때문에 뒤르케임은 도덕을 논할 때에도 개인과 동

■ 애덤 스미스의 도덕감정론은 베버가 말한 프로테스탄트 윤리와 자본주의 정신이 선택적 친화력을 맺는 것처럼 자본주의 시장의 정신과 친화력을 형성한다고 말할 수 있다.
■■ 사회의 모든 현상 뒷면에는 바로 사회적 실재로 존재하면서 공동체 연대를 가능케 하는 '도덕'이 놓여 있다. 이것이 그의 사회학을 '도덕과학'이라 부르는 이유다.

떨어져 외재하는 실체로서의 도덕 그 자체를 보고자 했던 것이 아니라 개개인 마음속에 내면화된 사회적 실재로서의 도덕을 보고자 했다.

그런데 뒤르케임 역시 외재하면서 개인의 행위를 제약하는 그 무엇은 행위들의 양식 또는 감정임을 지적하고 있다. "개인에 외재하면서 개인의 행위를 통제하는 행위 양식 또는 감정"(김홍중, 2011: 44)이라든가, 앞에서도 인용했지만 "도덕은 사변적이고 추상적인 기하학이 아니며, 삶의 영역에 속한 것으로 사람들이 타자와 교류하는 구체적인 삶의 양식인 한에서 존재하는 것이다"(김종엽, 1988: 247)라는 표현들은 도덕이 감정으로서 작동함을 의미한다.▪

뒤르케임이 집합 흥분과 열정, 나아가 의례와 종교, 법 등의 측면과 도덕을 연관시키려 했다는 점에서 그의 관심은 도덕이라기보다는 차라리 도덕감정이라고 명명해도 무방할 것이다.⁴ 분명히 도덕은 사회 구성원들이 보유하고 있는 옳고 그름(선/악)의 판단 기준이고 범주다. 인간의 정신 구조 속에는 '성聖과 속俗'이 있고, 이 성과 속의 유형은 결국 인간이 부여한 것이면서 동시에 인간은 이 범주의 개념을 가지고 사물을 대한다(최종렬, 2007). 도덕은 성 범주에 속하는 동시에 평가적이다. 예컨대 도덕은 그 내용이 무엇이냐보다는 객관적 상황(자신과 타자의 행위)에 대해 가치판단을 내리는 형식적 개념 범주로서 그 내용은 각각 시공간적인 사회 맥락에 따라 공동체 구성원에 의해 채워진다. 그렇기 때문에 도덕은 그 내용보다는 형식 범주로서, 사회 구성원들의 공동체 의식의 표상이다. 공동체 의식은 습관, 규범, 계율, 법이 되고 각각의 규준에 따라 인정과 불인정, 배제와 처벌, 그리

▪ 물론 도덕감정은 도덕과 별개의 실재로 '개인 저 너머에 존재하면서 개인에게 내면화된 실재'라고 주장할 수도 있겠다. 이 부분에 대한 논쟁은 차후 과제로 남겨둔다.

고 포섭과 유대가 생겨난다. 이 공동체 의식의 표상인 도덕은 각 구성원을 묶어주는 가치 규범 체계인 것이다(김종엽, 1998). 그러나 이 규범 체계가 개개인의 외부에 있으면서 내재화된 것으로 존재한다는 점에서 도덕은 개개인에 의해 감정화되어 있을 때, 즉 도덕감정으로 나타날 때 그 존재의 힘이 증명된다.

뒤르케임은 특히 감정을 소유한 인간이 어떻게 집합적인 사회질서 속에 편입되는지에 관심을 두었다. 인간 군상의 집합 흥분은 특정한 사회적인 상징질서에 대해 개인들이 신체적인 열기를 뿜어대는 동력이 되기도 한다. 그뿐 아니라 몰사회적이고 비非공동체적인 개개인의 욕구와 감성으로부터 공동체를 보호하기도 한다. 즉 개인들의 개별적인 이기적 감정이 공동체에 간섭하는 것을 허용치 않는다. 예컨대 축구장의 열기를 떠올려보라. 그곳에서 뿜어져 나오는 열기에 모든 개인이 흥분하고 열광한다. 개개인의 고유 감정은 사라지고 집합 흥분이 전체를 아우른다.

공동체의 집합 흥분(또는 집합 열정collective effervescence)은 신체적 힘의 요소somatic component로서 강력한 열정을 지닌 개인 존재와 연결되어 있다. 집단과 개인을 강력하게 밀착시키는 것은 바로 이와 같은 집합 흥분이다. 이 집합 흥분은 타자와 함께 세계에 대한 의미를 공유하고, 공통의 감정을 나누며 타자에 대한 인식을 제고할 수 있게 함으로써 도덕감정을 고양시킨다. 혁명적 시기의 형제애를 상상해본다면 짐작이 갈 것이다(Shilling, 1997). 예컨대 1987년 6월 민주화 운동이 일어났을 때 데모대에 의해 점거되었던 시청 앞 광장의 열기를 떠올려보자. 1980년 광주 민주화 항쟁기 그 짧은 며칠 동안 광주는 들끓는 형제애의 공동체로서 집합 흥분에 의한 해방구였다.

개인들에게 분배된 집합 열정은 '사회성sociality을 위한 접착체'

가 된다. 집합 열정은 개개인으로 하여금 공동체의 상징적 의미를 공
유하게 함으로써 그들을 사회질서에 순응시키는 힘으로, 때로는 저항
에너지로 작용하기도 한다. 뒤르케임은 개개인이 얼마나 강력하게 사
회에 결속되어 있으며, 다른 한편 사회와 모순적 충동을 일으키는지,
그러한 사회 조건이 무엇인지에 대해 천착했다. 한마디로 그의 관심사
는 사회, 즉 도덕적 질서에 대한 개인들의 감정적 결착attachment이었던
것이다(김종엽, 1998).

그러나 그가 기술한 모든 개인을 총체적으로 접착시키는 집단 열
기는 부족사회 정도에서나 가능한 것이었다. 혹은 전쟁 시기 국민국가
가 형성되는 민족주의 시대, 혁명 시기 정도일 것이다. 산업화로 인한
분업의 증대는 부족사회의 기계적 결속관계를 가능케 했던 집합적 열
정을 급속히 감퇴시켰다. 더구나 다원화된 이해관계와 행위 양식을 지
닌 사회에서 개인 모두를 아우르는 열기를 찾아보기는 더 힘들어졌다.
열정은 또한 합리성을 추구하는 관료제에 의해 길들여지고 일상화되
거나 특정 공간으로 그 영역이 제한되었다. 현대사회에서 열정은 특정
집단들에 의해 분절화되거나 순치된 형태로 나타난다. 예를 들어 스포
츠 마니아들의 열정, 대박을 꿈꾸는 집단의 투기 열기, 특정 종교 집단
의 광신, ~마니아 집단의 애착 등 일상화되고 분절화된 맥락에서 집
합 열정이 작용할 뿐이다. 집합 열정이 사라지면서 개인들은 결국 사회
와의 결속을 상실하고, 대안을 찾지 못한 사람들은 도덕의 진공상태인
아노미 상태로 빠져들며, 그 일부는 스스로 목숨을 끊는다.

그렇다면 무엇이 대안이 될 수 있겠는가?[5] 반복하지만 전체 사
회 차원에서는 더 이상 부족사회류의 집합 열정을 기대하기 힘들다.
산업화로 인해 구조적 분화가 촉진되고, 글자 그대로 서로 다른 이해
관계와 세계관을 지닌 다원사회가 되었다. 여기서는 공동체 감정 대

신 느슨한 연대를 통한 느슨한 감정의 공유, 집합적 흥분 대신 집합 양심 또는 집합 의식이라 부를 만한 사회화된 열정을 기대할 수 있다. 열정으로 느껴지지 않는 '제도화된 열정'! 이것이 곧 뒤르케임이 말한 유기적 연대의 도덕으로 작용할 것이다.

물론 뒤르케임의 집합 흥분은 현대사회의 제한된 영역에서 여전히 강렬하게 존재한다. 특정 종교 집단의 부흥회나 절기에 따른 의례는 열정의 기억을 주기적으로 되살린다. 노마딕한 공동체 성원들의 동호회적 열기, 스포츠 열기, 사회운동가들의 열정은 꾸준히 남아 적어도 그들 공간에서 도덕감정으로 존재한다.■■6 이른바 '도덕감정의 국지화' 현상이 일어나고 있는 것이다.

결국 사회화되든 교육을 통해 재생산되든 사회가 살려면 도덕감정으로서의 집합 열정은 살아남아야 한다. 사회화된 열정, 즉 개인들 마음속에서 신념, 전통, 집단에 대한 열망마저 소멸된다면 사회는 죽는다!(Shilling, 1997: 212) 집합 열정이 혁명기가 아닌, 일상화된 소비 사회에서 어떻게 가능할 것인가?■■■7

■ 메스트로비치Mestrovic는 이를 서구의 발카니제이션화로 묘사한다. 발칸 반도의 혼란에서 보는 것처럼, 합리적 기획을 강조하는 서구식 근대화는 사람들의 탈합리성, 또는 새 세상에 대한 희망의 열정이 폭력으로 전환되는 이른바 反사회적 열정을 고려하지 못하고 있다는 것이다.

■■ 그 열정이 일상화된 영역에서 상호 작용의 의례들을 통해 나타난다고 논의를 확장한 이가 콜린스였다.

■■■ 다른 측면이긴 하나 기든스 등이 최근 주목하는 친밀성을 보자. 그는 "하이모더니티"의 속성으로 성찰성을 꼽는다. 인간의 감정은 성찰적으로 모니터된 의사소통의 행위다. 이러한 감정의 의사소통은 거대 관료제 사회에서 진행되는 몰인간화, 기계화, 관료제화에 대한 반발로 등장한다. 복지국가의 관료제화, 소비사회의 파편화된 인간관계를 대신하여 돌봄 노동, 머더링, 친밀성의 시티즌십 등 새로운 의사소통의 감정 유형이 등장하고 있다는 것이다. 물론 이러한 감정 유형은 소비주의와 함께 나타나 친시장성을 갖기도 한다.

4. 부채의식과 감사 그리고 죄책감의 순환

부채의식

도덕감정이 제3자 입장에서 자신과 타자의 행위를 성찰할 수 있는 공감의 상상력에 기초하고 있다는 점에서, 그리고 이에 기반한 교환 행위가 공동선을 이룬다는 점에서 애덤 스미스는 '시장의 정신으로서의 도덕감정'을 논했다. 뒤르케임은 집합 열정이든 제도화된 집합 양심이든 개인을 사회 공동체에 결속시키는 집합 의식으로서의 도덕감정을 고민했다. 이들 도덕감정론을 관통하는 내용을 한마디로 말하자면 도덕감정의 조건은 타자 지향 혹은 타자 성찰의 사회성이다. 그렇기 때문에 도덕감정의 외재적 표출은 단순히 개인의 내면적 감정 상태가 아니라, 그가 속한 공동체에 대한 사회적 책임의 실천, 즉 헌신과 보답 의식 및 행위로 나타난다. 이 의무는 일방적인 것이 아니라 종종 호혜적인 성격을 갖는다. 즉 개인이 사회나 공동체에 대해 의무 이행을 하는 대신 사회로부터 권리를 보장받는다는 것인데, 이는 기본적으로 사회에 대한 부채관계에서 비롯된다.

> 뒤르케임의 의무에 관한 담론은 개인의 사회적 채무social debt로 개념화되었다. 사회적 책무란 인간의 사회적 성취가 항상 전체 사회 체계의 작용을 전제하기 때문에 개인은 그 빚을 사회에 갚아나가야 한다는 것이다. 그리고 이에 대응하여 사회는 전체 성원의 복지 향상에 관심을 기울여야 한다는 것이다. 이런 정신에 입각할 때 연대의 장으로 설정된 사회는 국가 행동의 규범적 조절의 이념이 되는 동시에 개인의 시장 행위를 사회의 규범적 행위에 종속시키는 이념이 된다(김종엽, 1998: 203).

호혜적이긴 하나 개인 입장에서 보면 기본적으로 개인은 사회에 대해 채무자 입장에 설 수밖에 없다. 도덕감정은 타자 혹은 공동체에 대한 채무자의 부채의식으로부터 시작된다. 흥미롭게도 니체는 인간의 기본적인 관계를 채권자와 채무자 사이로 설정하면서 도덕과 양심의 계보를 설명한 바 있다. 헤겔의 주인과 노예의 변증법을 연상케도 하는데, 양자는 적대적이면서도 긴장된 관계, 다른 한편으로는 감사와 보은의 관계를 맺고 있다.

채무자는 빚을 진 자로서 채권자에게 이를 갚아야 할 도덕적·법적 의무가 있고, 채권자는 당연히 빚을 받을 권리를 지니며, 만약 채무자가 빚을 갚지 못할 경우 "셰익스피어의 『베니스의 상인』에 나오는 고리대금업자 샤일록처럼, 채무자의 살덩이라도 떼어갈 권리"가 있다(니체, 2005: 79). 채무자는 빚이 청산되지 않는 한 숙명적으로 채권자의 노예로 남을 수밖에 없다. 그런데 그 채권자가 신神이라고 한다면, 그 빚은 아무리 갚으려 해도 갚을 수 없고, 갚지 못하는 채무자의 번민과 죄스러움은 영원히 남아 있을 수밖에 없다. 빚을 탕감받는다 해도, 아니 오히려 탕감받았기 때문에 그 부채의 흔적은 무한 감사의 마음으로 전이된 채 남는다. 도덕감정은 바로 이러한 부채의식의 산물이고, 양심은 이 부채의식을 스스로 마음속으로 느끼는 것이다.

부채의식은 이어 감사, 즉 보은의식을 동반한다. 부채를 졌으니 당연히 갚아야 하고, 그 부채 때문에 '나'의 존재가 가능했다면 채권자에게 한없이 감사할 뿐이다. 채권자가 빚을 탕감해주었다면 나는 더할 나위 없이 보은을 드려야 하며, 무한 감사의 심경에 이르면 채무자인 나는 더 이상 내게 속하는 것이 아니라 채권자의 것이다. 이것은 마치 신실한 기독교 신자가 신에게 드리는 고백과도 같다. 즉 예수께서 내 죄를 대속해주셨으니, 나는 영원히 빚진 자로서 그에게 속해 있는 채무자이며, 내가 이 세상에서 아무리 빚을 갚으려 해도 다 갚을 수 없다. 밤낮을 깨어 헌신하고 충성하고 기도한다 해도 과연 그에게 진 빚을 갚을 수 있을까?

그 부채의 대상을 '부모'로 치환시켜 "날 낳으시고 기르신 부모의 은혜를 갚을 길 없으니 효孝를 다하여 천분지 만분지 일이라도 갚는 것이 도리임"을 강조한 것이 유교다. 부채 대상이 민중이라고 한다면 민중을 향한 부채의식은 민중주의로 나타난다. 이 부채 대상을 국가로 본다면 그에 대한 보은의식은 '국가주의'로 등장한다. 국가와 그 통치체의 내용인 국민(민족)은 개인에 절대적으로 우선하기 때문에 개인의 존재와 삶의 의미는 초월적 집합체인 국가의 존립과 번영에 달려 있다. 국가는 진선미眞善美의 응결체로서 '나'는 국가에 빚을 진 자이니, 국가에 충성하고 헌신하여 은혜를 갚아야 한다. 이러한 국가주의에 유교주의의 효가 더해지면 매우 독특한 부족적 국가주의가 탄생한다. 부모가 날 낳고 기르듯 국가는 부모와 같아 날 낳았고 길렀으니, 부모께 효를 다하듯 국가에 충성을 바쳐야 하며, 국가와 나는 운명 공동체로서 국가의 중흥이 곧 나의 번영이 된다. 국가가 구체적인 현실 인격체로 우리 앞에 현현하여 통치자가 된다면 그는 국부國父이고, 그의 아내는 국모國母가 된다. 일본의 천황제 국가는 더욱 기묘한 형태로 그들의 국민 앞에 등장했다. 이른바 부채의식의 이데올로기화가 진행되는 것이다.

이처럼 부채의식은 그 내용이나 강도에서 다양한 편차를 보인다. 여기서 그 다양성을 모두 논할 수는 없지만 '사회 구성원들에게 정상성'의 범주로 공유될 수 있는, 즉 사회와 개인 간의 관계 설정으로부터 비롯되는 일상적 채무자 의식 수준에서 발생하는 부채의식에 초점을 두기로 한다. 다시 한번 던지는 질문은 '부채의식은 어디에서

오는가?' 하는 것이다. 잠정적으로 나는 그 대상을 나와 타자 대상의 응집체인 '생활세계Lebenswelt'로 상정할 것이다. 모든 것을 괄호 안에 넣고도 남는 실존세계로서의 생활세계, 선험적으로 타자 지향의 사회관계가 얽혀 있는 그 세계 속에 내가 필연적으로 존재하기 때문이다. 간단히 말해 내 존재는 너와의 상관성 속에 존재한다는 매우 명료한 실존적 사실 때문이다. 이것은 개개인의 선호 문제가 아니며 선악의 문제도 아니다. 현상학자들이 말하는 것처럼 전前 과학의 세계, 즉 인간의 생동 욕구가 원초적으로 녹아 있는 공간, 그래서 사람들이 아주 당연한 세계로 인식하는 생활세계 속에서 '타자들과 관계하는 존재'이기 때문이다. 내 존재 자체가 타자들과의 일상적 관계, 역사적으로 우리 선조들이 만들어놓은 습속에 기반해 있을 수밖에 없기 때문이다. 그러므로 그 생활세계는 선험적으로 '나에게 긴장과 부담을 주는 부채의 대상'이 된다.

감사

부채의식의 대상을 일단 뒤르케임을 따라 내가 속해 있는 공동체나 사회라고 가정해두자. 이 부채의식은 감사를 불러일으키고, 감사의 행위는 '기본적으로 인격의 교환'으로 표현된다. 감사는 법률적 강제성과는 다른 차원의 상호 작용이며, 그 상호 작용의 균형을 유지해주고 매개 역할을 하는 감정이자 행위다. 이 매개를 사회관계의 '끈'으로 묘사한 짐멜George Simmel은 감사로 맺어지는 상호 작용은 물적 교환이 아니라 '혼'의 교환이며, 먼저 주는 쪽에서 항상 자발적 우월성을 갖게 된다고 말한다. 타자에 대한 '신세 짐'이 타자의 자발적 행위에 기인한다면 그 감사는 더욱더 도덕적 성격을 지니게 된다. 그는 감사의 사회적 속성을 다음과 같이 설명한다.

감사는 받은 것에 대한 충분한 응답은 있을 수 없다는 의식과,
받는 사람의 영혼과 주는 사람의 영혼을 영구한 관계에 있도록
해주는 그 무엇인가가 있다는 의식이다. 우리가 다른 사람으로
부터 감사할 만한 가치가 있는 것을 받은 경우, 그가 우리보다
앞서서 행했다면 우리는 어떠한 반대급부나 서비스로도—설령
이것이 우리가 받은 것보다 법적으로나 객관적으로 우월하더라
도—이에 완전히 응답할 수 없다. 왜냐하면 앞서 이루어지는 급
부나 서비스에는 그 대가로 이루어지는 반대급부나 서비스에는
존재하지 않는 일종의 자발성이 포함되어 있기 때문이다. 다시
말해 우리는 이미 그에 대해 응답해야 하는 도덕적인 의무를 지
고 있기 때문이다(짐멜, 2005: 182).

먼저 주는 쪽은 항상 상대의 보답 행위가 가질 수 없는 자유를
지니고 있다. 반대급부는 완전한 자유가 없기에 '속박의 색채'를 띠며,
그 상황에서 벗어나는 것은 도덕적으로 용납되지 않는다. 감사야말로
아마도 모든 상황에서 도덕적으로 요구할 수 있고 행할 수 있는 유일
한 감정 상태일 것이다. 감사는 서로를 얽히고설키게 하는 실타래 역
할을 함으로써 보편적 의무의 분위기를 형성한다. 극히 "미세하지만
무한하고 질긴 실타래로서, 하나의 사회적 요소를 다른 요소에 연결
시키고 이를 통해 궁극적으로 모든 개별 요소를 견고하게 전체 사회
적 삶의 형식에 연결시킨다."(짐멜, 2005: 184) 감사는 대면적으로나
익명적으로 사회연대를 가능케 하는 속성을 지니고 있는 것이다.

무한대적 순환의 감사 교환은 모스Marcel Mauss가 말한 선물 교
환, 그리고 사회인류학자들이 트로브리안드 군도에서 발견한 익명적
이고 일반적인 호혜적 교환관계와도 유사하다(모스, 2002; Sahlins,

1972; Gregory, 1982; 김상준, 2008; 김왕배, 2011; 박정호, 2009; 이재혁, 2011). 감사의 보답이 순환하다보면 공동체의 관계로 구조화되고, 이 상황에서는 원래 채무자였던 내가 또한 누군가에게 채권자가 된다. 채권—채무의 연계 순환, 빚진 자이며 빚을 준 자로 남는 상황이 연출되는 것이다.

현대 심리학자들 역시 긍정 감정으로서 감사의 사회적 기능에 주목했다. 부정적 감정, 예컨대 불안, 분노, 우울, 혐오 등의 감정은 그것을 불러일으키는 대상에 대해 정해진 반응—이를 협소 반응 narrow response이라 부른다—을 보이는 반면, 감사와 같은 긍정 감정은 되갚음에 대해 다양한 방식을 기획함으로써—이를 생성적 반응 creative response이라 부른다—감정의 흐름을 더욱 확장시키고 구축한다는 점을 지적한다(Fredrickson, 2004). 이른바 확장—구축 이론은 감사와 같은 긍정 감정이 당사자뿐 아니라 주변으로 확장되고 전파됨으로써 그 긍정 효과를 높이고, 상대가 순환을 거듭해 무한대의 익명적 타자가 되면 결국 사회 전체에 감사의 감정이 구축된다고 주장한다. 감사는 도덕의 측정 지표moral barometer, 도덕적 동기, 도덕의 강화 역할을 한다. 감사는 "타자가 의도적으로 내 복리를 증진시키는 행위를 인지했을 때, 즉 이타적 행위를 했다든가 혜택이나 선물을 받았다든가 했을 때 발흥된다." 그리고 감사하는 이는 그 혜택을 받은 만큼만 보답하지 않고(다시 말하면 감사는 tit for tat 관계가 아니다) 이를 확장시킴으로써 준準사회적 행위로 발전한다. 감사는 '그 이야기'를 간접적으로 듣기만 해도 사람들에게 동기를 불러일으키고, 결국은 이 감정이 확산되어 사회 전체의 통합을 구축하는 데 기여한다는 것이다.[8]

죄책감

개인이든, 국가든, 부모든, 사회든 타자에 대해 부채의식과 감사를 수행할 수 없을 때 갖게 되는 죄책감은 도덕감정의 결산물이라고 할 수 있다. 즉 부채에 대한 책무를 수행하지 못하는 것에 대한 자책과 부끄러움이 도덕감정의 한 속성을 이룬다. 도덕적 책무를 수행하지 않는 타자를 보았을 때 그에 대해 느끼는 경멸과 분노 역시 도덕감정의 발로다.

프로이트의 정신분석학은 죄책감에 대해 흥미로운 암시를 준다. 그는 불안, 분노, 죄책감 등의 감정 유형이 기본적으로 유아기 성적 본능의 억압으로부터 발생한다고 본다(프로이트, 1997). 원초적 불안은 아기가 어머니의 자궁으로부터 세상에 나오는 순간 자신의 존재가 소멸 또는 와해될지 모른다는 숙명적인 두려움에서 비롯된다는 것이다. 프로이트의 논의를 이어받았던 클라인에 의하면 불안은 사랑하는 애착 대상의 상실로부터 일어난다. 유아의 최초 애착 대상은 어머니의 젖가슴인데 유아는 그 대상을 타자로서의 어머니의 것이 아니라 나에게 소속된 것으로 간주한다. 어머니의 부재는 어머니가 다른 아이 혹은 아버지에게 가 있다는 상상과 함께 분노를 일으킨다. 어머니의 젖가슴을 자기 것으로 착각한 유아는 그 대상에 상처를 내지만 곧 그 대가로 보복을 당할 것이라는 두려움, 즉 박해 불안에 싸인다. 이후 그 대상이 내 것이 아니라 타자(어머니)의 것임을 인지하면서 사랑의 대상을 공격한 자기 행동을 후회하며 우울 불안에 빠진다(이매뉴얼, 2003). '내가 무슨 짓을 한 거지?' 하는 이 우울적 위상이 바로 죄책감의 증후다(싱, 2004).[9]

유소년기의 성 본능에 의해 다양한 증상symptom을 설명하려는 정신분석학은 많은 시사점을 던져줌에도 불구하고 감정의 사회성

문제를 적절히 설명해내는지는 의문스럽다.■10 사회과학자들에게는 오히려 프로이트의 개념을 차용해 나치즘과 독일 국민의 병리적 대중 심리를 파악해보거나, 현대 기술 관료주의의 억압성과 해방적 실천 등을 강조한 일련의 '비판이론가'들이 더 많은 시사점을 준다. 그이유는 감정에 대해 그들이 이른바 '유아기적 본능 환원론'의 입장을 취하기보다는 제도, 문화, 체제 등 거시사회적 환경을 사회 심리분석에 도입했기 때문으로 여겨진다(Fromm, 1965; 마르쿠제, 2009; Habermas, 1976).

그럼에도 불구하고 특별히 도덕감정과 관련하여 정신분석학을 조명해보는 이유는 정신분석학이 유아기 때부터 자아에 서서히 각인되어 성장하는 '타자'에 주목하고 있기 때문이다. 타자는 도덕, 양심 등 이른바 슈퍼에고의 형상으로 나타난다. 이 타자가 결국 제3자가 되어 자신 속에 형성되면, 이 타자의 시선은 곧 도덕이 되고, 그 도덕으로부터 자신을 바라보며 평가하게 된다.

죄책감과 함께 수치심shame 역시 제3자의 시선으로 나를 바라보았을 때 일어난다. 수치심은 죄책감guilt과 견줄 때 부정적이고 자기파괴적인 감정으로 알려져 있다. 심리학자들은 수치심과 죄책감을 구분하지만, 이 글에서 나는 둘 모두 외적 기준을 내부에 적용해 스스로를 평가함으로써 생겨나는 감정이라는 의미에서 유사 범주로 취급할 것이다.■■ 짐멜은 자신을 바라보는 제3자의 존재를 인정하고 스스로를 바라보면서 체면이 손상되었다고 느꼈을 때 수치심을 갖게 된

■ 물론 프로이트 자신도 후기로 갈수록 인간의 본능과 사회적 환경을 논의하려 했다. 전前 과학적 추론으로 들릴지 모르나,『토템과 터부Totem and Taboo』에서 인간 최초의 계약과 금기 사항의 근원을 밝히려 했고,『문명 속의 불만』에서 사회적 도덕과 규범이 인간의 본능을 억압하는 측면을 지적했다.

다고 말한다. 그는 수치심을 자아가 겪는 분열 상황에 기인하는 것으로 보았다. 한 개인이 타자들에게 주목받는 대상이 될 때 그 자아가 부각되지만, 동시에 완벽하고 규범적인 이상적 자아에 미치지 못하는 자신의 결점을 의식하면서 자기 경멸이 생기는 분열적 현상이라는 것이다(짐멜, 2005: 230). 만약 자아의 이상에 도달해 완벽하다고 느낀다면 자만 혹은 으쓱거림, 나르시시즘, 노출욕, 자긍심 등으로 이어지는 반면, 위축된 자기 모습을 보는 것에 대한 불안과 두려움 혹은 당혹감은 수치심으로 나타난다. 간단히 말해 수치심을 일으키는 기제는 남들의 이목, 제3자의 눈, 타자의 존재다.[11]

> 우리는 나에 대한 다른 사람의 판단, 감정, 의지를 대신하기 위해 자신의 일부를 스스로에게서 분리시킨다. 마치 제3자가 그렇게 하듯이 자신을 관찰하고 판단하고 판결을 내릴 때 부끄러운 감정을 불러일으키는 타인의 예리한 이목을 이제 우리 자신 안에서 인식한다(짐멜, 2005: 230).

수치심을 느낄 수 있는 전제 조건은 스스로를 내다볼 수 있는 또 다른 자아의 독립이다. 수치심이란 자신의 '부각과 격하'의 충돌이므로 스스로가 완벽한 잣대와(타자의 기대나 규준을 통해) 자기의 현재 모습을 비교하고, 그에 미치지 못하는 자신을 수치스러워하는 것이다. 독립된 자아가 없다면 자신에 대한 부각이나 격하도 일어나지

■■ 수치심은 역사적으로 형성된 감정이다. 다음의 정의도 참고해볼 만하다. 수치심은 "스스로에 대한 자긍심 혹은 타인에 대한 배려에서 비롯된 개인적 도덕률이나, 일정 시대와 장소에 특징적인 도덕률이 도리에 어긋난다고 판단하는 모든 행위를 직접 행하거나 보는 것을 억제하고 그런 종류의 예술적 형상화를 삼가는 감정"이다(볼로뉴, 2008: 21).

않기 때문에 수치심을 느낄 수 없다. 또한 어느 한 집단에 속한 개인
은 집단의 타구성원(때로는 그 집단 전체)이 부끄러운 줄 모르거나, 부
끄러움을 인식하지 못하거나, 부끄러움을 유발하는 행위를 할 때 수
치심의 감정을 느끼기도 한다.

　　물론 수치심이 반드시 도덕감정과 연계된 것은 아니다. 즉 도덕
과 무관하게 단순히 자신이 자신에 대한 오해나 격하 감정에서 느낄
수도 있다. 도덕과 연관된 수치심은 사회나 집단이 설정한 기대나 규
범, 가치 등의 잣대라는 시선—독립된 자아는 바로 이 시선을 객관화
할 수 있는 일반화된 타자를 말한다—을 가지고, 자신이 부각된 상
황 혹은 주목받는 상황과 격하된 현실 사이에서 발생하는 것이다. 도
덕감정으로서의 수치심은 자신의 현실 행동이 그 사회가 요구하는
'도덕'의 기준에 미치지 못할 때 느끼는 모멸감, 즉 양심의 가책이다.

　　도덕적 잣대라는 기준, 일반화된 타자로서 자신에게 내재화된
시선으로 스스로를 들여다보면서 그에 부응하지 못한 자기 행위나 사
고에 대해 스스로를 격하시키는 감정으로서의 수치심과 죄책감은 도
덕감정의 핵심 요소다. 그렇기 때문에 도덕감정의 빈곤은 도덕적 영역
에서의 수치심이나 죄책감의 부재를 말한다고 볼 수 있다.

　　도덕과 연관된 수치심이나 죄책감은 후회, 분노 등 여러 부수적
감정과 행위를 동반한다.

　　죄책감은 도덕적 이탈과 재통합에 관련된 일련의 경험에 속하는
　　부분이다. 죄책감에는 위반, 과실, 고소, 비난, 항변, 수치심, 회
　　한, 후회, 회개, 변명, 처벌, 복수, 용서, 보상, 화해의 개념들이
　　포함된다(싱, 2004: 10).

이 수치심 혹은 죄책감을 앞서 언급한 채권-채무의 관계로 조명해보았을 때, 부채를 졌으나 채무의식을 느끼지 못하고 감사할 줄 모르는 행위는 수치심(죄책감)의 감정이 존재하지 않기 때문이며, 이는 곧 도덕감정의 부재를 뜻한다. 뒤집어 말하면, 도덕감정은 타자로부터 부채의식과 감사를 느끼고, 이를 상환하지 못할 때 갖게 되는 수치심이나 죄책감의 응집 상태를 일컫는다.

5. 부채와 감사의 균열 그리고 향후 과제

일반적으로 부채의식의 부담으로부터 생겨나는 감사는 긍정 감정으로서 채무 이행 시의 즐거움과 만족감을 수반하고, 부채에 대한 긍정적 되갚음을 창의적으로 생각케 한다. 그렇다면 오늘날 이 세계에서 과연 '감사한 부채'가 가능할까?

부채와 감사의 순환 속에는 부담과 즐거움의 모순이 있다. '부정적 부채'와 '진정한 부채'가 구별되는 지점이 바로 여기다. 그러나 오늘날 부채와 감사의 순환, 그리고 이를 수행하지 못했을 때 일어나는 죄책감의 고리를 끊는 장애물들이 도처에 산재해 있다. 오늘날 사회가 개인에게 지워주는 부채는 개개인의 자유의지를 박탈하는 '부담'으로 작용한다. 즉 부채를 졌으나 감사가 뒤따르지 않는 변제 의도만이 있다. 강요된 부채에 대해 채무자가 느끼는 것은 단순 상환에 대한 부담이며, 때로 그들은 부채의 정당성에 대해 분노하거나 상환 불가에 대한 자신의 무능력에 좌절한다. 여기에는 당연히 죄책감이 뒤따르지 않는다. 니체의 말대로 고리대금업자에게 시달리는 채무자는 항상 상환의 부담과 함께 "딸과 아내를 빼앗길지도 모른다"는 불안에 싸여 있을 뿐이다. 또 일단 갚아버리면 그만인 부채 역시 감사를 수반하지 않는다. 감사는 역설적으로 부채 상환이 되지 않기에 혹은 될 수 없기에 느끼는 감정이다.[■] 공적 영역에서 기관으로부터 받은 채무, 예컨대 은행 대부를 졌다면 그 대가로 이자를 얹어 원금을 상환하면 그만이다. 동등하게 쌍방적이고 일시적인 도구적 호혜관계가 설정되어 있기에 어떤 도덕적 의무나 감사의 감정을 가질 필요가 없다. 이처럼 현실세계에는 감사하지 않아도 될 많은 부채가 있고, 즉 도덕감정과 상관없는 부채의식들이 있고, 오히려 우리를 '부담'스럽게 하는 부채들이 삶을 고단하게 만든다. 이러한 부채로부터 나오는 의식은 감사와 죄책감을 수반하는 부채의식이 아니라 피해의식에 가깝다.

금융 시대의 자본은 점점 더 우리 모두를 부채의 덫으로 옭아매고 있다. 대량생산/대량소비를 넘어 소비가 일상의 미학으로 자리 잡은 포스트 모던 소비자본주의는 삶의 방식을 '가계 빚' 혹은 빚에 의한 생활 방식으로 바꾸어놓았다(백욱인, 1994). 소비자본주의는 소비를 촉진시키기 위해 광고와 유통업을 급속히 늘리고, 유행을 통해 상품의 수명을 단절시키며, 마침내 신용카드 발급을 통해 우리를 '빚'의 세계로 인도한다. 예컨대 신용카드 금액을 결제할 때까지 우리는 은행이나 카드회사에 빚을 지고 있다. 이 빚의 결과는 소수의 고리대 금융업자에게는 엄청난 부를 가져다주는 반면 많은 사람은 '파산'을 경험하거나 파산하지 않기 위해 긴장된 삶을 살아가는 것으로 나타난

■ 익명적으로 그물 타래처럼 얽히고설킨 타자와의 관계망 속에서 누가 특정한 대상인지도 모르며 알 필요도 없다. 이 부채의식은 영원히 순환되고 지속된다. 이것이 후에 논의할 일반적 호혜의 원리다. 부채의식, 즉 감사는 오히려 부채 상환이 되지 않을 때 지속되는 것이다.

다. 부채를 졌으나 감사할 필요도, 감사할 수도 없다.

　이러한 부채는 개인과 사회의 관계에 대한 회의를 불러일으킨다. '공동체가 과연 나에게 무엇을 해주고 있는가, 나의 안녕을 보장해주고 있는가, 나에게 삶의 의미를 주고 있는가?' 물론 이런 질문은 산업화로 인해 사회가 급속히 분화되고 다원화되던 근대사회 초기부터 던져졌던 것이지만 오늘날 가히 해체형이라 부를 만한 유동적 사회에서 개인—사회의 관계에 대한 회의는 오히려 피해의식과 함께 매우 높아지고 있다. 공동체와의 호혜관계는 지극히 산술적으로 계산되고 냉담한 정산으로 청산될 뿐, 인격적·도덕적·미적 교환과는 점점 더 거리가 멀어졌다. 파산자와 무관심한 방관자들이 서로를 부담스럽게 응시하는 상황, 즉 부채와 감사의 결별이 진행되고 있는 것이다.

　이러한 사회 조건들은 공동체에 대한 도덕감정의 약화를 초래하고, 도덕감정의 부재는 무관심한 방관자들을 낳는다. 사회가 개인에게 부채의식의 당위를 제공하지 못할 때, 그래서 개인들이 스스로 협약을 통해 자기 삶의 방패막이로 만들었던 '도덕'에 대해 회의를 품게 될 때 공동체성은 사라진다. 예컨대 정리해고를 당하고도 아무런 사회적 관심과 지지를 얻지 못한 희생자들이나, 운 좋게 살아남은 자들 모두 사회와 조직에 대한 신뢰를 철회한다. 희생자들은 회생되지 못하고, 생존자들은 방관자로 남고, 심지어 일부는 타자의 고통을 관음증으로 즐기는 병적 증상을 보이기도 한다. 사회가 나를 길바닥에 유기할 것 같은 비정한 부모처럼 냉담하다면, 나를 거세할 것 같은 불안이 엄습한다면 더 이상 사회는 부채의식을 느낄 대상도, 감사할 대상도 아니다. 공동체의 약속과 신뢰가 사라졌으니 기존의 도덕을 위반했더라도 더 이상 죄책감은 일어나지 않는다. 대자성을 상실한 개인은 다시 즉물적이고 즉자적인 대상으로 회귀하고, 시대의 진정성은 사라져 스노비즘(속물주의)이 삶을 지배하게 될 뿐이다(김홍중, 2011).

도덕감정은 죄책감, 부끄러움, 경멸, 감사, 신의 등 매우 다양한 개별 감정 요인으로 구성되면서도 그 나름대로 '발현적 속성'을 갖는 '덩어리 감정'이다. 유교의 가치론에 의하면 도덕감정은 옳은 규범과 의무를 수행하지 못할 때 발생하는 수오지심羞惡之心을 근간으로 칠정七情의 부정적 요소들이 복합적으로 발현되는 속성을 지닌 감정 복합체다.

도덕감정은 타자에 대한 상상력과 성찰로서의 '공감'에서 비롯된다. 즉 도덕감정은 타자 입장에 서서 타자를 이해하면서 동시에 자신을 이해하는 감정이입에 따른 공감에서 출발한다. 타자 이해와 자신에 대한 객관적 이해가 부재하다면 도덕감정은 일어나지 않는다. 타자 관계성으로부터 발생하는 도덕감정의 근저에는 타자에 대한 부채의식과 감사, 죄책감 등 도덕감정의 단서 감정들이 깔려 있다.

도덕감정은 타자에 대한 이해와 타자로부터 자신의 행위를 평가하는 것을 넘어 타자의 '형편에 대한 동정', 즉 관용과 이타의 감정인 동정으로 발전하기도 한다. 동정同情, sympathy은 타자의 어려움에 공감하고 이에 대해 무언가를 도우려는 심리적 행위로서 이타적 행위의 기초가 된다. 예를 들어 정리해고를 당한 이웃이나 실업자, 빈곤층에 대한 공감과 동정, 그리고 미안함과 죄책감 등은 기존 제도나 정책 등에 대해 문제 제기를 하게 만들며, 나아가 사회운동과 사회연대의 실천 동기가 되기도 한다(신진욱, 2007; Goodwin and Jasper, 2007). 도덕감정은 또한 사회정의를 어기는 행위들, 불로소득과 투기, 정당하지 못한 부의 축적과 무임승차, 다문화 시대의 인종차별과 폐쇄적 민족주의 등에 대해 부정적 감정(경멸, 모멸, 분노 등)을 유발하기도 한다. 오늘날 글로벌 자본주의의 불안과 위험, 복지와 분배 정의, 양극화와 사회연대가 과제로 떠오르는 시점에서 도덕감정이 사회를 진단하고 처방하기 위한 시대 화두로 등장해야 할 이유다.

그렇다면 얼마만큼의 도덕감정인가? 나는 도덕감정의 발현은 '최소공배수의 원리'에 기초해야 한다고 본다. 도덕감정의 핵심을 이루는 부채의식은 지나치게 규범적이고 당위적인 것으로 오용되거나 남용될 수 있다. 도덕감정의 단서 감정인 부채의식과 감사의 당위는 권력 집단에 의해 이데올로기로 작용할 여지가 생겨난다. 국가에 빚을 졌으니 국가에 충성하라는 애국주의적 도덕감정은 종종 국익의 이름으로 시민들의 보편적 인간 권리를 쉽게 침범한다. 우리는 이미 역사 속에서 그 병리적 형태인 극우 파시스트들의 국가주의나 권위주의 혹은 전체주의적 국가 체제를 경험한 바 있다. 종교 근본주의자들은 죽어도 갚을 길 없는 신의 은혜를 명분으로 내세워 교리에 대한 신도들의 맹목적 순종을 강요하기도 한다.

부채와 감사가 결별하고 있는 해체사회의 상황에서도 제3자가 공감할 수 있는 자기 이해에 기초해 최소한의 부채의식과 감사, 죄책감의 단서들을 보인다면, 즉 그 정도의 도덕감정이면 충분하지 않겠는가? 다원사회 공동체의 기반인 '느슨한 연대'를 위해 '적정 수준의 도덕감정'이 요청될 것이고, 다른 지면을 통해 논의하겠지만 나는 그 적정선을 '십시일반十匙一飯하는 타자 및 자기 이해 의식'으로 설정해보고자 한다. 십시일반 의식은 익명으로 구성된 공동체를 보호하고 지탱해줄 수 있는 최소한의 호혜적 교환을 가능케 한다. 사람들은 타자와 불가분의 관계를 맺고 살아가기 때문에 불행한 타자는 내 불행 가능성을 비추는 거울이다. 십시일반은 내 이해를 크게 양보하지 않고도, 자기 이해관계의 훼손 없이, 그리고 현실적으로 자기 형편에 맞게 사회적 안전망을 형성할 수 있는 현실적 대처 방안이기도 하다.

너무 크게 빚졌다고 생각하지 말고, 너무 크게 감사할 필요도 없으
며, 너무 큰 죄책감을 가질 필요가 없다. 느슨하지만 견고한 사회연대
를 위하여.

3장

법과 감정은 어떻게 동거해왔나

조선시대 재산 분쟁을 둘러싼 효·열의 윤리와 인정

김지수

1. 역사 속에서 법과 감정은 어떻게 동거해왔나

서양철학에서 법과 감정은 어떤 관계를 맺어왔나

감정은 법과 대립하는가? 통념에 기대어 간단히 대답해보자면 '그렇다'고 할 수 있다. 법과 감정을 일종의 이항 대립적 관점에서 보려는 시각은 칸트가 이성reason과 성향inclinations을 구분하고, 후자에서 가장 두드러지는 부류로 감정을 살핀 데서 잘 드러나 있다. 많은 철학자는 칸트의 윤리학과 정치철학으로부터 영향을 받아서 법을 이성의 산물이자 감정에 반대되는 것으로 간주하는 발상을 이어갔다.[1] 서구에서 감정은 결국 근대로 접어들면서 발달한 법의 역사 서술에서 생략되었다. 좀더 구체적으로 20세기 초반 들어 감정은 '원시적인' 것으로 여겨지기 시작했고, 따라서 문명화된 사회에서 감정은 합법적인 역할 지분을 갖지 못하는 것으로 치부되었다. 그러나 법과 감정에 대한 최근 연구들은 법에서 감정의 역할을 인지하기 시작했고, 심지어는 '감정이 법에 만연해 있다'고 주장한다.[2]

대니얼 스마일은 중세 유럽(1264~1423)의 마르세유에 대한 연구에서 '역사에 감정은 언제나 있었다'고 주장하면서, 역사가들이 법을 연구하는 데 감정의 요소를 되살리려고 노력하고 있음을 지적했다.[3] 스마일은 마르세유에서의 민사 분쟁을 살핌으로써 '법의 일반 사용자들의 금전적이고 감정적인 이해 투자' 때문에 중세 유럽 말기에 중앙화된 재판소를 개발하는 것이 가능했다고 주장했다. 덧붙여 소송 당사자들이 합리성을 이성적으로 선호했다기보다는 법정에 자신들의 시간과 돈을 투자하는 일차적인 동기는 증오나 원한 등의 감정이었다는 견해를 내놓았다.[4]

조선시대 소원제도에 '만연해 있는' 감정

논점을 동아시아로 옮기되 좀더 구체적으로는 조선시대로 한정해보자면, 유교에 바탕을 둔『대명률』에 근거하여 성립되는 조선의 법 전통에서 감정에 대한 이해가 깊숙이 관여하고 있음을 어렵지 않게 확인할 수 있다. '감정이 법에 만연해 있다'라는 표현은 전근대와 근대 초기까지 조선의 법문화를 매우 적절히 설명하는 것이기도 하다. 한 예로 조선의 조정에서는 법적 규정력에서 감정이 지니는 역할을 공식적으로 인정했다. 이는 '소원訴冤제도'를 통해 논증되는 부분이기도 하다. '소원'이란 '억울함을 호소한다'라는 뜻을 지니고 있다. 여기서 '원통함 또는 억울함'을 지시하는 한자 '원冤'은 영어권에서 흔히 불만grievance이나 부당함injustice 등으로 번역되는데, 이러한 표현들은 이 용어에 내재되어 있는 감정 요소를 충분히 담아내지 못한다.

개인의 억울함이라는 감정을 표현하는 것은 법적 담론에서 관료와 진정인 모두가 활용한 일반적인 기제였다. 억울함 또는 부당하다는 감정은 구체적으로 백성이 법적인 해를 입거나 분한 일을 당할 때 생겨났다. '원'이라는 한자에는 화, 분노, 서러움, 고통, 아픔 등의 부정적인 감정들이 어우러져 '억울함'이라는 하나의 감정으로 나타났던 것이다. 더 많은 진정인들이 '원'을 체화할수록 행정부에서 자신들의 불만 사항을 바로잡아줄 것을 주장하는 진정인들의 요구도 강화되었다. 조선의 위정자들은 '원'이라는 요소가 특정 상황에서 더욱 강력하게 실현될 수 있음을 알고 있었다. 원이 강하게 작용해 법적 실효성을 발휘하는 것은 형법 혹은 민법상의 오판,[5] 지연된 판결,[6] 평민과 노비 등 하층민 사이에 해결되지 않은 소송,[7] 전 노비와 전 주인 사이의 분쟁,[8] 판사의 형벌 남용[9] 등에서였다.

이 글은 15세기 중반 상류층 여성인 정씨 부인과 그녀의 사위 강순덕 사이에서 발생했던 재산 분쟁에 초점을 맞춰 법적 관례에 반영되었던 감정에는 어떤 것들이 있으며, 거기에 작용한 사회문화적 힘은 무엇이었는지에 관해 탐구하고자 한다. 이를 위해 인정人情이 부모 자식 간의 효와 부부 사이의 열烈■이라는 윤리와 어떻게 연결되었으며, 이러한 감정 요소가 조선사회에서 법적 분쟁을 해결하는 데 어떤 영향력을 발휘했는지에 주목하고자 한다.[10] 『예기禮記』에 따르면 인정이란 소위 '칠정七情'이라 불리는 기쁨喜, 화怒, 슬픔哀, 즐거움樂, 사랑愛, 증오惡, 욕망慾에 기반을 둔 것이다.[11] 정씨 부인의 원을 법적으로 다룰 때 위정자들이 '인정'이라고 언급한 것이 어떤 감정이었는지에 대해서 구체적으로 제시된 바는 없다. 그렇더라도 여기서 '인정'이라는 감정 요소는 일상의 가족적 사안들에 깊이 관여된 것으로서, 칠정으로 상징되는 보편적이고 다양한 인간 감정을 지시하고 있음은 분명해 보인다.[12]

이 글의 주요한 논점은 억울한 감정과 법 사이의 관계를 탐구하려는 데 있지 않다. 이에 관해서는 필자가 다른 글에서 심층적으로 다루고 있기 때문이다.[13] 오히려 이 글은 조선 초기의 역사사회적 맥

■ 이 글에서 쓴 '열'이란 부인이 남편에게 성적으로 정절을 지켜야 한다는 개념이라기보다는 부인이 남편에게 충실해야 한다는 의미에 강조점이 있다.

락에서 법과 감정과 유교 윤리가 어떠한 관련성을 맺는가를 논증해보려 한다. 이를 위해 정씨 부인의 사례를 검토함으로써, 효와 열 사이에 긴장관계가 일어났을 때 이를 둘러싼 관료들의 담론에 나타난 인정의 의미가 지니는 이중성에 주목하고자 한다.[14]

사건의 발단: 재산을 둘러싼 장모와 사위의 갈등

정씨 부인은 사위 강씨로부터 부당한 대우를 받은 원통함을 호소하고자 사위에 대한 법적 소송을 시작했다. 정씨 부인은 남편 이숙번(1373~1440)과 함께 딸이 살아 있을 당시 사위인 강순덕에게 자신의 재산을 미리 분배해주었다. 그러던 중 남편과 딸이 죽은 뒤 가세가 기울자 사위 강씨에게 재산의 일부분을 돌려줄 것을 요구했다. 그러나 강씨가 정씨의 요구를 여러 차례 무시하고 거절하자 정씨가 사위를 상대로 소송을 제기함으로써 분쟁은 막을 올렸다. 이 사건을 좀더 자세히 검토해보면 유교 도덕인 효와 열이 법적인 맥락에서 위계질서와 가족관계를 규정하는 데 있어 인정과 복잡하게 얽혀 있음을 알게 된다. 인정에 반대되는 행동을 하는 자는 불열과 불효를 저지른 것으로 낙인찍혔으며, 이는 결국 사회적 무질서를 일으키고 법을 위반했음을 암시했던 것이다.

조선의 형법들을 살펴보면 유교 도덕의 중심을 이루는 충·효·열 등의 덕목이 법에 잘 반영되어 있음을 알 수 있다. 이 세 덕목은 유교사회의 도덕적 원칙이자 규범적 가치인데, 이 글에서 일종의 전제이자 추정으로 강조하려는 점은 이 덕목들이 감정과 밀접하게 연관되어 있다는 점이다. 예를 들어 부모 자식 간의 효와 아내의 남편에 대한 열 개념은 나이와 성별에 의해 규정된 위계질서에 따라 법을 이행하는 형벌 조항에 깊숙이 내재되어 있었다. 자식이나 부인이 부모나 남편을 상대로 범죄를 저지른다면 그들은 부모나 남편이 받는 형벌보다 더 가혹한 벌을 받곤 했다. 이것은 유교적 가치들이 사회의 도덕적 원칙과 규정적 가치들의 준거로 여겨지는 데서 기인한 것으로 볼 수 있지만, 이 글에서는 사실은 그런 가치가 감정과 긴밀히 연관되어 있음을 밝히려 한다.

도덕 이론가들은 감정을 중요하게 다뤄야 하는 이유에 대해 단순히 사람이 옳은 행동을 해야 하기 때문이 아니라, 사람이 바르게 느껴야 하기 때문이라고 제안한 바 있다.[15] 반대로 감정을 정확히 이해하거나 여기에 반응하지 않는다면 사람은 결코 도덕적인 존재가 될 수 없다. 도덕적인 존재로 살아간다는 것은 올바른 감정들을 느끼고 올바른 성품의 상태를 지님을 의미한다. 이런 점을 고려한다면, 윤리적 가치들이 사회 깊숙이 뿌리내렸던 조선시대에 유교적 윤리와 법, 감정 사이의 밀접한 관련성을 부인하기는 어렵다.

유교사회에서 우주란 하나의 유기적인 전체로서, 그 안에서 인간과 모든 생물은 조화를 이루는 개체로 여겨졌던 점을 고려해보자. 우주 전체의 내적 균형을 유지하는 데 핵심으로 작용하는 점은 사회적이고 법적이며 우주적인 차원에서 '조화'를 방해하지 않는 것이었다. 올바른 행동은 올바른 감정을 느끼는 데서 출발했고 이것은 결국 조화와 균형을 유지하는 것으로 모아졌다. 정씨 부인 사건에 대한 관료들의 논의에서 볼 수 있듯이, 부모에게 불효하거나 남편에 대한 열을 지키지 않는 것은 인정에 위배되는 행위였다.

재산 분쟁에서 '인정'은 어떤 역할을 하는가

이 글에서 정씨 부인과 강씨 사이의 재산 분쟁을 살피는 이유는 두 가지다.

첫째는 성리학이라는 이념을 전경으로 삼는 가부장제와 재산 상속의 관례가 조선 초기 여성들에게 어떤 영향을 끼치기 시작했는지를 밝히는 것이다. 역사가들은 일반적으로 조선시대에 유교화가 본격적으로 문화적 힘을 발휘하기 시작한 것은 17세기부터라고 본다.[16] 이에 따르면 이 글에서 분석하려는 15세기의 사례는 조선이 성리학의 이데올로기를 현실에 적용하기 위해 어떠한 시도를 했는지에 관한 전환 과정을 살필 수 있는 계기가 된다. 부모 자식 간의 효와 부부간의 의에 대한 공적 담론은 이 두 가지 유교 윤리가 고정된 강령이 아닌 유연하게 구상된 것이었음을 보여준다.

둘째는 관리들이 삼강오륜을 어떻게 해석해왔는지에 관해 심층적으로 분석함으로써 효와 열에 대한 해석이 이 소송의 결과에 어떤 영향을 끼쳤는지를 살피려는 데에 있다. 사건 판결에 가장 크게 작용한 요인은 '부모-자식' 관계가 '남편-아내' 관계보다 앞서는 것으로 여겨졌는지를 가늠하는 것이었다. 바꿔 말해 사건의 관건은, 효라는 유교 가치와 관련된 감정들이 아내의 남편에 대한 신의보다 중요하게 취급됨으로써 사건의 판정에 영향을 미쳤는지의 여부다. 여기서 중요한 것은 관료들이 부자관계와 부부관계를 각각 효와 열의 이데올로기에 기반을 두고 규정했다는 점이다.

이러한 논증과 분석을 통해 15세기 중반 재산 분쟁을 해결하는 데 효라는 유교적 덕목이 열이라는 덕목보다 우선시되는지를 결정하는 과정에서 '인정'이 핵심 요소가 되었음을 입증하고자 한다.

조선 초기는 성리학적 부계 제도에 의해 영향을 받기 시작하는 때로, 이 시기 여성들이 이를 구체적으로 어떻게 체험하고 또 영향을 받았는지에 대한 역사적 맥락을 고찰하고자 이 글에서는 먼저 고려시대로부터 조선시대까지의 가족 구성 변화를 살펴볼 것이다. 이를 위해 정씨 부인의 사례를 분석하기에 앞서, 어떻게 부모 자식 간의 효와 부부 사이의 열이라는 감정적 가치가 정씨 부인과 사위를 둘러싼 재산 분쟁을 해결하는 데 핵심 요소로 다뤄졌는지를 살펴보고자 한다.

2. 공간의 젠더화 ─고려와 조선 여성, 상층과 하층 여성의 차이

1392년 성리학이 조선시대의 유일한 이념으로 채택되었을 때, 조정에서 가장 중요한 목표로 삼은 것 중 하나는 부계사회를 형성하는 것이었다. 고려시대에도 이미 당대唐代(618~906)로부터 부계사회의 개념에 대해 이념적으로 영향을 받은 바 있다. 그러나 그것이 미친 여파는 미미해서 고구려대(기원전 37~기원후 668)부터 시작되었던 부모 양측의 상호 중심성, 다시 말해 부권사회적인 동시에 모권사회적이기도 한 관습들로부터 사회 전체를 이동시키기에는 불충분했다. 사회를 부계 혈통 제도에 맞게 재편성하고자 조선의 조정은 결혼 제도에 초점을 맞췄다. 주희의『가례家禮』에 기반을 둔 중국의 유교적 혼례 양식은 조선시대에 비로소 소개된다. 그러나 사회를 '유교화'하는 데는 일정한 시간이 필요했기에 이런 혼례 양식은 17세기 들어서야 널리 행해졌다.[17]

조선사회의 유교화에 대해 기념비적인 저작을 남긴 마르티나 도이힐러가 언급한 것처럼, 혼례야말로 사람들이 유교 양식에 적응하는 데 가장 지속적으로 거부감을 드러낸 것이었다.[18] 그 근본적인 이유는 결혼 후 부부의 거주지에서 행해지는 이주 때문이었다. 한국에서 유교식 혼례가 일반화되기 전에는 결혼 후에 첫아이가 태어날 때까지 신랑이 신부 집으로 들어가 살았으며, 아이들이 태어나고도 남편의 집으로 옮겨가는 것이 관례였다. 하지만 아이들이 태어나고도 계속해서 부인 집에 거주하면서 아이들을 기르는 예가 많았다.[19] 이런 혼인의 형식은 말 그대로 "남자가 여자의 집으로 돌아간다"라는 의미의 남귀여가男歸女家였다. 이렇듯 '처측 거주제', 즉 처가에서 사는 관습은 고려 여성들이 결혼한 이후에도 많은 혜택을 계속해서 누릴 수 있게 했다. 그러나 조선시대로 접어들면서 혼인 관례가 '부계측 거주제'로 옮겨가자 여성들은 이러한 혜택을 점점 더 잃어버렸다.

고려시대는 부계 친족 관계라는 이념의 영향을 받았지만, 실제 생활사회까지 부계 제도에 맞춰 구축되지는 않았다. 가계 혈통이 단지 아들을 통해서만 이어지는 것은 아니었으며, 필요에 따라 딸의 남편(사위)이나 아이들(외손자)이 대를 잇기도 했다. 예컨대 남성 후손이 없는 집안에서는 사위가 아들 역할을 하거나 장인의 상속자가 될 수도 있었다.

처측 거주제는 상속자로서 딸이 택해질 가능성을 높였을 뿐 아니라, 딸의 남편(사위)의 사회적이고 경제적인 입지에 대해서도 혜택을 주었다. 딸들은 혼인 여부와 상관없이 가족의 동등한 구성원으로 여겨졌으며, 남자 형제들과 동일한 상속 분배를 받았다. 이러한 관례는 여성이 결혼한 뒤에도 친정에서 활동적인 구성원으로 살아갈 수 있도록 작용했다. 고려시대에 한 집안에서 성별이 갖는 의미를 몇 세기 뒤와 비교하자면, 그리 차별적인 요소를 발견하기 어렵다. 예를 들어 호적을 살펴보면, 과부는 성인 아들이 있더라도 가장으로 기록되어 있었다. 나아가 호적에서 자녀들을 순서대로 기록할 때 기준이 된 것은 성별이 아닌 나이였다.[20]

또 주목할 만한 점은 적어도 고려 후기에는 남자가 여러 명의 아내와 결혼할 수 있었다는 것이다. 고려시대 전체에 걸쳐 일부다처제가 성립했는지에 관해 연구자들 사이에 합의가 이뤄지진 않았지만, 문헌 기록들은 일부다처제가 몽골 점령기 동안과 고려 말기에는 존속했음을 보여준다.[21] 남자가 여러 명의 아내와 결혼한 경우 그는 아내의 집을 방문해 거주하는 방식으로 살았다. 남자들이 복수의 결혼 관계를 유지할 수 있었던 것은 결혼한 여성들이 경제적으로 남편에게 완전히 의존하지는 않았기 때문이다.[22]

고려시대에 혼인한 여성들의 역할이 남편을 봉양하고 자녀들을 기르며 집안일을 도맡는 것이었다는 점은 조선시대와 크게 다르지 않았다. 그렇더라도 그들의 가정 공간은, 여성이 평생 남편의 가족을 받들고 그들과 함께 살아야 한다거나, 과부가 될 경우 정절을 지켜야 하므로 재혼하지 못한다는 등의 유교적 이념에 의해 규정되지는 않았다. 고려시대 여성들에게는 이혼이나 재혼에 대한 제약이 없었고, 과부들은 재혼한다고 해도 사회적으로 낙인찍히지 않았다. 궁궐과 상층 가문에서도 과부를 자기 집안의 며느리나 아내로 받아들였으며, 특히 과부들이 직접 재산을 소유하거나 죽은 남편의 재산을 소유하는 것이 사회적으로 용인되었다.[23]

고려시대로부터 조선이라는 새로운 왕조가 이어지자 모계 혈족과 처측 거주의 혼례 제도가 점차 부계 혈족과 부계 측 거주의 혼례로 변화했으며, 이에 따라 조선 초기에 여성들은 삶 전반에 걸쳐 수많은 도전에 맞닥뜨렸다. 가장 뚜렷한 변화는 첫째, 여성의 물리적 공간이 혼인 후 남편의 거주지로 바뀌어 새로운 가족 구성원들과 생활하게 된 것이었다. 둘째, 남성에게 합법적인 아내가 오직 한 명만 허락되긴 했으나, 낮은 계급의 여성을 첩으로 삼을 수 있게 되면서 여성 가족 구성원 사이에 위계질서와 긴장관계가 생겨난 것이었다. 셋째, 딸들이 친정을 떠난 까닭에 더 이상 친정의 동등한 가족 구성원으로 여겨지지 않은 점이다. 넷째, 새롭게 도입된 장자상속제로 인해 딸들은 친정에서 더 이상 균등한 상속 분배를 받을 수 없었다는 점이다. 다섯째, 유교적 부계 중심성은 딸들을 의례적 상속으로부터 전적으로 배제했다는 것이다. 조선은 이런 변화들을 상층 양반 가문에 부과했고, 궁극적으로는 그러한 변화의 흐름이 낮은 계층으로까지 스며들어가 사회 전체가 유교화되기를 기대했다.

도이힐러는 상층 사대부들이 유교적으로 변모하는 과정을 잘 분석한 바 있는데, 최근의 연구 동향들은 좀더 미시적 차원에서 법적 기록문과 호적 연구를 활용해 상류층이 아닌 여성들에게 성리학이 어떤 영향을 미쳤는지를 검토하고 있다. 예컨대 1678~1789년 사이의 『경상도 단성호적대장慶尙道丹城戶籍臺帳』을 살핀 정지영의 연구는 상층과 비상층 가정의 극명한 차이를 보여준다. 호적대장에 대한 정지영의 분석은 17세기에 여성들이 집안의 가장으로 기록되었음을 논증한 것이다. 이 과부들에게는 아들이 있었지만 호적에서는 사망한 남편을 대신해 과부를 호주의 위치에 기록하고 있다. 고려시대처럼, 이 시기까지는 한 집안의 가장을 결정할 때 성별보다 나이를 비중 있게 고려했던 것이다.

그러나 이런 관례가 18세기까지 사회 전반에 걸쳐 적용되었는가 하는 관점에서 보자면, 조선사회가 유교화되면서부터는 아버지가 사망했을 때 그 아내보다는 아들이 호주로서 호적대장에 기록되는 변화를 보였다. 상층과 비상층의 차이는 다음과 같다. 남편의 사후 정절을 지킨 상층 여성의 비율은 비상층 여성의 두 배였고, 평민이나 노비인 여성들은 죽은 남편에 대한 정절을 지키기보다는 재혼을 택했다. 18세기에조차 비상층 여성들이 재혼하는 것은 드문 일이 아니었다. 이 연구에서 추가적으로 밝힌 것은, 17세기에는 상층의 과부들이 친정 부모와 함께 살기 위해 다시 이사해 들어갔지만, 18세기에 들어 서면서 남편의 집에 남아 있는 예가 점점 더 증가했다는 점이다. 반면 비상층 여성들은 과부가 된 이후 친정 부모와 함께 살았다. 정지영은 과부, 독신 여성, 첩 등 주변화된 여성들에게 초점을 맞춤으로써, 가부장적이고 부계적인 제도들이 조선에 도입되면서 확실히 상층의 가족 구성에는 커다란 영향을 미쳤지만 그보다 낮은 계층들에서는 그 여파가 미미했다고 주장했다.[24]

이와 유사하게 김정원은 조선시대의 다양한 살인사건과 여성 자살에 대한 법적 증언 기록물인 '검안'을 검토함으로써 비상층 여성들의 성적 생활이나 가족 관례가 상층 여성과는 달랐음을 입증한 바 있다. 이 연구를 통해 김정원은 조선 후기의 정절貞節 문화를 비판적으로 재검토할 것을 요청한다. 유교화로 인해 조선 후기에는 비상층 여성에게조차 정절 이데올로기가 널리 퍼져 있었다는 관점을 비판한 것이다. 그는 비상층 여성들의 삶을 검토함으로써 조선시대의 규범적인 표준들과 실제 관습 사이의 틈을 드러내 보였으며, 특히 성리학적 의례를 따르는 혼인 제도와 구분지어졌던 비상층의 가족적 관례들을 제시했다.

그렇다면 조선 후기 상층과 비상층에서 나타난 혼인 관례의 차이는 무엇이었으며, 과부가 되었을 때 여성들의 물리적 공간에는 어떤 차이가 나타났는가? 비상층 여성들이 남편이 죽은 뒤 친정에 돌아갔다고 해도 그들이 상층 여성들만큼이나 죽은 남편의 부모(즉 시부모)에 대한 의무를 부과받지 않았음에 주목할 필요가 있다. 더구나 낮은 사회 계층의 여성들은 상층의 여성들에 비해 성적 통제로부터도 자유로웠다.

성리학이 사회 모든 계층에 영향을 미쳤다는 것은 부인할 수 없으나, 영향력의 정도는 조선 후기에조차 양반층과 하층에서 다르게 나타났다. 조선에서 지배력을 지녔던 세 가지 유교적 도덕 가치인 충·효·열 중에서 효 개념은 성별이나 지위를 막론하고 가장 넓은 범주의 사람들에게 영향을 미쳤다. 효와 달리 열의 덕목은 모든 사회 계층의 여성에게 체화되었다고 볼 수 없다. 상층 여성들은 정조나 정절을 자발적으로 혹은 강제적으로 지켜온 듯하지만, 비상층 여성에게 그것은 하나의 '선택'에 가까웠다. 이는 여성들의 물리적 공간이 신분에 따라 달랐음을 함축한다. 고려시대와 달리 조선시대에는 상층 여성의 물리적 공간이 남편의 거주지로 이동했으며, 그들은 평생토록 남편의 부계 집안을 봉양했다. 이는 상층 여성들의 삶이 조선시대 성리학의 영향에 따라 변화해갔음을 의미한다. 반면 비상층 여성들은, 특히 그들이 과부가 되었을 때 일정 정도는 자유를 누릴 수 있었다.

3. 재산 분쟁에서 '효'와 '열'은 어떻게 대립하고 감정화되는가

효·열의 유교 윤리와 '인정'이라는 감정에 대하여

그렇다면 조선왕조 초기 부계 중심적이고 가부장적 제도로 변화할 때 이에 대해 직접적으로 영향을 받은 상층 여성들은 어떤 변화를 경험했는가? 또한 여성들은 지켜야 할 새로운 규율에 대해 어떻게 적응했는가? 규범적인 법칙과 현실 사이에서 갈등이 일어났을 때 조정은 여기에 어떻게 응했는가? 효나 열 등의 유교 덕목들은 조선 초기 가정 공간에서 어떻게 반영되었으며, 그들의 일상생활 속에 어떻게 스며들었는가? 이 두 개의 윤리 사이에서 긴장관계가 일어났을 때 국가는 무엇을 기대했고 어떤 판단을 내렸는가?

15세기 중반에 발생한 정씨 부인의 사례는 조선사회에서 유교의 가부장적이고 부계 중심적인 체제가 뿌리내리는 과정을 보여준다. 조선 초기에는 고려의 관습에 따라 국가가 정씨 부인의 손을 들어주었고, 그녀가 딸이 죽고 난 뒤 사위에게 주었던 재산을 환수할 수 있게 해주었다. 다시 말해 혼인한 딸의 친정에서는 딸이 죽었을 경우 딸에게 주었던 재산을 되찾을 수 있었다.

정씨 부인의 딸이 살아 있을 때 사위 강씨와 딸 사이에는 아이가 없었기에 가계를 잇고자 조카 중에서 법적 상속자를 택했다. 이에 따라 정씨 부인의 재산이 법적 상속자에게 분배되었으므로 정씨 부인은 자신의 재산을 되찾고자 한 것이었다.[25] 비록 소송의 판결은 정씨 부인에게 유리하게 내려졌지만, 여기에 이르는 과정에서 발생한 논의들은 부계 중심의 체제를 유지하기 위해 관료들이 강씨의 법적 상속자를 옹호하는 것의 중요성을 얼마나 진지하게 논의했는가를 보여준다. 한 세기가 지난 16세기 중반이 되자, 같은 상황에서 국가의 태도는 입양된 아들의 재산을 보호하는 쪽으로 바뀌었음을 알 수 있다.

문숙자는 자녀가 없는 과부들의 재산에 대한 연구를 통해 『경국대전』에 제정된 법률이 입양된 아들이나 법적 상속자의 재산을 우선시하게 되었음을 보여준 바 있다. 연구자는 이 법안들이 유교화 과정으로 인해 가족 안에서 법적 상속자의 위치가 강화되고 있음을 반영한다고 주장했다. 조선 초기에 여성의 친정 가족은 그들이 결혼한 딸에게 배분했던 재산을 되찾을 수 있었다. 그러나 부계 중심적 체제가 뿌리를 내릴수록 여성의 친정은 점차 그들의 재산을 되찾을 권리를 잃어갔다.

이에 반해 법적 상속자는 국가로부터 재산을 보호받을 수 있었는데, 그 이유는 그들이 제사를 책임졌기 때문이다. 문숙자는 재산의 분배를 둘러싼 갈등에서 여성의 친정은 사랑하는 딸의 죽음과 대면한 것이므로 감정과 밀접하게 얽혀 있었다고 주장한다. 경우에 따라서는 여성의 친정에서 법적 상속자에게 추가적으로 재산을 나누어주고, 딸의 제사를 책임지게 하기도 했다.[26] 그러나 문숙자는 그러한 상황에서 어떤 감정과 윤리가 긴밀히 얽혔는지에 대해서는 논의를 진척시키지는 않았다.

정씨 부인의 사례에 대한 필자의 연구는 효와 열이라는 두 가지 유교 윤리에 내재된 감정들이 대립할 때, 국가가 사회질서를 유지하기 위해 구상하고 해석한 두 덕목 사이의 관계가 어떠했는지를 검토하는 데 초점을 두고 있다. 이를 위해 지배 담론에 주목하고자 한다. 효와 열이라는 유교 윤리는 인정에 근거해 있는데, 이는 주체들로 하여금 효와 열을 실천하도록 동기를 부여했다. 인정을 위배하는 것은 법과 사회질서를 어기는 일임을 암시했던 것이다. 관리들은 무엇이 올바른 행동인지를 결정하기 위해 지속적으로 인정을 언급했다. 논의 과정에서 관리들 각자는 부모와 자식의 관계나 남편과 아내의 관계에 대한 자신의 이해에 따라 무엇이 인정에 부합하는지에 대한 해석상의 차이를 보였다. 다시 말해 인정 개념은 관리들이 정씨 부인을 지지하는지, 아니면 강씨를 지지하는지에 따라 유연하게 적용되었다.

1452년 11월 이숙번의 아내인 정씨 부인은 작은 현의 전 수령이었던 사위 강순덕과의 재산 분쟁과 관련해 왕에게 진정서를 제출했다. 이 사건을 개괄해보면, 정씨 부인과 남편은 1415년에 함께 사위 강순덕에게 노비, 토지, 집으로 구성된 공동 재산을 남겨주기로 합의하는 증서를 작성했다. 강순덕과 부인 사이에는 자식이 없었으므로 강순덕은 아내의 동의를 얻어 조카 강희맹(1424~1483)을 법적 상속자로 입양했다. 정씨 부인은 남편과 맏딸이 죽은 뒤 금전적인 어려움을 겪었고 그녀의 다른 두 자녀도 비슷한 처지에 놓여 가세가 기울었다. 강씨는 처가 식구들을 고려하지 않은 채 처가에서 상속받은 재산을 입양한 아들과 사촌들에게만 분배했다.

이를 두고 정씨 부인은 사위인 강씨가 처가 식구들, 즉 강씨 아내의 형제를 고려하지 않은 것을 억울하게 여겼다. 이에 따라 사위 강씨가 문권을 되돌려 자신이 재산을 되찾을 수 있도록 조건을 수정해달라고 요청했다. 그러나 강씨가 이에 응하지 않자 정씨 부인은 진정서를 올렸던 것인데, 내용인즉슨 죽은 남편은 자식들이 무시당하는 것을 결코 원치 않을 터이니, 사위 강씨로부터 재산을 돌려받게 해달라는 것이었다.

여기서 흥미로운 점은 정씨 부인이 자기주장을 제기하는 방식이다. 재산을 되찾으려는 것은 정씨 부인 자신의 의지였음이 분명한데도 그녀 주장의 초점은 남편에게 맞춰졌고, 이 사실은 강씨를 상대로 한 자신의 소송을 정당화했다. 나아가 정씨 부인은 규범적인 젠더 기준에 도전하는 사람으로 표상되지 않도록 유교적 표현을 따랐다.[27] 아내의 열을 강조함으로써 그녀는 자신이 어떻게 부부관계라는 유교의 젠더 기준에 부합하는지를 증명해 보였다. 이처럼 정씨 부인이 사위의 불효한 행실을 언급하기보다는 남편에 대한 아내의 열에 초점을 맞춘 데 비해, 그녀의 사건에 대한 관료들의 해석은 그들이 열과 효를 어떻게 이해하는가에 따라 나뉘었다.

효·열의 무게중심을 둘러싼 법적 논쟁들

이 사건이 단종에게 보고되자, 단종은 육조六曹, 대성臺省, 집현전 등의 관리들에게 이 사안을 논하라고 명했다.[28] 정씨 부인의 진정서는 고위 관리들 사이에서 뜨거운 논쟁을 촉발시켰다. 왜냐하면 이는 군신, 부자, 부부 사이의 삼강을 받드는 국가 이데올로기의 핵심을 건드렸기 때문이다. 일군의 관리들은 정씨 부인이 정당하다고 편들었고 다른 그룹은 사위 강씨를 지지했다.[■] 토론 과정에서 논의의 핵심은 두 가지 주요 쟁점인 효와 열의 문제로 모아졌다. 관료들은 남편 사후에 아내가 자신의 의지에 따라 증언을 변경해도 되는지에 관해 논의했다. 또한 부자관계와 부부관계가 동일하게 취급되어야 하는지도 논의 대상이었다. 관리들의 주장은 그들이 이 사안을 어떻게 해석하는가에 따라 다양하게 제시되었다.

가) 사위 강씨 옹호론: 남편의 유언은 바꿀 수 없으며, 사위에 대한 재산 환수는 인정에 어긋난다.

이조吏曹, 홍문관, 사관원은 강씨를 지지하며 정씨 부인이 죽은 남편의 유언을 변경하려 했음을 비판했다. 이에 대해 두 가지 근거를 들었는데, 하나는 남편 사후에 그의 유언을 바꾸려는 아내의 행위는 삼강에 부합하지 않는다는 것이었다. 다른 하나는 입양된 아들이 딸의 법적 상속인이기 때문에 다른 손자들과 동일하게 간주되어야 한다는 것이었다. 따라서 정씨가 강희맹에게서 재산을 환수하려는 행위는 인정에 어긋난다고 주장했다. 그녀가 강희맹을 친손자처럼 생각하지 않았기 때문에 문제라는 것이다. 강희맹 입장에서 부모의 재산을 상속받을 권리가 있다는 데는 의심의 여지가 없으므로, 정씨 부인의 진정서 제출은 잘못된 행위라는 논지였다.

■ 둘 중 어느 누구도 지지하지 않은 제3의 집단이 있었다. 공조, 예조, 형조의 관료들과 홍문관의 대제학은 정씨 부인이나 강씨 입장을 지지하지 않았다. 그들은 자식이 부모의 유언을 변경할 수 없듯, 아내가 죽은 남편의 유언을 변경하는 것은 부적절하다고 주장했다.

같은 맥락에서 셋째 사관인 송인창은 아내가 남편의 증언을 변경할 수 있다는 생각에 반대했다. 이는 부부간의 도의를 어기는 것이기 때문이다. 그는 아내가 죽은 남편에 대해 불성실한 태도를 드러내는 것이 부적절하다고 판단했다. 아내가 남편의 유언을 번복하는 것이 허용된다면, 의도가 불순한 자녀들이 어머니로 하여금 자신들의 이해를 반영하게 하여 아버지의 유언을 바꾸도록 설득할 수도 있다는 논지였다. 결과적으로 이는 가족 구성원 사이에서 분쟁을 불러일으킬 것이고 나아가 삼강오륜을 무너뜨리며 풍속을 어지럽힐 수 있다고 보았다. 강씨를 지지하는 관료들은 아내의 남편에 대한 성실함이 자녀의 부모에 대한 효심보다 더 중요하다고 주장했다. 뿐만 아니라 강씨가 입양한 아들은 엄연히 가족의 법적 상속자이므로 정씨 부인이 그를 자기 손자로 여기지 않는 것은 잘못이라는 지적이었다. 그들의 논리에 따르면, 법적 상속자는 다른 손자들과 마찬가지의 대우를 받아야 하며, 따라서 정씨가 그의 재산을 되돌려 받으려 함은 인정에 어긋나는 일이었다.[29]

강씨를 지지한 관리들의 논의에서 주목할 점은 그들의 논리가 지지하는 이념이다. 그들은 정씨 부인이 두 가지 측면에서 인정을 어겼다고 주장했다. 첫째는 정씨 부인이 죽은 남편의 유언을 변경함으로써 남편에 대한 불경을 범했다는 것이다. 둘째는 강씨의 법적 상속자에게 부모로서의 사랑을 보여주지 못했다는 것이다. 이들은 법적 상속자의 재산을 빼앗는 것은 인정에 반한다고 주장했다. 다시 말해 그들은 그녀가 강씨의 입양된 아들에게 부모의 애정을 보여주지 못했다는 점을 질책했다. 이 관료 그룹은 부모 자식 관계에서는 부모가 자식에게 느끼는 '자연스러운' 감정을 입양한 아들에게도 똑같이 보여주어야 한다고 믿었다. 이것이 암시하는 바는, 입양된 아들의 역할이 가계를 잇고 제사를 책임지는 것이므로 정씨 부인이 부계 중심 사회의 규범에 부합하려면 법적 상속인에 대한 부모의 사랑을 실천해야 했다는 것이었다.

나) 장모 옹호론: 장모에 대한 불효는 인정에 위배된다.

한편 정씨 부인을 옹호한 이들은 강씨의 법적 상속자가 정씨 부인에게 효심이라는 '자연스러운' 감정을 보여줄 것을 요구했다. 이들은 정씨 부인이 사위에게 재산을 돌려달라고 요구했을 때 사위가 이에 응하지 않은 것은 부모의 말씀을 거역하는 일이라고 주장했다. 사위로서 이런 행위는 인정에 위배되므로 용납될 수 없다는 것이었다.

두 집단 모두 논증 과정에서 '인정'을 언급했지만 이에 대한 해석은 누구의 입장을 옹호하느냐에 따라 다르게 나타났다. 호조, 병조, 사헌부, 사간원, 집현전, 의정부 관료들은 모두 정씨 부인을 지지했고 이 관료들은 강씨를 지지한 관료들보다 수적으로 우세했다. 어느 그룹과 달리 정씨 부인의 옹호자들은 '부모-자녀' 관계가 '남편-아내' 관계보다 더 중요하다고 보았다. 다시 말해 그들은 자녀의 효심이 남편에 대한 아내의 열보다 우선시되어야 한다고 본 것이다. 이 관점에 따르면 정씨 부인의 사건에서만큼은 아내가 남편의 유언을 바꾸는 것도 허용될 수 있으며, 이는 인정에 어긋나는 일이 아니었다. 따라서 그녀에게는 재산을 되찾을 권리가 있다고 여겼다.

호조의 윤형은 과거뿐 아니라 현재에도 부모는 유언에 따라 재산을 증여하거나 환수할 권리를 지닌다고 보았다. 입양된 아들이 이미 입양을 통해 아들로서 인정받고 있다면, 재산을 나눠주거나 되돌려 받을 결정은 정씨 부인에게 있다는 것이다. 정씨 부인이 재산을 돌려받는 일이 저지당한다면 이는 부모와 자녀 관계를 해칠 것이며 합당한 일이 아니라고 보았다.

이와 유사하게 집현전 관료 신석조는 부모가 자녀로부터 재산을 환수하는 일은 오랜 기간 실행되어왔던 것이며, 법적 선례들은 재산의 주인이 재산을 환수할 권리를 지님을 명백히 하고 있다는 의견을 내놓았다. 이것은 아내가 과부가 되었을 때, 남편의 유언을 변경할 수 없다는 개념을 지지한 자들에 대해 반대 논리를 형성했다. 그에 따르면 죽은 이씨(정씨 부인의 남편)의 유언을 전적으로 이씨의 것으로만 취급하는 일은 옳지 않았다. 이씨는 재산에 대한 유언을 아내와 함께 구상한 것이기 때문이다. 따라서 진정인이 남편의 유언을 변경하는 일은 불가능하지만은 않았다.

나아가 그는 "아버지와 어머니는 일체─體인 것처럼 동일하게 대해야 한다. 어찌 한 분만을 다른 한 분보다 더 중요하게 대할 수 있겠는가?"라고 주장했다.[30] 결론적으로 신석조는 정씨 부인이 재산을 환수하도록 허용하는 것은 문제될 것이 없다고 했다. 의정부 역시 부모가 자녀에게 재산을 나누어준 뒤 환수할 권리를 지님에도 불구하고 강씨가 정씨 부인의 요구 사항을 무시한 것은 부모의 뜻을 거역하는 일이라고 주장했다. 의정부는 국왕에게 정씨 부인이 자신의 재산을 환수할 수 있도록 윤허해달라고 청했으며, 강씨가 장모를 충심으로 대하지 않았으니 처벌해야 한다는 의견을 펼쳤다.[31]

직제학 신숙주 또한 정씨 부인의 입장을 지지했다. 아내가 남편의 유언을 변경하는 것이 비록 남편에게 충실하지 않은 듯 보일 수 있겠지만, 그보다는 강씨가 아내 사후에 장모를 잘 모셨어야 하며, 특히 장모가 파산했을 때 더더욱 그랬어야 했다는 점을 강조했다. 정씨 부인이 재산의 일부만 환수하려 했기 때문에 정씨 부인이 탐욕을 부린다고 볼 수는 없다고 주장했던 것이다. 이러한 맥락에서 그는 정씨 부인이 강씨로부터 재산을 되돌려 받을 수 있도록 허락하는 것이 인정에 어긋나지 않으며 또한 대의大義에도 들어맞는다는 논리를 국왕에게 제출했다.[32]

정씨 부인을 옹호하려 한 관리들 중에서 좌사간 대부 임효인은 강씨 지지자들에 반대하는 주장을 가장 구체적으로 피력한 인물이다. 임효인은 우선 아내와 남편은 일체로 간주되어야 한다고 주장함으로써 진정인의 편에 섰다. 아내 사후에 아내의 재산을 남편이 갖는 것은 문제되지 않았고 그 반대도 마찬가지였다. 증언을 구상할 때 이씨와 정씨 부인이 재산의 공동 소유자로서 한 것이었으므로, 이씨의 증언을 이씨만의 것으로 취급함은 합당치 않다고 주장했다. 강씨 지지자들은 자녀와 부모 관계, 남편과 아내 관계를 동일선상에 놓은 반면, 임효인은 이 두 관계가 똑같이 다뤄질 수 없다고 주장했다. 그의 관점에 따르면 부부의 연을 끊는 것은 불가능하지 않지만, 혈연으로 연결된 부모 자녀 간의 관계를 끊을 길은 없다. 따라서 그는 이 두 관계에는 차이가 있다고 주장했다. 그는 아내가 증언을 변경할 수 없게 된다면 그녀는 부모로서 재산을 환수받을 권리를 상실할 뿐만 아니라, 부유한 아들이 가족 중에 극빈으로 고통받는 다른 자녀들과 재산을 나누어 갖도록 요구할 능력도 박탈당할 우려가 있다고 보았다.

임효인은 입양된 아들이 유산을 받지 못하는 판결이 나면, 앞으로 입양이 이뤄질 때 입양된 아들이 그 집안의 의례를 책임지기를 거부하는 일이 일어날 것이라고 주장하는 이들에게 반대 의견으로 맞섰다. 그는 부모들이 아들을 다른 집의 양자로 내보낼 때 재산 문제를 특별히 고려하지 않는다고 주장했다. 입양 결정에는 주로 자신의 형제 중에 아들이 없는 자에 대한 연민이 주요하게 작용한다는 것을 강조했다. 즉 입양 문제에 있어서 유산은 결정적인 요소가 아니고 결정적인 요소가 되어서도 안 된다는 것이었다.

그는 정씨 부인이 재산을 환수받도록 허락하지 않는다면, 아들들은 어머니의 증언을 무시한 채 아버지의 증언만을 인정할 것이라고 주장했다. 마지막으로 그는 정씨 부인의 요구 사항이 불공평한 것이었다면, 육전六典에는 입양된 아들이 그 어머니가 자기 몫의 재산을 부당하게 빼앗으려 할 때 진정할 수 있도록 한, 법적 조항이 마련되어 있음을 언급했다. 따라서 정씨의 요구 사항에 문제가 있었다면 입양된 아들이 진정서를 제출하는 것은 불가능한 일이 아니었다. 임효인에 의하면 정씨 부인의 요구 사항을 실행하는 것은 전적으로 허용될 수 있는 일이었다.[33]

다) 최종 판결: 불효는 억울한 일이니, 사위는 장모에게 유산을 돌려주어라.

관리들이 열띤 토론을 계속하는 동안 정씨 부인은 조정으로부터 아무런 답변도 듣지 못했기에 두 번째 진정서를 제출했다. 결국 사헌부는 이 사안에 대해 3개월 동안 심층적인 논의를 거친 뒤 합의에 이르렀다. 사헌부는 국왕에게 다음과 같은 보고를 올렸다.

이숙번의 아내 정씨 부인은 사위에게 주었던 노비 문서를 돌려달라고 했으나, 사위가 거부했다는 내용의 진정서를 올렸습니다. 사위가 정씨 부인에게 순응하지 않았던 것은 정씨 부인의 재산을 노렸기 때문이며, 연로한 정씨 부인이 사망할 때까지 기다리려는 의도적인 계획 때문이었습니다. 그의 행위는 삼강을 심각하게 훼손시켰습니다. 전하께서 강순덕을 80대의 곤장형에 처하는 처벌을 내려주시기를 요청드리는 바입니다. 해당 부서는

판결문에 제시된 대로 정씨 부인에게 토지와 노비를 분배해야 합니다.[34]

조정에서는 최종적으로 정씨 부인이 재산을 환수받을 권리를 지닌다고 결론내리고 부인의 요구 사항을 받아들였다. 정씨 부인의 사례에서 핵심은 부부관계가 부모 자식 관계와 동일한 것으로 다뤄질 수 있는지를 규정하는 것이었다. 강씨 지지자들은 두 관계가 균등하게 취급되어야 한다고 주장했다. 자녀가 부모의 증언을 변경하는 것이 불가능했기 때문에 같은 맥락에서 아내가 남편의 글을 변경하는 것은 부적절했다. 국가에서 아내가 죽은 남편의 뜻을 바꾸는 것을 허용한다면 이는 남편의 뜻을 거스르는 것으로 부부관계를 훼손하게 될 터였다.

이 그룹이 이런 주장을 펼친 이유는, 강씨의 지지자들이 정씨 부인 사건을 일관되게 남성적인 시선으로 관철시켰기 때문이다. 그들은 강씨에게 주어진 재산이 정씨 부인의 것이었다는 사실을 고려하지 못했을 뿐 아니라, 그녀가 증언의 공동 주체였다는 것을 간과했다. 더군다나 그들의 주장은 여성의 순종적인 입장을 강조하는 차원에서 전개돼, 장모를 대하는 강씨의 불효는 보지 못했다.

반면 정씨 부인의 지지자들은 부부관계와 부자관계는 동일하게 취급되어서는 안 된다고 주장했다. 그들은 부부관계는 절연이 가능하나 부모와 자녀는 관계를 끊을 수 없다고 주장했는데, 즉 자녀들의 부모에 대한 순종과 효의 의무는 핵심적이며, 결코 협상할 수 없는 대상이라는 것이었다. 그러나 아내의 순종은 그녀가 집안에서 차지하는 위치에 따라 유동적으로 해석될 수 있었다. 예를 들어 이 그룹에 따르면 어머니로서 여성의 위치는 아내로서 여성의 위치보다 우선시되기에 그녀가 남편 사후에 증언을 변경하는 행위는 정당화될 수 있었다. 뿐만 아니라 부모는 자녀로부터 재산을 환수받을 권리를 가지고 있었고, 이 또한 인정에 어긋나는 행동은 아니므로 이들은 정씨 부인의 요구 사항을 허용하기로 결론내렸던 것이다.

이 사례는 결국 아내의 남편에 대한 의무보다 자식의 부모에 대한 의무가 더 중요하다는 것을 암시했다. 여성에게 요구된 규범은 아내가 남편에게 순종하는 것이었으나, 정씨 부인은 사위로부터 재산을 환수하고 자기 아이들에게 재분배할 '부모'로서의 권리를 행사했던 것이다. 이러한 판결에는 정씨 부인의 '억울함'에 대한 감정적 호소가 주요하게 작용했다. 즉 억울함의 감정 요소는 인정에 어긋나지 않는 효라는 윤리와 결탁함으로써 부모로서 자녀의 효를 받을 권한, 부모의 재산권을 되찾을 권리를 확보하도록 하는 주요 매개체로 작용했던 것이다.

4. 개인의 감정은 어떻게 공론화되는가

이 글에서는 정씨 부인의 재산 분쟁을 통해 법, 감정, 그리고 유교 윤리의 관계를 살펴봤다. 특히 부모 자식 관계 또는 부부관계에 있어서 효와 열이라는 것을 인정, 즉 인간의 본성과 자발성에 기초한 감정으로 보고, 이에 반하는 것은 화기和氣를 해치며 사회에 무질서를 초래하는 것으로 여겼다. 부모 자식 간에 느끼는 감정은 내면에서 일어나는 지극히 자연스러운 것으로 여겨졌다.

결국 조정에서 정씨 부인의 손을 들어준 것은 혈연으로 맺어진 부모 자식 간의 효라는 '자연스러운' 감정이 윤리적 규약으로 맺어진 부부관계보다 사회질서를 유지하는 데 더 중요하다고 여겼기 때문이다. 정씨와 그녀의 사위 강씨는 혈연으로 맺어진 관계는 아니었으나 부모 자식 관계로 규정해야 하고, 강씨는 장모 정씨에게 인정에 반하지 않도록 효를 행하는 것이 옳다고 판단한 것이다.

관료들은 부모와 자식 그리고 부부관계를 규정짓는 데 있어서 인정 개념을 적용했다. 여기서 중요시되었던 부분은 정씨 부인이 법적 후계자에게서 재산을 환수하는 것이 적절한지, 그리고 정씨 부인이 남편과 공동으로 작성한 유서를 변경하는 것이 허용될 수 있는지의 문제였다. 강씨의 옹호자들은 정씨 부인이 유서를 변경하고 재산을 환수하려는 것은 인정에 반한다고 주장한 반면, 정씨 부인의 옹호자들은 이런 행위들이 인정에 부합된다고 주장했다. 그렇다면 이 특정한 사례에서 정씨 부인이 취한 행동과 인정의 관계는 무엇인가?

서양 철학에서 감정에 대해 논하면서 제기된 핵심적인 문제는 감정이 과연 "이성적일" 수 있는지, 그리고 윤리적 판단을 내릴 때 믿을 만한 요소로 작용할 수 있는지에 관한 것이었다. 여기서는 이런 담론에 대해 추가적으로 논의하지 않는다. 다만 이 글에서 살피고자 한 것은 조선 초기 사회에서 인정이라는 감정 요소가 무엇이 윤리적으로 옳고 그른지를 결정하는 데 깊이 관여하여 영향을 미쳤다는 사실이다. 앞서 논의한 것처럼 인정은 효와 열 등의 유교 덕목과 가까이 엮여 있었고, 법적으로도 강력한 역할을 수행했다. 인정은 특정 행위들을 합법적이거나 불법적인 것으로 만드는 과정에서 주요한 정당화 기제로 등장했다. 인정은 효 또는 열을 실천하도록 동기 부여하는 역할을 함으로써 법적인 영향력을 끼쳤으며, 동시에 법 절차를 수행하는 주요한 요소였다.

진정을 통해 자신의 어려움을 공론화하는 정씨 부인의 행위는 효와 열이라는 유교의 삼강오륜에 대한 다양한 해석을 불러일으켰다. 논의의 초점은 강씨의 장모에 대한 효심이 정씨의 남편에 대한 열보다 우선하는가를 판단하는 데 있었다. 다시 말해 이것은 집안의 화목을 유지하는 데 있어 젠더관계가 나이보다 우선하는지의 문제이기도 했다. 정씨 부인의 사례에서만큼은 조정이 부모와 자녀 관계를 훼손하는 것이 부부관계를 변경하는 것보다 더 큰 사회악이라는 결론을 내렸고, 부부관계에서와 달리 부자관계에서는 위계질서가 분명하다고 결론지었다. 조정의 판결은 또한 남편이 아내의 부모에 대한 효의 의무를 행사하는 것으로부터 자유롭지 못함을 보여주기도 했다. 이때 '인정'은 윤리적 덕목을 지지하고 뒷받침하는 강력한 개인적 감정 요소이자, 사회적 공감대를 형성하는 것으로 의미화되었다.

4장

살인사건을 둘러싼
조선의 감성 정치

옥안과 판부의 내러티브, 공감대를 위한 청원

강혜종

조선 후기 살인 사건이 발생했다. 피살자는 여성이다. 검험관은 서둘러『증수무원록언해增修無冤錄諺解』를 편다.

"檢婦人애 不可 避羞ㅣ니라."[1]

"부녀자를 검험함에 부끄러움을 피할 수 없다"는 위의 구절은, 부녀자의 '몸'을 통해 사건의 진실을 밝혀야 하는 검험관이 겪을지 모를 '감정적 동요'에 대한 조언으로, 오늘날의 시선에서는 다소 낯설게 느껴질지 모른다.

여성 피해자뿐만 아니라 여성 피의자의 몸 역시 남성 관리들에게는 곤란한 '감정'을 불러일으키는 문제적 대상이었던 듯하다. 태형笞刑■은 다음의 그림에서 보듯이 죄수를 형 대에 묶고 하의를 내린 뒤 정해진 대수만큼 둔부를 때려 형을 집행했는데, 이때 부녀자라면 옷을 벗기지 않았다.

그런데『대명률직해大明律直解』「공악호급부인범죄工樂戶及婦人犯罪」조에는 부인婦人이 간음을 저질러 장형杖刑■■을 받은 경우 옷을 벗긴

■ 가벼운 죄를 범했을 때 작은 형장荊杖으로 치는 것.
■■ 죄를 범했을 때 큰 형장으로 치는 것.

「형정도첩刑政圖帖」, 김윤보, 조선 말기.

뒤 집행하라고 적혀 있다. 여성의 몸이 정조를 지키지 못한 순간, 수치를 통한 응징의 대상이 되면서 비로소 공개된 장소에서 드러날 수 있었던 것이다.

이처럼 가부장적 사회의 형정 집행에서 여성의 몸이라는 타자는 '수치 유발자'라는 혐의를 뒤집어쓴 채 때로는 감춰야 할, 때로는 전면에 내세워야 할 존재가 되었다.

주周나라 문왕은 오히려 시체를 파묻어주기도 했는데, 지금은 백골을 검험하기까지 하다니! 이러한 일을 당한다는 것은 다시 피살되는 것과 다를 바 없다고 나는 말하고 싶다.

다산茶山 정약용丁若鏞(1762~1836)이 편찬한 『흠흠신서欽欽新書』 「전발무사剪跋蕪詞」 편 마지막 부분에 실려 있는 정조의 전교에는 백골의 검험을 안타깝게 생각하는 영조의 말이 위와 같이 인용되어 있는데, 조선시대 예치禮治의 기저에 흐르는 또 다른 감정이 형정에 작동하는 일면을 보여준다. 영조는 암매장된 시신은 예禮에 맞게 검험하되 이미 매장된 다른 시신은 검험할 수 없다고 했다. 하지만 정조는 이것이 결코 굴검掘檢(묻었던 시체를 파내 검증함)을 반대하는 것이 아니라면서, 사건의 원인을 규명하기 위한 철저한 굴검을 지시한다.

1. 옥안과 판부에서 감정을 읽다

조선시대의 형사사건이 기록된 옥안과 판부는 전통 시기 감성 정치의 양상을 잘 드러내주는 자료다. 특히 18세기에 편찬된 조선 후기의 대표적인 판례집인 『추관지秋官志』 『심리록審理錄』 『흠흠신서』는 여러 문집 및 왕조실록 등의 고전적과 더불어 전통 시기 형정 인식과 법 감정의 문제, 감성적 공감의 표상과 작동 방식을 잘 보여주는 흥미로운 보고寶庫다.

이러한 옥안과 판부는 어떻게 작성했을까? 1779년 정조는 형사 사건 공문서의 올바른 작성법을 정리한 일종의 글쓰기 가이드인 「옥안수계獄案修啓」를 만들었다. 이는 형전刑典 정비와 더불어 형식이 일정치 않은 옥안의 규식을 통일해 사건의 진상을 올바르게 파악하고 억울한 옥사를 없애기 위한 작업의 일환이었다. 특히 당시 아전이나 서리직을 맡고 있던 중인들은 양반들이 꺼렸던 공문서 작성을 대신하고 양반에게 결재를 맡는 일이 비일비재해 그 폐해가 컸는데, 옥안 작성의 경우도 마찬가지였다.[2] 뿐만 아니라 담당 관리들이 올바른 옥안 작성법을 따르지 않아 형정 개선에 힘쓰던 정조에게는 큰 골칫거리였다.

당시 하급 관리에서부터 수령, 관찰사, 형조의 대신들이 공동 문서 작업한 것이 축적되면 이를 바탕으로 최종 판부가 도출되는 시스템이었는데, 특히 사형죄에 해당되는 사건들은 반드시 왕의 판결을 받아야만 했다. 이 사건들은 삼심제三審制의 판결을 거치면서 다양한 해석이 쌓였으며, 그 하나하나가 판결에 중요한 영향을 미칠 수 있었다. 따라서 옥안 작성법을 만든 정조의 노력은 사람의 생사 여부를 결정할 실천적인 '공감의 내러티브'를 더욱 개연성 있게 하기 위한 노력이었다.

이 '축적된 해석의 묶음'은 사건으로 인해 생겨난 감정들을 '해소'하기 위한 수렴 과정이자, 사건 발생으로부터 해결에 이르기까지 생성된 다양한 감정의 산물로도 볼 수 있다. 이런 감정은 또한 사건 해결을 둘러싼 '공감 경쟁'에서 중요한 역할을 했다. 즉 지배 규범적

가치에 가장 부합하는 '공감'에는 법리적 추론과 논증을 통한 합의뿐
아니라 증오, 원망, 분노, 수치, 슬픔, 연민 등 판결이라는 공적 '의식
ritual'을 통해 공인된 감정이 포함되었다.

　　이를 고스란히 보여주는 옥안과 판부를 읽다보면, 현대의 건조
한 공문서 문체와 달리 작성자의 감성이 묻어나는 전통 시기 동양의
공적 글쓰기의 문체가 새롭게 느껴진다. 주奏·표表 등 동양의 산문은
문예미를 살린 주요 글쓰기 장르였다. 옥안과 판부 역시 이러한 특징
을 보이는데, 정약용은 『흠흠신서』「비상준초批詳雋抄」 편에 중국의 모
범 옥안을 선별해서 실은 뒤 조선의 옥안과 비교하거나, 조선의 옥안
에 대한 문장의 논리와 글의 짜임새를 품평했을 정도다.

　　다양한 감정과 공감이 반영되어 있는 판결문의 내러티브에 대한
관심은 그동안 서구를 중심으로 법과 문학의 관계에 대한 진지한 학
문 탐구로 이어져왔다. 국내에도 이런 연구가 소개되었고 동일한 선상
에서 연구가 진행되기도 했지만 서구만큼 활발한 논의가 이뤄지진 못
했다. 그동안의 논의들도 주로 서구의 법 인식과 서술 방식을 전제로
했기에, 동양의 글쓰기 전통과 법 인식에 대한 이해를 바탕으로 전통
적 법 글쓰기를 고찰하는 작업은 아직 초기 단계에 머물러 있다.

　　이 글은 옥안과 판부의 내러티브를 분석하면서 문화적 관습
의 표상으로서의 언어들, 혹은 언어로 드러나지 않는 요소들로 형성
되어 작동하는 '공감 역학'을 감정의 문제를 중심으로 들여다보고자
했다. 이는 공공의 장에서 용인·배제·위계화되고, 상상되거나 강요
되는 감정의 양상과 공감의 성격, 공감의 표상화와 공감 표상의 작
동 방식을 살피는 작업이자, '공감을 청하는' 우리 사회에 던지는 화
두다.

2. 전통시대에 '공감'은 어떻게 표현되었나

조선 후기 판례집을 펼치면 공감의 양상과 그 작동 방식을 곳곳에서 발견할 수 있는데, 먼저 당시의 공감에 대한 이해를 돕는 몇 가지 개념을 살펴볼 필요가 있다. 공동체 구성원의 공생과 유대, 관계맺음의 방식으로서 공감과 관련 있는 개념 중 '상하통정上下通情'과 『논어』「이인里仁」 편에 나오는 '서恕'의 의미를 생각해보자. 상하통정은 세대와 계층이 '화합和合'하는 상태를 뜻하는데, 계급질서가 강조되었던 전통시대의 사회 공동체에서 문화정치의 주요 수단이었던 악樂이 그 역할을 담당했다. 이 개념이 문화의 공동 향유를 통한 공통 감성대의 추구를 설명한다면, 『논어』의 '서'는, '나를 미루어推 남을 이해'하는 방식으로 타인과 공감하려는 태도다.

그런데 이러한 공통 감성과 공감 추구에는 규범적 가치에 대한 공감을 촉구하고 가치를 위계화하는 논리가 전제되었다. 『시경집전詩經集傳』 모시毛詩 서序에는 "오직 성인만이 위에 계시니, 그 느끼시는 바에 옳지 않음이 없다心之所感有邪正, 故言之所形有是非. 惟聖人在上, 則其所感者無不正"라는 구절이 있다. 또한 전통시대에는 사람의 감정 가운데 즐거운 마음喜心이 지나치면 반드시 음란해지고 악惡에 이른다고 하여 절도節度를 지키기 위하여 감정의 절제와 조화를 역설하며 쾌락 추구에 대한 엄격한 태도를 취하기도 했다. 즉 개인만의 즐거움은 당대의 공공적 가치에 걸림돌이 되는 사욕私慾을 충동하는 것으로 여겨졌으며, 이후 성리학적 논의에서 개인의 감각·감정 통제에 대한 생각들로 이어졌다.

이처럼 성인을 올바른 감동의 초월적 존재로 삼고, 인간의 느끼는 바와 감정을 상대적으로 불완전한 것으로 규정짓거나, 감정 발현의 순간마저 소급하여 가치를 부여하는 논리는, 감정의 위계화와 통제의 당위성을 뒷받침했다. 이것은 공적 정당성을 부여하는 '하늘天의 감동'을 불러일으키는 '선한 주체'를 요청하는 목소리에서도 발견할 수 있다.

> 연燕나라 충신이 원망을 품으니 6월에 서리가 내렸고, 동해의 효부가 원망하자 3년 동안 크게 가물었다고 하였으니, 하늘과 사람이 서로 감응하는 도리가 예나 이제나 다름이 있겠습니까? 이제 전하가 우려하시기를 이같이 하시나 하늘이 오히려 비를 내리지 않는 것은 주상의 덕이 아래로 퍼지지 못함이 있어서, 뭇 신하가 다 봉행奉行하지 못하는 것이 있는가 저으기 두렵습니다.(『조선왕조실록』 태종 13년 계사)

위 상소문에는 충신과 효부의 고사故事가 나온다. 충신이었던 추연鄒衍은 혜왕惠王을 섬기던 중 참소당해 억울하게 감옥에 갇혔다. 이때 그가 하늘을 우러러 통곡하자 갑자기 여름에 서리가 내렸다. 두 번째 고사의 주인공인 효부는 과부가 되어서도 시어머니를 잘 섬겼는데, 딱한 며느리를 시집보내려는 시어머니가 재가하지 않겠다는 며느리를 두고 스스로 목을 매어 죽었다. 며느리는 시어머니를 죽였다는 누명을 쓰고 사형을 당했는데, 그 고을에 3년 동안 비가 오지 않았다. 이 두 이야기는 하늘과 사람의 감응 방식을 보여주는 예로 인용되고 있는데, 군주의 덕정을 보필하지 못한 신하들의 잘못을 자책하는 서술의 일부분을 구성하면서도, 강력한 통치권을 지닌 군주를 견제하는 논리인 동중서董仲舒의 천인감응론天人感應論이 반영된 상소문의 서술 패턴과 맞닿아 있다.

이와 같은 천인감응의 교감 논리는 옥사獄事에 대한 인식에도 반영된다. 숙종은 혹시라도 옥안이나 사체死體를 제대로 살피지 못해 사건의 원인을 판단하지 못하게 된다면, 억울함과 원망이 일어나 "천지에 수한水旱(장마와 가뭄)의 재앙을 초래"[3]할 것이라고 했다. 이 죽은 자의 억울함과 원망은 공동체의 존립을 위태롭게 만든다는 점에서 충신, 효부의 원冤과 상응된다.

중국 송대宋代의 법의학서인 『세원록』을 청대에 증집한 『세원록집증洗冤錄集證』 검험총론에 적힌 다음의 글은 이 '원통함'을 풀어야 할 이유에 대해 좀더 현실적인 답을 준다.

> 죽은 이의 원冤이 풀리지 않으면 산 자의 원이 또한 이루어지니, 하나의 목숨으로 인해 두 목숨, 여러 목숨이 죽게 되며 원수 갚음이 계속 일어나게 되니 참혹함이 어찌 그칠 것인가.[4]

즉 천재지변을 막기 위해 죽은 자의 '원冤'을 풀어야 한다는 문맥 이면에는, 산 자의 '원'이 확대되어 공권력이 통제력을 잃고 공동체의 질서 유지가 불가능해질 위험을 방지해야 한다는 의미가 담겨 있다. 살아남은 이들은 하늘을 움직이는 '공공의 감동'을 만들어내야만 했던 것이다.

3. 조선시대 형정의 집행과 '부끄러움'의 통치술

조선시대 사대부의 형정에 대한 인식은 현전하는 문집의 글들을 통해 확인할 수 있다. 미수眉叟 허목許穆(1595~1682)은 그의 문집 『기언記言』에 수록된 「형설刑說」에서 형벌은 말단의 통치술이라고 언급하면서, 명분만 따지고 인간의 기본 마음을 잃었다며 법가를 비판한 사마천의 생각을 인용했다. 미수는 또한 선왕은 사건에 따라 형벌을 만들었지 법을 미리 규정짓지는 않았다고 지적했다. "법을 미리 만들 어놓으면 논쟁을 일삼는 백성이 예의를 버리고 법만 따질 것"이며 "망하는 나라에 형벌이 많다"면서 통치에 있어 형정을 보조 역할로 한정했고, 덕치德治를 통한 교화를 추구하는 유가의 대척점에 선 법가의 폐해를 지적했다. 그럼에도 불구하고 그는 동시에 아득한 옛날 형벌을 제정하지 않았다면 난폭한 자를 금지할 수 없었을 것이라며 형벌의 필요성을 언급했다.

　이러한 유가의 형정 인식에도 관점에 따라 입장 차가 나타났다. 김호는 다산과 약천藥泉 남구만南九萬(1629~1711)의 형정 인식을 비교하면서 약천이 엄형의 입장에 좀더 가까이 섰다고 지적한 바 있다.[5] 조선 후기에는 형정이 더 이상 덕치를 위한 보조적 기능에만 머물지 않았다는 사실도 확인된다.[6] 한편으로, 교화를 위한 형벌이라고 하기에는 백성에게 지나친 고통을 가하는 악형이 법의 테두리 밖에서 시행되기도 했다.

　어쨌거나 덕치를 지향하는 유가의 통치 시스템에서 형벌에 대한 공포가 아닌 '수치'의 내면화를 통한 교화의 필요성은 지속적으로 강조되었다. 무명자無名子 윤기尹愭(1741~1826)의 문집에는 유가적 형정 인식을 단적으로 보여주는 『논어』 「위정爲政」 편의 구절이 실려 있다. 윤기는 부끄러움을 느끼지 못하는 세태를 개탄하면서 예치로 백성을 교화시키지 못한 지배층의 반성을 촉구한다.

　아! 삼대의 백성이 부끄러움이 있었다. 그러므로 성인이 이로 인 하여 부끄럽게 함으로써 그 죄를 금했다. 후세의 백성은 부끄러 움을 느끼게 할 수가 없다. 그러므로 형벌로써 금하니, 그 부끄럽게 만드는 원인이 마침내 후덕한 상으로 욕되게 하고, 또한 심지어 오명으로써 벼슬을 주는 데에 이르러 또한 세상이 변한 것을 볼 수 있다. 그러나 이 백성은 삼대三代의 백성이다. 공자가 말하기를 "덕으로 인도하고 예로 단속하면 백성이 부끄러움을 느껴서 더욱 선해질 것이고, 백성을 법령으로 이끌고 형벌로 단속하면 백성이 처벌을 면하려고만 하고 부끄러움을 느끼지 않을 것이다"라고 했는데, 이것으로 말하면 생각건대 백성의 부끄러움이 있고 없고의 여부는 이끌고 단속함이 어떠한지에 있는 것이 아닌가.(윤기, 『무명자집無名子集』 「부끄럽게 만드는 것은 형벌을 주는 것보다 심하다恥之甚於刑之」)

유가에서 형벌은 근본적으로 수치심을 줌으로써 스스로의 잘못을 깨닫도록 하기 위한 수단이었다. 예컨대 무늬가 있는 돌嘉石에 앉혀놓고 그 무늬를 보고서 자신도 그렇게 아름답게 되기를 반성하도록 만든다거나, 죄상을 기록한 판자를 등에 짊어지게 해 수치심을 품고 반성토록 하는 명형明刑뿐만 아니라 고통을 주는 신체형이나 노역형도 그 목적이 같았다.

『추관지』 「오형도五刑圖」에는 "태笞라는 것은 수치스러움이다. 무릇 작은 허물은 매질을 해서 수치를 느끼도록 하는 것이다" "도徒라는 것은 노예로 삼는다는 뜻인데, 대저 노예가 됨으로 치욕을 느끼도록 하는 것"이라고 적혀 있다. 이 기록은 유가사회에서 형벌이 신체적 고통보다는 수치를 통한 심리적 고통을 가해 교화를 궁극적인 목적으로 삼은 것임을 알려준다.

4. 공감의 역학―누구의 공감을 어떻게 얻을 것인가

『주례周禮』「추관秋官」'소사구小司寇'에는 오청五聽(말을 들어보는 것
辭聽, 얼굴 표정을 살펴보는 것色聽, 숨소리를 들어보는 것氣聽, 듣는 태도
를 살피는 것耳聽, 눈동자를 살펴보는 것目聽)을 사건의 주요 단서를 찾
는 방법으로 제시한다.

『흠흠신서』「경사요의經史要義」에는 이처럼 범인의 감정을 읽어 사
건을 해결한 사례를 싣고 있다. 그중에서 '소리를 듣고 살인자를 알아
내다聞聲知殺'의 사례 다섯 가지 모두가 간부姦夫와 음행을 저지르고 남
편을 죽인 여성들의 거짓 곡소리를 알아낸 이야기라는 점이 흥미롭
다. 『대명률』「십악十惡」의 불의不義 조에는 부인이 남편의 상을 당했음
에도 슬픔을 표현하지 않는 것이 포함되어 있다. 즉 '슬픈 곡소리'는
부인이 반드시 수행해야 할 의무이자 강상 윤리를 극명히 드러내는
'규범적 감정 표상'으로, '부모의 상을 당해 슬퍼하지 않는 것'과 함께
중죄로 여겨졌다. 이것은 유달리 상을 당한 슬픔을 절제하지 않고 적
극적으로 드러내면서 예를 다하는 문화적 관습과 관련 있어 보인다.
최기숙은 감정의 절제가 인격 수양의 지표로 여겨지던 문화적 관습에
도 불구하고, 유가적 가치를 표출하는 감정은 "'감정 과잉' 또는 감정
조절의 '실패'"로 비판받지 않고 "'공감'과 '치하'"를 나타내는 "공감적
감정"으로 여겨졌다고 분석한 바 있다.[7]

의무가 된 감정의 또 다른 예가 있다. 주희는 성인이 중죄인에게
주참誅斬이나 단할斷割의 형벌을 내리면서까지 죄인을 용서하지 않았다
해도 이것은 피해자의 원한 맺힘과 고통스러움銜冤負痛을 차마 보지 못
했기 때문에 형벌로 갚아준 것이라고 설명한다. 동시에 참혹한 형벌
을 차마 집행하지 못하는 마음이 있었으나 용서할 수 없었다는 말을

덧붙이는데, 이는 "비록 오형五刑에 해당되더라도, 정상이 딱하고 법에 의심스러우면" 형을 감하여 인정仁政을 베푸는 군자의 모습과 일맥상통하는 것이다.

이는 맹자가 말하는 "차마 할 수 없는 마음不忍人之心"(『맹자』 「공손추 상公孫丑 上」)이 군주의 신분과 기질적 특권으로 발현된 하향식 측은지심惻隱之心이나, 힘없고 어리석은 백성을 긍휼히 여겨 베푸는 '호생지덕好生之德'(『서경書經』 「대우모大禹謨」)으로도 설명될 수 있겠다.

신하들은 종종 왕의 판결을 '호생지덕好生之德'이라는 표현으로 칭송하곤 했는데, 정조는 자신의 판결이 타당한 법리 적용의 결과임을 강조하면서 자신의 '살리기 좋아하는 덕'을 높이던 신하들의 말이 듣기 싫다고 한 적이 있다.[8] 그는 자신의 '살리기를 좋아하는 인정人情의 덕'보다는, 법리적 판단을 신하들과 공감하고 싶었던 것이다.

5. 감형의 전략—다투어 죽으려 하다

1795년(정조 19) 오누이는 빌려준 돈을 돌려받으려다 사람을 죽이고 함께 법정에 섰다. 피의자 이분금의 누이가 채무자 부전에게 빚 독촉을 했는데 돈을 갚지 않자, 동생 이분금이 채무자 부전을 발로 짓찧고 차서 4일 만에 죽게 했다. 피살자 부전은 이분금의 누이 집에 함께 사는 재춘이라는 자의 어머니였다. 이분금은 누이와 재춘이 싸우는 것을 보고 화가 나 재춘을 구타하던 중 병든 부전이 와서 싸움을 말리다가 잘못 맞은 것이라고 주장했다. 이 사건에 관한 『심리록』의 기록을 보면, 살인을 저지른 이분금의 감형 여부에 대해 왕과 형정 관리들이 고심한 모양이다. 형조의 기록에는 "서로 죽겠다고 할 생각은 않고 사형을 안 당할 궁리만 하고 있다"고 적혀 있다가, 이후 "겉으로는 다투어 죽으려 하지만 속내는 사실 살려고 그러는 것"이라고 서술되는 등 남매의 진심을 파악하는 것이 중요한 문제로 고려되었음을 알 수 있다. 결국 정조의 판부에서는 이 남매가 "하호下戸의 상천민常賤民인데도 윤의倫義를 중시하고 생사를 가볍게 여겨 차꼬를 차고 뒹굴면서도 애타게 호소한 것은 자기가 대신 죽기를 바라는 것"으로, 남매가 서로 죽기 원하는 우애를 보고도 법대로 적용하자니 사정이 몹시 측은하다며 남매의 애타는 마음을 진심으로 받아들이는 판결을 내린다.

> 법률은 풍교風敎 가운데 하나이고, 형정은 예악에 비교해볼 때 말단적인 것인데, 남매가 다투어 죽으려 하여 정범正犯을 정하기 어려우니, 오늘날처럼 습속이 무너진 상황에서 이런 도리를 알고 있다는 것만으로도 실로 아주 기특하다.

남매가 죄를 뉘우치며 '죽고 싶은 마음'을 슬프게 호소하는 것은 결국 정조의 마음을 움직였다. 물론 피고의 감정 표출만으로 이 판결이 이뤄졌다고 볼 수는 없다. 최종 판결이 내려지기까지의 과정을 여러 측면에서 따져봐야 이분금의 감형에 대한 분명한 근거들을 살필수 있다. 또한 '무너진 풍속의 교화'를 판결의 주요 이유로 언급한 것은 조선 후기 예치 강화의 측면이 반영된 것으로 생각할 수 있다. 그럼에도 어쨌든 이 사례는 '서로 죽기를 바라는 마음'을 적극적인 감정으로 표출하는 것이 감형의 전략이 될 수 있었던 당시 법 문화의 한 양상을 잘 보여주는 경우다. 다음의 인용문은 가해자의 행위를 인정人情으로 공감하는 또 다른 사례다.

육촌 매부요, 평소 싫어하지 않았는데 말 한마디에 화가 난들 어찌 지독히 때릴 리야 있겠는가. 만일 정말로 무겁게 다쳤다면 마땅히 곧 병이 깊어지거늘 서로 싸운 뒤 행동이 정상이었고, 전과 같이 관아에 들어가 근무했으며 술을 찾아 마셨으니, 그가 무겁게 때린 것이 아님을 곧 이로써 알 수 있다.

위 글은 『흠흠신서』 「상형추의祥刑追議」에 실린 '다침과 병듦에 대한 분별傷病之辨' 조목의 초검발사初檢跋詞의 일부다. 이 글의 작성자는 사인을 판단하기 위해 사건을 재구성하고 있는데, "육촌 매부"라는 친족관계와 "말 한마디에 화가 나서 지독히 때릴 수 없다"는 통상적인 인정人情을 사건 재구성의 요소로 삼고 있다. 이 초검발사에 대해 다산은 『무원록無冤錄』에 관자놀이가 급소라고 기록된 점을 근거로 제시하며, 사인을 명확히 밝히지 못한 잘못을 지적하고 있다.

이처럼 조선시대의 인정은 사건 판단과 형 집행의 과정에서 주요한 요소로 작용했으며, 사건을 구성하는 행위가 유가적 지배 규범에 속할 경우 인정으로 인한 공감을 얻을 수 있었다.

6. 법리 적용과 공감의 내러티브—복수를 허할 것인가

앞서 살펴본 대로, 조선시대에 살인사건 해결을 위한 공권력의 작동에는 피해자를 대신해 살인을 저지른 가해자를 단죄하고 피해자의 억울함을 풀어준다는 명분이 함께했다. 이는 공동체의 유지를 위한 사회 통제의 필요성을 내포한 것이었다. 공권력이 개입되지 않은 개인의 사사로운 복수는 경우에 따라 유가적 가치 실현에 부합하기도 했지만, 공권력의 통제를 벗어난 범법 행위라는 점 때문에 지속적인 논쟁거리가 되었다. 따라서 조선시대에는 사적 복수가 제한적으로만 허용되었으며, 복수가 인정된 사건은 신중한 논의를 바탕으로 유가적 가치 수호를 위한 것에만 한정시켰다.

개인이 '갚아야 하는 슬픔'과 국가 공권력이 상충하는 지점을 공감을 통해 봉합해야 했던 가장 민감하고 복잡한 영역인 복수사건에서는, 법리를 적용하면서 공감을 동원하기 위한 감정적 요소들이 치열하게 대두되었다. 이것은 복수를 모티브로 하는 문예작품들이 끊임없이 만들어졌던 이유이기도 하다.

『추관지』는 '아버지의 원수를 갚은 것復父讐' '어머니의 원수를 갚은 것復母讐' '남편의 원수를 갚은 것復夫讐' '형의 원수를 갚은 것復兄讐' '자녀의 원수를 갚은 것復子女讐'으로 복수사건을 분류했고, 『흠흠신서』는 「경사요의」 편에 '원수를 죽임에 마땅한 경우仇讐擅殺之義' '마땅히 죽을 경우에 살해된 것에 대해서는 복수하지 못함義殺勿讐之義' '벌 받을 죄를 지은 자를 위한 복수는 금지됨受誅不復之義'이라는 항목으로 복수사건의 법리에 대한 자세한 논의를 담고 있다.

심희기는 한국과 중국의 고문헌에 나타나는 복수는 피해자 자신이 아니라 대부분 피해자와 일정한 윤리적 관계를 맺고 있는 연고자인 친족을 위해 행해지며, 복수의 내용이 살인인 것으로 제한되고, 복수의 유발 동기인 증오심이 자의恣意에 의해 일어난다고 분석한다.[9]

다산은 복수의 요건을 엄밀히 따져 인정에 따라 처리하지 말아야 한다는 입장이었다. 『흠흠신서』 「경사요의」에는 "근세의 복수사건에 있어 사건에 대해 묻지 않고 절의節義를 강렬히 지켰다는 것만을 인정하여 대개는 불문에 부치고 있으니, 이는 큰 폐단"이며, "큰 죄악을 범하고, 불효를 저지르고 우애하지 않으며, 인륜을 거스르고悖逆 음란

스러워 그 정상이 용서받을 수 없는 자를 마땅한 도리義로서 죽일 수
는 있지 사사롭게 죽일 수는 없다고 했다.

『흠흠신서』「상형추의」에는 구체적인 복수사건이 실려 있는데
'원수 갚음에 대한 용서復雪之原'로 분류된 다섯 가지 사례를 자세히
살펴보자.

[표 1]

『흠흠신서』「상형추의」수록 '원수 갚음에 대한 용서復雪之原' 조목		
조목 제목 및 구성		정약용의 주요 의견
①	원수가 목숨으로 보상되지 않자, 사사로이 죽여 창자를 허리에 둘렀다. (근유根由는 의분이며, 실인實因은 찔린 것) 初檢狀−初檢跋詞−評−議−覆檢跋詞−巡營題詞−刑曹啓−判付− 刑曹判書金鍾秀−參議金魯永−刑曹啓−判付−議	− 복수사건 성립의 문제 − 검험의 문제점
②	원수를 서로 잊은 것같이 하다가 오래 된 뒤에 갚았다. (근유는 묘지 싸움이며, 실인은 얻어터진 것) (檢案闕) 判付−案	− 복수한 자의 형량 적용 문제(장형이 유배형으로 된 이유에 대한 의문)
③	형이 물에 빠뜨려진 데 애통해하여 아우가 원수를 갚았다. (근유는 부역에 차출됨이며, 실인은 얻어터진 것) 初檢跋詞−評−覆檢跋詞−三檢跋詞−評−四檢跋詞−評−巡 營題詞−評−査官報狀−巡營題詞−議	− 검험의 문제점
④	누이가 몸을 던져 빠져 죽음을 슬퍼하여 그 시어머니에게 협박하여 죽게 했다. (근유는 의분이며, 실인은 얻어터진 것) (檢案闕) 判付−案	− 자살의 원인 규명 강조
⑤	사람을 사서 원수를 갚았는데 본래 사사로운 원한이 있었다. (근유는 원한을 품음이며, 실인은 찔린 것) 刑曹啓−評−査官報狀−本道査啓−刑曹啓−判付	− 검험의 문제점

이 다섯 사례에는 모두 다산의 의견이 덧붙여져 있는데, 가장
중요한 비중을 차지하는 것은 검험 방식과 사체의 상처에 대한 판단,
추론을 통한 사인死因 규명, 법리 적용의 문제점 등이다.

사례 ① ③ ⑤의 주요한 공통 쟁점은 사체의 사인을 밝혀내는 것인데, 다산은 ①과 ③이 과학적으로 사인을 추론하려는 노력 없이 주먹구구식으로 피살자의 상처를 기록한 옥안이라며 문제를 제기한다.

사례 ①은 위의 다섯 사례 가운데 가장 다양한 옥안으로 구성된 것이다. 1788년 전라도 강진에서 일어난 이 사건은 조정에서 뜨거운 법리적 논쟁을 불러일으켰다.[10] 처음에 이것은 아버지의 원수를 갚은 사건으로 성립되지 못했다가 옥에 갇힌 피고 윤항의 여동생이 격쟁을 하면서 재조사가 이뤄졌다. 이를 계기로 이 사건에서 아버지에 대한 원수 갚음이 성립되는가의 여부와, 피해자 윤덕규가 집안의 서족庶族에게 맞아서 생긴 화병을 윤항의 아버지인 윤덕규의 사인으로 볼 수 있는가가 쟁점으로 떠올랐다.

사건 해결 과정에서 집안이 적서 문제로 갈등을 겪어왔던 상황이 재구성되거나, 아버지를 죽인 서족을 살해한 피고 윤항의 잔혹한 범죄는 묵은 감정에 의한 사사로운 동기에서 비롯된 것이라고 판단되기도 했다. 하지만 윤항의 누이동생이 격쟁을 하면서, 자신의 오라비가 아버지의 원수를 갚을 수밖에 없었던 정황—즉 다른 가족들도 연달아 이번 사건을 억울해하며 목숨을 잃었던 상황—을 호소한 내용이 비로소 알려졌고, 이에 새롭게 조사가 진행되어 결국 '아버지의 원수를 갚은 사건'으로 인정받은 것이다. 억울함을 눈물로 호소하는 소녀의 격쟁은 치밀한 법리를 바탕으로 한 주장은 아니었지만, 가족의 억울한 죽음에 대한 깊은 슬픔을 공감시키며 진실성을 전달한 유효한 전략이었던 셈이다.

7. 의분—모독을 갚아주다

조선 후기 어느 저녁 술자리, 이쇳봉은 지인과 술을 마시면서 가족을 걱정하는 마음을 나누고자 했다. 그런데 함께 술잔을 기울이던 그가 이런 말을 하는 것이 아닌가. "내가 너의 어머니와 일찍이 관계를 가졌으니 너는 바로 내 아들이다. 어찌 슬픈 마음이 없겠는가." 이 말을 듣고 격분한 이쇳봉은 고인이 된 자신의 어머니를 모독한 지인을 그만 죽이고 만다. 이 사건에 대한 『심리록』의 기록을 살펴보면 이쇳봉의 행위에 대하여 "무함과 모욕이 갑자기 이미 죽은 사람에게 미치자 지극한 통한이 술기운에 의해 격발된" '의분에 의한 것'으로 판단하고 있다.

> 대저 지방 사람土俗은 의기義氣를 숭상하기 때문에 사람들이 실정을 숨기지 않고 간사함을 용납하지 않는다. (…) 이 옥안을 보건대, 살인은 살인이지만 그래도 어쩌면 약간이나마 참작하여 용서할 방도가 있을 것이다. 피차간에 취하여 혹은 욕하고 혹은 칼로 찌른 것인데, 살고 죽는 것은 욕하고 찌르는 것에 달려 있지 않다. 뿐만 아니라 정법正犯의 여러 차례 공초에서 한결같이 나온 말은 "빨리 따라 죽고 싶은 마음뿐이다"라는 것이니, 그 마음이 매우 가련하다. 옥사의 정황을 반복하여 살펴볼 때 뭔가 믿는 구석이 있어서 범행한 것도 아니고 재범도 아니니, '공경하고 공경하여 형벌을 신중히 한다欽哉欽哉 惟刑之恤哉'는 말은 마치 이 옥사를 위해 마련된 말인 듯하다.(『심리록』 제26권 을묘년(1795) 1 서울 서부西部 이분금의 옥사)

정조의 판부에 따르면 이쉿봉은 "의기를 숭상"하고, "실정을 숨기지 않으며" "간사함을 용납지 않는" 솔직한 성품을 지녔고, "빨리 따라 죽고 싶은 마음"으로 죄를 반성하고 있기에 절실한 동정을 얻을 수 있었다. 즉 이 사건이 과오로 저지른 의도치 않은 살인過誤失殺으로 여겨졌던 데에는 효심으로 어머니에 대한 모독을 차마 참지 못하고 우발적으로 살인을 저지른 자식의 의분義憤과 죄를 뉘우치는 슬픔의 감정이 크게 작용했던 것이다.

여기 또 다른 '의분' 살인 사건이 있다.

> 이른바 그녀의 지아비 조명근이란 자는 단지 오장육부도 없는 놈으로서 분노를 참는 정도가 지나치고 비할 데 없이 분별력이 없다. 여러 차례 간부姦夫의 악독한 주먹을 맞아 유혈이 낭자했으되 어떻게 대처할 바를 모르다가, 간부가 몽둥이질할 계책을 세우고 그녀가 제 남편을 해칠 꾀를 드러내기에 이르러, 조명근이 비로소 부득불 수없이 탄식하고 머뭇거리다가 차고 있던 칼을 빼어 삼매의 다리를 향해 겨누었다. 삼매가 발악하자 조명근이 당황하여 어찌할 줄 모르는 와중에 음녀의 목숨이 끊어진 것이니, 천도는 속일 수 없는 것이라고 하겠다.(『심리록』 제21권 경술년(1790) 서울 서부 조명근의 옥사)

위 글은 간통한 부인을 남편이 살해한 사건에 대한 판부다. 위 판부에서 정조는 단호하고 격정적인 어조로 간음한 부인을 죽인 남편에 대하여 "분노를 지나치게 참았다忍憤太過"라고 평가하며, 남편의 행위에 강한 정당성을 부여하고 있다. 또한 이 '참고 참았던 분노'가 간부의 위해로 촉발된 것이며, 남편 조명근이 주저하면서도 어쩔 수 없이 범행을 저지른 것이라고 판단한다. 반면 이어지는 판부의 내용을 보면, 죽임을 당한 조명근의 부인 삼매는 모정을 지키지 못한 금수 같은 어미로 치부되면서, 그녀가 살인사건의 피해자로서 겪었을 슬픔과 고통 등의 감정은 모조리 배제된 채 비난당한다.[11]

이러한 서술 경향은 열녀전에서 정조를 지키며 자결하는 여성의 고통이 거세되는 반면, 이덕무李德懋(1741~1793)가 지은 「은애전銀愛傳」에서 간통을 저질렀다는 모함을 참지 못하고 살인을 저지른 김은애의 절개가 깊이 공감을 사 김은애의 심적 고통이 확대 서술되는 것에서도 드러난다.[12] 즉 여성의 감정은 가부장적 가치의 수행 여부에 따라 공감되거나 배제되었던 것이다.

이처럼 옥안과 판부의 서술 주체의 공감을 얻지 못하는 타자화된 계급의 감정은 '의분'처럼 공인받고 공감되는 감정이 되기 힘들었다.

8. 공감되지 못한 감정 ― '여성의 편협한 성품'

누이가 시집살이를 견디지 못해 자살했다는 소식을 듣게 된 동생이 누이의 시어머니를 찾아가 죽인 사건이 발생했다. 이는 앞서 제시된 [표 1]의 사례 ④로, 사건과 관련된 주요 정황을 인물에 대한 일대기적 서술로 작성한 판부와 다산의 의견으로 구성되어 있다.

이 사건의 판부를 보면, 해당 사건이 정황을 막론하고 정상을 참작해 피고를 용서해야만 하는 사건이라고 전제하면서, 다음과 같은 구성으로 매우 곡진하고 상세한 감성적 화법을 동원해 피고인 복순과 피고인의 누이 복점의 입장을 묘사하며 서술하고 있다.

① 피고인 복순과 누이 복점의 기구한 삶과 우애
② 복점의 고달픈 시집살이
③ 복점이 신세의 고달픔을 한탄하다가 투신하는 상황에 대한 묘사
④ 이 소식을 듣고 지극한 슬픔에 빠진 피고인 복순이 누이의 남편과 시어머니를 찾아가 때릴 수밖에 없었던 상황

이 가운데 ③에 해당되는 부분을 좀더 자세히 살펴보자.

들로 점심밥을 이고 나가 저녁 먹을 때까지 돌아오지 않았으니, 돌아가고 싶었으나 돌아가면 곧 책망을 당할 것이고, 도망치고 싶었으나 도망칠 곳이 없었다. 신세의 고달픔을 슬퍼하고 운명의 기구함을 한스럽게 여겼다. 해가 저문 빈 강가를 머뭇거려 서성이다가 마침내 쓸쓸히도 물속에 몸을 던진 넋이 되었으니, 그 정경이 잔인하고 슬프며 번민이 풀리지 않아, 길 가던 사람도 이 사실을 듣고 눈물을 흘릴 것이다.

인용된 부분은 고된 시집살이를 견디다 못해 자살한 누이에 대한 각별한 우애의 정을 이기지 못한 채 누이의 시집 식구를 찾아가 항의하다가 살인까지 저지르고 말았다는 정황을 뒷받침하며, 복순의 입장에 대한 공감을 촉구하는 서술이라고 할 수 있다. 위의 판부는 복점이 해가 저문 빈 강가를 서성이면서 자살 직전까지 주저하다가 결국 물속에 몸을 던지는 모습을 감각적인 표현으로 세밀히 묘사해 복점의 자살 직전 심리 상태와 정황의 비극성을 효과적으로 전달하고 있다. '집으로 돌아가고 싶었지만 책망이 두렵고, 차라리 도망치

고 싶었으나 도망칠 곳이 없었던' 복점이 최후에 자살을 택할 수밖에 없었던 처지를 부각시키는 것은 공감이 강하게 요청되는 지점에서 감성적 서술을 극대화한 것으로 볼 수 있다.

그런데 이 사건에 관하여 다산은 "사정이 매우 슬프기 때문에情可悲" 판결에 대한 타당한 이유가 있을 것이라고 수긍하면서도, "편협한 성품의 부녀褊性婦女"가 한순간에 자살을 한 것은 반드시 시집 식구들의 협박에 의한 것이 아닐 수도 있음을 고려해야 한다는 의견과 함께, 간음이나 도둑질의 누명 때문에 자살한 것이 분명한 뒤에야 원수 갚음에 대한 명분이 발생하는 것이라고 지적한다. 이는 '부녀의 편협한 성품褊性/偏性'이 여성 자살사건 발생의 주요 원인으로 여겨지던 당대의 사회 인식이 법리 적용에서도 고려되었음을 알 수 있는 대목이다.

『심리록』제7권 신축년(1781) 함경도 단천端川의 이용득李龍得의 옥사도 '여성 특유의 부정적인 성품'을 사건 발생의 원인으로 돌린 예다. 이 사건은 가을 옷을 제때에 만들지 못했다는 이유로 남편이 처를 꾸짖자 그 처가 자결했다고 기록되어 있다. 이 사건의 옥안과 판부에는 각각 "가을 옷이 때늦었다고 꾸짖기를 애초에 심하게 따진 것도 아닌데 시퍼런 칼날로 자기 목을 찔렀으니, 이것은 본래부터 성격이 편벽된 것"(본도本道의 계사啓辭), "김 여인이 지아비로부터 꾸지람을 받고 마음속으로 부끄럽기도 하고 분하기도 하여 자기도 모르는 사이에 스스로 목을 찌르고 만 것은 여인의 편벽된 성품 탓由於女人之偏性"(판부) 등으로 서술되어 있다. 반면 남편에 대해서는 "심상하게 다툰 것인데 어찌 죽일 마음이 있었겠는가"(형조刑曹의 계사啓辭)라고 옹호하며, 이 사건을 아내의 성품 탓에 의한 자살사건으로 규정짓는다. 열녀의 자결은 깊이 공감받았지만, 여성의 어떤 죽음은 특유의 성품 탓으로 치부되어 공감을 살 수 없었던 것이다.

이처럼 형정 관리들과 왕에 의하여 '대신 말해진' 옥안과 판부의 내러티브는 지배 규범적 가치를 기호화한 언어로 서술되었다. 형정의 집행과 옥안과 판부의 서술이 지배층인 '유가적 가치관을 실현시키려는 남성 관리들'에 의해서만 작성되었던 것은 지배 규범적 가치 아래에서 용인되지 않는 특수한 감정이 공감되기 힘들었던 요인이다.

즉 규범화·계급화된 표상으로서의 감정이 적극적으로 공감되고, 규범적 가치에 반하는 감정은 배제되거나 타자화되는 경향을 보였다. 결국 피치자被治者들은 유가적 가치 수행을 드러내는 감정을 적극적으로 표출해 감형을 유도했으며, 때에 따라 자신의 내러티브를 함축시킨 '외침' 혹은 '침묵'을 통한 공감적 상상의 자리를 비워두는 방법을 택했는지도 모른다.

9. 공감을 위한 지식으로서의 법

법률이란 몸을 보호하는 것이고 경제란 몸을 부양하는 것이다. 부양할 줄만 알고 보호할 줄 모르면 덫에 걸리거나 함정에 빠져도 피할 줄 모르고, 보호할 줄만 알고 부양할 줄 모르면 부모는 헐벗고 굶주리며 형제와 처자는 뿔뿔이 흩어질 것이다. (⋯) 만일 법률을 밝게 안다면 허용된 한계 내에서 활발하게 활동한다. 스스로 반성해서 곧으면 천 명 만 명이 있더라도 내가 가서 대적할 수 있는 기개가 있기 때문이다.(김윤식, 『운양집雲養集』「법정학계월보 서法政學界月報序」)

조선시대 관리들은 형정 집행을 위한 형률과 검험 등의 지식을 숙지하는 데 어려움을 겪었다. 어쩌면 이것이 과학적인 검험과 법 추론이 충분히 행해지지 않아 논쟁점들이 부각되는 지점의 정황이 반복적으로 재구성되고, 사건 재현의 내러티브들이 확장되면서 감성에 호소하는 문예적 글쓰기의 특징이 두드러졌던 이유 중 하나인지도 모른다.

그런데 김윤식金允植(1835~1922)의 글을 보면 전통 시기의 법과 공감의 성격이 변화의 조짐을 보이고 있는 듯하다. 위 글은 유가적 사회 규범에 부합하는 덕치를 위한 법을 강조하기보다, 습득하고 활용하여 자신과 가족, 국가를 부강하게 만들기 위한 법을 백성에게 '권하고' 있다.

유가적 가치의 실현을 돕는 보조자의 역할을 담당했던 법이, 삶을 살아가기 위한 필수 수단으로서의 지식으로 변모한 것이다. 법률은 더 이상 정치적 필요악이 아니라 정치를 위한 필수 요소로 대두되고 있다. 위정자는 부끄러움을 느끼지 못하는 백성을 개탄하는 것이 아니라, 법률의 중요성을 알지 못하는 무지한 백성을 안타까워한다. '공감대를 위한 청원'은 바야흐로 새로운 국면을 맞게 된 것이다.

5장

감정의 위계와 감정의 규율

1920~1930년대 '하녀'의 노동과 감정

소영현

착하다구? 착하고, 미소 짓고, 친절하기야 쉽지. 하지만 그건 예
쁘고 돈이 많을 때 얘기야. 하녀는 착할 수 없어. 기껏해야 청소
나 설거지나 하면서 으스대는 걸로 만족해야 돼.
– 장 주네,『하녀들Les Bonnes』

1. 여성 하위주체의 '노동'과 '감정'

봉건적 신분제가 해체된 근대 이후로도 '하녀'■1는 가정과 사회
를 유지하기 위해 없어서는 안 될 존재였다. 물론 신분제 해체 이후의
하녀가 여자종女婢의 신분을 유지했던 것은 아니다. 1910년대 말이 되
면 하인(하남, 하녀) 대신 행랑살이를 두는 방식으로 바뀌었고 주인집
에서 책임져야 하는 행랑살이도 계약관계로 전환되기 시작했다.■■2 주

■ 일원적 기준에 따라 직업을 세분하여 조사한 것은 1930년 '국세조사'가 처음이었다.
이때 대분류 직업군에 농업, 수산업, 광업, 공업, 상업, 교통업, 공무자유업, 기타 유업자,
무업과 함께 가사사용인이 직업으로 분류되었다. 이전까지 '남의집살이'를 하는 여성은
'하녀'로 분류되었다. 사실상 하녀와 '식모'는 가정 안의 가사일과 각종 허드렛일을 했던
여종에서 기원한 여성들을 지칭하는 다른 이름이었다. 이 글에서는 서로 다른 이름으로
호명되었음에도 그들의 위상이 차이나지 않음에 착목하여, 그들의 위상, 즉 전근대와 근
대 사이, 신분제와 계약제 사이에 끼인 존재로서의 규정성을 비교적 뚜렷하게 파악하고
자 그들을 '하녀'로 통칭한다.

인집에 소속되어 나고 자라 대대손손 그 집에 속했던 노비와 달리 하녀는 신분적 주종관계가 아닌 근대적 계약관계를 맺은 존재였다.[3]

하녀가 근대적 계약관계에 근거해서 근대의 직업 가운데 하나로 인정받기 시작한 것은 조선에 살던 일본인 가정에서 하녀 사용이 증가하면서부터다. 러일전쟁 이후 경성에 거주하는 일본인이 증가하면서 하녀가 되기 위해 조선(경성)으로 들어오는 여성이 늘었다. 가정 안의 가사를 전담하는 일본의 '하녀女中(じょちゅう)'가 늘면서 경성에서 하녀는 신분제의 위상에서 벗어난 다른 계보를 형성하게 되었다.[4]

한 가정의 가사를 전담하는 일이 좀더 본격적으로 근대의 직업으로 분류되기 시작한 것은 1920년대 전후의 일이다. 1920년대에 접어들면서 경성을 비롯한 주요 도시들을 중심으로 상업화와 도시화가 속도를 내는 한편, '산미증산계획'으로 대표되는 제국의 식민지 수탈 정책이 농촌사회를 빠르게 붕괴시켜나갔다. 1930년대 들어서는 준전시체제하의 공업화 정책 추진기를 거쳐 공업의 비중이 확대되는 형태로 농업 중심의 경제 구조가 전면적으로 재편성되었는데, 이러한 공업화의 기조 아래서도 농공병진 정책이 추진되면서 농촌경제의 피폐는 점점 더 심해졌다.[5] 농촌사회 붕괴와 농촌 유민의 도시 빈민으로의 유입[6]을 포함한 근대화 및 식민화의 모순이 속도를 더하면서 직업여성의 증가를 둘러싸고 특정한 현상이 일어났다. 여성 취업이 전반적으로 늘어났음에도 불구하고 학력을 갖춘 엘리트 여성의 전문직 취업은 극소수에 불과한 반면,■■■[7] 서비스 직종의 취업이 증가하는 동시에

■■ 하인을 두는 일은 점차 양반가 가계에 부담이 되어갔다. 이러한 사정으로 주인이 행랑 한 칸을 내어주는 것만으로 추가 비용 없이 하인을 부릴 수 있는 행랑살이를 선호하는 집이 늘었다. 서울로 진입한 지방 출신에게도 나쁘지 않은 조건이었다. 여성의 노동력을 제공하는 것만으로 주택 문제까지 해결할 수 있었기 때문이다.

생계를 위협받던 농촌 여성들이 대거 도시로 밀려들어 '잡동사니 노동'을 떠맡는 하녀로의 취업이 늘어난 것이다.[8]

　여성에 대한 연구는 그동안 엘리트 여성과 여성 노동자를 중심으로 이루어져왔다. '근대/여성'의 정체正體 형성을 둘러싼 관심이 '신여성'을 중심으로 이루어지는[9] 한편, 취업 등 여성의 사회활동을 둘러싼 관심이 '여성 노동' 문제에 집중되었다.[10] 전자는 국가(민족)와 젠더의 교차점에, 후자는 자본(계급)과 젠더의 교차점에 주목하며 가부장제와의 충돌과 공모의 지점이 내장한 균열에 관심을 기울여왔다. 그동안의 연구들이 이끈 현실적 변화들, 가령 여성의 권리 획득을 이뤄내거나 여성에 관한 사회적 인식을 혁신시킨 성과를 과소평가해서는 안 될 것이다. 그러나 동시에 남성과 여성의 젠더적 위계를 비판적으로 검토하거나 여성 내부에 뒤얽혀 있는 계급적 위계를 포착하려는 연구들이 여전히 재고하지 못한(할 수 없었던) 문제들을 향후 과제로 남기고 있음을 잊어서는 안 될 것이다. 엘리트 여성이나 여성 노동자에 대한 연구가 타자로서 여성의 위상을 초점화하고 있음에도 여전히 (남성/여성의 이분법이 곧잘 소환하는 대쌍 구조로서) 공적/사적 영역의 이분법에 근거해 있음을 간과해서는 안 되는 것이다. 거칠게 요약하자면, 그동안의 연구는 공적/사적 영역의 구도에서 '사적 영역 바깥에 위치한다는 의미에서' 공적 영역을 점유한 여성들에 대한 연구로도 이해될 수 있는 것이다.

　계급 문제로 환원되지 않는 '여성 노동'을 어떻게 처리할 것인가에 대한 지속적인 문제 제기가 이루어져왔고, 대개 빈민이었던 그녀들

━━━

■■■ 자료에 의거해 보면, 가령 1930년 말 여성 취업 인구 2만7356명 가운데 취업 인구는 19.4퍼센트였는데, 그 가운데 전문직으로는 교원이 166명, 간호원이 162명, 요리사가 152명, 사무직과 기자 등이 모두 50명 내외에 불과했다.

에 대한 연구가 '평등론/동등론'으로 대표되는 여성해방론과는 다른 지점에서 진행되어야 한다는 암묵적인 합의가 이뤄져왔던바, 그동안의 연구에 대한 내적 성찰이 여성에 관한 연구 방향을 점진적으로 전환시키고 있다. 사실상 현재 여성에 관한 관심은 점차 국가(민족)와 자본(계급)의 젠더 재배치라는 담론 구도 속에서는 포착되지 않거나 국가, 자본, 젠더, 섹슈얼리티와 같은 정체 형성 축을 통해서는 내표성을 획득하기 어려운 여성들─농촌 여성이나 식모/하녀 등─로 확장되는 추세다.[11] 여성의 섹슈얼리티에 주목하는 연구들을 포함해서[12] 하위주체로서의 여성에 대한 관심도 이러한 경향과 밀접하게 연관되어 있다.[13]

구체적으로 이 글에서는 1920~1930년대 식민지 조선에 새롭게 등장한 여성 하위주체, 즉 근대적 직업여성으로서의 하녀를 대상으로 공적/사적 영역의 유동성 문제와 연관된 하녀의 위상을 추적할 것이다. 이를 위해 하녀라는 직업군의 범주와 특성을 하녀 담론과의 상관성 속에서 검토할 것이며, 하녀가 떠맡았던 '노동'의 의미를 식민지 근대와 가부장제의 중첩된 모순 속에서 고찰할 것이다. 하녀 노동의 의미가 변형·왜곡되는 과정, 즉 사회를 위협하는 위험 요소로 분류되는 과정을 좇을 때 드러나는, 감정 규제를 통한 여성 하위주체의 통제 메커니즘을 확인해볼 것이다. '가사(집안일)'가 '노동'으로 분류되는 과정이 여성해방의 지난한 과정과 겹쳐져 있음을 떠올리지 않더라도, 임금계약에 입각해서 다른 이의 가정에서 '가사'를 떠맡았던 하녀가 '가정'과 '사회' 혹은 (유사)'국가'라는 중층 구조 속에서 실제로 어디에 놓여 있었는가를 가늠하기란 쉽지 않다. 이를 두고 하녀의 불확정적 혹은 중층적 위상을 말할 수 있을 텐데, 이 글에서는 이 불확정적 위상을 통해 식민지 조선에서 이루어진 공적/사적 영역의 재구조화 과정[14]과 사회구조적 위계의 체계화 및 고착화 과정을 역설적으로 조망해보고자 한다.

아울러 이 글에서는 하위주체를 만들어내는 사회구조적 위계를 거시적으로 조망하기 위한 방법론으로, 하위주체에 대한 관심을 '감정' 연구와 연결시키려 한다. 구체적으로는 감정 표현의 허용치가 감정 주체의 사회적 지위와 밀접하게 연관되어 있음에 착목할 것이다. 무엇보다 '감정' 본래의 특징인 '감정의 중층적 구조'에 주목하면서 감정 연구의 가능성을 타진해볼 것인데, 개별적인 형태로 표출되는 것이자 사회적으로 구성된 것(이자 조절되고 통제되는 것)으로서 감정이 갖는 양가적 속성에 주목하면서 감정이라는 키워드를 통해 하위주체의 복원과 하위주체가 놓인 구조적 위계에 대한 조망을 시도하고자 한다.[15]

2. 하녀의 위상학
—신분제와 계약제 또는 가사노동과 감정노동 '사이'

근대 이후 여성들은 근대적 계약제에 의거한 임금노동 시장에 편입되었다. "자본주의 제도 밋헤서 여자는 남자와 갓치 공장에로 가지 안으면 그날 밥을 먹지 못하게 되엿으며 남자와 갓치 가두에서 혹은 바다에서 혹은 산이나 들에서 노동하지 안코는 자기의 입에 풀칠을 할 수 없게 되엿다."[16] 하지만 노동이 여성들을 신분제로부터 완전히 해방시켜주었던 것은 아니다. 오히려 하녀는 '신분제와 계약제' 사이에 끼인 애매한 사회적 위상을 점한 존재였다.

배운 것도 기술도 없는 어린 여성이 생계를 위해 선택할 수 있는 직업군은 (오늘날에도 크게 다르지 않지만) 근대 초기에 그리 많지 않았다. 엘리트 전문직 여성과는 달리 여성해방의 성취가 이들 여성의 일상에 미친 영향은 미미했다. 그녀들은 다른 가정의 가사노동을 떠맡거나 자신의 가정에 무임금 가사노동을 제공해야 했다. 한 가정의 '잡동사니 노동'을 떠맡았던 여성들은 대개 '행랑살이 부모의 딸이거나 시골에서 소작인으로 농사를 짓다가 땅을 잃고 남편을 막벌이ㅅ군으로, 아이들을 남의 집 심부름ㅅ군으로 보내면서, 남의집살이를 온'[17] 이들이었다. 행랑아범과 어멈의 자녀들, 고향을 떠나 도시의 빈민으로 진입해 들어온 여성들에게 하녀의 삶 외에 선택지는 그리 많지 않았다.[18]

농촌사회의 붕괴와 그에 따른 심각한 생활난과 무관하지 않은 빈민 여성의 '하녀화'는 1920년대 후반으로 접어들면서 가속화되었다. 1929년 세계대공황의 여파도 적지 않았는데, 흉년으로 농가에서 수확을 얻지 못하자 극심한 가난에 시달리다 못해 소소한 도둑질로 스스로 감옥행을 원한 사람도 있었다.[19] 흉년으로 농가의 삶이 상상할 수 없을 만큼 황폐해졌으나, 만성적 부채와 기근으로 심지어 1930년대에는 대풍작을 거둔 해조차 빈곤의 골이 더 깊어지는 현상이 나타나기도 했다.[20] 국경을 넘어 조선에 들어와 일본인 가정에 하녀로 지원한 이들이 대개 구마모토, 나가사키, 히로시마, 오카야마 등 생계를 유지하기 어려운 지역 출신이었던 사실에서도 충분히 유추할 수 있는바,[21] 농촌 여성이 가족을 위해 도시로 일자리를 찾아 나가는 일은 국경과 인종을 초월한 현상으로 더욱 빈번해지고 일상화될 수밖에 없었다.

실제로 1930년 말 경성부 내의 주인 세대와 함께 사는 하인/하녀(가사사용인)는 1만2094명으로 전체 취업자의 8.6퍼센트였는데, 단

일 직업으로는 가장 큰 비율을 점했다.[22] '남의집살이'를 하는 여성들
은 집안의 온갖 허드렛일을 하는 하녀나 식모로, 일본인 하녀는 '女中'
으로, 일본인 가정의 식모는 '오마니'로, 조선인 가정의 식모는 '어멈'
으로 불렸다.[23] '어멈' '할멈'으로도 불렸던 남의집살이 여성에 대해 맡
은 일에 따라 내적 차이와 위계가 논의되기도 했다. 유모, 침모, 식모,
막심부름하는 아이 순의 위계가 있었는데, '밥 짓고 빨래하고 걸레치
는' 식모의 위상은 대개 '하게'체의 하대를 받는 등 통칭 '안잠자기'나
'드난살이'로 불리는 유모와 침모보다 더 낮았다고 한다.[24]

　　　그러나 엄밀하게 말하자면 하녀 내부의 차이는 그리 크지 않았
다. '일흠이 안잠자기지 가정부'[25]■인 경우가 태반이었다. 하녀에 관한
기사들을 통해 사회적 지위나 대우 차원에서 명칭별 차이가 크지 않
았음을 쉽게 확인할 수 있다. 가령 기사의 표제에서는 '안잠자기'가,
구체적인 내용 서술에서는 '하녀'가,[26] 제목에서는 '하녀'가, 내용 서
술에서는 '행랑아범과 어멈'이,[27] 제목에서는 '안잠자기'가, 내용에서
는 '식모'와 '침모'[28]가 함께 쓰이는 등 명칭이 혼용되는 사례도 빈번했
다. 외부자^{記述者}의 시선에 따라 다양하게 호명되었던 하녀의 명칭 사
이에는 함의 차가 있다 해도 크지 않았다. 하녀 범주 안에서 위계적
차이가 있었다 해도 남의집살이에 대한 사회적 인식에서는 큰 차이가

■ 흥미 위주의 잡지인 『별건곤』에 실린 29세 젊은 안잠자기의 남모를 비애와 고통을 기
록한 수기를 '있는 그대로의 기록'으로 받아들이기는 어려울 것이다. 다만 이 글을 통해
1920~1930년대 여성이 안잠자기가 되어야 했던 이유를 유추하고 그 일상에 대해 개괄
적으로 이해할 수는 있다. 수기의 주인공은 전라도 어느 아전의 딸로 태어나 『천자문』은
물론 『동몽선습』 『소학』 『통감』을 배웠으며 보통학교까지 졸업한 여성이다. 그런 그녀가
경성에 올라와 안잠자기를 할 수밖에 없었던 것은 결혼에 실패했고 집안도 망했기 때문이
다. 생활고에 시달렸고 마땅한 직업을 구할 수 없었기에 결국 안잠자기를 하게 된 것이
다. 안잠자기 생활을 계속할 수는 없다고 생각하지만, '소박맞은 여성'이 생계를 유지하며
살아갈 방도를 찾기는 쉽지 않았다.

없었던 것이다.

그보다 주목할 점은 근대적 직업으로 분류되면서도 그들의 위상이 애매했고 일상생활이나 처우 면에서 근대 이전의 종보다 못할 때가 많았다는 사실이다. 하녀가 하나의 직업군으로 분류되었음에도 행랑에 머무르면서 집안일을 돕던 행랑어멈은 여전히 사라지지 않았다. 1928년의 한 기사는 여성의 직업 가운데 대표적인 것으로 '행랑어멈'과 '어멈'을 거론하기도 했다. 기사에 따르면 '한 집안의 살림살이의 모든 것을 명령하는 대로 하면서 얻어먹는 일'이 어멈이 하는 일이었다.[29] 직업으로 분류되긴 했으나 행랑어멈이나 어멈은 사실상 근대 이전의 종과 별반 다르지 않았다. 하녀는 '신분제와 계약제' 사이에 끼인 존재였던 것이다. 이런 사정을 고려해보면 어떤 의미에서 하층 빈민 여성이 근대적 자본주의 체제로 편입되었다는 사실이 곧 여성 노동의 유형이 전면적으로 변화했음을 뜻하지는 않았다고 해야 한다. 아마도 이는 근대 이후 여성의 직업이 성에 따라 분절돼 여성의 노동은 저숙련/저임금과 결합해왔다는 사실과 무관하지 않을 것이다.[30]

'하루 종일 한번 안저보지도 못하고, 산덤이 가튼 쌜래를 종일 해야 하며, 새벽에 또 일즉이 일어나야 하'[31]며, 좀 나은 처지라 해도 '바누질, 밥 짓는 일, 어린애 보는 일, 물건 사는 심부림, 주인마마 代書, 유치원 다니기'[32]로 잠시도 쉴 틈이 없는 신세, 남의집살이의 고충이 신산하기 그지없었는데, 그중에서도 심각한 것은 '고용의 불안정성'이었다. 쌍방 간의 계약에 근거한 관계라고는 하지만, 실제로는 '주인 마음에 들지 않으면' 하녀는 아무 때나 내쫓길 수 있는 존재였다. 한 달에도 몇 번씩 그들은 다른 가정집을 찾아 헤매야 했는데, '주인의 마음에 아니들어도 쫓겨나고 주인의 어린아이들의 마음에 아니들어도 쫓겨나고 일하다가 조그만 실수가 잇서도 쫓겨나야' 했다.[33] 사

행도 곧잘 이뤄졌다.∎[34]

남의집살이의 일상이 어떠했는가에 대한 기억은 대체로 다음과
같은 참혹함으로 기록되고 있다. 『경향신문』이 6개의 직업군을 통해
현대사 60년의 주인공들을 인터뷰한 '정부수립 60주년' 특집에서 식
모는 '노동자, 여공, 농사꾼, 복덕방 주인, 386학원장'과 함께 한국 현
대사를 대표하는 직업군 가운데 하나로 다뤄졌다.

> 하루 일과요? 참 비참하게 살았지. 그 집 아(애)들은 학교에 다
> 니는데 나는 아 보고, 설거지하고. 나무 해오너라, 나물 뜯어오
> 너라, 소 미기라(먹여라), 고치(고추) 따와라, 오만 거 다 시키지
> 요. 천지 안 해본 게 없어요. 밤 되면 가마니도 짜고. 오강(요강)
> 비우는 기 제일 싫었제. 일이 힘들어가 보따리도 마이 쌌지요.
> 그때마다 다부(다시) 잡히 드가고. 그래도 그 집 가니 밥은 먹었
> 어요.[35]

인터뷰에 따르면 1932년생으로 경북 성주에서 출생한 성송자
씨(당시 대구 염매시장 상인, 76세)는 여섯 살에 남의집살이를 시작했
는데, '남의 집에서 잡다한 집안일을 하는 식모는 천대와 멸시를 당연
시하는 노예생활에 다름없었고, 월급은 터무니없이 적거나 없었다'고
한다. 배고픔을 못 이겨 누군가의 '수양딸'로 들어가기도 했는데, 당시
수양딸은 식모의 다른 이름이었기에, 삶은 식모살이의 연장일 뿐이었
다고 한다.[36] 그녀가 했던 일은 한 가정의 여성이 맡아야 했던 무임금

∎ 비녀를 잃어버린 여주인이 아이를 돌보는 하녀를 3~4일 동안 난타하며 훔친 물건을
내놓으라고 닦달했고, 결박하고 바늘을 찔러가며 끔찍한 형벌을 가했다고 한다.

의무노동("집 안에서 가사에 대한 모든 일, 즉 옷 짓고 밥하고 빨래하고 아해를 孕産하고 養育하고 가정 안에 잇어서의 모든 잡역을 날마다 새벽부터 깁흔 밤까지 쉴새 업시 분주하게 혼자 애쓰는"[37] 일)에 다름 아니었다.

주목할 점은 하녀에게 요구된 노동에는 "주인의게 대한 모든 예절과 주인을 속이지 안어야 된다는"[38] 직업윤리(/계급적 충성심)까지 포함되어 있었다는 사실이다. 그동안의 '부인운동'이 부르주아 여성을 중심으로 이루어졌을 뿐 아니라 '무산부인'을 위한 운동에 끼친 해악이 적지 않았음을 비판적으로 검토한 글 「無産婦人運動論」(무산부인운동론)에서 필자는 '녯날에 자기의 일신을 대대손손이 팔고 자기 자신의 生殺까지도 期 주인의게 맥기고 잇던 노예(종)가 해방된 대신으로 현대가 나은 임금노예—노동자—가 생기엿'음을 지적하고 있는데, 필자가 '세상에 남어 있는 최후의 노예(종)', 즉 '무산부인'으로 지목한 존재가 바로 하녀였다.[39] 계약에 의한 노동을 제공하면서도 전근대적 노예로 취급되는 방식 사이의 간극, 그들의 노동이 온전한 의미의 임금노동으로 여겨지지 못했던 이유가 여기에 있었다.

하녀의 노동에 대한 이러한 인식의 일면은 임금 통계를 통해서도 쉽게 파악된다.

[표 1] 경성지역, 1934~1942년 직업별 임금 통계 (단위: 원)

	1934	1935	1936	1937	1938	1939	1940	1941	1942
가정부/하녀(월급)	7.20	7.48	7.66	7.92	7.99	8.33	8.79	10.22	11.07
보통 인부(일급)	0.70	0.74	0.83	0.87	0.86	0.99	1.19	1.58	1.79
막노동꾼(일급)	1.10	1.09	1.10	1.18	1.18	1.24	1.45	2.0	2.0

(출처: 『조선총독부통계연보』)

당시 하녀 임금은 일정했으며, 1930년대 전반에 걸쳐 월급의 시세는 대개 무급에서 3~5원 정도였다. 경성부 직업소개소장에 따르면 일본인 가정에서 일하는 여성조차 1937년경이 되면 월급이 4원을 넘지 않았다고 한다.[40] 그런데 『조선총독부통계연보』를 통해 확인할 수 있는 직업별 임금 통계는 이와는 다른 기록을 보여준다. [표 1]을 통해 확인할 수 있듯이 '하녀'의 월급은 7원에서 11원에 이르렀다. 표로만 보자면 인부나 막노동꾼에 비해 더 높은 임금을 받았던 직업으로 오해될 수도 있다. 그러나 실제 지급된 임금과 통계가 보여주는 기록 사이에는 어떤 차이가 놓여 있다.

흥미롭게도 그 차이란 하녀에게 제공된다고 가정된 '숙식비'였다. 1935년을 전후로 '식모폐지론'이 급속도로 힘을 얻어갔을 때 식모를 두지 말아야 하는 가장 중요한 근거로 지목된 것은 경제적 비용 절감 문제였다. 제때 꼬박꼬박 받는다 해도 당시 하녀의 월급은 매우 낮은 편으로, 하녀의 노동은 '값싼 노동'이었다.[41] 당시에는 방 한 칸만 더 있으면 하녀를 두었다는 풍문이 돌 정도로 하녀를 고용한 가정이 많았는데,[42] 사실상 헐값으로 사람을 부릴 수 있었던 이유가 컸다. 신문을 떠들썩하게 장식했던 '식모난' 역시 하녀의 노동가치가 저평가되었던 사정과 무관하지 않다. 그런데 식모폐지론을 들고 나온 이들은 이러한 사정을 언급하지도 고려하지도 않았다. 오히려 그들이 주목하고 강조한 것은 숙식비 관련 사항이었다. 그들은 '하녀의 임금'을 (하녀에게 지급된 바 없음에도) 하녀에게 제공된 임금 자체가 아니라 하녀를 부릴 때 추가된 생활비까지 포함한 것으로 상정했다. 월급을 제하고도 7~8원 이상 들어가게 마련인 숙식비를 줄이면 좀더 윤택한 가정생활을 누릴 수 있다는 것이 그들의 주장이었다.[43]

[표 1]의 임금 통계는 하녀의 임금에 숙식비를 포함시키고 있으

며, 그것이 하녀를 고용한 이들에게 일반적으로 받아들여졌던 '하녀의 임금'과 관련된 상식이었음을 보여준다. 직업소개소가 하녀의 월급을 3~5원으로 정해두고 있었다 해도, 실제로 고용인에게 하녀의 고용은 임금을 주고받는 계약관계로 받아들여지지 않았던 것이다. 계약관계가 명목상일 뿐인 경우가 많았고 실제 처우가 여종보다 못할 때가 많았던 것이다. 고용인에 의한 일방적 계약 파기가 수시로 이루어졌기 때문에 하녀가 자신의 노동에 대한 정당한 대가를 받기 쉽지 않았다는 사실을 덧붙여 강조할 필요는 없을 것이다. 요컨대 임금통계표는 하녀를 둘러싼 사회 인식이 그들의 노동가치에 대한 평가에도 고스란히 스며 있었음을 단면적으로 보여준다. 위계화된 사회에서 하녀의 위상과 하녀가 담당했던 노동의 가치에 대한 사회적 인식은 이처럼 불확정적이고 애매했다.

3. 여성 하위주체의 감정규율[44]

하녀론과 가정/사회의 위험 요소라는 하녀 표상

사회적 문맥에서 '돌봄노동'을 담당하는 하녀는 전근대적인 동시에 근대적인 복합적 위상을 지녔고, 그로 인해 가정뿐 아니라 사회 전반에서 노동력을 부당하게 착취당하는 존재였다. 뿐만 아니라 대개 남성이었던 당대 작가들에 의해 하녀는 가정을 파괴하거나 위협하는 존재로 재현되곤 했다.[45] 그러나 사실 1920~1930년대의 하녀들에게 1960년작 김기영의 영화 「하녀」가 보여주었던 것과 같은 파괴적 힘이 주어지지는 않았다. 오히려 당대의 하녀는 사회구조적 위계 속에서 '비윤리적이고 무도덕적인' 존재로 규정·재현되었다.

주부되는 이들은 흔히 '그것들이 사람인가' 하고 '훔치는 것' '쇠 부리는 것' '더러운 것' '미들 수 없는 것'으로 이 불상한 동포들 의 특징을 삼는다. 사실상 남의집사리하는 이들은 훔치는 일도 잇고 남의 살림이라고 제집 살남가치 알뜰히 하지 아니하는 페 도 잇고 동네ㅅ집으로 돌아다니면서 주인ㅅ집 험담을 하는 페단 도 잇고 또 더럽기도 하다.[46]

하녀에 대한 인식의 단면을 보여주는 이러한 내용은 하녀에 대한 당대의 사회 통념으로 널리 퍼져 이후 오랫동안 지속된 것이기도 하다.[47] 가령 1938년 3월 『매일신보』(3월 11~18일)에 연재된 『식모』라는 소설을 통해서도 쉽게 확인된다. 이 소설에서 식모는 여주인과는 감정적으로 충돌하면서도 주인 남자와의 애정관계를 희구하는 인물로 그려져 식모에 대한 사회 통념을 구현한 '전형적'인 인물이다. 식모에 대한 통속적 상상력을 추인하고 있기에 이 소설에서 식모에 관한 어떤 새로운 접근법을 기대하기는 어렵다. 그럼에도 흥미로운 것은 식모와 여주인의 감정적 격돌의 계기가 된 사건이 전하는 시대적 진실성이다. 소설에서 식모는 '식모 여보게'라고 부르며 하대하는 여주인에게 감정적으로 격분하고, 그때부터 주인 남자와의 애정관계를 노골적으로 상상한다.[48] 의도와 무관하게 누설된 이 대목의 진실성은, 하녀가 범죄자나 사회적 타자로 재현되는 과정이 사회구조적 위계의 하중이 만들어낸 비틀림의 과정임을 유추케 한다.

당대의 하녀 관련 기사 역시 하녀를 둘러싼 범죄 사건이나 하녀의 부정적 속성에 집중한 편이었다. 하녀가 허영에 차 있거나 부정한 여성으로[■49] 그려지곤 했고, 하녀가 연루된 사건 가운데 옷가지나 푼돈을 훔치는 절도뿐 아니라 백금반지, 금비녀, 은수저, 놋대야, 각종

금은 제구를 비롯한 귀금속의 절취와 같이 비중이 큰 건도 적지 않았다.[50] 신세를 비관한 자살[51]과 함께 심각한 범죄로 분류되었던 영아 살해 사건에 대한 기록도 있었다. 하녀에 대한 관심을 범죄 사건과의 연루 속에서 다루는 경향은 당연한 결과로, 하녀를 사회적 타자로 배제하고 의심과 경계의 대상으로 배척하는 경향을 강화했다.

기사가 전하는 하녀의 범죄는 그에게 가해진 육체적/성적 학대에서 기인할 때가 많았다. 그러나 사건의 기술은 원인이나 경위에 대한 설명 없이 대개 개요로만 전달된 편이었다. 무엇보다 '가해/피해'에 대한 인과적 서술 없이 '가해자로서 하녀'의 면모가 일방적으로 강조된 경우가 대부분이었다. 가해/피해 구도가 역전된 관계는 영아 살해를 둘러싼 사건에서 가장 적나라하게 드러나곤 했다. 가령 여관 하녀로 있다가 '잠간의 실수로 애비 없는 애를 나하 죽이고 법정에 나서 사죄의 눈물을 흘렸던' 당년 스물일곱 살의 한 젊은 여성은 사실 영아 살해자이기 이전에 강간 피해자였다. 원래 생활이 가난했으며 남편을 여의고 여관의 하녀가 되었던 그녀는 숙박 중인 손님에게 강간을 당했다. 그러나 사건이 소개되는 와중에 이보다 더 강조된 점은 "아비 없는 아니 가난한 자긔 신세"를 비관하여 아이를 개천가에 버린 하녀의 행위 자체였다.[52] 이를 통해 사건의 사실관계는 휘발되고 '순간의 향락으로 필경은 살아범'이 된 하녀의 행위만 스캔들로 남겨졌다. 주인에게 강간을 당해 임신한 하녀에게 낙태를 교사한 사건 기

록도 있다.[53] 이처럼 드물게 사건의 전모가 드러나면서 하녀가 피해자로서의 제자리를 찾게 되는 예도 없지 않았다. 하지만 대개 영아 유기나 살해 사건은 '사통'이 빚어낸 불의의 결과로 치부되었다.[54] 더 많은 사건에서는 여성의 직업이나 정체조차 파악할 수 없었다.

　　동서양을 막론하고 근대 초기에는 여성들의 범죄 연루에 관한 진위 파악이 쉽지 않았다. 근대적인 사건 처리와 법체계의 정비가 미비했기 때문이라기보다, 여성들의 범죄가 가족에 의해 보호되거나 은폐되곤 했기 때문이다. 서구에서도 여성이 재판을 받고 범죄에 관한 기록까지 남긴 경우는 대개 가족의 보호를 받지 못하는 독신 여성, 그 가운데서도 가정부나 방직공장 노동자와 같은 독신의 하층계급이었다.[55] 이러한 맥락에서 보자면 과부나 처녀로 밝혀지곤 했던, '불의의 씨앗'으로 추정되는 영유아를 유기했거나 살해했던 범인들은, 통칭 '하녀'가 아니더라도 낮은 임금과 고강도의 노동에 시달렸던 하층계급의 여성들이었을 가능성이 높다. 가정이라는 테두리에 속하지 못한 여성들에게 임신은 생계뿐 아니라 심지어 목숨까지 위협하는 심각한 장애물이었던 것이다.

하녀 관리론과 하위주체의 감정 통제 메커니즘

　　도쿄 외곽의 오지마大島 공장촌을 배경으로 공장 내의 소요를 다룬 송영의 소설 「용광로」(『개벽』, 1928)에서는 자본이 야기한 분노, 지배/피지배의 계급적 위계가 자연발생시킨 감정인 '반역적 정열'이 드러나 있다. 이 소설은 계급 위계가 유발한 불평등한 착취가 인간으로서 더 이상 견딜 수 없는 '모멸과 학대'에 저항하게 만들었음을 강조한다. 일 처리가 미숙한 노동자들에게 꾸중과 조롱을 하는 지배인의 태도, 인신매매를 당하거나 어린 나이에 팔려와 과도한 노동에 시달리는 조선의 아이들, 매번 더 강화되는 공장 내의 갖은 규칙(가령 지각과 불성실 등을 핑계로 한 임금 삭감 등)이 노동자들을 분노케 하며 감정의 분출을 통해 어떤 행동에 이르게 했음을 보여줌으로써 작가는 분노의 '부르짖음'이 인간으로서의 가치를 회복하기 위한 필연적 귀결임을 시사했다. 축적된 원한이 그들을 폭발 직전의 감정 덩어리로 만들었음을 보여준 것이다.

물론 따지자면 이 소설이 비인간적 처사에 반발하던 노동자가 감정의 덩어리가 되는 과정을 매끄럽게 보여주거나 조선인 노동자(김상덕)와 일본인 하녀(이마무라 기미고今村君子)의 공감 지점을 완성도 높은 서사로서 보여주진 않는다. 그럼에도 소설은 소요를 주도했던 조선인 노동자의 감정적 폭발에 대한 공장주의 이해를 통해 계급 위계와 감정 분출 사이에 보편적 상관성이 있음을 드러내 주목을 요한다. '인간'으로 살기 위해 공장에서 만든 일방적인 규칙을 받아들일 수 없다는 조선인 노동자의 선언과 감정적 폭발을 두고 흥미롭게도 공장주는 어떤 반응에 앞서 그의 '태도의 무례함'을 지적한다.■56 감정적 폭발이 예의에 벗어난 것이라는 공장주의 판단은 계급적 위계 구도 속에서 하위주체의 감정 분출이 억눌리거나 관리되어야 할 것으로 이해됨을 말해준다.

그렇다면 이미 살펴본바, '사람이 아닌 존재', 범죄자 또는 '훔치

■ "「령감 우리는 그 규칙은 못밧겟소… 못바더요…」/ 주인 령감은/「무엇… 이런 무례한 놈 봐…」/ 그는 더욱 완강하게 서서/「무엇이 무례해요! 말하는 것이 무례해요」/ 군중은 손벽을 친다./ 그는 다시 이어서/「무레고 유레고 간에 우리도 살어야죠. 이 핑계 저 핑계하고 족금도 여가를 안주며 또 뭐니뭐니해서 그 만히 주는 월급까지라도 깍그려면 되나요」/ 주인은 한풀꺼긴듯 하엿스나 역시 큰 목소리로/「아니 월급을 깍다니」/「그럼 깍는 것과 뚝갓지 뭐야요. 깍글 수는 참아 업스니까 벌금이란 조목으로 작구 감해내이면 그만 아니야요.」"

는 것' '꾀부리는 것' '더러운 것'이라는 비인칭 존재로 표상되는 하녀
는 어떠한가. 하녀 관리/통제에 관한 논의에서 하녀는 어떻게 다루어
지고 있는가. 하녀의 감정을 어떻게 다루어야 한다고 논의하고 있는
가. 하녀 관리에 대한 논의 역시 그들의 감정적 통제까지 언급할 때가
많았다. 그러면서도 의외로 논리적 일관성은 없었으며, 심지어 어떤
분열적 지점을 안고 있기도 했다. 따지자면 하위주체를 '감정적 차원
에서' 통제해야 한다는 논리는 하녀 관리론이 내장하는 그 분열의 지
점에서 만들어졌다.

　　하녀론 가운데서도 '부리는 사람'인 하녀의 사회적 지위와 처우
에 대한 논의에서는 특히 휴머니즘에 입각한 정서가 강조되었다. '하
녀도 인간'이라는 논의는**[57]** 그들의 비참한 일상을 언급하는 자리에
서 빠지지 않고 등장했다. 이러한 관점은 하녀가 당면한 문제에 대한
통찰을 이끌어내기도 했다. 하녀에게 가해지는 부당한 착취가 그들의
불안정하고 애매한 사회적 위치에서 기인한 것임이 검토되었고, "사회
의 근본적 개조"**[58]**에 해결책이 있다고 인식되기도 했다. 그러면서도
하녀론은 사회 통념을 근거로 한 규정에서 한 발짝도 나가지 않기도
했다. 하녀론은 하녀를 비참한 일상을 사는 존재인 동시에 '현실적으

■ 가령 다음과 같은 진술을 대표적으로 거론할 수 있다. "여러 로동자들 중에 제일 많은
일을 하고 제일 적은 보수를 받는 로동자는 식모일 것입니다. 또 제일 불상한 것도 식모
의 생활일 것입니다. 몸이 괴로운 때도 한번 마음노코 누어서 쉴 수도 없고 나가고 싶은
곳이 잇드레도 제 마음대로 자유롭게 나갈 수도 없습니다. 새벽붙어 밤까지를 실타는 말
한마디 없이 우리를 위해서 일을 합니다. 남들은 여벌시간도 많다는 로동을 그들은 十五
시간 이상의 일을 하고 잇음에도 불구하고 조고만 실수를 해서 일을 저즐는 때는 눈물
이 쏘다지도록 야단을 치고야 맙니다. 어느 정도까지는 참어버리고 말 일도 만만한 그들
을 여지없이 모라줍니다./ 우리가 식모에게 주는 돈이 과연 얼마나 만흔 돈입니까? 이러
케 만흔 로동의 값이 겨우 제일 만허야 五원밖에 안주면서도 무슨 큰 은덕이나 베푸는
것 같이 우리일은 말할 것도 없이 그들의 사생활까지 쥐고 흔들랴고 합니다. 생각하면
우리는 너무나 양심이 없이 잔인한 것 같습니다."

로 신뢰할 수 없는 존재'로 규정했고, 바로 그런 연유로 논지는 대개 하녀를 규율의 대상으로 삼아야 한다는 식으로 귀결되었다.

> 그들을 한식구로 보라 딸로 보고 며누리로 보라 그래서 채쭉을 휘려말고 사랑으로 인연을 매즈라 반드시 그러하는 주부의 맘 은 화평하고 만족할 것이오 그에게는 복이 올 것이며 그러한 사 랑을 밧는 '어멈'들은 감사함과 깃버함으로 더욱 힘드는 줄 모르 고 일할 것이오 훔치지도 안코 쇠도 아니부리고 주인ㅅ집 험담 도 아니하게 될 것이다.**59**

> 부리는 편에서 말하면 하인이 주인집을 **자긔의집과** 같이 생각해 주기를 바랄 것이다.
> 여긔서 주인편으로부터 우선 먼저 맘속을 널리 펴고 싹싹하게 거리낌 업시 이야기를 하게 되며 살임업시 웃도록 맨들어주어서 맘을 턱 노게 하도록 해주는 것이 제일입니다. 그래서 맘으로 참 으로 이 집 부인은 싹싹한 분이라고 인정하게 되어야 합니다. 그 러나 일에 대해서는 똑똑하게 글흠올흠을 비판해주어야 합니 다. '아즉서투르니까…'라는 말로 무심이 손접어두면 못씁니다. 그 결과는 반듯이 남주인의 불만족을 늣게 되며 또 하는 사 람도 처음에 아모러케나 하든 습관을 고치기에 새삼스러운 고 통을 역시 늣게 됩니다.(강조는 원문)**60**

위 글들은 하녀에 대한 휴머니즘적 접근법이 내장한 규율/통제 의 뒤엉킨 논리가 패턴화된 채 반복됨을 보여준다. 우선 주인들이 '집 에서 부리는 사람들—어멈이나 할멈'이 하는 일에 불만을 갖기에 앞서 주종관계로만 그들을 이해하는 인식 틀에서 벗어나야 한다는 논리를 편다. 그러나 결국 이러한 논의는 '하녀를 어떻게 다루어야 하는가'라는 지배/관리/통제 논리의 구축으로 마무리된다. 사실상 위 글들은 하위주체를 순화하고 규율하는 방법론, 감정적 차원에서 규율하는 정서적 통제 논리를 권하고 있다. 그 방법으로 제안된 가장 대표적인 것은 하녀를 가족의 일원'처럼' 만드는 것('가족의 한 사람을 만들어서 식구화'[61]하는 것), 즉 친밀성을 공유하는 관계 내부로 편입시키면서[■62] '감정노동'을 강제하는 것이었다. 이와 관련하여 하녀의 범죄 사건은 하녀를 가족의 일원'처럼' 대우하거나 만드는 일이 동정심이나 자선심이 아니면 결코 실행될 수 없으며 어쩌면 불가능한 일[63]이라는 사실을 역설적으로 말해주는 사례로 이해될 수 있다.

4. 식민지-여성 하위주체와 국가적 감정규율

1929년 황금정 경성부 직업소개소에서 조사된 가장 높은 취업률을 보인 직업은 '오마니'(어멈)로 불리는 일본인 가정의 하녀였다.[64] 1930년대에 들어서면서 직업소개소를 찾는 구직자 수가 급격히 늘었는데, 그만큼 실직자 수가 늘었기 때문이다. 이러한 변화와는 무관하게 일본인 가정의 '안잠자기'를 지원하는 여성은 항상 만원이었

■ 여성 내부의 계급 위계 위에 남녀의 위계 구도가 겹쳐지면 복합적인 규율 논리가 생겨난다. 가령 '식모난'을 두고 김동인이 제시한 해결책("食母에게 敎養잇는 人格을 希望함은 도로혀 망발인 것이다. 그러나 그들도 人間인 以上에는 한집안 食母로서의 情愛를 늣길 수 업는지")에는 하녀의 사회적 위치에 대한 이해가 전무했다. 하녀가 식구이자 인간이기를 요청하는 이런 논리에는 어떤 식구, 어떤 인간인가, 즉 존재 조건에 대한 이해가 담겨 있지 않았다.

156

다.■65 1930년대 중후반부터 인천에 공장 러시로 일본인 입주자가 늘어나면서 인천 직업소개소에도 하녀를 구하는 주문이 쇄도했다. 이에 따라 인천 직업소개소는 조선인 여성을 취직시키기 위해 간단한 일본어와 산술 및 예의범절 등을 2개월에 걸쳐 강습시킬 수 있는 '식모학교'를 열기도 했다.■■66 '안잠재기, 즉 오마니 시장의 특이한 호경기'라고 할 만큼 기왕에 하녀를 직업으로 선택한 여성들 가운데 일본인 가정의 하녀 되기를 선호했던 이가 많았고,■■■67 일본인 가정에서도 일을 잘하면서 임금이 낮았기 때문에 '조선인 하녀'의 선호도가 높았다. 반대로 말하면 하녀를 희망하는 직업여성들이 조선인 가정을 기피하는 경향이 있었다. 조선인 가정이 상대적으로 급료는 적고 일이 많았기 때문이기도 했지만, 무엇보다 주인집으로부터 '하대받는 상황'을 피할 수 있었기 때문이다.68

그런데 엄밀하게 말하자면 '식모 기근'으로 표현될 정도로 1930년대 전후반에 걸쳐 하녀에 대한 수요가 많았음은 흥미롭다. 사실 1935년 이후가 되면 하녀가 사회 문제 가운데 하나로 거론되면서 하녀를 두지 말자는 권유의 담론이 점차 힘을 얻어갔기 때문이다. 앞서 잠시 언급했다시피, '식모무용론' '식모폐지론' 등으로 압축할 수 있는 이러한 논의는 하녀가 가져오는 가정 내의 손실 분석에 집중했다. 구체적으로는

■ 1930년 8월 한 달 치 통계를 보면, 구직자 수는 조선인 남자 635명, 여자 451명, 합 1085명, 일본인 남자 143명, 여자 77명이었다. 그런데 취직된 수는 조선인이 580명, 일본인이 70명이었다.
■■ 일본인 가정의 하녀를 지망하는 13~30세까지의 조선 여성을 대상으로 하는 '식모학교'는 인천부 내 화정 인보관에 1937년 8월 10일 개교하여 10월 9일까지 개설되었으며, 1회 수강생은 총 54명이었다.
■■■ 그런데 직업소개소를 찾는 남의집살이를 원하는 여성들이 모두 취직된 것은 아니었다. "식모를 구하는 편과 식모로 갈 편과의 두쪽 차이가 너무 심한 까닭"이었다. 무엇보다 일본어를 한마디도 하지 못하면서도 일본인 가정에 오마니로 들어가려는 여성들이 많았던 때문이다.

하녀를 두는 일이 경제적 손실을 크게 야기하며, '의심과 경계의 대상'
인 그들로 인해 정신적 염려를 많이 하게 되고, 무엇보다 보통 가정부
인에게는 몸 편한 것 말고는 득이 없는 선택이라는 점을 근거로 하녀
의 불필요성이 강력하게 제기되었다.[69]

> 주택을 개량하고 부엌을 고쳐서 될 수 있으면 식모에게만 매끼
> 는 부엌이 되지 말고 주부의 부엌이 되는 날이라야 모든 손해를
> 받지 아니할 것이요 만일 하인을 두어야 하겠으며 일한 만큼 보
> 수를 주도록 하고 한 달에 적어도 하로이틀은 휴일을 주는 것이
> 맛당하다 생각합니다.[70]

원래 주부의 공간이었던 부엌을 식모로부터 되찾아야 한다는
주장은 앞서 살펴보았듯 하녀에 대한 인간적 동정심의 외피를 걸치고
있었다. 그러나 식모폐지론은 곧바로 '가정주부론'으로 담론적 성격
이 바뀌었다. 부엌과 가정을 대상으로 한 생활개선 운동이 하녀의 불
필요성을 불러오기도 했지만, 식모폐지론이 실제로 강조했던 것은 가
정에서의 가정주부 역할론이었기 때문이다. 이에 따라 가정주부가 '집
안의 중심인 부엌을 무식한 식모나 일하는 아이에게만 맡기고 자식
양육까지 맡기는 일은 천만 불합리한 일'[71]이라거나 '편하게 지내려고
식모를 두려는 것은 도덕상 위생상 좋지 못하다는'[72] 비난도 거세졌
다. 급기야 "내 집의 단란을 깨트리는 것도 식모요 경제의 손실을 보
게 하는 것도 식모요 주부의 건강을 뺏는 것도 식모"[73]라는 식의 식
모절대불가론이 제기되었다.

식모폐지론은 표면적으로 그리고 노골적으로 하녀의 불필요성
을 강조했다. 그러나 실제로 비난의 대상이 되었던 것은 가정에 하녀

를 둔 '여성—주부'였다. 식모폐지론은 궁극적으로 하녀가 맡았던 노동이 본래 주부의 것이었다는 점을 강조하려는 데 있었다. 식모폐지론은 결과적으로 하녀를 가족 단위 바깥으로 밀어내는 힘으로 작동했다. 이 과정에서 근대적 직업이었던 하녀의 등장과 함께 '노동'으로 분류되던 '가사'가 다시 가정과 사회 그리고 국가에서 여성—주부가 떠맡아야 할 의무로 재규정되었다. 말하자면 하녀를 없애야 한다는 논의가 가사(집안일)와 노동에 관한 재규정을 이끈 것인데, 결과적으로 가사가 임금으로 교환되는 노동이 아니라 생산과 재생산을 위한 기초 단위, 즉 가정을 유지하기 위한 노역으로 환원되어버린 것이다.

이때 엄밀하게 짚고 넘어가야 할 것은 하녀를 둘러싼 일련의 논의가 여성 노동에 대한 논의 변화—'가사'에서 '가사—노동'을 통해 다시 '가사'로 재규정되는 과정—를 보여주고 있다 해도, 이 과정을 식모에게로 '넘겨졌던' 친밀성의 영역이 가정주부에게로 '되—넘겨졌다'고 이해해서는 곤란하다는 사실이다. 여기에는 "근일近日 비상시非常時라 생활방침生活方針을 긴축緊縮한" 논리, 즉 전시동원체제로서의 전환 논리가 여파로서 불러온 생활개선책이 은폐되어 있었기 때문이다. 말하자면 "주부主婦로써 취사炊事의 책임責任을 말한다면 일가一家의 평화 안락平和安樂을 좌우左右하는 중대관심사重大關心事일 쁜아니라 국가國家에 대對한 제이세국민아동성장교육第二世國民兒童成長教育의 책임責任이 불소不少한 것"이라는 논리가, 남편 공양과 자녀 성장을 남에게 책임지운다는 것이 도리도 아니거니와 "시대時代는 비상시非常時가 거가일치擧家一致로 살님사리도 가솔家率이 분담공조分擔共助하는 것이 시대적응時代適應의 자력갱생自力更生의 기초基礎"라는 논리를 이끌고 있었던 것이다.[74] 이러한 논의 과정에서 식모를 없애는 문제는 국가 차원에서 수행해야 할 비상시의 중대 사업이 되었다. 하녀는 가정 내의 규율 대상에서 나아가 적극적으로 국가가 규율해야 할 대상으로 환치되는 동시에 국가 운용을 위해 제거해야 할 영역/장소로 처리되기 시작한 것이다. 하녀는 가정주부에 의해, 동시에 하녀와 가정주부는 식민 주체에 의해 일방적인 관리·통제·규율의 대상이 되고 있었던 것이다.

요컨대 식민화 과정을 포함해서 사회의 근대화는 불가피하게 소비 동력으로서 하위주체의 '노동'을 요청하고 착취했다. 말할 것도 없이 여성 하위주체에게는 중첩된 하중이 가해지게 마련이었다. 지금껏 살펴본 하녀를 대표적인 사례로 거론할 수 있다. 가사와 노동 사이를 가르는 빗금처럼 불안정한 위상 속에서 진동하던 소비 동력으로서의 하녀는 식민지 모순 위에 가부장제 모순이 중첩된 공간, 식모학교와 식모폐지론 사이에서 서 있을 곳을 잃었다. 하녀는 식모학교를 통해 식민지 공간에 존재하는 식민 주체의 재생산을 위한 가사/노동을 떠맡는 과정 속에서, 식민지 중산층의 가족 경제와 윤리를 위협하는 '불합리하고 더러운' 존재로 배제되는 과정 속에서, 가정과 사회, 민족의 '바깥'에 놓인 채 존립 근거를 잃었던 것이다.■75 식민지 시기를 두고 보자면, 여기서 하녀론에 의해 하녀의 불확정적 위상을 거점으로 재조정 과정에 놓여 있던 공적/사적 영역의 배타적 재분리 과정이 포착된다고 해야 할 것인데,■■76 1920년대 전후로 국가에 의해 여성이 젠더적으로 배치되는 과정에서 영향력을 행사하기 시작한

■ 사회학적 문맥에서 감정을 연구하는 바바렛J. Barbalet이 감정의 관계적 성격을 두고 아그네스 헬러Agnes Heller의 논의를 빌려 강조한 바 있듯이, 노동력의 상품화는 자본주의적 전환 및 그에 따른 사적 영역과 공적 영역(유급노동 영역)의 분리를 초래하고, 감정을 구조화하는 사회적 관습에 큰 변화를 야기했다. 사적/공적 영역의 결합태이자 공동체적 생산활동의 장이었던 가족은 자본주의 논리에 의해 배타적인 '감정적 친밀성'의 공간으로 협소화되었다. 근대 이후로 '감정적 친밀성'의 공간이 특정화되었다는 사실보다 더 주목할 점은, 감정의 범주가 자본의 힘에 의해 변형되고 재규정된다는 사실 자체일 것이다.

'현모양처론'이 식민지 말기로 치닫던 1930년대 후반에 이르러 의미의 재규정 과정을 거치고 있었다고 해도 좋을 것이다.

■■ 아렌트를 빌려 말하자면 사적인 이해에도 공적인 의미를 부여하는 중간 영역(소위 '사회')이 형성되는 과정에서 사적 영역의 배타성이 강화되고 있는 장면의 포착이라고도 할 수 있다.

제2부

문화의 감성과 공통 감각

6장

춘향전을 둘러싼
조선시대 감정 유희

감정의 복합성·순수성·이념화

최기숙

1. 지식으로서의 감정, 역사화된 감정의 공감 구조

조선시대에 소설은 작가가 밝혀지지 않은 익명의 저작물이었으며, 제도로서의 문학x 범주에 들지 않는 비주류, 하위문화에 속해 있었다. 그럼에도 소설이 수많은 텍스트로 생산되면서 수용의 저변을 넓혀나갈 수 있었던 데에는 공감대라는 요건이 주요하게 작용했다. 독자와 청자 사이에 생성된 공감대는 감정, 이념, 사상, 정치, 관습 등 다양한 차원에서 작용했지만, 그중에서도 감정의 관찰과 유희는 소설의 주요한 요소가 되었고, 바로 그 때문에 소설이 비판의 대상이 되는 운명에 처하기도 했다. 소설에 등장하는 다양한 인물의 감정에 공감한다는 것은 인물의 사회적, 문화적, 정치적 조건을 초월해 한 인간을 이해할 수 있게 했다. 이는 신분적으로 위계화되었던 조선이란 사회에서 수용자(독자가 아닌 수용자라는 단어를 택한 이유는 조선시대 소설의 수용은 눈으로 읽는 것보다 귀로 듣는 행위가 우세했기 때문이다)가 모종의 위반과 순응의 양가성을 동시에 경험하는 계기가 되었다. 가령 궁녀와 선비의 사랑을 다룬 「운영전」을 접한 독자는 궁궐을 뛰쳐나온 궁녀에 공감과 연민을 느낌으로써 궁녀를 통제하던 왕실 규율에 저항감을 가졌고, 「홍길동전」을 보면서는 적서차별의 한을 품은 홍길동의 감정에 몰입해 신분제의 모순을 이해하는 자연스러운 흐름을 따랐다.

물론 대체로 (고)소설에 나타난 감정과 공감의 문제는 당대 사회의 관습과 제도를 확고하게 전달하는 '감정 교육'의 역할이 큰 비중을 차지했다. 유교 예법을 지키는 인물이 온갖 고통을 당하다가 '사필귀정'과 '인과응보'의 논리에 따라 제자리를 찾아가는 서사적 흐름은 20세기적인 해피엔딩과는 다른 윤리적 기대를 심어주는 역할을 했다. 그 과정에서 선한 인물의 고통에 공감하는 독자의 반응은 서사 전개의 개연성과 합리성을 뒷받침하는 정서적 근거가 되었다. 독자의 공감은 소설의 문화적 가치와 효용을 입증하는 단서였다.

말하자면 소설을 읽는다는 것은 감정 유희를 경험하는 것이었고, 작중 인물의 반응에 대한 공감과 호오好惡는 독자들이 감정을 발견하고 해소하는 즐거움과 연결되어 있었다. 소설을 둘러싸고 존재했던 감정 유희는 당대가 인간을 어떻게 이해했으며, 사회제도를 어떻게 받아들였는지, 또는 저항했는지에 대한 인식론적 작용과 얽혀 있다.

이 글은 소설이라는 대중적 문예 양식이 감정이라는 공감의 요소를 통해 어떻게 개인을 이해하고 사회를 바라보는 새로운 시선을 발견할 수 있었는지를 탐구하기 위해 널리 알려진 우리 고소설 「춘향전」에 주목했다. 「춘향전」이야말로 개인의 감각과 경험이 어떻게 타인에게 전달되며 또한 사회적 힘을 발휘할 수 있는가를 감정의 차원에서 치밀하게 탐구한 텍스트이기 때문이다.

「춘향전」이 당대 문학으로 형성되고 유행하던 시기에 소설은 제도적 '문文' 바깥에 위치한 하위문화 장르였다. 그러나 소설은 실제로 폭넓은 독자층을 형성하고 있었고, 여기에는 감정의 표현과 공감이 주요하게 작용했다. '언문책'이나 '이야기책' 등으로 불리던 소설은 양식 있는 사람이 읽어서는 안 될 비천한 장르로 여겨졌지만, 이념이나 제도, 규율이라는 통치성의 영역 너머로 그리고 문의 범주 바깥에서, 익명의 독자 대중으로부터 지지와 호응을 얻으며 공감대를 형성해온 문화적 매개물이었다.

　조선시대에 소설을 둘러싼 문화적 인식을 헤아리려면 다음과 같은 문화사적 맥락을 고려할 필요가 있다. 첫째, 당시 제도로서의 '문'을 읽고 쓰는 주체는 오로지 상층 남성뿐이었다는 점이다. 즉 '언문 이야기책'으로 불리던 소설에 대한 부정적 시선에는 신분과 젠더라는 두 잣대가 개입되어 있었다. 우선 소설은 한문이 아닌 언문으로 쓰였기 때문에, 당시로서는 일종의 문화적 상징자본의 역할을 했던 한문으로 적히지 않았다는 이유로 저평가되었다.

　당시에는 한문을 습득했는가의 여부가 문화적 위계를 가르는 유력한 매개였다. 또한 언문은 여성의 문자였기 때문에 한문 해득력은 자연스럽게 '상층 남성'의 전유물로 특화되었다. 말하자면 언문과 한문에 대한 문화 가치는 신분 및 젠더와 결부됨으로써 문화적 위계를 형성했다. 그 결과 한문을 아는 상층 남성만이 제도적 문을 다루고 향유하는 문화적 특권을 누릴 수 있었다(물론 한문으로 글을 쓰는 여성이나 한문을 읽고 쓸 줄 아는 하층민이 있었지만, 아주 예외적이었다. 신분에 맞지 않게 교양을 습득한 하층민이 지배층의 문화 권력을 나눠 가졌다고 보기 어려운 이유다.)

　둘째, 이러한 역사문화적 맥락 속에서 이른바 '언문책'에 해당되는 소설은 '낮은 장르'에 속했다. 소설을 읽지 말아야 한다고 강조했던 표면적인 이유로는 소설이 허무맹랑한 내용을 다루므로 교화에 방해가 된다는 점, 소설에 심취한 아녀자들이 일상의 노동을 소홀히 한다는 점, 이야기꾼이 들려주는 언문책으로 인해 감정이 격발되어 살인 사건이 발생했으니, 풍속에 해롭다는 점 등이 거론되었다.

그러나 이러한 명분들은 소설에 관한 담론이 주로 문화 통제의 정치성 속에서 구조화되었음을 보여준다(여성을 노동 주체로 간주하되, 유희/여가 주체로 사유하지 않았던 점 등). 동시에 의도하지는 않았겠지만 소설의 오락적 기능, 여성 문화, 감정 유희 등의 요소가 고백되어 있었다. 표면적으로 보자면 소설의 주 독자층은 여성으로 명명되었고, 감정, 오락, 언문 등의 어휘와 결탁하면서 모종의 '비천한' 위치를 형성했다.

그러나 이를 비평하는 주체가 사대부 문인이라는 점을 고려한다면, 소설의 독자층은 여성과 남성, 하층과 상층을 아울렀음을 알 수 있다. 다만 사대부 남성들은 자신을 소설을 읽는 독자, 이야기를 듣는 청자로 자리매김하지 않으려 했으며, 끝까지 비평가의 지위를 고수함으로써 '독자'와는 구분되는 문화적 위치를 만들려 했다(텍스트를 비판하기 위해서는 읽는 행위가 선행되어야 했지만, 이들은 스스로에게 소설을 읽는 평범한 '아녀자'와는 다른 특권적 비평가, 즉 문인의 지위를 부여했다).[1]

소설을 둘러싼 문화적 전파 과정에서는 소설의 특유한 효용인 감정 유희가 강렬하게 작용했다. 이것이 이 금지된 장르가 꾸준히 독자를 확보하면서 인기를 유지했던 이유다. 이를 구체적으로 이해하기 위해 19세기 서울에서 향유되었던 「남원고사」라는 텍스트에 주목해보려고 한다.[2] 「남원고사」는 19세기 서울의 세책점을 통해 유통된 춘향전의 이본으로, 다른 이본에 비해 분량이 길고, 전고가 풍부하며 다양한 형식의 내포 장르를 포함하고 있다. 말하자면 '잡스러운

■「남원고사」의 원문을 인용할 때 독자의 이해를 위해 현대어로 고쳐 적었으며, 병기한 한자는 원본에는 없는 것이다. 또한 이 글에서 '춘향전'이라는 명칭으로 포괄되는 모든 이본을 총칭할 때에는 별도의 부호 없이 춘향전으로 명시했다.

omnivorous' 장르적 성격을 극명히 보여주는 춘향전 텍스트가 바로 「남원고사」다.

소설이 '잡스럽다'는 것은 일차적으로 그 안에서 인생의 다기한 문제들이 다뤄진다는 서사적 복합성을 의미한다. 장편이기 때문에 세대·계급·신분·성별·인종·국적·지역·능력·성격을 달리하는 다양한 인물이 등장하며, 한 인물의 생애를 다루기 때문에 인생의 우여곡절이 다양한 사건을 통해 복잡하게 얽힌다. 이외에도 소설 안에는 역사적으로 존재해온 다양한 문예 장르, 예컨대 시나 일기·편지·유서·제문·공문·노래 등의 양식이 포함된다. 이런 의미에서 소설적 '잡스러움'은 문화적 혼종성hybridity을 포괄한다. 그리고 여기에는 감정적 차원의 복합성 또한 내포되어 있다.

전고가 일종의 지식 체계라는 점을 인정한다면, 「남원고사」에 문학사적으로 존재해온 수많은 전고가 인용되어 있다는 것은 주목을 요한다. 왜냐하면 소설은 '지식'이 아니며 '문학'도 아닌 '언문책'이라는 비천한 위치에 놓여 있었음에도 불구하고, 그 안에 상층 문인이 알아야 할 필수적 지식 정보인 전고가 풍부한 콘텐츠로서 포함되었기 때문이다. 그리고 이러한 지식의 풍성함 안에는 사랑을 비롯한 다양한 인간의 감정에 대한 경험과 관찰, 역사화된 것들이 총집되어 있었다.

「남원고사」의 사랑은 이러한 지식사회학의 풍경을 전경화한 공감 구조 속에서 형성되고 확산되며 전파되었다. 그리고 그러한 감정의 인지와 교환을 역사적/문학사적으로 존재해온 전고를 통해 뒷받침함으로써, 현재적으로 경험되는 개인의 감정을 역사적으로 공인된 세계로 확정하려 했다(예컨대 '봄꽃이 아름답다'고 적는 대신 '봄꽃의 아름다움'에 대해 쓴 명문을 인용하면서 자기 감상을 적는 식의 수사법이다. 이는 명문에 익숙한 사대부의 글쓰기였지만, 소설은 바로 그러한 지식층의 글쓰기 방식을 언문 문장으로 구체화했다.)

개인의 감정은 내밀한 개인성의 영역에 속한다. 육체적으로 촉발되고 내면에서 인지되는 개인의 감정은 매우 사적인 것으로 간주되어 공적 영역과 구분된다. 그러나 감정은 개인 안에서 머물러 고착되어 사라지거나 자취 없이 실종되는 것이 아니라, 감정의 주체를 움직여 말하고 행동하게 하거나, 때로는 그것을 감추고 비틀어 표현하게 하는 실천적 힘으로 작용한다. 뿐만 아니라 감정은 타인과 관계를 맺고 삶의 방향을 정하게 하는 동력이 된다(사랑하면 결혼한다: 춘향 ⇆ 이도령, 싫으면 만나지 않는다: 춘향 ⇒ 사령, 부럽지만 티내지 않으며 도리어 비난한다: 춘향 ⇐ 기생들/방자 ⇒ 이도령, 공손하게 대하지만 사실은 자신을 경멸한다는 것을, 알지만 모른 체한다: 변부사 ⇒ 춘향 등). 춘향전은 인간의 감정이야말로 생명의 본질이자 자연스러운 활기인 동시에, 인간 사회를 변화시키는 동인이라는 점을 탐구하고 있다.

이 글은 「남원고사」에 나타난 감정에 대한 정밀한 관찰과 지식사적 천착, 사회적 탐구를 살피기 위해 다음과 같은 점에 주목하려한다. 첫째, 사랑을 경험하는 주인공 이도령과 춘향의 자기 관찰 및 이해 방식에 주목한다. 동시에 감정적 공감대를 통해 타인과 소통하고 연대를 맺는 과정을 살핀다. 둘째, 주인공이 인지하고 경험하는 사랑이 개인적이고 즉흥적인 표현이 아니라, 이미 존재하는 지식과 관습, 통념에 기대어 성립하는 사회적이고 역사적인 것임을 해명한다. 셋째, 개인의 내적 경험인 사랑이 어떻게 타인에게 전달되고 공유되어 인간관계와 사회 변화를 이끌어내는가를 살펴본다. 넷째, 개인의 감정적 경험이 어떻게 통치 대상으로 변용되는지에 주목한다. 다섯째, 사회는 왜 개인의 감정에 관심을 가져야 하는가에 관한 성찰적 지점을 생성해보고자 한다.

2. 「남원고사」의 감성 기획과 혼종성의 서사 전략

─────────────────

「남원고사」에서는 다양한 차원에서 관여되어 있는 소설의 혼종성을 감성의 요소로 포괄하여 관철시키려는 의도가 발견된다. 이를 소설적 '감성 기획'이라고 할 때, 「남원고사」에서 그 정도와 수준은 매우 치밀하고 복잡하다.

> 천하명산 오악지중에 형산이 높고 높다.
> 당시절에 젊은 중이 경문이 능통하므로 용궁에 봉명하고 석교상 늦은 봄바람에 팔선녀 희롱한 죄로 환생인간하여 출장입상 타가 태사당 돌아들제 요조절대들이 좌우에 벌렸으니 난양공주, 영양공주, 진채봉, 가춘운, 계섬월, 적경혼, 심요연, 백능파와 슬커정 노니다가 산종일성에 자든 꿈 깨것다.
> 아마도 세상명리와 비우희락이 이러한가 하노매라.

「남원고사」의 도입부다. 앞서 향유되었던 소설 「구운몽」의 내용을 사설시조의 형식으로 쓴 것이다. 「남원고사」라는 소설 안에 「구운몽」의 내용을 짧게 요약했는데, 그 형식이 사설시조이니, 수사학적 용어로 설명하자면 일종의 '혼성모방pastiche'인 셈이다. 이 노래는 '아마도 세상명리와 비우희락이 이러한가 하노매라'로 마무리되었다. 그런데 이 부분이 사설시조로 전하는 '구운몽' 노래에서는 다르게 적혀 있다. 예컨대 육당본 『청구영언』[3]에는 '아마도 부귀공명이 이러한가 하노라'로 적혀 있어 '비우희락悲憂喜樂'이라는 표현이 발견되지 않는다.

이러한 차이는 미세하지만 감정 연구 차원에서는 주목할 만한 변화의 징후로 해석할 여지가 있다. 「남원고사」의 작가는 '비우희락'이라는 감정 요소를 세상명리 또는 부귀공명과 대체시킴으로써 이를 소설 독법의 요체로 제시했기 때문이다. 인생이란 부귀공명의 덧없음을 깨닫는 과정인 동시에 희로애락을 즐기는 감정 유희의 여정이라는 해석을 담은 것이다.

일찍이 「구운몽」의 연구사에서 작품의 주제를 세상명리의 차원에서 독해한 사례는 있지만, 감정 유희의 차원에서 논의하거나 초점화한 경우는 없었다. 그런데 「남원고사」의 작가가 「구운몽」을 '감정 유희'의 텍스트로 독해하면서, 독자에게도 이를 감정 유희를 위한 텍스트로 제안했다는 것은 매우 이례적이고 흥미롭다. 19세기를 살았던 작가는 「구운몽」을 '세상명리'라는 욕망의 추구와 '감정 유희'라는 차원에서 해석함으로써, 사실상 근현대의 문학 연구자들이 간과하고 있는 소설의 본질을 독파했던 것이다. 그리고 이러한 독법은 실제 「남원고사」가 지향하고 구현해낸 소설의 새로운 지평을 암시하는 것이기도 하다.

사설시조 구운몽을 인용한 데 이어 「남원고사」는 중국과 조선의 명문名文에 대한 편력적 독해를 제시한다. 「남원고사」는 언문으로 표기되어 있지만, 한문으로 창작되었던 중국과 조선의 명문을 포함하고 있다. 서두에서부터 봄날의 정취와 성적 생기로 충만한 자연을 묘사하며 도연명, 두보, 왕유, 백거이 등의 시를 인용했다.

원상한산석경사遠上寒山石徑斜는 이적선李謫仙의 일흥一興이요,

소소낙목귀마수蕭蕭落木歸馬愁는 백낙천白樂天의 유취遺趣로다.

위 예문은 한문 원전을 일부 인용하면서 언문 발음으로 표기한 것이다. 여기에 원작의 작가에 대한 정보를 이어 붙여 문장으로 만들 었다. 「남원고사」에는 이렇듯 원래는 한문으로 적힌 전고가 상당수 순언문으로 인용되었다. 그렇다면 이 소설의 독자층은 원전에 해박했 던 지식층이었을까. 이 문제에 접근하려면 소설이 '잡스러운' 복합 장 르였다는 점, 독자층이 여성이나 하층민뿐만 아니라 소설을 읽지 말 라고 비판했던 사대부층까지 포함한다는 점, 그리고 「남원고사」에 인 용된 한문 원전은 그대로 인용되거나 번역된 것이 아니라 소설적 양 식에 맞게 재구성됐다는 점을 고려할 필요가 있다.

「남원고사」의 독자층을 구체적으로 파악할 수 있는 정황은 남 아 있지 않다. 그러나 역으로 「남원고사」의 문장 구조를 통해 독자층 을 가정하는 것이 가능하다. 첫째, 「남원고사」는 한문으로 쓰인 각종 양식을 언문으로 수용하는 데 별다른 어려움을 겪지 않은 독자에게 읽혔을 것이다. 둘째, 「남원고사」의 독자는 한문을 언문으로 적었을 때 발생하는 일종의 난해함과 혼란스러움마저 일종의 책읽기의 즐거 움으로 여겼을 것이다. 셋째, 당시에 소설은 눈으로 읽는 것이 아니라 귀로 듣는 것이 우세했고, 한문 원전을 언문으로 인용한 경우, 대개 는 널리 알려진 시이거나 노래였으므로, 이를 듣는 것은 눈으로 읽는 것보다 더 쉽게 받아들여졌을 것이다(이는 현대의 대중이 오페라, 팝, 랩 등을 귀로 들을 때 전체 가사를 파악하지 않아도 노래를 충분히 즐길 수 있는 것과 유사하다).

더 중요한 사실은 소설이 언문 표기의 형식으로 상층의 문예 양 식(한시, 상소문, 제문, 한문 편지 등)과 하층의 문예 양식(민요, 잡가, 타령, 속담 등)을 모두 포섭해, 이를 소설 장르의 공통 형식으로 정착 시켰다는 점이다. 이러한 요소들은 언문소설의 문화적 포용력을 대변

하는 동시에 소설 독자층의 문화적 역량을 입증한다.■

언문으로 한문의 원전을 포용하는 인용 전략에는 중국과 조선, 한문과 언문을 동등하게 보는 시각이 개입되어 있다. 작가는 춘향전을 남원의 고사로 새롭게 부르면서, 춘향의 '흥미로운 이야기'로 독자를 끌어들이기 위해 '혼종적 배치'를 활용했다. 말하자면 중국과 조선의 고전과 명문, 한문과 언문을 같이 배열할 수 있었던 장르가 바로 소설이었다. 이러한 배치의 전략은 소설을 비천한 장르로 한정하려는 의도를 넘어서, 한문에 담긴 지식과 격조를 포함하는 교양'지'로 포섭하려는 의도를 지닌다. 이것이 바로 소설의 문화적 포용성에 주목해야 하는 이유이다. 그리고 이는 언문이 단지 '아녀자(아동과 여성)'의 문화를 전달하는 '낮은 매체'가 아니라는 점을 시사한다. 이러한 소설의 장르적 복합성과 문화적 포용성이라는 가능성 안에는 인간의 감정을 둘러싼 인식과 해석을 재고할 여지 또한 포함되어 있다.

조선시대 사대부 문인들 사이에서 감정은 억압과 통제의 대상으로 간주되었다.[4] 감정이란 윤리적 통제의 대상이었으며, 이를 표출할 때에는 반드시 예에 맞게 절제해야 한다는 규범성을 강조했다. 그러나 소설이라는 양식 안에서 인간의 감정 경험은 중요한 서사적 정보로 제시되었다. 특히 「남원고사」에는 작중 인물이 육체적으로 인지하고 경험하는 감정에 대한 세밀한 관찰이 드러나 있으며, 인물이 서로 감정적 교감을 통해 소통하며 공감대를 형성하는 과정이 정밀하게 묘사되었다. 나아가 개인의 감정이 사회 변화를 이끄는 힘으로 변용

■ 소설의 문화 역량에 대한 재평가는 곧 소설 독자층의 문화 역량에 대한 재평가로 이어진다. 필자는 이를 대중 또는 민중의 문화 역량과 등치시켜 이해하려는 연구 기획을 가지고 있다. 말하자면 비천한 장르인 소설 독자의 문화적 역량이 결코 비천하지 않다는 것이다. 이러한 관점은 대중문화를 향유하는 대중의 지적인 수준에 대한 판단으로 이어진다.

되는 과정을 그려냈는데, 그것이 바로 춘향과 이도령이 경험하고 구성해내는 사랑이라는 감정이다. 애초에 이것은 사적이고 은밀한 친밀성의 자장 안에서 시작되었지만, 곧바로 개인의 영역을 흘러넘쳐 사회와 여론이라는 공적 영역으로 확산되었다. 그리고 이는 개인의 사회에 대한, 사회의 제도에 대한 시선을 바꾸는 힘으로 작용했다.

「남원고사」에서 감정에 대한 작가의 관심은 가히 전면적이다. 여기에는 인간이 생애를 통해 경험할 수 있는 희노애락애오욕의 감정 편력이 자연스럽게 재현되어 있을뿐더러, 때로는 과도하고 극단화된 형태의 감정 표현이 '육체화된' 형태로 드러나 있다(예컨대, 반했다는 표현 대신 '얼굴이 달아오르고 마음이 취하고 정신이 산란하고, 눈동자가 몽롱하다'고 하는 식이다. 감정에 대한 육체적 반응에 민감하다). 그리고 이처럼 감정을 자연스럽고 때로는 과장되게 표현하는 인물은 신분이 낮은 존재나 여성으로 국한되지 않고, 상하남녀노소를 아우르는 보편적인 현상으로 관철되었다. 이는 「남원고사」가 감정을 인간을 이해하는 근원적 매개로 여기면서 관찰하고 탐구했음을 보여준다.

이와 더불어 「남원고사」에서는 개인의 정체성을 인식하고 구성하는 방법, 타인과의 의사소통에 미치는 영향 등에 감정 요소를 정밀하게 활용했다. 나아가 감정에 작용하는 정치적·문화적 복합성 등을 풍성하게 묘사했다. 이를 통해 감정의 사회적 기능과 효과를 깊이 있게 살펴볼 수 있다. 「남원고사」는 인간을 감정의 주체로 상정하면서, 개인의 감각과 감정 교환에 연계된 사회적·문화적·정치적 요소에 대한 복합적인 차원을 문제화했다. 나아가 이러한 '복잡계'▪로서의 감정이 어떻게 '순수성'이라는 역설적 의미 영역을 끌어내는지를 탐구했다. 이 과정에서 감성 주체로서의 자신을 발견한다는 것이 갖는 사회·문화적 의미를 음미하는 문학적 경험을 제안했다.▪▪

3. '감성적 인간'의 발견과 감정 공동체의 형성
― 감정의 역할과 위치 찾기

소설이란 독자에 의해 비로소 성립되는 텍스트다. 소설의 역사적 성립과 사회적 존립에는 독자층의 공감대가 실질적인 힘으로 작용한다는 뜻이다. 더구나 어떤 소설이 동시대적으로 유행 문화를 형성하고 나아가 역사적으로 전파되어 일정한 공감대를 형성했다면, 이 소설에는 당대성과 역사성을 동시에 지지하는 공감적 요소가 내포되어 있음이 분명하다.

춘향전의 전승과 확산은 바로 이러한 공감의 역사화 과정이다. 춘향전이 한국의 대표적인 고전이 된 것은 그 세계를 문화적으로 지지하는 공감 요소가 통시적으로 존재했음을 뜻한다. 특히 감정 유희가 강조된 「남원고사」의 전승을 통해, 감정을 둘러싼 공감대가 문화적 힘으로 유지되는 과정을 유추해볼 수 있다.

■ 이 글에서 감정의 '복합성complexity'이란 감정의 형성과 교환, 공유와 수용이 단지 개인의 심리적·정서적 차원에서 이뤄지는 것이 아니라, 신분·젠더·계급·세대·언어 등 다차원의 문화적·사회적·역사적 요소와 결탁되어 인지·표현·공유된다는 의미를 내포하는 것으로 정의한다. 따라서 감정에 대한 연구는 특정 개인의 심리 상태에 대한 이해나 분석 또는 동일한 표상을 갖는 어휘적 차원이 아닌, 일종의 '다층적 의미 맥락'을 갖는 '복잡계'로서 접근할 필요가 있다. '복잡계complex system'라는 단어는 우주 현상의 복합성을 설명하기 위해 마련된 물리학의 용어를 차용한 것이다.

■■ 이하 '감정'을 중심으로 본 「남원고사」에 대한 독해는 국문본 춘향전 일반의 서사 문법에 해당되는 것으로 볼 여지가 충분하다. 다만 「남원고사」는 춘향전 이본 중에서 분량 상으로 비교 우위를 점하므로, 감정 수사의 차원에서도 여타 이본에 비해 수사학적 우위를 지닌다고 할 수 있다. 예컨대 「남원고사」는 여타 이본에서 발견하기 어려운 '성적 생기로 충만한 자연에 대한 묘사'가 드러나는데, 춘향전을 대상으로 한 감정 연구에서 이러한 면모는 수사학적 차원에서 「남원고사」에 특화된 지위를 부여해줄 수 있을 것으로 본다.

소설과 도덕감정

소설은 인물의 내면과 행동, 표정과 말투를 서술하는 방식으로 인물이 내적으로 경험한 감정의 내역을 드러내며, 인물 사이의 교감과 정서적 충돌을 전달한다. 작중 인물의 감정적 경험과 반응은 독자들에게 공감을 일으키는 대상으로 받아들여져 일종의 감정 교육의 매개로 작용했다.

이렇게 볼 수 있는 일차적인 근거는 인물의 감정적 반응이 개별 사례에 그치지 않고 모든 소설에 동일하게 관철되었기 때문이다. 이차적으로는 인물의 감정에 대한 독자층의 반응이 '호오好惡'를 넘어 '시비是非'라는 사회규범적 양상을 보인다는 것이다.

말하자면 독자들은 어떤 인물의 분노에는 공감했지만 또 다른 인물의 분노에는 공감하지 않았으며, 어떤 인물의 슬픔에는 공감했지만 또 다른 인물의 눈물에는 반감을 드러냈다. 다시 말해 거짓 눈물을 흘리는 인물의 순수성을 의심하고 위선을 비판하면서 이를 윤리적 악으로 판단했다. 소설에 작중 인물의 감정은 독자의 판단에 따라 선별적 차원에서 공감대를 형성했다. 그리고 이러한 흐름은 독자-개인이 아니라 독자층 전체를 통해 유지되었다. 소설의 감정 유희가 문화 규약 속에서 작동된다고 말할 수 있는 이유다.

소설에 제시된 작중 인물의 감정 표현이나 반응, 통제의 내역은 대체로 유교적인 예법이나 '도덕감정'에 기초를 두었다. 소설 비판론이 거센 분위기 속에서도 「사씨남정기」와 같은 작품이 '읽을 만한 것'으로 평가받은 것은 이 작품의 교화적 기능이 인정되었기 때문이다.

고소설의 감정 유희가 가장 패턴화된 형태로 나타난 것은 인물의 대사다. 고소설의 대사에서는 대부분 감정 수사를 병치했다. 특히 상투적으로 발화사 '왈'을 사용했는데, 여기에 화자의 감정적 톤을 설명하는 감정지시어를 덧붙인 것이다.

> 대소왈, 추연왈, 작색왈, 대로왈, 대경왈, 일희일비 왈, 대경실색
> 왈, 창천분노 왈, 분기탱천 왈, 앙천통곡 왈, 요연작색 왈, 앙앙
> 불락 왈

이러한 패턴화된 수식은 대화를 한다는 것이 곧 감정을 전달하는 행위임을 보여준다. 말한다는 것이나 누군가를 만난다는 행위 자체가 감정 교환과 무관할 수 없다는 전제가 깔려 있다.

그런데 소설에서의 감정 표현은 대화 차원으로 국한되지 않으며, 인물의 행동이나 처신을 표현할 때에도 감정적 반응을 상세히 드러냈다. 「남원고사」는 이러한 감정 표현이 '전면화'된 텍스트였다.■5 이것이 「남원고사」를 '감성적 주체'■■6에 관한 소설적 탐색으로 볼 수 있는 근거다.

춘향전의 핵심 주제인 사랑에 주목해보면, 「남원고사」에서 춘향과 이도령의 사랑은 육체적·감정적으로 촉발되어 이념화·상징화의

■ 김상환이 지적한 바와 같이 '신체 도식과 거기서 비롯되는 감성적 자기의식(정체성 의식)'은 '문화적인 어떤 것'이며, 신체 수사로 감정 재현이 가능한 것은 이미 수용층 사이에서 문화 기호로서의 신체 기호가 통용되고 있음을 의미한다.

■■ '감성affect'은 '심리적 차원'에 한정된 감정emotion 요소에 국한되지 않는, 사회·역사적인 제반 요소가 결합하여 작동하는 '움직임'과 '변화'의 의미를 함축하고 있다. '감성'은 심리학·철학·문학·문화학 등의 분야에서 흔히 '정동情動, 靜動, 또는 '정서' '감정' '감성' 등으로 번역된다. 특히 '정동'이라는 번역어는 주로 철학 분야에서 채택되었는데, 이 글에서는 이 번역어가 갖는 '낯섦'이 '감성'을 '학적 정의'의 대상으로 한정한다고 판단해 '감성'이라는 표현을 택했다('정동'이 갖는 낯섦에 대해서는 김상환도 「프로이트, 메를로-퐁티, 그리고 새로운 신체 이미지」에서 지적한 바 있다). 이 연구는 감정·감성·감수성에 대한 '개념적 정의'에 주목하기보다는, 이들이 교환되어 실질적인 반응, 변화, 관계를 추동해가는 '움직임'에 주목했다. 이는 감성의 힘과 상호 작용에 주목하는 'Affect theory'의 일환이기도 하다.

방향으로 전환하는 서사적 추이를 보인다. 알랭 바디우는『사랑 예
찬』에서 키르케고르가 제시한 사랑의 경험에 대한 세 단계를 다음과
같이 언급했다. 첫째는 헛된 유혹과 반복을 경험하는 심미적 단계다.
여기에는 쾌락의 에고이즘이 개입된다. 둘째는 사랑이 진정한 것으로
변하고 자기 고유의 진지함을 시험하는 윤리적 단계다. 셋째는 사랑
의 맹세가 결혼으로 이어지는 종교적 단계다.[7] 춘향전에서도 사랑을
둘러싼 세 단계가 복합적으로 작용한다.

 이도령은 춘향을 만나서 사랑의 감정에 빠졌다기보다는, 이미
사랑에 빠질 준비가 된 상태로 등장했다고 보는 것이 적절하다. 특히
「남원고사」에서는 이도령이 춘향을 만나기 전 이미 봄의 정취에 도취
되어 '성적 생기sexual vitality'로 충만한 자연을 읽어내는 정서적 존재로
등장했다. 그리고 이는 이도령이 시작하는 육체적·감정적 사랑을 하
나의 '자연'으로 수용하게 만드는 전개를 예고한다. 감성 주체로서의
이도령은 산천초목의 도처에서 사랑이 생명적 활기로 작용하는 것을
편집적으로 읽어내면서, 자기 안에서 발생하는 사랑의 감정을 자연으
로 호명하기에 이른다.

> 원불상리願不相離 원앙새, 상림원에 글 전하던 별포귀래別浦歸來 홍
> 안새, (…) 쌍비오리 곳곳이 춤을 추고, 길짐승도 기어든다. (…)
> 잔나비 파람하고 청개구리 북질한다. 금두꺼비 새남하고 청메뚜
> 기 장구 치고, 흑메뚜기 저를 불고 (…) 암곰이 외입하니 수토끼
> 복통한다. 다람쥐 그 꼴 보고 암상낸다.

 이도령은 성적으로 충만한 자연을 독해하는 바로 그 시선으로
자신을 보려 하며, 이를 실현하기 위해 방자에게 구경처로 안내해달

라고 요구한다. 이도령이 남원을 구경하려는 것은 낯선 지역에 대한 호기심이나 관광 욕구 때문만은 아니다. 오히려 자신을 자연인으로 규정하고 감성과 성의 주재자로 거듭나기 위한 선언에 가깝다. 그리고 이러한 선언에 대한 사회적 지지를 확보하기 위해 중국과 조선의 문인들이 자연과 춘흥을 찬양한 시구들을 인용했다. 이로써 이도령이 남원을 구경해야 하는 이유의 정당성이 확보되었다. 자연은 성적 생기로 충만해 있으며, 중국과 조선의 문인들은 오래전부터 화창한 봄날의 아름다움을 찬양해왔다. 역사적 문인들의 정서적 지지와 자연 풍광의 감각적 활기 속에서, 이도령이 최고의 명소를 찾아가 욕망을 충족시키려는 것은 자연스러운 일이라는 논리가 생겨난다. 이러한 정황은 이도령의 욕망에 대한 독자의 지지를 확보하면서 자연인으로서의 자기 발견을 정당화했다.

한편 이도령이 남원을 구경하려는 것은 아버지가 다스리는 관아(관아라는 공간 또는 그것이 상징하는 부권 체제)를 벗어나 자신의 감각과 육체로 자연을 직접 경험하려는 의지의 표현이기도 하다. 이도령의 새로운 삶이 남원의 관아가 아니라 관아의 바깥, 즉 자연 경관 속에서 시작되었다는 것은 이러한 문학적 의미를 함축한다. 서술자는 이도령 행위의 설득력을 높이기 위해 제도 안에서의 사회적 자아가 아니라, 자연의 섭리와 일치하는 생물학적 자아에 주목했다. 아울러 춘흥春興에 대한 신체의 자연스러운 반응과 감정적 흐름에 관심을 기울였다. 이도령은 감정을 자기 손으로 붙잡고 사랑의 주체로 거듭남으로써, 부권에 의해 통제되는 소년(미성년)의 삶에서 주체적 청년(성인)의 삶으로 이행한다.

감정의 역사성과 사회성

이도령으로부터 남원의 명소를 소개해달라는 청을 들은 통인(방자)은 요구와는 무관하게 세간에 널리 알려진 산천경개를 소개하기 시작한다. 그가 소개하는 곳들은 실제로 남원에는 존재하지 않은 장소들로서, 고려 문인 이제현의 시 「소상팔경」, 왕유의 「도원행」, 두목의 「청명」 등에 등장하는 공간이거나, 남원이 아닌 조선의 다른 장소들이다.

이는 실제로 이도령을 안내하기 위한 게 아니라, 그의 흥취를 촉발시키려는 의도이며 이도령의 기대를 모른 체함으로써 조롱하려는 제스처다. 여기서 실경을 발견하는 이가 지식층인 이도령이고, 문자화된 자연을 정보로 제공하면서 조롱하는 이가 하층민인 방자라는 점은 주목을 요한다. 이러한 관계와 역할의 역전이야말로 「남원고사」가 출발점으로 삼고 있는 인간 관계론의 지평을 드러내기 때문이다.

이도령과 방자 사이에는 신분이나 지위보다는 정서적 관계 설정이 우세하게 작용했다. 상황에 따라서는 감정 관계가 신분적 위계나 권위를 압도하기도 했다(조바심이 난 이도령이 방자에게 쩔쩔매는 장면 등). 물론 근원적으로 이도령이 방자의 상전이라는 사실이 부정될 수는 없었다. 그러나 대화의 현장성을 지배하는 것은 둘 사이의 감정 관계이며, 여기에는 남원 토박이인 방자가 지역 정보에 해박하고 현장 경험에 능숙하다는 점이 관여되었다. 감정과 정서는 현실 경험과 결탁해 신분 위계보다 우세한 힘을 발휘했다.

이는 「남원고사」가 감정 요소를 삶을 이끌어가는 핵심 동력으로 전제했다는 판단을 뒷받침한다. 구경처를 찾아 방자를 앞세워 '마음 심 자 갈지 자'로 광한루를 활보하는 청년의 모습은 서술된 그대로 '마음 가는 대로'라는 의미인, 마음의 행로를 지시한다.[8]

이때 이도령의 눈에 들어온 자연은 실제의 자연일 뿐만 아니라 사대부가에서 습득한 교양과 정보로 갈무리된 지적 시선과 뒤섞인다. 그것은 '어주축수애산춘하니 무릉도원 복숭아꽃, 차문주가하처재요 목동요지행화꽃'■과 같이 왕유와 두목의 시적 세계를 가로지르고, '망미인혜천일방에 임 그리는 상사목'■■처럼 문화와 상상의 결합체이며, '금두꺼비 새남하고 천메뚜기 장구치고 (…) 수달피 고기 잡는'에 나타난 대로 정보와 실경의 혼용체다.

「남원고사」는 인물이 겪는 감정과 그를 중심으로 형성되는 감성의 문제를 주요하게 다루면서, 글의 안팎(인물과 인물 사이, 소설과 독자 사이)에서 공감대를 얻을 수 있도록 모색했다. 「남원고사」가 묘사한 실경과 춘흥이 혼용된 이 유장한 파노라마는 이도령이 사랑의 대상을 포착하는 과정을 통해 구체성을 띤다.

눈을 드러 한 곳을 우연히 바라보니, 별유천지 그림 속에 어떠한 일미인이 춘흥을 못 이기어 백옥 같은 고운 양자 반분대로 다스리고, 호치단순 고운 얼굴 삼색도화미개봉이 하룻밤 찬 이슬에 반만 핀 형용이요, (…) 방화수류 찾아갈 제 백만교태 하는구나. 섬섬 옥수 흩날려서 모란꽃도 부라질러 머리에도 꽂아보고, 철쭉화도 부라질러 입에도 담뿍 물어보고 (…) 한창 이리 노닐 적에, 이도령이 바라보고 얼굴이 달호이고 마음이 취하여 정

■ 각각 왕유의 「도원행桃源行」, 두목의 「청명淸明」의 한 구절이다.
■■ 각각 굴원屈原의 「이소離騷」와 '상사목'에 얽힌 송나라 강황과 한빙의 처 한씨의 고사를 환기시키고 있다. 송나라 강왕이 한빙의 처 하씨를 빼앗아 후궁으로 삼았는데, 후에 한빙과 그 처는 자살하여 각기 따로 묻힌 뒤 두 무덤에 난 나무가 서로 이어져 상사목이 되었다고 한다.

신이 산란, 안정眼精이 몽롱, 의사가 호탕

춘향에 대한 이도령의 관심은 주로 시각적 아름다움과 성적 매력에 집중되었다. 따라서 그의 눈에 들어온 춘향은 다분히 육감적이며, 이를 바라보는 이도령의 자기 인식은 다분히 감정적이다. 작가는 이런 신체적 반응을 감정을 인지하고 경험하며 공감하고 교환하는 과정으로 묘사했다.

예컨대 방자는 춘향에게 이도령을 소개하면서 '도련님이 광한루에 구경 와 계시다가 너를 보고 두 눈에 부처가 발등걸이하고 온몸의 힘줄이 용대기 뒷줄이 되었으니 어서 급히 가자'고 말했다. 방자의 표현은 구술체로서 관찰력과 재현력이 중심을 이룬다. 방자는 결코 '반했다'거나 '호감이 있다' '사랑을 느꼈다'는 식의 판단을 앞세우지 않았다. 상대방의 의중을 파악하여 전달하는 대신, 자신이 눈으로 보고 경험한 이도령의 신체적 반응을 재현했다. 그리고 이는 춘향의 마음에 정확하게 전달되었다.

「남원고사」에서 감정의 재현은 인물과 인물이 소통하고 독자가 소설에 공감하는 주요 수단이 되었다. 여기서 '성적 생기로 충만한 자연'은 남녀의 사랑을 자극하는 감성적 배경으로 펼쳐졌다. 그 속에서 방자와 이도령 사이에는 신분상의 경계를 뛰어넘어, 감정 공동체로서의 일체감이 박동하고 있다.

4. 감정의 복합성과 순수성—
'사랑'이라는 의미 형성의 소설적 맥락

이도령과 춘향이 사랑을 이해하고 받아들이며, 만들어가고 유지하는 과정에는 감정의 교환과 공감이 주요하게 작용했다. 그러나 이와 더불어 두 인물 사이에 드러나는 미묘하고도 현격한 차이에 주목할 필요가 있다. 사랑을 경험하는 이의 감각적 차이는 이도령과 춘향이 서로를 알게 되는 경위, 호감을 느끼는 계기, 감정을 현실 관계로 변화시키는 방법, 이를 사회적으로 공론화하는 방식에 이르기까지 계속된다. 그리고 이러한 차이는 남녀라는 젠더, 양반과 기생이라는 신분, 서울과 남원이라는 지역 차이를 포괄한다. 그럼에도 작품에서는 이를 단지 '사랑'으로 부르면서 차이를 무시하거나 균질화했다. 감정 탐구를 통해 춘향전에 나타난 사랑의 의미와 그 형성의 맥락을 다시 살피려는 것은 바로 이러한 텍스트의 정치학을 해명하기 위함이다.

'사랑'의 다층적 의미 맥락: 신분·젠더를 가로지르는 서사 정치

이도령이 춘향에게 호감을 갖게 된 계기는 '본다'라는 시각적 행위를 통해서다. 감각적이고 육체적인 호감을 느꼈을 때, 그는 방자를 불러 춘향을 데려오라고 명했다. 자신의 감정이 상대에게도 받아들여질 수 있다고 판단한 것(일종의 자신감)에는 자신이 양반이고 춘향이 창기라는 신분적 위계에 대한 확인이 작용했다.

도련님, 여러 말씀 그만 하오. 저기 저 그네 뛰는 저 처녀를 물으시나보마는, 차시 녹음방초승화시라 사부가 규수가 추천하라 왔나 보외다." "이 아이야. 그렇지 않다. 그 처녀를 보아하니 (…)

여항처녀가 그렇기는 만무기리하니.

(⋯) 제가 만일 창녈진대, 한번 구경 못할쏘냐? 네가 바삐 불러 오라.

이도령은 춘향을 보자마자 사대부가 규수나 여항 처녀가 아니라는 것을 짐작했다. 이에 비해 춘향은 방자가 전달한 정보를 통해 이도령의 존재를 알게 된다(바로 이 지점에서 남자는 눈으로 본 여자의 외모에 반하고, 여자는 남자의 조건에 호감을 갖는다. 남자는 자기보다 '신분이 낮지만/조건이 나쁘지만' 도도한 여자에게 끌린다는 멜로드라마의 공식이 생겨난다). 방자의 발언에는 신분이 낮은 춘향이 이도령의 요청을 수락하는 게 당연하다는 뉘앙스가 암시되어 있었다.

두 사람의 만남은 처음부터 상호적 사랑과는 무관하게 상하 관계로 시작되었다. 이는 이도령이 자기 감정을 일방적으로 행사하는 형식이었다. 춘향은 처음에 이를 거부했지만, 결국 방자를 따라 이도령을 만나러 가면서 신분적 위계에 따른 '명령-복종'의 관계를 수락했다. 여기에는 이도령의 지위를 이용해 호강할 수 있다는 기대감이 작용했다.■ 춘향은 방자에게 들은 이도령에 대한 정보를 통해 전도유망한 미래를 감지했으며, 그와 함께하는 인생에 대한 기대를 품게 된다.

■ 물론 '호강'이 언급된 것은 '네 덕에 관청고자나 하여 거드럭거려 호강 좀 하여 보자꾸나'라는 방자의 발언에서다. 그러나 방자의 발언에는 춘향의 욕망이 간접적으로 투사되었을 가능성이 있으며, 춘향이 이를 통해 이도령과의 관계를 욕망하게 되었을 여지도 충분하다. 한편 방자는 이도령에게 "춘향이 현신 아뢰오"(74쪽)라며 소개했는데, '현신'이란 아랫사람을 윗사람에게 소개할 때 쓰는 것으로 '신분적 위계'가 함축된 단어다.

춘향이 이 말을 듣고 추파를 잠깐 들어 이도령을 살펴보니, 이 또한 만고영걸이라. 광미대구에 활달대도 언어수작 하는 거동 한소열지기상이요 당현종의 풍신이라. 명만일국 재상 되어 보국안민 할 것이요, 귀골풍채 헌앙하여 이적선이 후신이라. 두자미의 취과낙양에 굴만거하던 풍신을 웃을 것이요, 적벽강상에 위군의 낙담하던 주랑의 위풍을 압두할지라.

이도령이 춘향을 보고 성적으로 매료됐다면, 춘향은 이도령의 미래를 내다보았다. 춘향의 육체적 매력에 끌려 감정적으로 반응한 이도령에 비해 춘향은 이성의 날을 세워 그의 미래를 계산하고 있었다. 춘향은 감정이 앞서 헛된 약속을 하는 남자의 말을 조목조목 따지며, '무조건 같이 자자'는 그에게 영원한 사랑을 서약하는 불망기를 쓰고 서명(수기)까지 하라고 했다. 이도령이 욕망에 충실했다면, 춘향은 욕망이 꺼진 뒤 자신이 보호받을 수 있는 관계의 책임성을 원했다.￭

　춘향이 단지 이성적인 판단과 자기 보호에만 관심을 두었던 것은 아니다. 춘향도 그의 육체적 매력에 이끌렸다. 예컨대 '두자미의 취과낙양에 굴만거하던 풍신을 웃을 것이요'(두목지는 외모가 수려하여, 수레를 타고 양주를 지날 때 그의 얼굴을 보려고 기생들이 귤을 던져 수레에 가득했다는 고사)라고 생각한 것은 이도령의 아름다운 외모가 눈에 들어왔음을 알려준다. 그러나 이를 설명하는 과정에 동원된 문구

￭ 사랑에 대한 젠더 차이는 춘향전만의 독특한 것이 아니라 18, 19세기 조선의 야담 장르에서 보편적으로 발견되는 일종의 역사화된 시각이다. '이성적 여성'과 '감정적 남성'이라는 대립 구도는 약자로서의 여성이 자기를 지키기 위해 이성으로 무장해야 했던 사정을 반영한다. 동시에 온전히 감정의 주체로 처신할 수 있었던 남성 중심의 사회 구도를 보여준다.

에는 이도령의 성적 매력을 압도하는 '성공 가능성'에 대한 호감이 포함되어 있었다. 사랑을 대하는 춘향의 심경이 단순하지 않은 것이다.

춘향이 호감을 느낀 이도령의 성적 매력은 성공 가능성에 불가분이다. 육체적 이끌림과 신분 상승의 욕망은 명확히 분리해내기 어려운 '복잡계'로서 경험되었다.

이도령과 춘향이 주고받은 호감에는 상대에 대한 감정적 차이와 계급적 차이성이 동시에 작용했다. 또한 남녀의 젠더 차이를 가로지르는 서사의 전략이 관여했다. 이러한 차이성은 다분히 개인과 사회의 영향 관계 속에서, 사회적 동의와 승인의 체계를 고려한 가운데 이루어졌다. 둘의 관계에 직·간접적으로 개입하는 방자와 춘향모의 처신은 이들의 만남이 단지 남녀간의 '이성지합sexual relationship'이 아니라 엄연한 사회적 맥락에서 형성되는 인간관계social relationship임을 보여준다.▪ 역설적으로 말하자면 이성 관계야말로 다층적인 사회적 관계성이 혼용된, 복잡계의 대상임을 시사한다.

그럼에도 「남원고사」의 작자는 만남의 계기, 관계 방식, 호감이 생겨나는 과정에서 작용한 '신분/젠더/지역/지식' 차이를 사랑이라는 감정으로 균질화했다. 그리고 이들의 사랑을 평등하게 교환되는 것으로 다루었다. 이후 이도령과 춘향의 사랑 장면은 '신분/젠더/지역/지식' 차이에서 비롯된 다층적 맥락을 지우고 사랑의 상호성을 강조하는 가운데 동일성과 일체성, 연대와 공감적인 요소를 강조했다. 이를 통해 춘향전은 확고부동하고 지고지순한 사랑의 서사로 완성되었다. 춘향전을 통해 사랑의 복합성을 특별히 탐구해야 할 이유가 바로 여

▪ 밤늦게 집으로 찾아온 방자를 박대하던 춘향모가 이도령의 신분을 알게 되자 곧바로 태도를 바꾸는 것은 단지 '속물성'을 드러내는 것만이 아니라, 신분제 사회에서 형성되는 '처신의 위계화'를 반영한다.

기에 있다.

유동하는 복잡계, 사랑과 욕망·속물성·순수성의 상관 맥락

이도령이 춘향에게 호감을 표하면서 두 사람의 만남을 의미화한 단어는 연분, 인연, 천정배필에 근거한 '백년해로/백년기약'이었다. 그러나 둘 사이에 호감의 내역과 기대의 방향은 달랐는데, 이러한 차이에도 불구하고 작가는 이들의 관계를 사랑이라는 하나의 언어로 표현하면서 유희적 장면들을 펼쳐냈다.

> "서거라 보자. 앉거라 보자. 아장아장 거닐거라. 보자!" 이렇듯이 사랑하며 어루는 거동, 홍문연에 범증이가 옥결을 자주 들어 항장 불러 패공을 죽이려고 큰 칼 빼어들고 검무 추어 어르는 듯 (…) "어우화, 내 사랑이야. 야우동창에 모란같이 펑퍼진 사랑, 포도, 다래 넝쿨같이 휘휘친친 감긴 사랑, 방장·봉래 산세같이 봉봉이 솟은 사랑, 동해·서해 바다같이 굽이굽이 깊은 사랑, 이 사랑 저 사랑 사랑사랑." 사랑 겨워 사랑가 하며 이렇듯이 노닐더니

작가는 이도령과 춘향의 관계를 '사랑'으로 부르면서(이 부분은 이도령과 춘향을 '사랑'으로 부르는 최초의 문장이다), 집으로 돌아온 이도령이 모든 서책에서 춘향을 떠올리는 과정을 희화화하여 묘사했다. 그리고 바로 그러한 탐닉과 도취를 사랑이 갖는 보편적 의미로 기호화하기 시작한다. 사랑이 육체와 정신, 일상을 점령하는 과정을 과장하면서, 독자들이 이미 이러한 감정 상태를 경험했거나 알고 있다고 확신하는 가운데,[9] 사랑에 대한 대중적 합의를 이끌어내려고 했다.

계산적이었던 춘향은 이도령이 자신의 요구를 들어주자 비로소 감정에 충실해져서 사랑의 늪으로 빠져든다.

'사랑 대목'은 이도령과 춘향이 서로 부르고 응답하는 화창和暢의 세계로 구성되어, 사랑을 펼쳐가는 정서적 흐름을 완성한다. 첫날밤의 이도령이 인자 타령을 부르고, 춘향이 연자 타령을 이어 부를 때, 사랑은 두 사람의 내면에 동일한 감정으로 차올랐다. 사랑을 나누는 장면에서 신분 간의 위계나 지적인 차이, 서울과 남원이라는 지역 차이와 남녀의 젠더 차이는 감정의 평등성에 압도되었다. 사랑의 감정이 두 인물의 정체성을 규정짓는 복합적이고 중층적인 요소를 배제해버렸다.

사랑가 대목에서 이도령과 춘향의 사랑은 유혹과 욕망, 육체와 마음, 이성적 계산과 탐색의 가능성이 뒤섞인 가운데 상호성의 세계를 구축했다. 동시에 순간의 쾌락에서 영원을 약속하는 통속성을 끌어안았다. 그런데 정작 춘향이 스스로가 품은 진정한 사랑을 확인하게 된 것은 이별한 이후다. 춘향은 이도령과 헤어진 뒤 그의 부재 속에서 비로소 그리움의 심경과 마주친다.

애고 애고 이것이 웬일인고? (…) 임을 그려 어찌 살리. 가련하다 나의 신세, 일촌간장 봄눈 슬듯, 애고 이를 어이할꼬? 대비정속 면천하고 사절빈객 두문하고, 의복단장 전폐하고 식음을 물리치고, 허튼 머리 때 묻은 옷에 탈신하여 맥을 놓고 누었으니 인

■ 모든 서책에서 '춘향'을 읽는 이도령의 모습은 희화화되는데, 이처럼 수용자층이 텍스트에 '웃음'의 형태로 반응하는 것은 오직 합의된 전제나 동의 체계 속에서만 가능한 것이므로, 해당 텍스트는 독자와 모종의 '공감적 연대'를 맺고 있다고 볼 수 있다. 앙리 베르그송은 기계처럼 되풀이되는 동작이나 반응이 웃음을 유발하는데, 이는 삶에 대한 방심을 보여주기 때문이며, 웃음은 이러한 방심을 지적하고 저지하는 사회적 행동이라고 했다.

간행락이 덧없도다. 가련히도 되었구나. 애고 애고 설운지고. 이 설움을 어찌할꼬. (···) 이별이 비록 어려우나 이별 후가 더 어렵도다. 동지야 긴긴 밤과 하지일永至日 긴긴 날에 때마다 상사로다.

님이 떠난 뒤 그리움으로 탈진한 여인의 모습은■ 사랑이 상대의 '부재'에서 확인되는 감정적 실체임을 보여준다. 롤랑 바르트가 언급한 바와 같이,[10] 사랑은 부재 속에서 명확하게 존재감을 드러내기 시작한다. 부재 속에 확인된 사랑의 진정성은 단지 심리적 상태의 고독으로서가 아니라, 육체적 고통과 현실적 고난을 수반하는 전신적이고도 사회적인 몰락, 나아가 일종의 재앙으로 경험되었다.

이와 동시에 춘향의 사랑은 수청을 요구하는 방해자(변부사)를 통해 진정성을 증명하게 된다. 충동과 욕망이 결탁된 속물성의 사랑은 상대방의 부재를 통해 순수성을 회복하고, 방해자를 통해 절대적으로 이념화하는 계기를 확보했다.

변부사라는 훼방자를 통해 욕망·속물성과 결탁했던 춘향의 사랑은 비로소 '지고지순한 것'으로 이념화되었다. 그리고 권력적 위계화와 감정적 순수가 대립을 이루는 삼각 구도는 한국적 멜로드라마의 원형이 되어 이후 사랑을 다루는 멜로드라마의 전형적인 패턴으로 전이된다. 여기에는 훼방자와 부재자를 통해 사랑의 진정성을 확인하려는 대중의 공감과 지지가 작용했다.

■ 춘향전에는 춘향이 이도령을 만난 뒤로 부자가 되었다든가 사치스러워졌다는 설정은 없다. 오히려 춘향은 가장 호사스러운 상태에서, 신분은 높지만 개인적으로는 경제적 능력이 없는 이도령을 만났고, 그와의 이별 이후 세간이 탕진되는 과정을 보여줌으로써 사랑의 진실성과 순수성을 확보하는 서사 구도를 취했다. 춘향의 집이 경제적으로 몰락한 이유는 그 모친이 언술한 바와 같이 춘향의 옥바라지에 전념했기 때문이다. 향목동본 춘향전에서는 옥중에서 병이 든 춘향을 치료하느라 가세가 기운 것으로 설정되었다.

5. 감정의 이념화와 도덕적 위계―색정과는 다른 사랑

춘향전은 춘향을 둘러싼 이도령과 변부사의 대비를 통해 사랑 love과 색정sexual desire을 구분하는 서사의 레토릭을 구현한다. 그런데 이도령이나 변부사의 춘향에 대한 태도는 모두 욕망에 근거한 것으로, 양자의 감정을 엄밀히 구분하기란 쉽지 않다. 그럼에도 춘향전은 이도령과 춘향의 관계만을 사랑으로, 변부사의 그것은 사랑과는 구분되는 폭력, 위험, 나아가 '악'으로 규정했다. 동시에 이러한 방향은 이도령과 춘향의 사랑을 지고지순하고 아름다운 것, 나아가 '선'으로 규정하는 효과를 가져왔다.

그렇다면 춘향전에서 색정과 구분되는 사랑의 의미는 어떻게 확보되었는가. 이를 알아보기 위해 「남원고사」에서 사랑하는 이의 능동적 태도, 상대방의 호감을 어떻게 받아들이는가에 주목할 필요가 있다.

감정과 욕망의 도덕적 위계화: 악한 색정, 선한 사랑

「남원고사」는 능력중심주의를 관리의 임용·선발의 이상적이고 당위적인 기준으로 상정하면서, 운 좋게 꼴찌로 합격한 변부사를 희화화했다. 변부사가 관리로서의 실력과 자질을 갖추지 못했음을 부각시킴으로써, 수청을 요구하는 변부사의 처신을 무자격자의 권력 남용으로 의미화하려는 것이다.

「남원고사」와 같은 계열인 향목동본 춘향전에서는 더 나아가 변부사를 '색정의 아귀요 탐심의 화적이라'고 소개했다. 「남원고사」에 비해 한층 더 의도적으로 혐오의 관점을 드러낸 것이다. 그리고 변부사가 도임 초부터 춘향의 헌신에만 관심을 두었음을 강조함으로써, 관리로서의 공적 신분을 망각하고 지위를 이용해 사심을 채우려는 미혹한 존재임을 부각시켰다.

그런데 이러한 변부사의 태도는 사실 방자로부터 '오입쟁이'라는 평을 들은 이도령의 태도와 별반 구분되지 않는다. 더구나 변부사가 춘향을 보기 위해 방자에게 불필요한 아첨을 한 것도 이도령의 태도와 그리 다르지 않다. 방자의 급여에 대해 물으며 '내가 도임하거든 그 방임 서너 자리를 모두 다 너를 시키리라'라고 하는 변부사나, '내일부터 관청에 나는 것을 도무지 휩쓸어다가' '방자 형님 댁으로' 진상하겠다고 호언장담한 이도령의 태도는 기본적으로 동일하다.

그럼에도 춘향전은 이도령의 발언은 '사랑에 빠진 자의 처신'으로 용인하고, 변부사의 처신은 '탐관오리의 탐욕'으로 비판했다. 이러한 정황은 춘향전에 사랑의 정의를 판별하는 사회적 시선이 작용했음을 시사한다. 다시 말해 변부사의 태도를 사랑으로 인정하지 않으려는 시선이 소설을 관통하면서, 독자의 정서적 반응을 일정한 방향으로 이끌어 하나의 주제로 구현하려 했다고 볼 수 있다. 서술자는 변부사에 대한 독자의 공감이나 동정을 애초에 차단한다. 변부사가 처음 등장하는 부분에서부터 그에 대한 독자의 감성적 반응을 부정적인 방향으로 조율한 것이다. 이로써 춘향과 이도령의 관계만을 사랑이라 부르는 배타적 정의가 완성됐다.

춘향의 진정한 사랑은 이도령의 부재로 부각되었으며 훼방자 덕분에 선명해졌다. 둘 사이에는 상대의 감정을 사랑이라 부를 수 있는 상호성이 존재했으며, 이별 과정에서의 슬픔과 통한의 감정 표현을 통해 그 진정성을 입증했다. 이에 비해 변부사에게는 표현의 기회 자체가 소거되어 있었다. 이는 변부사의 춘향에 대한 태도나 감정을 사랑으로 볼 수 없도록 하려는 작가의 의도 때문이다.

이를 춘향의 입장에서 보면, 이도령에 대해서는 호감을 갖는 과정이 있었지만 변부사에 대해서는 만남 자체를 거부했으며, 도대체 사적인 관계를 맺으려 하지 않았다. 변부사의 명을 받고 끌려갈 때에도 일부러 미모를 감추려고 '바람맞은 병인'인 척 꾸며 변부사와 거리를 두었다. 춘향의 마음에는 이미 이도령 외의 다른 누구를 바라보려는 감정의 여분이 없다. 이는 감정적 충실성을 사랑의 이념으로 확정하는 관습이 개입되었기 때문이다.

변부사와의 첫 대면에서도 춘향은 사적인 대화를 나누지 않았다. 춘향은 다만 미리 준비해온 법적 호소문, 즉 '원정原情'을 읽었다. 춘향은 변부사에게 일말의 친밀함조차 남겨두지 않았으며, 오직 법적이고 공적인 관계만을 허용했다.

감정의 차원에서 변부사의 태도가 사랑이 될 수 없는 이유는 그것이 감정과는 다른 색정에 불과하며 일방적이라는 점에 있다. 우에노 치즈코의 언급에서처럼 '성은 욕망의 언어이고 사랑은 관계의 언어'[11]라고 할 때, 춘향전은 상대에 대한 존중에서 뿌리내린 애정 관계만을 사랑으로 받아들였다. 바로 그 때문에 춘향과 이도령의 관계는 사랑일 수 있지만, 변부사의 그것은 색정이 되었다. 이도령과 춘향의 사랑이 상호성에 기반한 감정 관계였다면,■ 변부사는 자신의 욕망을 일방적으로 행사하려 했다는 점에서 폭력적이었다(권력을 빙자해 성적 욕망을 해소하려는 것을 '폭력'으로 정의하는 대중소설의 문법이 생성되

■ 여기서 사랑의 상호성이 사랑의 진정성을 판별하는 유일한 필요충분조건은 아니라는 점을 지적해야 할 것이다. 상대방을 일방적으로 연모하는 경우(예컨대 상사병) 사랑의 진정성을 의심할 여지는 없다. 그러나 이들은 자신의 신분이나 지위, 권한 등을 이용해 일방적인 감정을 상대에게 행사하려 하지 않았다는 점에서 변부사의 춘향에 대한 태도와는 구분된다. 가령 「이생규장전」(김시습의 『금오신화』 소재)이나 「주생전」 등의 전기소설은 이러한 일방적 사랑이 주체의 질병, 죽음이라는 비극적 형태로 귀결됨으로써 미학적 차원에서 사랑의 파토스를 구현한다. 여기에는 사랑의 상호성에 대한 '존중'의 시선이 투영되어 있다.

는 지점이다).

이를 감정의 차원에서 보자면, 춘향은 변부사가 행사하는 '감정 권력'[12]에 대한 거부권을 통해 비로소 사회적 주체로 인정받기 위해 처신했다는 의미 맥락을 형성한다.[**] 여기에는 '성희롱'이나 '성폭력'이라는 용어와 개념은 없지만, 관계의 상호성이 존중되어야 하며, 감정적 동의의 절차를 존중했다는 사실만은 명백하게 구조화되었다. 그리고 감정권력을 행사하면서 감정의 상호 절차를 무시한 변부사의 태도는 그의 다른 악행들과 상상적 차원에서 연동되어 '탐관오리의 학정'이라는 의미 맥락을 형성했다(바로 이 지점에서 감정권력은 곧 악이라는 대중적 공감대가 생성된다).

춘향전은 이러한 감성 기획을 통해 사랑에 대한 독자의 공감을 이끌어내면서 이도령과 춘향의 관계만을 사랑으로 인정하는 공감대를 형성했다. 나아가 둘의 관계를 '사랑=선'으로 연결짓고, 변부사를 통해서는 '색정=악'이라는 차별적 기준을 관철시켰다. 이러한 과정은 감정이 도덕과 결탁하면서 위계화되었음을 시사한다.

사랑의 조건과 사회문화적 규약 — 진실성·지속성·이념성

사랑의 순수성과 진실성은 단지 상대와의 감정적 유대를 지속하고 친밀성을 확인하는 개인적 의미를 가질 뿐만 아니라, 사적 관계를 제도화하는 사회적 힘을 발휘하게 된다. 예컨대 사랑에 대해 춘향

■ '감정권력emotional domination'이란 감정의 상호 작용을 통제할 능력이 어느 한쪽으로 쏠릴 때 행사되는 과정을 의미하는 개념으로, 에바 일루즈Eva Illouz가 피에르 부르디외의 '상징권력symbolic domination'의 개념을 차용하여 만든 것이다.
■■ 애초에 이도령이 자연을 매개로 감정적 주체로서의 자기발견에 도달한 것과 달리, 춘향은 사회적 주체로서의 자기주장에 도달했다는 것은, 감정을 매개하는 방식에서 젠더 차이가 발생하고 있음을 보여준다.

이 보여준 진실성[13]은 이도령과의 관계를 '사실혼'으로 규정하려는 그
녀의 의지에 대한 사회적 공감을 얻는 계기가 된다. 아무도 인정하려
하지 않던 춘향의 혼인은 사랑의 진실성에 대한 사회적 승인으로 비
로소 현실이 되었다.

처음에 춘향은 오직 성적 관계와 친밀성, 정서적 교감만으로 이
도령과의 사실혼 관계를 인정받으려 했다. 이것은 사랑의 의미에 대
한 새로운 선언이다. 춘향은 조선시대 기혼 여성에게 요구되었던 출산
이나 육아에 대한 책임과는 무관하게 오직 사랑만으로 유부녀(남편이
있는 여자)가 되었기 때문이다. 춘향이 죽음과 맞서고 생명을 바치면
서까지 사랑에 대한 진실성을 증명하고 개인적 사랑을 이념화해야 했
던 것은 이러한 이유에서다.

춘향이 진실한 사랑을 증명하는 과정은 그녀가 옥에 갇혔을 때
이도령에게 쓴 편지에서 드러난다. 춘향은 이도령에게 자신이 어려움
에 처해 있다거나, 구해달라는 청원의 말을 적지 않았다. 오로지 순수
하게 그리움과 사랑의 감정만을 호소했다. 그리고 거지 행색으로 찾
아온 그에게 변함없는 애정을 보여주었다.

옥중의 춘향은 애초의 세속적 욕망과는 다른 '순수한 연인'의
태도에 충실했다. 거지 이도령은 더 이상 신분 상승의 매개가 될 수
없었으며, 옥중의 춘향을 구원할 수도 없었다. 그러나 춘향은 변함없
는 애정으로 다른 기생들과 남원 사람들에게 사랑의 진실성을 인정
받았으며, 이도령의 부인이라는 호칭을 얻었다. 사실혼 관계를 사회적
으로 승인받은 것이다.■ 춘향이 옥중에서 '이렇듯이 아픈 몸이 님을
보면 나으리라'고 독백한 것은, 사랑 외에는 아무것도 바라지 않는다
는 순수 감정에 대한 고백이자, 사랑의 자기증명인 동시에 사회적 선
언이었다.■■

사랑의 순수성은 상대방에게 아무것도 원하는 것이 없을 때 가능한 것이다. 그런데 역설적이게도 춘향이 자신의 욕망을 접고 감정적 순수성과 진실성을 호소하는 순간, 춘향은 사랑과 결탁되었던 모든 욕망(신분 상승·구원·부·권력·서울)을 한꺼번에 해소하게 되었다. 「남원고사」는 춘향의 신분 상승이 욕망을 추구한 결과가 아니라 순수한 사랑의 아름다운 대가라고 설득함으로써 숭고하고 낭만인 멜로드라마를 완성했다. 이는 감정적 진실성과 순수성이 사랑의 윤리를 확정하는 주요한 요소가 되었음을 뜻한다.[14]

이러한 것은 「남원고사」가 사랑에 관해, 감정적 순수성·상호 합의성·지속성·이념성에 대한 공감대를 요청하는 형식으로 그 의미를 재정의했음을 보여준다. 여기서 상호성의 문제는 감정적 요소와 더불어 계약을 통한 관계의 지속성이라는 의미를 모두 포함한다. 감정적 상호성은 춘향이 이도령과 변부사를 대하는 관계 차이를 통해 확보된다. 계약을 통한 관계의 지속성은 이도령이 이별한 춘향이 사랑의 순수성과 진실성을 이어가는 과정을 통해, 그리고 이에 대한 사회적 공감과 지지를 통해 확보된다. 특히 후자의 측면은 사랑의 의미가 당사자 개인의 사생활로 한정되지 않으며, 사회적 요구와 기대 속에서 공론화됨으로써 공감적 대상이 되었음을 보여준다.

━━━━━

■ 실제로 이도령은 춘향과 이별해 있는 동안, 남편으로서나 가족으로서의 어떠한 관심과 책임도 보이지 않았음에 주목해야 한다. 춘향은 이도령이 망각하거나 배제한 '관계의 윤리'를 사랑이라는 이름으로 호출하면서, 이도령으로 하여금 관계와 책임, 의무를 이행하지 않을 수 없도록 하는 사회적 여론과 대면케 했던 것이다.

■■ 이러한 춘향의 순수한 사랑은 월매의 세속적 욕망과 대립을 이루는 것처럼 위치지어짐으로써 비로소 순정한 것으로 자리바꿈한다.

6. 사랑을 둘러싼 공론장의 형성—감정 사회학과 여론 정치

춘향과 이도령의 사랑은 감정적이고 육체적인 만남 속에서 은밀한 사생활로 조명되었다. 그러나 여기에 변부사가 개입하면서부터 이들의 사랑은 일종의 '사건'으로 바뀌어 사회적 장에 노출되고 공론화되었다. 그 과정에서 춘향은 자신이 관계를 맺었던 인물들과 총체적으로 대립하고, 처음으로 사회적 존재로서의 자기 모습, 타자화된 자아 정체성(기생이라는 신분의 벽)과 대면한다.

변부사는 춘향과 이도령의 관계를 '구상유취 아이들의 첩' 놀이로 간주하며, 춘향이 부여한 사실혼과 사랑의 관계를 부정했다. 춘향에 대한 적대감은 변부사의 명을 받아 춘향을 데리러 간 사령들에게서도 찾아볼 수 있다. 춘향의 사랑을 둘러싸고 잠재되어 있던 사회적 관심은 부정적으로 폭발하는데, 여기에는 기생이면서 기생이 아니라고 주장하는 자에 대한 '불편한 감정'이 자리해 있었다. 사랑을 둘러싼 춘향의 삶이 사회적 장에 공론화되면서, 춘향은 대면해야 할 사회적 정체성과 지위, 책임의 문제와 마주한다. 동시에 사회 통념(춘향은 기생이다)을 넘어서고 극복하려는 자신(사랑'하는' 주체)에 대한 타인의 시선과 대면한다. 사랑의 사회적이고 정치적인 위치가 공개적인 논란의 대상이 된 것이다.

수청 요구를 계기로 춘향의 주변에서 직·간접적으로 관계를 맺었던 인물들은 춘향에 대해 영향력을 행사하는 존재로 자리바꿈한다. 춘향의 개인적 사랑은 공론화되고 논평 가능한 '스캔들'로 추락한다. 춘향은 자신이 그토록 거부했던 기생이라는 정체성을 다시 사회로부터 요구받은 것이다. 이는 개인의 정체성에 대한 자기인식과 사회적 요구가 충돌할 때의 힘의 대결을 보여준다. 동시에 사회로부터 부여되는 정체성이 개인에게는 일종의 폭력으로 경험될 수 있음을 보여준다.

이에 대응하는 춘향의 태도는 매우 현실적이고 유연하다. 춘향은 자신에게 적대적인 사령들의 손을 잡고 '오라버니'라고 부르며 주안상을 차려 마음을 풀어주려 했다. 춘향은 어디에서도 이들과 논리적으로 대립하지 않는데, 이는 사령들에 대해서는 속물적으로 응대하는 것이 좀더 유리하다고 판단했기 때문이다(실제로 춘향은 '관아에서의 항변' 장면에서 탁월한 논리적 언변술을 드러낸 바 있다).

'관아'라는 공적 공간(공개적으로 법이 작동하는 공간)에서 춘향은 법에 의지해 신변을 보호받으려 했다. 문제는 법을 실현하는 공적 주체가 타락했다는 점이다. 그럼에도 춘향은 끝까지 법에 대한 기대를 저버리지 않았고, 실제로 새로 부임한 암행어사에 의해 정의로운 법적 처결을 받아 구원되었다. 사랑이라는 감정에서 출발해 인생이 달라진 춘향은 법적 지지에 의해 사랑의 정당성을 인정받았다. 내밀한 사적 공간에서 이루어진 사랑은 공적 장에서 지지와 승인을 받아 혼인이라는 결실을 거두었다.

춘향에게 사랑은 자연스러운 과정이 아니라 모종의 인정투쟁의 역정으로 그려졌다. 사랑을 인정받기까지 춘향은 논리와 공론으로 자기를 대변해야 했다. 말하자면 춘향에게서 사랑이란 결코 내적 감정으로 머물러 있을 수 없었으며, 가장 내밀한 성관계조차 사생활의 영역 안으로 감춰둘 수 없었다. 춘향은 이제 자신의 사적 영역에 한정되었던 감정과 경험을 사회적 가치와 접속시킴으로써 자기를 보호해야 할 처지에 맞닥뜨린 것이다.

춘향은 매를 맞으면서도 '십장가'를 부르며 자기 입장을 전했고, 변부사의 부당함에 항변했다. 여기서 춘향이 자신의 주장을 '노래'로 표현했다는 것은 중요하다. 노래란 구술적이고 감성적인 양식이다.■ 공적 공간에서 춘향이 노래라는 형식을 통해 항변했다는 것은, 구술이라는 서민적 양식이야말로 관과 개인, 상층과 하층, 남성과 여성을 소통시키는 사회적 양식이라는 것을 상징적으로 드러낸다. 춘향의 십장가는 논리와 감성의 양 차원에서 텍스트 내부의 청자■■와 그 바깥의 독자들로 하여금 논리적 수긍과 감성적 공감을 이끌어내었다.

　춘향을 둘러싸고 성립하는 공론의 장에는 감정 요소가 중요하게 작용했다. 부당하게 고통받는 춘향에 대한 '동정'과 변부사에 대한 '분노', 무책임한 이도령에 대한 '비난'의 여론이 형성되는 과정에는 춘향의 주변 인물과 여론의 감정선이 주요하게 묘사되었다.■■■ 거지 형상으로 암행어사가 되어 풍문을 감찰하던 이도령은 떠도는 소문과 노래를 통해 춘향의 소식을 접했다. 그 과정에서 그는 자신이 춘향을 버린 무정한 사람으로 여론화되었으며, 춘향을 구원해야 한다는 사회적 시선과 대면한다. 춘향에 대한 구원은 사랑하는 자에 대한 감정적 책임이 아니라 공론에 따른 정의의 요청으로 바뀌었다.

　춘향과 이도령의 사랑은 이제 사생활의 영역을 넘어 사회적인

■ '십장가'는 아니리와 창으로 이루어진 판소리에서 '창', 즉 노래로 불리는 대목인데, 「남원고사」에서는 이 대목이 음조를 지닌 노래인지가 명확하지 않다. 다만 숫자에 따라 단어의 초성을 맞춰 대사를 구성했다는 점에서, 리듬과 음률을 고려하여 노래적 속성이 부여되었음은 분명하다.
■■ '좌우의 관광인觀光人이 가슴이 타는 듯 모두 눈물을 머금고 대신 맞고자 할 이 많아 다투어 들어가려' 하는 장면은 춘향에 대한 작중 청자들의 공감대를 보여주며, 이후 '남원 사십팔면 왈짜들이 춘향의 매 맞은 말 풍편에 얻어 듣고 구름같이' 모이는 장면은 이러한 공감대가 확산되는 과정을 보여준다.
■■■ 십장가를 부르는 장면은 춘향의 사랑이 이미 사회적 사건이 되어 여론화되었음을 보여준다. 매를 맞은 춘향이 '고개를 빠지오고 눈을 감으니 옥결빙심과 난초기질 부용화태 일각에 변하여 찬 재가 되고 살점이 늘어지고 백골이 드러나며 맥문이 끊어'진 장면은 가해자인 변부사에게조차 '부적부적 조여 못 보겠다'고 할 만큼 '동정'을 유발했다.

것이 되고, 세론의 평가 속에서 문화적 사건으로 탈바꿈한다. 사랑의 문제는 이념이 되고 윤리가 되며 도덕적 사건으로 전이되었다. 여기에는 사랑을 둘러싼 문화 정치가 관여하는데, 이는 사랑이 사회로부터 승인을 얻기 위해서는 감정의 영역을 넘어서 윤리와 도덕, 이념과 책임의 문제와 결합될 수밖에 없음을 보여준다. 애초에 변부사에 대해 '원정'을 지어 법적으로 대응하고자 했던 춘향이 십장가를 통해 항변했음에도 불구하고 결국 '창녀지배가 능욕관장'한 죄로 '엄형중치'를 선고받는다. 춘향은 이에 굴복하지 않고 죽음을 각오하고 정절을 지키겠다는 윤리적 선언을 하기에 이른다. 이는 개인의 감정이 윤리와 결합함으로써 사회적 힘으로 확장되는 계기를 보여주었다.

춘향은 자신의 사랑이 진실하고 순수하다고 주장하는 한편, 정절이라는 윤리의 언어로 설득했다. 춘향은 자기를 보호하는 유일한 주체인 동시에 사회적 지지를 얻어야 하는 고립된 주체로 남겨졌다. 이 과정은 춘향이 개인적인 사랑의 관계를 사회적으로 인정받기 위해서는 정절이라는 윤리적 요소 및 성리학적 이념에 근거한 제도적 힘에 의존해야 했음을 보여준다. 개인에게 윤리와 도덕이란 자기보호를 위해 필요한 최선이자 최소한의 방책이었다. 이러한 과정은 감정이 문화적 힘을 이끌어내기 위해서는 도덕이나 윤리, 제도가 요구하는 이념과 결합해야 함을 보여준다.

춘향의 사랑은 정절 이데올로기와 결합함으로써 사회적 동의를 확보할 수 있었다. 동시에 변부사의 악정에 맞서는 개인의 순정한 헌신이라는 명분과 접속함으로써 비로소 주변을 움직이는 사회적 힘을 확보한다.

7. 공감적 주체와 소설이라는 감정 공동체

춘향전은 신분의 격차에도 불구하고 진정한 사랑을 완성한, 위대한 사랑의 서사로 격찬되었으며 한국의 대표적인 고전으로 자리매김했다. 춘향전이 한국인의 문화적 정체성을 담보할 수 있을 만큼 지위를 확보한 가장 큰 이유는 인류 보편의 가치인 사랑을 구현했기 때문이다. 그러나 춘향전이 구현하는 사랑이란 순수한 감정적 요소로 제한되지 않으며, 신분과 지위·젠더·경제·정치적 요소가 복합적으로 얽혀 있고, 상황에 따라 그 결합 방식이 변화하는 '유동하는 복잡계'로 구현되어 있었다. 특히 「남원고사」는 신체어를 활용하며 경험적이고 감각적으로 감정을 표상했고, 신분 상승이라는 세속적 욕망과 성적 관심이라는 육체적 욕망이 순수한 사랑으로 이념화되는 과정을 효과적으로 그려냈다.

춘향전의 핵심 주제인 사랑을 그려낼 때 「남원고사」는 신분/젠더/지위 등의 요소와 감정 요소의 복합적으로 결탁시키지만, 역설적으로 감정의 상호성과 도덕화·이념화 과정을 통해 사랑의 순수성을 획득하는 모습을 보여주었다. 말하자면 진공 상태의 영역으로 존재할 수 없는 감정의 조건을 전제하면서, 역설적으로 감정에 관여하는 여타의 영역을 감정으로부터 분리시켜 '순수 감정'을 표상해냈다.

이 모든 과정에는 감정에 대한 인간 보편의 공감대가 작용했다. 「남원고사」는 경험과 감각, 신체성과 삶의 현장성을 제도나 이념보다 우선시하는 관점의 승리를 구현했다. 여기에는 작중 인물의 감성에 독자를 끌어들여 '감정 공동체'로서의 일체감을 느끼게 하는 문화 규약이 작용했다. 이러한 서사 전략을 통해 「남원고사」는 감성 주체로서의 인간을 새롭게 발굴했고, 그 결과 춘향전 이본 중에서는 특권화된 위치를 차지하게 되었다.

「남원고사」는 감정의 문법에 충실한, 소설이라는 '낮은(천한/비주류의/제도권 바깥의) 장르'를 통해, 인간을 감성 주체로 다시 세우려는 실험적 기획을 관철시켰다. 그리고 이는 당시의 비주류 문자인 '언문'을 통해 실현되었다. 감성의 문제가 신분/젠더/지역의 차이성과 문화 권력의 차원을 가로지르며 세상을 읽는 하나의 새로운 시선을 창출하려는 문화 기획의 진원지이자 구심점이 될 수 있었던 것은 이러한 과정을 통해서다.

7장

남녀 간 사랑의 갈구와
위계화된 감정

「도월기」와 명청 문인들의 로컬 감성

후샤오전

1. 지식 체계와 감정 서사
─명청 시기 문인들의 서남지역 서술에 관한 재탐색

　명청 시기 문인들이 남긴 중국 서남지역에 대한 서술은 꽤나 많이 전한다. 관원들은 정벌이나 통치 등 정치적인 목적을 위해 서남지역을 기술·논의했고, 유배된 신하나 귀양살이하던 문인들은 답답한 심정을 풀기 위해 혹은 감정을 기탁하기 위해 시문을 지었으며, 여행자들은 유심하고 기이한 승경을 두루 찾아다닌 뒤 이를 필묵으로 옮겼다. 그들의 작품은 지역의 치리治理나 중앙의 정책 결정에 참고 자료로 활용되는 한편, 계속해서 쌓이고 서로 참조·인용한 결과 '우리吾輩'라는 심리적 정체성까지 만들어냈다. 그 정확성을 막론하고 그들의 텍스트 속에 복잡하게 얽혀 나타난 '서남지역의 지식 체계'는 한문 문학 가운데 서남지역 이미지 및 통속적 상상 속의 서남 풍경 형성에 커다란 영향을 미쳤으며, 이것은 오늘날까지도 수그러들지 않고 있다.

　그렇지만 이런 유의 작품들은 적어도 정보 지식의 제공이라는 그 이미지 때문에 늘 '사실 기록'이라는 시각에서 읽혀왔으며, 종종 고증의 오류로 인해 '믿을 만한 사실史實'에서 제외되곤 했다. 명청 시기 문인들의 서남지역 서사가 줄곧 주목받지 못했던 이유는 어쩌면 이 때문이었는지 모른다. 그러나 최근 몇 년 사이 이러한 현상에 변화가 생겨났다. 특히 인류학계에서 새로운 시각으로 명청 시기 서남지역 관련 서사 문헌을 다시 읽기 시작한 것은 매우 인상적인 일이다.[1] 그렇더라도 특히나 문인들이 남긴 서남지역 서사에 대한 표현을 어떻게 해석할 것인지는 좀더 논의를 필요로 한다. 특히 그 안에 담겨 있는 감정―의식이 아닌―은 아직 깊이 있게 연구된 바가 없다. 바로 이 감정 서사야말로 이 글에서 논의를 펼치려는 주제로 이 분야에서 좀더 깊이 있는 연구를 이뤄내기 위함이다.

서남지역 문헌이 체계적으로 정리되고 북문僰文■의 번역본이 등장하기 전까지, 서남 문화에 대한 인식은 한족 문인의 텍스트에 의지할 수밖에 없었다. 학자들의 지적대로, 한족 문인의 시선과 문자를 통해 표현된 공간적·심리적 요원함, 요상하고 괴이함이 연상되는 민족, 그리고 정치적인 반란의 위협 등이 서남지역에 대한 주요한 이미지였다.[2] 이렇다보니 문인들이 서남 서사를 논할 때 그 논의의 주체는 서남지역이 아니라 문인 자신, 더 정확히 말하면 서남지역의 영향을 받은 문인 자신이었다.

사실 필자의 사고와 토론에 있어 문인들의 텍스트에 나타난 정보 지식이 정확한가는 결코 중요한 사항이 아니다. 심지어 그들의 중화주의에 대한 비판도 핵심이 아니다. 내가 탐색하고 싶은 것은 오히려 서남의 자연 및 문화 환경과 명청 시기 문인들의 문학적 영혼 사이의 상호 작용이다. 즉 전자는 어떻게 후자의 반응을 자극하고 유발했으며, 후자는 또 전자를 어떤 방식으로 텍스트화하고 보편적인 문화적 상상 위에 낙인을 찍었는가? 문인들이 서남지역에 발을 디뎠을 때,

---

■ 네모난 백문方塊白文, 한자로 표기한 백문漢字白文 혹은 옛 백문古白文이라고도 일컫는데, 윈난 지역 소수민족인 백족이 한자를 참고하여 백족의 언어를 표기하던 문자 서사 체계다.―옮긴이

기이하고 아름다운 산수 및 현지 민족의 외모와 복장은 아마도 최초
의 경이로운 인상을 선사했을 것이다. 한족/유가儒家와 완연히 다른
그들의 풍습은 좀더 가까이서 관찰해야 주의를 끌 수 있었을 것이며,
언어·문화·역사는 더 많은 접촉과 탐방, 학습과 (타인의) 참조, 그리
고 해석을 필요로 했을 것이다. 이런 것이 어우러져 이들의 서남에 대
한 인식 체계가 완성되었을 것이다.

　　혼인과 장례 풍속은 한족 유학자들이 가장 중시하는 예법이어
서 종종 서남지역 민족과 한족 문화 사이의 이질감을 느끼는 첫 번째
창구가 되기도 한다. 그래서인지 소수를 제외하고는 대부분의 서남
서사에 혼인과 장례에 관한 서술이 등장한다. 그러나 혼인과 장례의
표상적 의식 아래 녹아 있는 감정이야말로 문인들의 주요한 탐구 대
상이었다. 혼례로 말하자면, 남녀 사이의 사랑은 원래 문인들의 상상
력을 끌어내기 쉬운 주제이므로, 도월跳月처럼 한인의 중매를 통한 혼
인과 전혀 다른 혼인 풍속은 문인의 감정 서사를 토론하는 데 기점으
로 삼기에 충분하다고 본다. 이 글에서는 양신楊慎·육차운陸次雲·진정
陳鼎 세 문인의 도월에 관한 서사를 중심으로 살펴보려 한다.

2. 「도월기」 감정 서사는 어떻게 전승되었나
　—양신에서 육차운까지

서남지역의 삶과 풍습을 통속적 상상을 통해 이해하는 방식은
청나라 초기의 문인인 육차운의 글 「도월기」로부터 많은 영향을 받았
다. 그러나 도월이라는 풍속을 처음 글로 남긴 사람은 명나라 때 대
문학가였던 양신■일 것이다. 대예의大禮議 사건■■ 이후 양신은 운남으

로 좌천되었는데, 운남으로 가던 중 보고 들은 것을 기록한 『전정기滇程記』에는 신천위新添衛(지금은 귀주성에 있다)에서 목격한 도월 풍속에 관한 다음과 같은 기록이 있다.

> 남녀가 발을 구르며 노래하다가 밤이 되면 서로를 유혹하는데, 이를 '도월'이라고 한다. 동묘東苗들은 모두 부들피리를 불면서 빙빙 돌며 노래를 하는데, 남녀가 노래를 주거니 받거니 하다가 서로 마음에 드는 사람 있으면 짝을 짓는다. 이를 일러 '도월'이라고 한다. 짝을 이룬 사람들은 모두 맨머리에 상투를 틀고 비녀를 높이 꽂으며 융단 옷을 입고 조개 장식을 한다. 남자는 여자를 아운阿娴이라 부르고 여자는 남자를 마낭馬郎이라 부른다.[3]

비록 길지 않지만 이 기록은 이후 이와 관련된 서사에서 되풀이하여 등장하는 몇 가지 키워드를 이미 짚어내고 있다. (부들피리로 연주하는) 음악, (빙글빙글 돌면서 대형隊形을 이루어 추는) 춤, 복식, (남녀 쌍방이 모두 마음에 들어야 하는) 감정, 그리고 (짝을 짓는) 결과. 이것

■ 양신(1488~1559)은 명나라 때 문학가로 자는 용수用修, 호는 승암升庵이다. 가정 황제 때의 대신이었던 양정화의 아들이기도 하다. 사천四川 성 신도新都 사람이다. 정덕 6년에 장원급제해 한림원수찬을 역임했으며 『무종실록武宗實錄』을 편수했다. 가정 3년(1524) 대예의 사건에 연루되어 장형을 받고 죽을 때까지 운남 영창위永昌衛로 지냈다. 그는 시와 문, 사詞와 산곡散曲 모두에 능했다. 시문집 외에 『전정기滇程記』『단연총록丹鉛總錄』『고음엽요古音獵要』『전촉예문지全蜀藝文志』『춘추지명고春秋地名考』 등 100여 종의 저작을 남겼는데, 후대 사람이 편집해 『승암집升庵集』으로 엮었다.

■■ 대예의 사건은 1521년 명나라 정덕正德 16년부터 1539년 가정嘉靖 17년 사이에 일어났던 대규모 쟁론이다. 명나라 세종 생부의 존호 문제를 둘러싸고 세종과 양정화楊廷和·모징毛澄 등이 중심이 된 무종武宗의 구신舊臣들 사이에 일어났다. 결국 세종이 강압적으로 구신들을 제압한 뒤 생부인 주우원朱祐杬을 예종睿宗으로 추존하고 태묘에 합사하는 것으로 끝났으며, 반대파 관원들은 대거 삭탈관직되거나 귀양 갔다. 양신도 이 일에 연루되어 운남으로 유배되었다.—옮긴이

은 양신 자신이 귀로 듣고 눈으로 본 풍속에 대한 세세한 묘사이기에 민속학적 가치가 있다고 여겨지기도 하고, 심지어 답사 조사에 비교되기도 한다.[4] 양신이 의도적으로 조사를 진행했다고 한다면 이는 지나친 억측일 것이다.

그러나 쑨캉이孫康宜가 체험했던 것처럼, 운남의 경치는 황량했을지 모르지만 양신에게 조정에서의 생활과는 다른 자유의 매력을 한껏 선사해주었을 것이다. 이는 그의 창작욕을 부추겼을 뿐만 아니라, 그로 하여금 운남의 지방색을 관찰하고 민간의 각종 문화적 표현 양식을 눈여겨보게 했으며, 이를 기록이나 자신의 문자 체계로 남기게 했다.[5] 도월 풍습에서 보여준 노래와 춤 형식, 그리고 감정의 패턴이 길을 지나다가 이를 지켜보던 양신을 어떻게 매료시켰는지 가히 상상이 된다. 양신의 작품은 퍽 인기를 끌었고, 그의 운남 서사는 독자들의 서남지역에 대한 상상에 커다란 영향을 미쳤다.[6]

이외에도 명나라 말기에는 많은 문인이 서남지역으로 시선을 돌렸다. 예를 들어 『서하객유기徐霞客遊記』에서 "가장 기이한 절경은 복건閩·광동粤·호남과 호서楚·사천蜀·운남滇·귀주黔 등 만황의 땅이다"라고 강조하는데, 이는 당시 사람들이 서남지역에 대해 의구심을 품은 것뿐 아니라 흥미를 갖기 시작했음을 대변해준다.[7] 따라서 명나라 말기 이후의 도월 관련 서술은 양진이 시작한 관찰과 해석의 틀 안에 되돌려놓고 고찰해나가야만 할 것이다.

도월을 기술한 작품 중에 문학적 감화력이 가장 강한 것은 육차운의 「도월기」다. 육차운은 자가 운사雲士이고 (절강성) 전당錢塘 사람이다. 강희 18년에 박학홍사과博學鴻詞科에 선발되었으나 고향으로 돌아왔다. 뒷날 하남河南 겹현郟縣의 현령에 제수되었으나 친상을 당해 벼슬을 내려놓았다. 상을 마치고 다시 기용되어 지강음현知江陰縣이 되었다가 세액 계산의 착오로 인해 다시 벼슬을 내려놓았다.[8] 육차운은 아주 많은 작품을 남긴 작가로서 그의 사詞는 특히 당대 사람들로부터 호평을 받았다. 개인 사집인『옥산자玉山詞』『등강기澄江記』, 잡문집인『북서서언北墅緒言』5권 외에도, 직접 편집한『동계섬지峒谿纖志』3권, 『동계섬지지여峒谿纖志志餘』1권, 『호연잡기湖壖雜記』1권, 『팔굉역사八紘譯史』4권, 『역사기여譯史紀餘』4권, 『팔굉황사八紘荒史』2권 등이 있고, 『고금문회古今文繪』『오조시선명집五朝詩善鳴集』『황청시선皇清詩選』등의 시선집이 있다. 그의 저술 중에『상론지평尙論持平』『석의대정析疑待正』등 학식 수준을 드러내려 했던 것들도 있기 하나 "자질구레한 설을 모아서 억측을 가했기에 (…) 이치에 닿지 않는 천착이 많다. (…) 모두 근거 없는 날조라서 (…) 고증이라곤 전혀 하지 않았다"는 식의 평가를 받았다.[9]

그는 두 차례 관직에 임용되었지만 모두 짧은 기간이었기에 그가 이토록 많은 작품을 쓴 것은 어쩌면 경제적인 이유에서였는지도 모른다. 그가 비록 벼슬길에서 이렇다 할 성취를 이루지는 못했지만 박학홍사과 출신으로서 교유가 광범위했기에 그가 출판한 작품들에는 모두 유명 인사들의 서문이 붙어 있다. 예를 들어『북서서언』은 이천복李天馥·서건학徐乾學·왕사정王士禎·고사기高士奇·우동尤侗·왕빈汪霦 등이 서문을 써주었고, 『옥산사』는 우동·진송령秦松齡이 서문 및 선평選評을 써주었으며 주이준朱彝尊도 그와 왕래했다.[10] 왕사정과 서건학은『북서서언』의 서문에서 그가 이룬 문학적 성취를 칭찬하는 것 외에, 그가 지속성을 갖고 관료로서 자아 발전을 추구하기를 원했다.

그러나 사실 육차운은 본디 문인 기질이 강했던 까닭에 그가 과연 관직에 어울리는 인재였는지는 알기 어렵다. 당시 사람들 사이에는 그가 남자를 사랑해 자식 얻는 데 고생을 했다는 말이 떠돌았다.

심지어 그의 고향 사람들은 그의 애동愛童의 이름이 '학서鶴書'라는 이
유로 그를 '자매학처子梅妻鶴(매화를 자식으로 두고 학을 처로 삼았다)'라
고 부르며 놀리기도 했다. 전하는 바에 따르면, 그가 강음현령으로 있
을 때 "얼굴이 옥처럼 예쁘고 글재주가 수려한" 이른바 '탕미인'으로
불리던 탕서애湯西崖[11]를 각별히 좋아했다고 한다. 그러나 약관의 서애
는 '홍낭자紅娘子'라는 기생한테만 마음을 두었다. 이듬해 급제하여 한
림이 된 탕서애는 육차운에게 편지를 보냈는데, 홍낭자의 소식만 묻고
육차운이 그를 예로써 지극히 대해준 은혜에 대해서는 언급조차 하지
않았기에 육차운은 크게 화를 냈다고 한다.[12] 이러한 일화들은 비록
곁가지이지만 이를 통해 우리는 호기심 강하고 특이했던 그의 성정
과, 구상이 치밀했던 그의 문장, 그리고 '근거 없는 것을 날조해낸' 그
의 취미까지, 육차운에 대한 구체적인 윤곽을 그려낼 수 있다.

　　육차운이 정식으로 서남지역을 주제로 삼아 쓴 책은『동계섬지』
와『지여志餘』두 작품이다. 사실 이 두 책 모두 개인의 창작물은 아니
고, 개인의 취향과 기준에 따라 독자를 위해 선별적으로 편집해낸 서
남 관련 자료 창고라 할 수 있다. 그 스스로가 말했듯이, "동계는 그
종류가 많다. 여러 책에서 기재한 내용들을 보면 서로 차이가 나는
데, 나는 여러 이야기를 수집하고 상세한 고증을 가했다. 글이 비록
간략해 보이지만 고증한 내용은 매우 포괄적이다."[13] 때문에 이 책은
같은 시기 모기령毛奇齡에 의해 편찬된 휘집彙集인『만사합지蠻司合志』와
나란히 견주어지면서 당시 서남지역 문제를 다룬 대표적인 작품으로
일컬어졌다.[14] 대체로 볼 때『동계섬지』는 서남지역 종족과 풍속을 위
주로 기술하고 있는데, 상권은 동계의 여러 가지 이야기에 대한 고증,
중권은 만료지蠻獠志, 하권은 동계의 특산물에 관한 기록이다. 특히
중권에서 묘족의 가무에 관한 기록이 많이 발견되는데, 예를 들면 다

음과 같다.

도월─아직 장가 못 간 묘족 아이는 나한羅漢이라 부르고, 시집 못 간 묘족 여자 아이는 관음觀音이라 부른다. 남녀 모두 상투머리에 닭 깃털을 꽂고 2월에 한데 모여서 춤추고 노래한다. 그러면서 스스로 배우자를 고르는데, 서로 마음에 들고 눈이 통하면 이내 짝이 된다. 이에 관해서는 다른 곳에서 상세히 기술한 바 있다.(550쪽)

낭화가浪花歌─동계의 남녀는 정월 초하루, 삼월 삼짇날, 팔월 대보름에 서로 노래를 한다. 그중 삼월에 부르는 노래를 낭화가라 하는데, 전혀 금하거나 거리끼는 바가 없다.(550쪽)

귀간鬼竿─용가묘龍家苗(묘족의 종족 이름)는 벌판에 나무를 세워 놓는데, 이것을 일러 귀간이라고 한다. 봄이 되면 남녀가 그 아래를 빙빙 돌면서 배우자를 선택한다.(550쪽)

단당蹋堂─묘족들은 명절이 되면 남자들은 생황을 불고 북을 치며 부녀들은 그 뒤를 따르면서 하늘하늘 나아갔다 물러났다 춤을 춘다. 팔을 들어올리고 발을 구르며 빨리 움직였다 천천히 움직였다 하는데, 그 모습이 매우 볼만하다. 이를 일러 단당무蹋堂舞라고 한다.(550쪽)

수곡水曲─파주묘播州苗(묘족의 종족 이름)들은 노래를 부를 때 10여 명이 소매를 나란히 붙이고 춤을 추는데, 발로 땅을 구르

면서 노래의 박자를 맞춘다. 이를 일러 수곡이라고 한다.(551쪽)

여기서 든 예 가운데 비록 첫째 항목만이 명확히 '도월'이라 일컫지만 사실 모두 가무로 배우자를 택하는 일들을 가리키고 있다. 또한 세부 내용에 있어서도 양신의 서술보다 크게 추가된 것이 없다. 육차운이 특별히 안배해 「도월기」라는 글을 따로 저술하고 이 『동계섬지』에 싣지 않은 것을 보면 분명히 장르에 대한 고려가 있었던 듯하다. 다시 말해 여러 이야기를 모아 편찬한 『동계섬지』는 그 사전식 기록물로서의 성격을 유지해야 하고, 최소한 표면적으로는 기본적인 '사실'만을 제공해야 했던 것이다. 이에 반해 「도월기」는 순전히 육차운의 문학 창작물이었기 때문에 잡문집인 『북서서언』에 실은 것이다.

「도월기」[15]는 시작 부분부터 도월을 "봄을 맞아 춤을 추며 짝을 찾는 행위"로 묘사하고 있지만 의미상으로는 '묘족들의 혼례'를 설명하고 있다. 다시 말해 그는 도월을 서로 다른 문화권의 '예' 차원의 지위로서 인정한 것이다. 문장 도입부에서 그는 도월 의식을 만물이 생장하는 춘월의 배경 안에 가져다놓고 있다.

봄볕이 퍼지고 살구꽃 버들가지 늘어질 때면, 겨울잠 자던 개구리 기지개를 펴고, 대숲 구멍 속에 잠자던 벌레들도 꿈틀거린다.

젊은 남녀의 춘정을 억제할 수 없는 자연의 생명력에 비유하면서 도월의 계절적—사실은 도덕적이기도 한—배경을 설정하고 있다. 그 뒤에 이어지는 전체 문장은 세 단락으로 나눌 수 있다. 첫째 단락은 도월을 시작하기 전의 연회와 남녀 복식에 대한 서술이다. 육차운이 여기서 묘사하고 있는 것은 사실 도월 자체라기보다 그가 알고 있는 묘족의 음식과 복식 습속이라고 보는 편이 맞다. 부모가 초원에서 연회를 진행하는 모습을 그는 다음과 같이 묘사했다.

> 초원 위에서의 연회는 이렇다. 산 짐승을 구워 씹어먹는데, 칼로 직접 베어 먹지 젓가락을 쓰지 않는다. 술을 걸러 마실 때도 빨대로 빨아먹지 잔을 사용하지 않는다.

칼로 음식을 먹고 빨대로 술을 마시는 것(이른바 비음鼻飲)이야말로 서남지역 서사에서 늘 언급되는 식사 방식이다. 특히 복식에 관한 육차운의 묘사는 명청 시기 수많은 문인의 기록에 비해 훨씬 더 섬세하다.[16] 그는 소년과 소녀의 복식 및 머리 스타일을 다음과 같이 묘사했다.

> 초원 아래를 보면, 남자들은 이마에 상투를 틀고 묘족 두건으로 머리를 싸매고 있다. 웃옷은 허리에도 미치지 못하고 바지도 무릎에 미치지 않는다. 윗도리와 바지 사이는 채색비단 띠로 묶는다. 상투 꼭대기에 꽂은 닭 깃털이 바람을 맞아 하늘하늘 흔들린다. 부들피리를 손에 쥐고 있는데, 피리는 구멍이 여섯 개이고 길이는 2척으로 대개 육률六律만 있고 육려六呂는 없는 종류의 것이다. 여자도 남자와 마찬가지로 쪽진 머리 위에 닭 깃털을 꽂는다. 비녀는 1척 길이이고 귀걸이는 1촌 정도다. 윗도리와 옷깃, 소매와 목둘레 부분의 가장자리는 모두 채색비단으로 덧댄다. 비단의 무늬는 중국의 것만 못하지만 예스러운 문양이 특이하고 정교하여 요즘 것 같지 않다. 구슬을 죽 꿰어서 끈을 만드는데, 주렁주렁한 끈이 양쪽 귀밑머리에서 흔들거린다. 또 조개껍

질을 묶어 줄을 만드는데, 찰랑찰랑한 조개껍질이 양쪽 어깨를 스친다. 치마는 호접판胡蝶版**17**처럼 가늘게 주름을 잡는다. 남자는 바지를 입고 치마를 입지 않으며, 여자는 치마를 입고 바지를 입지 않는다. 치마와 윗도리 사이는 역시 채색비단 띠로 묶는다.

지서류志書類■와는 완연히 다른 문학 창작 방식이 저자로 하여금 도월을 하고 있는 남녀의 복장을 마음껏 현란하게 묘사할 수 있게 한 것이다. 또 소년의 상투 위에 꽂은 닭 깃털이 표연히 바람에 흔들리게 하고, 소녀들이 매단 구슬과 조개껍질 장식이 치렁거리며 나부끼게 한 것이다. 이를 통해 독자들 앞에 화려하고도 요염한 분위기를 만들어낸 다음 그 뒤에 전개될 도월 가무의 묘사로 들어가고 있다.

둘째 단락에서는 도월의 음악과 춤에 대해 본격적으로 기록하고 있다. 양신은 도월에 대해 말하면서 부들피리로 반주하는 것과 빙글빙글 돌며 춤을 추는 두 가지 특징만 서술했다. 그러나 육차운은 매우 섬세한 필치로 도월 음악의 화려함이라든지 남녀가 춤을 추면서 어떤 식으로 서로를 '유혹'하는지를 그려냈다. 그는 초원 위에 있는 부모의 지시 하에 초원 아래 있는 소년들이 부들피리를 부는 모습, 소녀들이 노래하는 모습, 어지러이 들려오는 피리 가락, 저 멀리까지 맴돌며 퍼지는 노랫소리를 묘사함으로써 일운삼첩一韻三疊의 아름답고도

■ 한 지역을 중심으로 그곳의 자연환경, 역사·인물 등과 관련된 자료 및 그 지역의 현황을 기록하는 저서를 지서류라고 통칭한다. 지지地志 혹은 지방지地方志라고도 부르는데, 기본적으로 사부史部에 속하므로 사실에 근거한 객관적인 내용을 기술하는 것을 원칙으로 한다. 성지省志·주지州志·현지縣志·청지廳志·향토지鄉土志 등이 여기에 속하며 전문적으로 사찰이나 서원, 승경이나 인물 등만을 기록하는 전문적인 저술도 이에 속한다. ─ 옮긴이

구슬픈 효과를 자아냈다. 이 음악 소리 속에 도월을 하는 남녀의 그림자가 어우러지고 서로 마음을 주고받았을 텐데, 육차운의 글은 이러한 분위기를 매우 적절하게 표현해내고 있다.

> 피리를 불며 노래를 부른다. 손으로 날갯짓하며 발을 치켜든다. 이리저리 눈동자를 굴리며 손짓 발짓을 하는데, 손은 빙빙 맴돌고 정신 또한 어질하다. 처음엔 만지려다가 다시 떨어지곤 하지만 잠시 후면 이내 신이 나서 춤을 추고는 휙 내달리며 잽싸게 따라가 뒤쫓는다.

여기서 작가는 먼저 손과 발과 눈이 상호 연동하는 관계에 대해 쓰고 있다. 눈빛을 먼저 교환했기 때문에 손발의 동작 또한 감정 표현의 방식이 된다. 여기쯤 이르러서는 아마 독자들도 이미 글의 내용을 따라 한껏 격양된 경지에 들어서게 될 것이다.

셋째 단락에서는 도월하던 남녀들이 양신이 말한 "마음에 드는 사람"을 선택하는 그 순간을 포착하고자 한다. 여기서 저자의 말투는 이전의 화려하고 아름다운 것에서 벗어나 갑자기 풍류스럽고 노련하게 바뀐다.

> 이때 남자가 여자에게 다가갔으나 여자가 거절하는 경우도 있고, 여자가 남자에게 갔으나 남자가 거절하는 경우도 있다. 몇 명의 여자가 다투어 한 남자에게 접근해 남자가 누굴 선택해야 할지 몰라 하는 경우도 있고, 몇 명의 남자가 경쟁하듯 한 여자에게 접근해 여자가 누굴 피해야 할지 몰라 하는 경우도 있다. 가까이 다가갔다가 다시 떨어지고, 서로 떨어져서는 서로 바라

보는 경우도 있다. 눈으로 허락하고 마음으로 맺어져 바구니와 생황을 주고받다보면 갑자기 의식이 끝난다. 그러면 어여쁜 자는 어여쁜 자를 업고, 못생긴 자는 못생긴 자를 업는다. 못생긴 남자와 못생겨서 남에게 업히지 못한 여자는 어쩔 수 없이 서로 업는다. 못생긴 자가 못생긴 자를 아무리 보아도 도저히 업을(업힐) 상대가 없을 때는 눈물을 흩뿌리며 돌아가면서 업힌(업은) 자를 보기조차 부끄러워한다.

여기서 서술자는 옆에서 흥미진진하게 구경하는 사람인 것 같지만 이러한 이치를 익히 알고 있는 경험자이기도 하다. 잠시 높은 곳에서 서서, 가무를 즐기는 가운데 영원하지만 또한 늘 새로운 사랑 이야기에 흠뻑 젖어 있고, 서로 얽혀 있고 또 심취해 있는 소년 소녀들을 내려다보는가 싶다가, 이내 사람들의 변화하는 눈빛과 맞이하고 거절하는 태도 등을 가까이서 관찰한다. 도월의 목적이 비록 구체적이긴 하지만, 즉 누군가를 업고 업히는 것이 도월이 목적이고 또 그래서 외부 사람들의 이목을 놀라게 하는 농후한 민족적·지방적 색채를 띠고 있지만, 양신이나 육차운 등 문인의 흥미를 유발한 것은 바로 미추美醜를 불문하고 넘쳐나는 생명의 힘, 즉 몇 명의 여자와 한 명의 남자, 몇 명의 남자와 한 명의 여자 사이에 서로 만났다가 헤어졌다가 하는 그런 감정의 교류가 아니었던가? 육차운은 보편성을 지니고 있는 인류의 사랑에 대한 갈구를 서남지역 풍습의 한 장면 속에 압축시켜서 표현해냈다. 그의 글이 지닌 매력은 바로 멀리 떨어져 있고 익숙하지 않은unfamiliar 느낌과 내 가까이에 있는 듯한familiar 느낌 사이의 융합에서 나온다.

이어진 셋째 단락의 묘사는 「도월기」의 마무리 부분으로 다시 유학자적 관점으로 돌아온다.

> 저들은 서로 업고 떠나간 뒤 시내를 건너고 계곡을 넘어가 어두
> 운 곳을 선택하여 합방하는데, 비단 띠를 풀어서 서로를 묶는
> 다. 그런 다음 손을 잡고 다시 도월하던 곳으로 돌아와서는 각
> 자 부모를 따라 집으로 돌아간다. 그 뒤 혼례에 대해 의논하는
> 데, 예물로 소를 보낼 경우 소는 반드시 쌍으로 보내야 하며, 양
> 을 보낼 경우 반드시 짝으로 보내야 한다. 먼저 들판에서 합방
> 을 하고 나중에 혼사를 하다니, 순비씨循蜚氏■의 유풍인가? 오호
> 라, 묘족이여!

이와 같은 육차운의 서술은 분명 사실에 근거한 것이다. 인류학
자들의 고증에 따르면 도월 풍속이 있는 지역에서는 일을 마친 다음
반드시 혼인을 의논해야지, 남녀 간에 자유롭게 짝을 지었다고 해서
바로 혼인이 성사되는 것은 아니라고 한다. 육차운은 자신이 시작 부
분에서 언급한 전제 조건, 즉 도월을 일종의 '혼례'로 간주한다는 것
에 의도적으로 호응하고자 했다. 그런 까닭에 그는 예물을 강조했던
것이고 도월의 기원을 저 옛날 상고시대 순비씨까지 끌어올린 것이다.

『사고전서四庫全書』에서는 『북서서언』을 다음과 같이 평가했다.
"모두 그가 지은 잡문들이고, 해학 혹은 유희의 작품에 해당되는 것
이 반이나 된다. 이는 우동尤侗의 『서당잡조西堂雜組』와 같은 부류의 글
로서, 세간에서 소위 말하는 풍류재자의 글이다."**18** 육차운의 「도월

■ 태고 시기를 10기紀로 나눌 때 제7기에 해당된다. 아득한 옛날을 상징하는 말로 쓰인
다. ─ 옮긴이

기」는 대대로 풍류재자의 글로 읽혀왔으며, 사람들은 그의 문장의 농염함과 호려함을 즐겼다. 그러나 사실 『북서서언』은 우리에게 두 가지 독법을 제공하고 있다. 두 명의 선집평론가 중 고사기高士奇(澹人)는 이 저서를 "붓이 노래하고 먹이 춤을 추며, 하늘에서 꽃이 어지러이 떨어진다"고 평함으로써 육차운의 문학적 기술 면을 강조하고 사실 고증이라는 측면은 쉽사리 지나쳐버렸다. 왕빈汪霦(東川)■은 이와 달리 「도월기」의 서술이 유가 사상과 부합함을 강조하고자 했다. 그리하여 그는 "결말은 오직 네 글자만 썼는데, 그 필력이 천금처럼 무겁다. 이로써 한 편의 유희 문장을 경전의 우익羽翼이 되게 만들었다"고 평가했다. 오늘날의 독자라면 분명 왕빈의 해석에 동의하지 않을 것이며, 진부하고 봉건적이며 아름다운 문장을 억지로 망가뜨려놓으려는 그의 해석을 거부할 것이다. 그러나 필자가 보기에 왕빈은 육차운의 풍류적인 글 뒤에 미리 설정해놓은 엄숙한 가설, 즉 '예禮'와 감정의 결합이라는 코드를 읽어냈다. 「도월기」는 민족과 문화의 경계를 넘어서는 남녀 간의 사랑이라는 색채를 띰과 동시에, 혼인에는 반드시 예가 있어야 한다는 사상적 입장을 견지하고 있다. 이것은 아마도 도월 풍습을 접한 한족 문인이 할 수 있는 가장 아름다운 상상일 것이다.

육차운의 「도월기」를 세심히 읽은 뒤 우리는 아주 난감한 사실 하나에 맞닥뜨리지 않을 수 없다. 그것은 바로 육차운 본인이 비록 여행을 좋아해서 머나먼 서남지역으로 간 적은 있으나 오랫동안 체류하

■ 청나라 강희 연간 사람이다. 생몰년은 정확하지 않다. 자는 조채朝采이고 호가 동천東川이며 본래 평호平湖 사람이지만 절강성 전당錢塘에서 살았다. 강희 15년(1676)에 진사에 급제하여 행인사 행인行人司行人에 제수되었다가 뒷날 편수編修를 역임하며 『명사』 집필에 참여했다. 또 내각학사內閣學士에 임용되어 『패문운부佩文韻府』 편집에도 참여했으며, 뒷날 호부시랑에까지 올랐다. 『국조선정사략國朝先正事略』 권39에 상세한 일생이 기술되어 있다. 『동천일기東川日記』 『서령창화시西泠倡和詩』를 남겼다.

지는 않았다는 사실이다. 그는 『동계섬지』에서, 이 책은 여러 책을 모아 엮은 것일 뿐 다 자신이 직접 보고 들은 것은 아니라고 명백히 말한 바 있다. 따라서 「도월기」에 나타난 소리와 형상의 회화적 표현들은 사실 아름다운 상상과 도덕에 대한 기대로 해석할 수 있다. 필자가 생각하기에, 육차운이 특별히 도월이라는 주제를 가지고 완전한 서사로 발전시킨 것은 양신의 도월 기록으로부터 영감을 받은 것임에 분명하다. 즉 육차운은 양신의 문학 전통을 계승·발전시킨 것이다.

다른 한편 청나라 초기 귀주貴州로 파견되었던 관원인 전문田雯 (1635~1704)과의 대화로도 볼 수도 있다. 전문은 귀주를 다스리던 당시 『검서黔書』를 저술했다.[19] 육차운은 『동계섬지』에서 전문의 귀주에서의 정적을 특별히 언급한 바 있는데, 이로써 볼 때 그가 『전서』를 접했을 가능성은 상당히 높다. 전문은 「묘족의 습속苗俗」이라는 장에서 도월을 언급하면서 그곳 혼속 중 가장 대표적인 것이라고 설명했다. 그러나 그는 도월에 대해 양면적인 비판을 가했다. "난초를 꺾고 작약을 보내는 일이 비록 옛 성현들이 삭제하지 않은 바이긴 하지만, 예를 넘어서는 방탕한 행동은 나라 사람 모두 천히 보는 바이다." 다시 말해 남녀 사이의 보편성을 인정하지만 도월이라는 풍속의 비례非禮한 면은 배척했던 것이다. 반면 육차운은 왕성히 터져나오는 감정을 인정하고 좋아할 뿐만 아니라 도월을 이문화異文化(그는 상고 문화로 해석했다)의 예禮로서 인정해야만 한다고 긍정했다.

3. 감정의 오락화 —진정의 도월 서사

육차운과 같이 강희 연간에 살았던 진정陳鼎은 서남에 관해 주목할 만한 서사 작품을 많이 남겼는데, 여기에는『전유기滇遊記』『검유기黔遊記』(합쳐서『전검기유滇黔紀遊』) 및『전검토사혼례기滇黔土司婚禮記』등이 있다.『강음현지江陰縣志』에 따르면 "진정은 자가 정구定九다. 어릴 때부터 의협심이 있었으나 자라면서 마음을 다잡고 공부에 전념했다. 고향을 떠나 사방의 사대부와 교유했는데, 전대 동림東林의 현인들을 흠모하여 그들의 일사를 수소문했다. 그렇게 수십 년 동안 자료가 쌓여『동림열전東林列傳』을 완성했다. 또한 이전에 들은 소문들을 수집해『유계외집留溪外集』을 저술했는데, 공경대부부터 필부에 이르기까지 의협심과 절개로 일컬어진 사람은 모두 책에 실어 널리 세상에 알렸다. 여행에 지쳐 고향에 돌아와 은거하다가 수를 다 누리고 죽었다"[20]고 한다. 육차운의 서남지역 체험이 호기심에서 비롯된 여행이었던 데 반해 진정은 실제로 귀주·운남 지역에서 생활했다. 그러나 그의 교유 범위는 왕사정의 문학 권역 안으로 뚫고 들어갔던 육차운에 훨씬 못 미쳤다. 여기서 유의해야 할 점은, 그가 오랜 시간 운남에서 귀양살이 했던 양신에 대해 미묘한 동질성을 느꼈다는 사실이다. 예를 들어 그는「전유기」에서 양신이 살았던 옛집 사운루寫韻樓에 대해 서술했다.

감통사感通寺 (…) 양승암楊升庵(양신)은 절의 작은 누각에 살았는데, 거기 사운루라는 편액이 걸려 있었다. 사방 벽에 모두 승암이 쓴 글씨가 붙어 있었다. 승암은 대리大理와 영창永昌을 근 40년 동안 오갔다. 한번은 옛집을 찾아갔다가『백고통白古通』『현봉년운지玄峰年運志』를 얻었다. 그 책은 북문으로 되어 있었는데 승암은 북문을 잘 알았기에『전재기滇載記』를 번역했다. 이로써 남조南詔■의 시말이 비로소 상세해졌다.[21]

이 글을 통해 진정이 양신에 대해 친근감을 느꼈음을 알 수 있다. 또한 그가 서남지역 지식 체계를 완성해나갈 때, 양신의 서남 서사 전통에 얼마나 의지했는지도 읽어낼 수 있다. 『전유기』의 내용을 항목별로 따라 읽다보면 진정이 양신의 『전정기』를 자주 초록했다는 사실을 발견할 수 있다.(다른 초본의 중점은 석동규釋同揆의 『이해총담洱海叢談』[22]이다.)

진정의 도월 기록은 그 중점이 또한 다르다. 편폭이 길지 않으므로 전문을 인용한다.

묘족의 풍속. 매년 일월이 오면 남녀가 각각 화려한 옷을 입고 손을 잡고서 도월 의식을 한다. 남자는 부들피리를 불면서 앞장서 인도하고, 여자는 동고銅鼓를 울리며 뒤에서 따른다. 소매를 맞잡고 팔짱을 낀 채 빙글빙글 돌며 춤을 추는데 각각 행렬을 이루어 종일토록 줄이 어지러워지지 않는다. 저녁이 되면 자기 사람의 손을 잡고 돌아가 질펀히 장난치며 웃고 노래하다가 새벽녘이 되어서야 흩어진다. 혼인 예물은 여자의 미모에 따라 많고 적음이 결정된다. 반드시 아들을 낳은 다음에라야 남편 집으로 들어갈 수 있다. 이는 홍묘紅苗가 특히 심하다. 매년 입춘날이 되면 인물 좋은 남녀를 골라 각각 옛날이야기 속 인물로 분장시킨 다음 저자로 가서 맞이해오면서 즐거워한다. 인물 좋은 남자는 저 옛날 반안潘安이나 송조宋朝●도 따라가지 못할 정도이고, 인물 좋은 여자는 한나라 조비연趙飛燕이나 당나라 양귀비도 그보다 더 아름다울 수 없다. 이런 여자를 사려면 1000마리

■ 운남성 대리大理에 있던 옛 왕조의 이름이다. ─옮긴이

이상의 소나 말로 값을 치러야 겨우 응한다. 남자 중에 기꺼이 용양군龍陽君■이 되고자 하는 사람은 없다. 누군가가 그를 범하면, 당한 남자는 이내 자살하고 만다.[23]

진정의 서술에서도 계절, 복장, 악기, 춤 등의 키워드가 언급되기는 했지만 그 세부를 보면 육차운의 고심 어린 세밀하고 정교한 묘사에는 못 미친다. 감정에 대한 이해도 그저 "질펀히 장난치며 웃고 노래한다"가 전부여서 그것이 어느 정도의 깊은 감정인지를 표현해내지 못한다. 그의 "자기 사람"이라는 단어 역시 양신의 "마음에 드는 상대"처럼 여운을 남기지 못한다. 이 몇 가지 사실로 볼 때, 진정의 도월 서사는 풍격이 그리 높지 않다고 할 수 있다.

그러나 진정의 서사에는 다른 기록에서 별로 주목하지 않았던 오락과 매매에 관한 설명이 나온다. 명청 시기 문인들의 여러 기록에서 도월은 주로 사랑과 음탕함, 혼인 풍속 혹은 혼례 등으로 이해되고 있는데, 어떤 것이든 모두 남녀 사이에 자발적으로 우러나오는 감정 표출이라는 면에 치중되어 있다. 하지만 진정의 서사에는 본래 존재하던 남과 여 사이에 이와 또 다른 지위 권력을 딛고 서 있던 제삼자가 개입되어 있다. 이 제삼자의 설정은 외부로부터 온 한족이 실존하는 서남지역의 남녀에게 아득히 먼 곳에 있는 아름다운 형상을 덧씌우고, 거기에 마치 상품같이 가격표를 거칠게 붙이려 한 것으로 이해할 수 있다.

『사고전서』를 편수하던 학자들은 『전검기유』를 이렇게 평가했다.

■ 용양군은 위魏나라 안리왕安釐王이 사랑하던 남자였다. 여자보다 더 아름다워 위왕의 총애를 독차지했다고 전해진다. 중국 역사에 기록된 최초의 동성애자인 셈이다.—옮긴이

"산천의 아름다운 경치에 대한 서술은 퍽 정취가 있지만 간혹 천박한 말들이 보이는 것을 면치 못했다. 예를 들어 귀주의 묘족을 기술하면서, 인물 좋은 남자는 저 옛날 반안이나 송조도 따라가지 못할 것이라고 했는데 (…) 이런 말은 특히나 천박하다."[24] 진정의 기록에 혹시 어떤 현실적인 배경이 있을지도 모르겠지만 필자의 능력이 미치지 못해 고증할 수는 없었다. 다만 글의 진실 여부를 차치하고, 진정의 도월 기록은 여전히 감정에 대한 서사에 속한다. 표현해낸 것이 그저 천진무구한 감정에 대한 지향이나 두려움이 아니라, 외부로부터 온 자가 억지로 붙인 욕망이었을 뿐이다.

8장

묵연 속에 지은 집,
이국의 벗을 향한 그리움

19세기 한중교유와 동아시아적 문예 공감대

김기완

"특별한 만남과 경험을 통해 지각 공간은 여러 장소,
혹은 사적인 특별한 의미 중심으로 다양하게 분화된다."
"장소란 곧 본질적으로 그 지역에 사는 사람들이고, 장소의 외
관이나 경관은 상대적으로 덜 중요한 배경에 지나지 않는다는
일반적인 관점……"
– 에드워드 렐프, 『장소와 장소상실』

1. '회인'의 풍경

그림 하나를 보자(도 1). 풍경이 있고, 집이 있고, 집 안에는 선
비가 있다. 화면 가에 놓인 다리는 바깥세계와 연결되는 통로일까?
집 안의 인물은 다리를 건너 친구가 찾아오기를 기다리고 있을까? 어
쩌면 일반적인 풍경화 혹은 집을 그린 그림처럼도 보이는 이 작품에는
「풍설회인도風雪懷人圖」라는 제목이 붙어 있다. '회인懷人'이란 누군가를
그리워한다는 뜻이다.

그림이 그려지고 흘러간 맥락을 본 뒤 그림을 다시 보자. 이 그
림은 청나라 문인화가 정조경程祖慶이 만나지 못하는 아쉬움과 그리움
의 심정을 담아 조선의 문사 오경석吳慶錫(1831~1879)에게 보내준 것이

風雪懷人圖

風雪閨山相
憶為織慶
海東諸故人
當有抵都
者悵未復
征連未復
謹面作圖
寄家郎呈
心其老芽
即正席心裏
地同情也
咸豐五年
冬十二月在
保心試署
程祖慶識

도 1. 「풍설회인도風雪懷人圖」, 정조경程祖慶, 청나라.

라고 한다.[1] 집이 있는 풍경화가 어떻게 그리움의 뜻을 담아낼 수 있었을까. 오늘날의 눈으로는 언뜻 이해하기 어렵다.

이 「풍설회인도」는 표제로 볼 때 전형적인 거주지 그림―특정 지역에 존재하는, 특정인의 집이나 별장, 정원 등을 그린 것―에 속하지는 않으며, 그림 속의 집 안에 있는 인물이 정조경인지, 오경석인지, 혹은 같은 마음으로 서로를 그리고 있는 둘 모두를 가리키는 것인지도 분명하지 않다. 그러나 최소한 이 그림은, 그리움의 테마와 거처 공간의 이미지가 공존하는 당대 문인들의 삶과 예술에 대한 질문거리를 던져주고 있다. 이 그림을 단초삼아 각종 거주지 그림 및 이와 관련된 시문을 주고받으면서 이국의 벗을 회억하는 문예적 관행들을 활발하게 만들어나갔던 19세기 조선·청 문인들의 일상과 의식 구조의 한 단면으로 들어가본다. 이 여정에서 정조경이 「풍설회인도」의 배경에 적어넣은, "다른 곳에 있으나 마음은 같은異地同情"이란 구절의 뜻을 더 잘 이해할 수 있을지도 모른다.

2. 꿈과 그림, 서로 다른 시공간의 병치

국제적 우정 담론과 그리움이란 맥락에서 '거주지 그림'과 관련 시문이 화제가 되는 것은 18세기의 한중교유를 선도했던 박지원林趾源(1737~1805)과 그 지인들인 홍대용洪大容(1731~1783), 박제가朴齊家(1750~1805), 유득공柳得恭(1748~1807), 이덕무李德懋(1741~1793) 등의 사례에서 찾아볼 수 있다. 청 문인 육비陸飛는 조선 문사들과의 만남을 고대하며 자신의 원고 5책을 이덕무 등의 조선 문사들에게 급히 보냈다. 육비는 그 원고 안의 「스스로 그린 '하풍죽로초당도荷風竹露草

堂圖'에 부친 시」에 관해 설명하면서, 「하풍죽로초당도」란 자신의 집을 그린 것이니, 시이든 산문이든 구애받지 말고 이에 대한 글을 지어 부쳐줄 것을 조선의 문인들에게 서신으로 요청했다. 육비는 이 「하풍죽로초당도」에 자신의 힘든 삶을 관조하고 현재의 보금자리에서 소박한 삶을 꿈꾸는 시를 스스로 지어 부쳤는데, 그는 자기 집 그림과 관련된 시를 중국에 온 홍대용과의 필담 자리에서 직접 써 보이기도 하고, 이덕무 등 조선 문사들에게 보내기도 했다.[2] 공교롭게도 박지원 역시 자신의 집에 '하풍죽로당'이라는 이름을 붙였는데, 이 집은 벽돌 건물을 포함한 중국풍의 신식 건물이었다. 뒷날 박지원의 손자 박규수朴珪壽(1807~1877)는 하풍죽로당을 포함해 조부가 살던 곳을 그림으로 그리면서 수차와 도르래 등을 보충해 넣었는데, 이는 박지원의 실학자적 면모를 부각시키려는 의도였다고 한다.[3]

청 문인 이조원李調元은 중국에 온 조선인 유금柳琴(1741~1788, 유득공의 숙부)과 이별하는 자리에서, 소나무 아래에 다기茶器와 책 상자를 놓은 상을 두고 편안한 자세로 독서하는 자신의 모습이 담긴 초상화 「운룡산인소조雲龍山人小照」를 주었다고 한다. 이조원은 이때 우리 두 사람이 이생에서 다시 만나는 것은 꿈에서만 가능하니, 이 초상화 속의 대숲이 있는 물가 풍경을, 서로의 베갯머리 꿈속에서 신교神交를 나누는 장소로 삼자고 말했다.[4]

지금 헤어지면 생전에는 다시 한 장소에 있기 어려울 이국의 벗을 떠나보낼 때에도, 이들의 그리움이 깃들고 서로 간의 우정을 지속시켜줄, 현실 너머 어딘가의 공간은 필요하다. 여기서 이조원이 꿈속에 유금을 찾아가 서로 만날 번지수를 그림 속 공간으로 설정해놓은 것이 흥미롭다. 이조원의 초상처럼 나무 아래에 인물이 있는 등 야외 배경이나 여타 기물들을 포함시켜 초상화를 그리는 형식은 중국에서는 많이 제작되었지만, (요즈음의 증명사진 식으로) 배경을 소거하고 인물만을 부각시키는 초상화 제작의 정형이 자리잡고 있던 조선에서는 아주 희귀했다. 이조원의 초상은 본격적인 거주지 그림이라기보다는 초상화의 표제와 형식을 취했지만, 인물 외에 야외 배경과 생활 모습의 이미지를 포함함으로써 은거지의 풍경을 그린 도상으로 확장되어 읽힐 가능성도 다분했다. 연암燕巖 세대의 뒤를 이어 등장해 선배들이 닦아놓은 한중교유의 인적 토대와 가시적 유산들을 물려받은 추사秋史 김정희金正喜(1786~1856) 일파의 문인들은, 초상화뿐 아니라 집 그림과 관련 시문을 청 문사들과 주고받는 관행을 한층 더 활발하게 지속시켜갔다.

청 문인이 꿈속에서 이역만리 조선인 친구의 거주 공간을 찾아들어 거기서의 일상 모습을 보는 시적詩的 설정의 담론은 이후 신위申緯(1769~1847)와 청 장시蔣詩, 박규수와 청 동문환董文煥 사이에서도 반복된다. 국적의 차이와 두 나라 간의 상당한 물리적 거리 때문에 이별하면 다시 만나기 힘들다고 여겨졌던 조선·청 문인 간 '그리움'의 심상구조는, 실제로는 가볼 수 없고 그렇기에 더 큰 상상과 그리움을 동반하는 '이국땅 벗의 집'의 이미지로 종종 표상화되었던 것이다.

3. 초상화와 집 그림, 내면 풍경으로서의 거주 공간

앞서 언급한 청 이조원이 조선의 유금에게 준 초상화 혹은 초상의 확장으로서의 거처 이미지의 예에서도 암시되듯, 전통시대 문인들에게 초상-거주지 도상-'그 사람(초상화의 주인공 혹은 거주지의 주인)' 간의 상호 유비관계는 매우 긴밀한 것이었다. 옛 그림과 글의 질

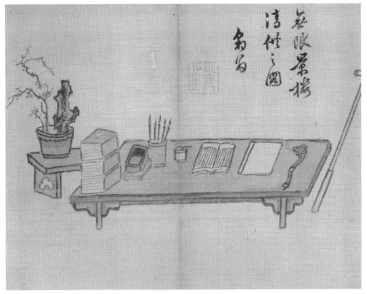

도 2. 「청공도淸供圖」, 강세황, 조선 후기.

서에서는 특정 거주 공간 속의 일부 풍경이나 작은 물건, 이를테면 서재에 놓인 책상과 그 위의 기물들만 들어도 그것이 대유법적^{代喩法的}으로 거주지 전체에 대한 연상 작용을 끌어낼 수 있고, 최종적으로는 집주인의 비범하고 고결한 인격을 가리키는 일종의 동심원적 확산 구도가 성립되었다(도 2). 그렇기에 누군가의 '집'을 보고 싶어한다는 것은 곧 그 사람을 그리워한다는 의미다. 전통시대에 거주 공간은 인간 내면이 확장된 외현적 상징이자 한 인간의 표상과도 같았기에 이런 의미에서 거주지 도상은 초상화의 연장선상에 있다.

기실 박지원과 홍대용, 박제가 등의 시대, 그리고 그 후배인 추사 일파의 세대에, 한중교유 과정에서 우의의 정표로 서로의 초상을 교환하거나 청 (문인)화가가 조선 문사의 초상을 그려주는 일은 자주 있었다. 이런 초상은 양국 문사들의 특별한 만남과 우정을 기념하는 의미를 담아 제작되었고, 두 나라 사이의 물리적 거리 때문에 다시 만나기 힘든 이별을 한 뒤 서로를 두고두고 회억하고자 할 때 필요한 그리움의 매개체였다.

실제 인물의 모습을 담은 초상뿐 아니라 그 거처의 재현물 역시 멀리 떨어져 있는 이국의 벗을 회억하기 위한 또 다른 매체로서 기능했다. 이를 단적으로 보여주는 것이 김정희 일파와 교유했던 청 오숭량吳嵩梁의 은거지 이미지다. 김정희와 그 동생 김명희金命喜(1788~1857)는 매화를 유난히 좋아해 부춘산의 만발한 매화 속에 은거하고 싶어하는 오숭량을 위해 조선에서 감실梅龕 형태의 모형을 만들어 여기에 오숭량의 시를 공양하고, 감실 밖에는 매화나무를 심어놓았다. 그러고는 오숭량의 60세 생일에 이 매화 감실 앞에서 술을 따라놓고 축하하는 의식을 신위 등의 친구들과 함께 가지면서 이와 관련된 시를 남겼다. 조선 문인들에 의해 이뤄진 이 매화 감실 조성 사례는 그림뿐만 아니라 오숭량을 상징하는 일종의 미니어처miniature를 조선 내에서 실제로 만들어 안치하기까지 했다는 점에서 이채롭다.

김정희 형제는 또 청나라 화가 장심張深에게 오숭량의 은거지 그림인 「매감도梅龕圖」를 주문했고, 만발한 매화 숲속의 거처라는 고고하면서도 화려한 이미지가 조선 예인들에게 깊은 인상을 남긴 듯, 19세기 조선 화단에서는 추사의 영향권 아래에 있는 중인 화가들을 중심으로 「매화서옥도梅花書屋圖」류의 화제가 유행한다(도 3, 4, 5).[5] 「매감도」류의 그림이든 또는 매감의 모형이든, '매화 (속에 파묻힌) 감실'은 거주지의 이미지가 특정 인물(오숭량)을 대표하는 상징성을 띠는 현상을 보여준다. 조선의 글과 그림에서 오숭량의 외모나 초상화에 대한 언급보다도 오숭량이 은거지로 점찍어둔 '구리매화촌사九里梅花村舍'라든지 그의 은거 공간을 상징하는 '매화 감실'에 관련된 내용이 더 빈번하게

도 3.
「매화서옥도梅花書屋圖」,
조희룡, 조선 후기.

雪後園林梅之花西
風次起鴈行斜溪山
寂寂無人跡南向林
畫盡士家

도 4.
「매화서옥도」,
전기, 조선 후기.

寒雪
卜盈
蒼翠
白虹
門往
紐遠
探梅

도 5. 「매화서옥도」, 허련, 조선 후기.

나타나는 것을 보면, 이 경우에는 청 문인의 거처 공간 이미지가 초상화 이상으로 한 대상 인물에 대한 강한 표상력을 띠고 있었다고도 생각된다.

4. 한중 묵연韓中墨緣 속에 집을 짓다

위에서 든 오숭량의 예를 포함해서 19세기는 한중 문인 간 거주지 그림의 제작 및 교환이 더욱 난만해진 시기다. 특히 두드러지는 것은 조선 문인들의 적극성이다. 홍현주洪顯周는 청 문인들에게 자신의 거처 그림인 「음시처도吟詩處圖」, 강가에 만든 자기 소유의 정자 풍경을 그린 「쌍포별관도雙浦別館圖」뿐 아니라, 자기 선친이 살았던 집을 그린 「청담도淸潭圖」까지 부쳤다. 홍현주가 이처럼 자신의 소유지를 그린 다양한 종류의 그림을 제작하게 된 데에는, 조선에 와볼 수 없는 청의 지인들에게 자기와 관련된 여러 공간을 하나씩 소개하려는 의도도 있지 않았을까. 신위 역시 "오숭량이 내 그림을 구하기에 「자하산장紫霞山莊」 「벽로음방碧蘆吟舫」 두 그림을 그려 각각 시를 부쳤다"고 했다. 조선 문인이 자신의 소유지 그림을 제작하고 주변 친구들과 돌려 보는 문화는 이전에도 있었지만, 이 시대에는 나라의 경계를 넘어 청 문사에게 보일 목적으로 그려지는 거주지 그림들이 생겼다는 점에서 차이가 있다.

이런 문화적 분위기 속에서 '집 그림'에 담길 수 있는 의미의 폭도 이전과는 달라졌다. 19세기에 주거지 그림과 이에 대한 시문을 주고받는 일은, 한·중 문인 간에 상호 이해와 지우知遇를 표현하는 한 방식이자 문화적 관행이 되었다. 이유원李裕元(1814~1888)은 자신이

꿈꾸는 은거지의 그림인 「귤산의원도橘山意園圖」와 그에 대한 시문을
조선의 지인에게 부탁하기보다는, 오히려 '만 리에 맺어진 마음의 교
유萬里心交'와 묵연을 기념하는 징표로 삼으려는 듯 청 문인들에게 특
별히 청탁해 이들이 준 글을 모았다. 규장각본 『귤산문고橘山文稿』 권8
에 실린 「귤산의원도」 관련 시문들을 보면, 맨 마지막에 실린 홍현주
의 시 한 편을 제외하고는 모두 청 문인들의 작품이다. 이유원은 "참
으로 흠송欽頌할 작품들로 때때로 펴놓고 볼 때마다 천 리 먼 곳에 있
는 친구들이 마치 옆에 있는 듯한 감회가 가슴속에 뭉클 느껴진다"
라고 하여 「귤산의원도」 첩이 갖는 한·중 문인 간 우의와 회억의 의
미를 읊었다.

　　현전하는 이상적李尙迪(1804~1865)의 집 그림인 「조산루도舡山樓
圖」 두 점이 모두 조선 화가가 아닌 청 화가에 의해 그려졌다는 점 역
시, 이 시기 조선 문사들이 자신의 거주지 그림과 관련 시문첩에 한·
중 합작을 통한 우호의 의미를 불어넣는 데 큰 비중을 두었음을 암시
해주는 듯하다. 이상적은 「조산루도」를 그려준 청 문인에 대한 사례의
뜻을 담아 긴 시를 쓰면서, 거주지에 담긴 자신의 지향을 쓰는 대신
그와 교유한 청 문인들의 이름을 하나하나 열거하면서 그들과의 성대
한 교유를 회억하고 서로 간의 묵연을 기념하는 데 지면을 주로 할애
했다.

　　이상적의 후배 오경석의 거처 그림인 「천죽재도天竹齋圖」 역시 청
화가에 의해 그려졌으며, 오경석의 연행 때마다 청 문사들의 글이 덧
보태져 결국 하나의 첩이 이뤄졌다고 한다.**6** 이상적이 지어준 시**7**를 보
면 천죽재에는 오경석이 북경에서 구입해온 진귀한 서화들이 다수 수
장되어 있었고, 이상적은 오경석의 거처에 난 천죽天竹이 화재로부터
이 집과 그 안의 보배들을 지켜줄 것이라고 썼다. 이는 천죽이 화재를

막아준다는 속설에 기반한 표현인데, 오경석의 부탁을 받은 청 문사들은 이런 천죽의 의미까지 반영해 「천죽재도」에 시를 지어주었다. 동시대의 청나라 문인 온충한溫忠翰이 자기 집에 있는 정원인 함벽원涵碧園을 그려 오경석에게 주면서 오경석 형제를 비롯한 조선 문사들의 글과 그림을 얻어 '함벽원도장권涵碧園圖長卷' 첩을 만들고 싶다는 편지[8]를 보낸 것을 보면, 거처 그림을 둘러싼 이런 식의 기획과 소망은 당시청 문인들 사이에서도 있었던 듯하다.[9] 이처럼 동양의 옛 문인 문화에서 평이하고 오래된 주제인 주거지에 대한 소망이라든지 그 거처 속에서 꿈꾸는 '은거'의 테마가 이 시기에는 개인의 상상이나 일국적一國的 표현 영역 안에 머무르지 않고, 중국 지인과의 대화적 관계, 상호 합력적 완성이라는 한·중 합작의 맥락 위에서 재설계되었다. 19세기 조선 문인들의 '집'은 그 자신의 생활공간이었을 뿐만 아니라 국적을 넘어선 우정 위에 세워진 문화적 상징 공간이기도 했다.

문인의 집이 실제로 한중교유의 현장이 되고 회화 속에서 만남의 장소로 재현되는 일은 종종 현실화되었다. 한 예로 청나라 탁병음卓秉恬은 자신의 서재인 사서당賜書堂을 연행 온 홍경모洪敬謨(1774~1851)가 방문하자, 즉석에서 「사서당필담연계도賜書堂筆談聯契圖」[10]를 그려주었다. 남아 있는 그림을 보면, 문인 거처 안에서 담소를 나누는 문사들의 모습이 간략한 필치로 묘사되어 있다. 참고로 탁병음은 홍현주의 거주지인 '시림정市林亭'을 표현한 것으로 추정되는 회화 「시림지도市林之圖」를 그려서 홍현주에게 보내준 일도 있는데, 탁병음 집안사람들은 문장과 서화로 당대에 이름난 인물들이었다.

그러나 연행은 여느 문사들에게는 일생에 드문 기회였고, 연행기간 중 중국 땅에서의 만남 역시 길게 지속될 수 없었다. 청에 있는 지인이 그리울 때마다 그의 집에 찾아갈 수도 없는 일이고, 서신을 통한 교유를 나누었을 뿐 직접적인 만남을 갖지 못한 예도 있다. 이런 경우 조선에 있는 '나'의 집을 국제적 '신교神交'의 서식지이자 지속적인 재생처로 의미화하는 방식도 있었다. 이유원은 신위의 정원에 큰 홍두紅豆나무 두 그루가 심어져 있었는데, 이는 청 옹수곤翁樹崑(옹방강翁方綱의 아들)이 준 것이라고 증언했다. 홍두는 한시 등 옛글에서 흔히 그리움과 우정의 상징으로 인식되어왔던 식물이다. 그런데 특별히 옹수곤의 호가 홍두산인紅豆山人이었기에, 옹수곤이 조선 문사들에게 보낸 홍두는 일반적인 우정의 표식일 뿐 아니라 특정인인 옹수곤 자신을 상징하는 것이기도 했다. 옹수곤은 신위뿐 아니라 김정희, 이조묵李祖默(1792~1840) 등 여타 조선 문인들에게도 홍두를 보냈는데, 여기에는 이것을 볼 때마다 자신을 떠올려달라는 뜻도 있었을 것이다. 특히 신위의 정원에 심어진 큰 홍두나무 두 그루는, 계절이 흐르면서 꽃 피고 열매 맺고 떨어질 때마다 옹수곤을 떠올리게 하는 그리움의 나무였다. 옹수곤은 김정희를 위해 '홍두산장紅豆山莊'이라는 대자大字의 편액 글씨를 보내주기도 했다. 김정희가 옹수곤이 보내온 '홍두산장' 편액을 거처에 걸었을 때, 김정희의 방과 옹수곤의 방이 겹쳐지면서 현실적으로는 이뤄질 수 없는 독특한 시공간 병치의 감각이 가능했을 것이다.

18세기 후반에서 19세기에 이르기까지 조선 문사의 집은 시서화를 비롯한 각종 '신교'의 증여물들의 집합처이자 전시장과도 같았다. 홍현주는 자신의 별서別墅에 세운 소정小亭에 이름을 짓지 못하고 있다가, 때마침 옹수곤이 보내온 돌石을 받고 두 사람 간의 국적을 넘어선 금석지교金石之交를 증거하는 의미를 담아 자신의 소정小亭을 '증심정證心亭'으로 명명했다. 돌처럼 단단하고 변치 않는 교분의 상징으로 돌을 직접 주는 일은, 앞선 시기 이덕무와 청 이조원의 한중교유 때부터 보였던 관행이다. 옹수곤은 신위에게도 여러 개의 돌을 보내주었는데, 신위는 소동파의 생일날 소동파의 초상을 놓고 제사를 지내면서 옹수곤이 준 돌들을 화분에 담아 함께 진열해놓았다. 초상화를 놓고 소동파의 생일 제사를 지내는 의식이 이 시기 조선에서 활발히 이뤄진 데에는 옹방강의 영향이 컸다. 또 공교롭게도 옹수곤의 생일이 소동파의 생일과 딱 하루 차이가 나기도 했다. 조선 문사들이 청 문인의 초상을 걸어놓고 그 생일 제사를 지낸 일은 앞선 시기 유금, 이덕무, 박제가 등이 청 이조원의 생일을 기념한 의식에서도 보이며,[11] 19세기에도 계속 이어졌다. 이유원은 신위가 옹방강의 생일을 기념했다고 했고, 옹수곤 역시 신위의 초상화를 걸어놓고 그 생일에 명다名茶를 올렸다는 기록도 함께 남겼다. 이 시기 조선-청 문사들의 집은 이런 우정의 기념 의식이 정성껏 주기적으로 재생되는 공간이었다. 편액을 비롯해 청 문인들의 시서화, 서적과 돌, 홍두, 지필묵 등 각종 우의의 정표들로 채워진 이 시기 조선 문사의 거처는 그 자체로 문화적 동질의식을 지닌 조-청 문인 집단 사이에서 독해 가능한 일종의 텍스트와도 같았고, 회화 및 시문 창작을 통한 재현과 의미의 확장·파급을 기다리는, 즉 재현할 만한 가치와 의미를 지닌 '신교神交'의 저장소였다.

여기서 한 가지 짚고 넘어갈 점은 한중교유의 맥락이 담긴 거주지 그림 및 관련 시문을 남긴 조선 후기 문인들이 대개 거주지 재현 회화를 포함한 청조 최신의 문화 취향을 민감하게 수용·공유할 수 있는 교유적 관계망으로 연결되어 있는 인물들이라는 점이다. 이미 18세기의 연암 그룹부터가 그러했고, 그에 이어 19세기 청 문인들과의 교유 속에서 거주지 관련 그림과 시문을 활발히 창작했던 홍현주, 신위, 이유원, 이상적, 오경석 등의 인물은 추사 일파의 일원이거나

후계자였다. 특히 이 19세기 조선 문인들은 옹방강·오숭량 일파의 청
문인들과 긴밀하게 교류했기에, 옹방강의 거처를 그린 그림인 「소재도
蘇齋圖」(도 6), 오숭량이 꿈꾸는 은거지의 풍경인 「매감도」류의 회화, 옹
방강이 시학과 학술 면에서 중시했던 인물인 청 왕사정王士禎의 거처
공간 이미지인 「추림독서도秋林讀書圖」(도 7) 등의 각종 청 회화들을 익
히 알고 있었다. (「매감도」나 「추림독서도」는 특정 중국 문인의 거처 이
미지라는 본래의 맥락에서 떨어져나와 추사와 학맥이 닿는 중인 화가들
을 중심으로 19세기 조선 예단에서 지속적으로 그려지는 화제畫題가 되기
도 했다. 도 8) 물론 조선 내에서도 별서도를 비롯해 거주 공간 이미지
를 재현하는 회화 전통은 이미 있었다. 다만 18세기 후반에서 19세기
들어 한중교유와 함께 실시간으로 조선에 유입된 이런 유의 청대 거
주지 그림들은, 집 그림의 화풍과 표현 방식, 의미에 대한 조선 문인
들의 견문과 인식을 한층 더 넓히고 이채로운 활기를 불어넣는 시각
적 자극이었을 것이다.

　　청 문인과 서로의 거주지 그림 및 이에 대한 시문을 교환하는
유행에 동참하는 일은, 한중교유에 대한 직간접적 경험이 많은 당대
조선 문사들끼리 일종의 집단적 문화 정체감—청 문화의 수혜를 풍
부하게 입은 조선 문사층 내에서의—을 형성하는 데에도 일조했을
법하다. (직·간접적 대청對淸 교유 기회를 갖지 못한 지방의 어느 선비라
면, 옹방강이며 오숭량의 거주 공간 이미지와 관련된 시어詩語나 담론들
이 지닌 겹겹의 층위를 어디까지 읽어내고 공감할 수 있었을까.) 신위가
홍현주의 초상에 쓴 시 「제해도인소조행간자題海道人小照行看子 오수五首」
를 보면, 한중교유 체험의 공유에 기반한 두 사람 간의 동류의식과
일종의 집단적 자부심을 편편마다 느낄 수 있다. 먼저 연행갔다 온 선
배의 소개로 중국 명사들과의 교유 기회를 얻고, 중국에서 들여온 진

도 6. 「소재도蘇齋圖」, 나빙羅聘, 청나라.

도 7. 「어양선생추림독서도漁洋先生秋林讀書圖」, 장도악張道渥, 청나라.

도 8. 「추림독서도秋林讀書圖」, 이한철, 조선 후기.

귀한 고동서화古董書畵로 거처를 꾸미는 높은 안목을 서로 칭찬해주며, 청 문사가 써준 글씨를 신위와 홍현주 두 사람의 집에 똑같이 편액으로 걸면서 동질감을 확인하는 한편 비좁은 조선 땅의 습속으로는 만족하기 어렵다는 은근한 자부를 내비치는 시다. 신위와 홍현주는 모두 청 오숭량에게 자신의 거주지 그림을 여러 점 제작해 보냈으며, 다시 청 문인 측에서 답례로 원본을 바탕으로 재창작해 보내온 자기 집 그림을 되받는 식의 서화 교류 경험을 해본 문인들이기도 하다.

5. 가볼 수 없는 그리운 곳을 그리기

여기서 한 가지 궁금증이 인다. 청 문인은 조선 문인의 집에 실제로 가보기 어려운 처지였다. 그렇다면 청 문인이 조선 지인의 집을 그리는 작업은 어떤 과정과 방식을 통해서 이뤄졌을까?

우선 그림 제작 과정에서 '말'과 '글'을 통한 의견 교환이 가능했다. 한 예로 청 문인화가인 정조경은 이상적의 부탁으로 이상적의 집 그림인 「조산루도艁山樓圖」(도 9)를 그려서 인편으로 부쳐주었는데, 그 그림을 보면 이상적의 문집『은송당집恩誦堂集』에 실린 「조산루기艁山樓記」에서의 집 주변 풍광 묘사와 합치되는 부분이 많다. 즉 집이 세워진 곳이 사방의 지세보다 높이 솟아오른 형세, 비가 오면 여울에 급류가 생기는 주변 풍광, 집 주변에 매화와 대나무를 울창하게 심어 담장 너머의 세속과 구분되는 탈속적 분위기를 조성하려 한 조경 특질 등은, 이상적이 조선에서 혼자 쓴 자신의 집에 관한 글에서도 나타나고 청 문인이 그려준 조산루의 그림 속에도 어느 정도 반영되어 있다. 정조경은 이상적과 실제로 교유가 있었기에 조산루의 이런 풍경과 조경

도 9. 「조산루도艁山樓圖」, 정조경程祖慶, 청나라.

에 실린 이상적의 의도에 대해 말이나 글로 전해 받을 기회가 있었을 것이다.

하지만 이러한 전언傳言이 유력한 참고자료로 제공되었다고 해도 결국 청 문인이 그려준 조선 문사의 집은 정보의 취사선택 과정을 거쳐 의미와 상징으로 증류된 '해석된 풍경'에 가까웠을 것이다. 생각해 보라. 누군가의 설명만 듣고서 가보지 않은 곳을 '똑같이' 그리는 작업이 어떻게 가능하겠는가? 이상적의 조산루는 사실상 한양에서 가장 번화한 종로 한복판에 있었다고 하는데,[12] 정조경의 「조산루도」 속에 재현된 조산루는 탈속적이고 한적한 은거의 공간이었다.

한편 조선 문인 측에서 자신의 거주지 그림을 먼저 그려 보내면, 이것이 청 문인에 의해 다시 모사·재창작되는 방식도 있었다. 말과 글로 이뤄진 언어적—이차적 자료에 비하면, 시각적 구축이 한번 완료된 기성의 회화 자료는 좀더 구체적인 형상성을 띠었겠지만, 이때 청 화가가 조선 문인이 준 그림을 똑같이 모사하는 차원에서 작업이 이뤄졌던 것 같지는 않다. 청 오숭량은 홍현주가 보내온 「쌍포별관도雙浦別

館圖」를 받고 그림에 능한 자기 아내 금향각琴香閣 장씨蔣氏를 시켜 「쌍포
별관도」의 화의畫意를 본떠倣其意 부채 그림으로 그리게 한 뒤, 이 그림
에 대한 시를 지어 부채와 함께 보냈다. 동양 회화 전통에서의 '방倣'
이란 단순한 모방 차원을 넘어선 '뜻'을 그리는 차원의 변형과 재창작
까지 포함하는 개념으로, 그림의 크기나 형식, 구성까지도 원본과 달
라질 수 있다. 부채 그림은 전통시대 회화 향유 문화에서 선물용으로
가장 적합한 형식이라고 하는데,[13] 홍현주는 중국의 지인 부부로부터
부채 위에 한 폭의 감상용 풍경화처럼 펼쳐진 자신의 별장 그림을 받
아보고 감회가 새로웠을 법하다.

　　위의 두 제작 방식보다 한층 더 파격적으로 느껴질 수 있는 것
은 '집'의 명칭에 담긴 의미를 그림으로 표현하는 방법이다. 이 경우에
는 언뜻 보아 누군가의 집을 그린 것인지, 아니면 일반적인 산수화인
지를 식별하기가 무척 어려워진다는 점에서 카메라로 찍은 '주택 사
진–건물 사진'에 대한 고정관념이 머릿속에 박힌 현대인들의 눈으로
보기에 이채롭다. 이것은 직접적으로 거주지의 형상을 지시·재현하기
보다는 거주지에 붙여진 명칭(당호堂號)의 의미를 시각적으로 표현하는
방식으로 거주지와의 의미적 연결성을 지니게 되는 도상이다. 그 예
로 청 문인 장시蔣詩가 신위를 위해 「벽로음방도碧蘆吟舫圖」를 그렸는데,
이 그림에서는 잎이 드문드문한 버드나무 아래 배 한 척만 가로놓여
있어 쓸쓸한 정취를 풍겼다고 한다. 여기서 '벽로음방'은 남산 기슭 장
흥방에 자리잡은 신위의 집으로, 거주지를 지시하는 그림인 「벽로음
방도」가 마치 배가 있는 강가 풍경을 그린 일반적인 산수화의 화제畫題
처럼 그려졌다는 언급을 눈여겨보자.

　　이런 유의 거주지 그림을 가능하게 했던 것은 '벽로碧蘆(푸른 갈
대)'가 자라는 강가와 수면 위에 놓인 배舫로 거처의 심상을 표상화하

는 문인들의 상상력이었다. '벽로음방'은 "푸른 갈대가 있는 강가의 시 읊조리는 배"라는 뜻이다. 신위의 장흥방 집에 벽로 몇 포기가 마당 에서 저절로 자라나자 "주인이 강호江湖에 은거할 조짐이 있다"고 하 는 사람이 있었다 하며, 갈대로부터 강호의 이미지로 연상을 확장한 결과 '벽로방'이라는 신위의 당호가 여기서 유래하게 되었다고 한다.**14** 문인의 거처의 명칭에 '배'를 뜻하는 말을 쓰는 문화적 현상은 이 시 기 조선이나 청의 문학작품에서 종종 나타난다.**15**

특히 신위는 문학적 수사나 비유 차원에서 자신의 거처를 '배' 로 명명하는 데에만 만족하지 않았다. 신위가 집 후원의 작은 누각을 배 모양으로 만들고 싶어했다는 지인 홍현주의 증언**16**을 보면, 신위는 누각을 작은 배에 비유하는 시적 정취를 실제화한 거주 공간 내의 조 경을 구상했던 듯하다.(만약 신위가 이런 구상을 실제로 이루었다 할지 라도, 신위 소유의 정원을 그린다고 할 때 배 모양의 누각과 후원의 연못 풍광을 '비교적 사실적으로' 그릴 것인지, 아니면 아예 누각과 인공 연못 대신 배가 있는 강가 풍경으로 정원의 이미지를 대체할 것인지 하는 문 제는 서로 전혀 다른 차원의 재현 방식이다.)

신위의 집인 벽로음방 혹은 벽로방을 이런 식으로 그리는 것이 꼭 청 장시의 독창적인 시도였는지는 분명하지 않다. 신위 역시 청 오 숭량에게 보내주려는 목적으로 「벽로음방도」를 그린 일이 있으니, 어 쩌면 신위 스스로 그려서 청 문사들에게 전해진 이 「벽로음방도」부터 가 강과 배의 풍경을 그린 환유적換喩的 재현 방식을 취했을지도 모른 다. 이와 관련해 신위는 「'벽로방도'에 스스로 쓰다自題碧蘆舫圖」라는 시 에서 "무릎 둘 곳도 없는 작은 배/ 갈대잎 갈대꽃에 가을 생각 나네./ 한번 서늘한 누각 더 만든 뒤로는/ 비바람이 배를 치는 시름을 또 어 이 견딜까"라고 읊은 일이 있다. 또한 청 오숭량은 신위가 그려서 보내준 「벽로음방도」를 받고 여기에 부친 시에서 신위의 작은 집을 배에 비유하면서, 벽로음방에서의 삶을 산수자연 속에서 누리는 정취 있는 생활―늘 밤이면 빗줄기가 강 부들 울리는 소리며, 빈산에 학 우는 소리가 저 멀리 화답하듯 들려오는―로 그려냈다(오숭량, 『향소산관시집香蘇山館詩集』 금체시초今體詩鈔 권16). 과연 신위와 오숭량이 위 시를 쓸 때 눈앞에 펴놓고 있었던 「벽로방도」와 「벽로음방도」가 서로 같은 그림이었을지, 어떤 형태의 그림이었을지 자못 궁금하지만 그림이 현전하지 않으니 알 길이 없다.

　　신위와 장시가 그린 「벽로음방도」가 지금 남아 있지 않은 대신 신위와 연관된 「시령도詩舲圖」(도 10)라는 다른 그림을 통해 「벽로음방도」의 도상과 풍치風致를 상상해볼 수 있다. 신위의 아들 신명준申命準(1803~1842)은 신위의 지시에 따라 '시령詩舲(여기서 영舲 자는 작은 배라는 뜻이다)'이란 자를 쓴 조선의 이경소李景蘇라는 인물을 위해 강과 배가 있는 풍경을 그린 「시령도」를 제작한 일이 있다. 이를 통해 보면, 신위는 특정인의 자호字號가 담고 있는 의미를 배가 있는 산수 이미지로 풀어내서 그리는 식의 작업을 종종 시도했던 듯하다. 배가 있는 강가 풍경을 특정인을 상징하는 그림으로, 그 인물의 지향을 담은 심상으로 읽어내는 독해 코드는, 서로의 기호와 문예 취향을 잘 아는 친구끼리만 가능한 그림 향유 방식이지 않았을까.[17]

　　이러한 일종의 수수께끼 풀이 같은 도상화圖像化와 연관되는 예로, 김정희가 「난설도蘭雪圖」를 그려 청 오숭량에게 보낸 일 역시 떠올려볼 수 있다. 「난설도」가 무엇을 그린 그림이었는지 정확히 알 수는 없지만, 그림의 표제로 볼 때 자연 경물인 눈 맞은 겨울 난초雪蘭를 그려서 오숭량의 자 '난설蘭雪'을 시각적으로 형상화한 그림이 아니었을까 추정하는 설이 있는데,[18] 추사 일파의 문인화가들은 이처럼 지인의

자호字號를 경물 이미지로 도해하는 그림을 곧잘 그렸던 듯하다.

추사 일파의 지인들 중에서 당호의 도해로 거처 이미지를 구현해낸 다른 예를 보자. 김유근金逌根(1785~1840)의 시구 "나무는 푸르게 문을 가리려 하네樹意綠遮門"를 취해 권돈인權敦仁(1783~1859)의 당호가 '녹의헌綠意軒'이 되고, 신위는 이 권돈인의 집과 관련해서 아들 신명준에게 「녹의헌에서 시 읊는 그림綠意吟詩圖」을 그리게 하여 권돈인에게 준 뒤 이 그림에 시를 부친 일이 있었다. 신위, 김유근, 권돈인은 이와 관련된 글씨, 그림, 글 등을 한데 모아 두루마리로 만들어 권돈인이 연행 갔을 때 중국 명사들의 글을 받기도 했다.[19] 친구가 우연히 지은 시 구절이 마음에 들어 그것을 따와 자기 집 이름으로 삼고, 그 집에서의 시인다운 생활 모습을 담은 그림을 다시 친구가 그려주고, 이에 대한 중국 문인들의 감회도 두루마리에 끝없이 이어졌을 것이다. 이 시기의 거주지 그림에는 이처럼 한 장의 건물 사진으로는 담아낼 수 없는 친구들 사이의 풍성한 에피소드와 시적 정취가 겹겹이 겹쳐져 있었다.

위에서 살펴본 장시의 「벽로음방도」는 문인의 거주 공간 내지 소유 정원을 기념하여 그려진 '별호도別號圖'류 회화에 속한다. 집과 정원, 서재에 붙인 이름이 곧 문인 자신의 자호가 되고 이를 그린 그림

도 10. 「시령도詩舲圖」, 신명준申命準, 조선 후기.

이 '별호도'라 할 때, 문인의 자기 표상으로서의 자호를 도해함으로써 거주지의 존재를 환유해내는 회화는 그 문인의 정체성을 시각적으로 표현하는 한 방식이 된다. 이러한 자기표현적 측면은, 물론 문인 자신이 국내에서 스스로 별호도를 그리거나 직업화가에게 주문 제작할 때에도 이미 존재하고 작동하는 의미다.[20]

　　그런데 조-청 문사 간에 상대방의 자호나 당호를 별호도 형식으로 그려줄 때에는 특별한 국제적 우호를 기념하는 상징적 도상으로서의 의미가 더 부가된다. 이는 이미 선행 연구를 통해 잘 알려져 있듯, 19세기 조선과 청 문인들의 교유에서 자호나 당호를 둘러싼 각종 예술 형식과 담론들이 풍성했던 일과 연계될 수 있다. 청 옹수곤이 자기 자신을 비롯해 김정희, 신위, 유최관柳最寬 같은 조선 문사들의 자호에서 한 글자씩을 따서 그 거처에 '성·추·하·벽의 집星秋霞碧之齋(옹수곤은 자신의 거처에 이런 편액을 붙임으로써 멀리 있는 조선의 친구들과 함께 기거하는 듯한 느낌을 받았을 것이다)'이라고 써 붙여 항상 잊지 않겠다는 뜻을 표하고 이것으로 인장까지 새긴 일이 그 한 예다. 자호는 한 인간의 이름과 존재성과 인격을 상징하거나 이미지화하며, 그것이 특히 인장에 새겨지면 문인 서재 안의 일상에서 늘 가까운 곳에 놓고 각종 서화의 배경에 찍혀 특정인의 존재감에 대한 물질적

흔적을 남기게 된다.[21] 한 인격에 대한 기호-상징-물질성의 접합면에 존재했던 자호가 이 시기 활발한 한중 묵연의 현장에서 중요했던 것은 일견 자연스러운 일이고, 이 시기 조·청 문사들이 지인의 거처를 재현하면서 그 인격을 표상하고자 할 때 별호도 형식을 종종 택했던 것도 이러한 문화적 배경 위에서 이뤄졌을 것이다.

잠깐 다시 「벽로음방도」의 주인공 신위의 이야기로 돌아 나와보자. 신위는 청 오숭량의 부인 금향각이 그려 보내준 산수화를 보면서 시를 지을 때, 금향각에게는 '석계어부石溪漁婦' 네 글자가 새겨진 인장이 있고, 오숭량에게는 '구리매화촌사九里梅花村舍' 여섯 글자가 새겨진 인장이 있다는 정보를 주석으로 덧붙인다. 어쩌면 이 도장이 오숭량과 금향각이 신위에게 보내온 서화 위에 찍혀 있었던 것은 아닐까? 인장은 그림에 찍힌 화면 내의 시각적 구성 요소이기도 하지만, 그 자체로 이미 도장의 주인인 특정 인물의 존재성을 강렬하게 환기시키는 그리움의 자국이기도 하다. 신위는 이 인장의 의미에서 시상을 따와 금향각의 그림에 대한 시를 풀어나가기도 하고, 금향각의 산수화 속에서 오숭량과 부인이 산다는 매화 가득 핀 마을에 있는 집을 찾아보기도 한다.

이 시대에 김유근은 즐겨 보는 서화에 절친한 친구 김정희와 권돈인의 자호를 새긴 도장을 찍어 친구를 직접 마주하는 듯한 느낌이 들도록 했다고 한다.[22] 한 화폭 안에서 도장으로 함께하며 우정을 증거하는 일이 주는 감각―서화 안에 도장을 찍음으로써 일어나는 손쉬운 시공간의 병치―은 이러했을 것이다. 더욱이 재회가 어려운 조선과 청 문사 사이에, 다른 나라에 있는 친구의 자호·당호와 그것을 표현한 그림, 자호가 새겨진 인장 등을 보면서 그 사람의 존재를 떠올리는 일은 더욱 절실한 효과를 가져올 수 있었다. 이국의 벗이 사는 곳과 관련되는 각종 정보(거주지 관련 그림과 시, 당호堂號와 그것이 새겨진 인장, 재실명과 편액 등)들을 입수하고, 국제적 서화 교류 속에서 서로의 '집'과 관련된 예술 형식과 담론을 만들어나가는 일은 조선·청 문인 사이에 가로놓인 공간적 거리를 단축시키는 한 방식이었다.

　　조선과 청나라 문인들 사이에서 그려지고 향유된 몇몇 조선 문인의 거주지 재현 회화들은, 남아 있는 소수의 그림이나 문헌 기록들을 통해 볼 때, 사진을 찍거나 지도를 그리듯이 특정 거주지의 지형지물과 경관을 사실적으로 재현하려는 방향과는 거리가 멀었다. 이는 전대에 조선에서 그려진 별서도別墅圖들이 별서와 주변 승경을 소유화하고 그곳에 미치는 가문의 영향력을 시각화하고자 할 때 실경에 충실한 '지형도적 실경산수도'라든지, 그림 속 경물에 지명이 부기되거나 지도식 부감시의 화면 구성을 취한 일종의 회화식 지도, 특정 지역의 지형적 정보를 주는 '(지리)기록화적인 성격'을 종종 띠었던 것[23]과 차별화되면서, 한중교유적 의미망 위에서 제작된 이 시기 거주지 그림의 특징을 예고해준다. 즉 19세기 이런 부류의 거주지 그림에서는 언뜻 일반적인 산수인물화처럼 보일 수 있는 도상에 '특정인의 집'이라는 의미가 포개지기도 하고, 심지어는 「벽로음방도」의 사례에서 보듯 거주지 풍경의 재현 대신 문인의 당호를 직접적으로 도해한 '버드나무 아래 배 한 척'의 이미지로 '집'의 심상을 환유하기까지 했다.

　　현전하는 회화작품이 많지 않은 상황에서 이런 면모가 이 부류 거주지 그림의 모든 특질과 양상을 대표한다고 할 수는 없지만, 이러한 '비형사적非形似的(실제 형상을 닮게 그리려 애쓰지 않는) 지향'의 빈번한 검출은 유의미한 지점을 내포하고 있다고 생각된다. 청 문인이 조선 문인의 거주지에 실제로 가볼 수 없는 상황에서, 특정 지역의 지형적 구체성은 양국 문인 간에 정확한 체험과 견문을 공유하기 힘든 요소였다. 그보다도 공간적·물리적 거리나 국적의 경계를 초월하는 정신적 교류와 교감, 예컨대 '회인懷人'의 회화화繪畫化가 더욱 중요해지기도 했다. 이런 방향에서의 조형은 반드시 정세하고 구체적인 대상(공간) 재현을 목표로 하지는 않는다. 때로는 간솔簡率한 사의적寫意的(구체적 형상성보다 뜻과 정신을 중시하는) 필치라든가, 단순한 재현보다는 '상징화' 차원의 도해, 대상 인물의 거처 풍광을 암시하는 일반성이 다분한 산수인물화식의 이미지만으로도 충분했다.

관련된 예로 청 문인화가 장심張深이 자신의 서실을 그린 「괴근소축도槐根小築圖」를 김정희에게 보내자, 김정희는 원 그림에서의 계절적 배경을 변형시켜 신록이 푸른 여름 풍경을 눈 덮인 겨울 풍경으로 바꾼 「괴근소축도」를 그려서 시와 함께 다시 장심에게 보내주었다. 장심의 서실 풍경을 겨울 배경으로 바꾼 것은 김정희가 겨울에 있었던 북경에서의 귀국길을 생각하며 설경을 그린 것으로, 지난날 북경에서의 시간을 그리워하는 심정을 담아내려는 의도였다고 한다.[24] 눈 덮인 벗의 서실은, 장심이 먼저 보내준 「괴근소축도」와 김정희의 체험, 기억 등이 포개지고 다시 채색된 결과 이루어진 일종의 심상 풍경이었던 셈이다. 거주지 그림의 상호 증여를 통해 사실적 시각 정보의 제공보다도 회화화된 '신교'의 서식처로서 거주 공간 이미지를 재구축해나갔던 19세기 조·청 문인들의 의식세계를 여기서 엿보게 된다.

19세기 이러한 성격의 거주지 그림들이 직업화가가 아니라 국제 교유의 당사자인 조·청 문사들(문인화가) 자신에 의해 직접 그려지곤 했던 것은 이러한 '비형사적 지향'의 강화에 더욱 일조했을 것이다. 동양에서는 직업적 전문화가의 그림이 사실성 쪽으로 기울어진 반면, 문인화는 형상성보다도 다른 차원의 정신성을 더 중시한다는 인식이 있어왔다. 이 글에서 살펴본 19세기 조·청 문인들의 거주지 그림은 불특정 다수의 관람자를 위한 것이라기보다는, 그에 앞서 일차적으로 수신인과 발신인 간의 관계 내지 시서화를 주고받는 교유 인물들 간 개인적 친분의 맥락이 중요하게 전제되어 있다고 보인다. 이런 상황에서 교유의 당사자인 이국 문사가 직접 그려준 그림이라는 사실은, 거주지 그림의 수신인에게 곧 이국의 벗의 인품과 (그림을 빌려 마치 가까이에 있는 듯한) 존재감, 변치 않는 우의 등의 가치를 더욱 절실히 환기시키기에 용이했을 법하다.

6. 국경을 넘은 그리움의 재생처로서의 '집'

안대회 교수 등의 선행 연구에서 밝혀졌듯이, 조선 후기의 문인들은 자기가 살기 원하는 가상의 주거 공간을 꿈꾸고 설계하는 '의원기意園記'류의 산문 창작에 매료되어 있었으며, 이런 유행에는 명 왕세정王世貞, 명말 청초의 문인 황주성黃周星 같은 중국 문인들의 정원 관련 문학작품이 끼친 영향이 컸다. 그런데 필자가 이 글에서 다룬 내용들

도 11. 「조산루도艁山樓圖」, 김희빈金熙彬, 청나라.

은, 조선 문인이 자신의 거처를 스스로 상상하고 설계하는 행위와 창작 동기 및 성격상 완전히 동질적이지는 않다. 문인 혼자서 자신이 꿈꾸는 거주지를 자유롭게 산문으로 쓰는 일과, 중국 문인에게 보내기 위한 목적으로 자신의 거주지를 그림으로 그리고 시문 속에서 재현하는 일은 서로 다른 문학 경험에 속한다. 또한 이 글에서 언급한 신위, 이상적, 홍현주, 오경석 등의 집은, 아직 지어지지 않은 상상 속의 집이라기보다는, (설령 거기에 상징적 미화와 비실제적 재현이 덧붙여졌다 할지라도) 조선 어딘가에 이미 현존하면서 의미상으로는 그 집 주인의 인격과 존재감을 지시하는 실재의 공간이었다.

교통수단의 비약적인 발달로 중국, 일본은 물론 상당수의 나라가 일일 생활권 안으로 들어온 오늘날과는 달랐던 조선시대에, 한번 헤어지고 나면 다시는 생전에 동일한 시공간을 공유하기 힘들었던 조선─청 문인들이 지속적인 그리움의 서식지로 명명했던 것은, 결국 그림 속의 공간, 문학의 공간이었다.

9장

반공영화라는
감성 기획은 왜 실패했나

반공주의의 내면 풍경

이하나

1. '감성'으로 반공주의 다시 보기

1948년 정부가 세워진 이래 반공주의는 '대한민국'이라는 국가의 정체성을 구성하는 주요 요소이면서 국가의 통치 이데올로기로 기능하며 분단 체제를 심성적 차원에서 단단히 다지는 역할을 해왔다. 이것은 반공주의를 극복하는 일이 분단을 극복하는 데 가장 핵심임을 말해주지만, 동시에 그렇기 때문에 이를 극복하는 것은 결코 쉽지 않으리라고 짐작케도 한다. 실제로 우리 사회에 민주화가 진행되면서 한편으로 '레드 콤플렉스'로서의 반공주의가 극복되는 듯 보이지만 반핵·평화·인권 옹호의 이름으로 반북 정서는 더 강화되고 있으며, 이는 남북 갈등 이전에 남남 갈등의 원인이 되고 있다. 이런 상황은 반공주의를 극복하려면 그 이념성을 분석하는 것도 중요하지만, 그것이 시기마다 어떻게 다른 의미를 돌출시키며 정서적으로 받아들여져 왔는지에 대한 역사성을 추적하는 일이 그에 못지않게 중요하다는 것을 깨닫게 해준다. 과거 반공주의를 연구하는 자체가 도전으로서 금기시되거나 당위적인 결론으로 받아들여지던 것과 달리 최근 연구들은 그 억압성을 폭로하는 것을 넘어서서 시기별로 변화하는 반공주의의 다양한 함의를 주목하고 있다.[1] 그럼에도 불구하고 현대사 연구의 테두리에서 반공주의가 실제로 현실 속에서 어떻게 작동했는지를 분석한 연구는 많지 않은데, 오히려 문학과 영화를 비롯한 문화 연구자들이 이 주제에 관심을 기울여왔다. 반공주의가 한국 문화에 미친 영향이 반공주의 자체에 대한 연구보다 더 폭넓게 진행된 것이다.[2] 그런데이들 연구는 대개 1960년대에 이르면 반공주의가 내면화되고 있음을문학이나 영화를 통해 규명하고 있다.[3]

지난 수십 년 동안 한국 사회의 지배 이데올로기로서 맹위를 떨치긴 했지만, 남한 국민 전체가 반공주의를 예외 없이 신봉하고 균일하게 받아들였던 것은 아니다. 무엇보다 반공주의는 극우반공 국가의 체제 수호 논리이자 정당성 없는 정권을 비호하는 수구 논리로 기능했기에 저항적 지식인들과 민중이 이에 대해 의문을 제기하는 것은당연했다. 그렇더라도 이런 문제제기는 현실적으로 스스로를 '빨갱이=비국민'임을 선언하는 것과 다름없었기에 이를 표면화하는 일은 극히 드물었다.■ 그러한 의구심이 존재했었다는 단서조차 포착해내기어려운 조건 속에서 반공주의는 적어도 1960년대 무렵부터는 국민에게 내면화된 것으로 이해되곤 했던 것이다. 그러나 이런 내면화를 인정한다면 1970~1980년대 국가보안법(반공법)을 위반하는 진보적 지식인들과 민중의 저항은 어떻게 설명해야 하는가? 반공주의가 지닌층층의 면모를 살펴보면 그것이 국민 개개인에게 동일한 수위로 내면화되기란 애초부터 어려웠다. 무엇보다 반공주의는 단일하고 정합적인 논리 체계를 가진 이념/사상이라기보다는 여러 논리와 정서가 중첩되고 경합하면서 시기에 따라 다른 의미를 만들어온 비균질적인 언설의 복합체이기 때문이다.[4]

■ 대표적인 예로 1986년 10월 13일 당시 신민당 소속 유성환 의원이 "우리나라의 국시는 반공이 아니라 통일"이라는 취지의 원내 발언을 했다가 국가보안법 위반으로 체포된사건을 들 수 있다.

반공주의의 정서는 대체로 공포, 증오, 적개심, 반감, 이질성 등으로 이뤄진 배제의 감정으로 이는 이해, 연민, 동질성 등을 바탕으로 하는 통합의 감정과 배치된다. 이 양쪽의 감정은 때로 결합되기도 하는데, 예컨대 북한에 대해 적개심과 연민이 모호하게 섞여 공존하거나 양립할 수 있다. 그런데 이러한 모순된 양립 가능성은 이미 그 자체로 반공적 감수성에 흠집을 내는 단초가 될 수 있다. 연민이 적개심보다 더 커지면 반공주의적 감성은 더 이상 지탱되거나 이전과 같은 형태로 유지되기는 어렵기 때문이다. 이때 반공주의는 혼란을 피하고자 더 협소한 감정으로 자신을 몰아가기도 하는데, 곧 연민을 품는 것은 적개심을 약화시키므로 금해야 한다는 논리를 재생산해내기도 한다. 이는 극우반공 정권이 반공주의를 재생산하는 논리이기도 하다. 이처럼 반공주의를 감성 차원에서 재론하는 것은 그것이 생산과 동시에 의미가 완성되는 것이 아니라 현실 속에서 작동하고 적용·확산되며 수용되는 과정에서 형성되는 것임을 드러내고, 이를 통해 반공주의가 논리 사이의 감성적 균열을 허용할 수밖에 없었던 모순과 역설을 강조하기 위해서다. 무엇보다 대중에게 반공주의란 논리이기 이전에 감성/정서로 다가왔다고 여겨지기 때문이다.

반공주의를 감성 차원에서 파악한다는 것에는 몇 가지 의의가 있다. 첫째, 반공주의의 다면성과 중층성에 대한 이해를 높임으로써 그 실체에 좀더 객관적으로 접근할 수 있게 한다. 반공주의는 남한이라는 특정 장소에서 역사적으로 형성되어온 사회적 감성/감정이기 때문에 그 장소성과 역사성을 파악해야만 실체에 다가설 수 있다. 여기서 감성이란 이성/논리의 대립항으로서의 감정이 아닌, 오히려 생각과 분리될 수 없는 느낌이며 느낌과 구분되지 않는 생각이다.[5] 따라서 남한 대중의 심성에 이러한 감수성의 복합체로 내재하는 반공주의의 정체를 드러내는 것은 반공주의를 극복하는 첫걸음이라 할 것이다. 둘째, 그동안 사적 영역에 한정되어 부정적으로 이해되었던 감성/감정의 문제가 개인의 차원을 넘어 집단과 공공 영역에 속한다는 것을 드러낼 수 있게 한다. 감성이 사회적인 것임은 친밀성에 대한 연구 등을 통해 어느 정도 알려졌으나[6] 그것이 우리 역사의 구체적인 상황에서 어떻게 발현되고 정치화되는지는 거의 밝혀지지 않았다. 반공주의를 감성의 측면에서 접근하는 것은 '반공'이라는 구호 아래 어떻게 상충되는 정서들이 공존할 수 있었는지를 설명할 뿐 아니라, 반공주의가 다양한 폭압적·이데올로기적 국가 기구를 내세웠음에도 불구하고 왜 대중의 마음속에 균열과 저항감을 일으키는지를 말해준다. 셋째, 국가의 정체성을 국민에게 강요하는 과정에서 그에 대비되는 저항적 공공성이 싹틀 여지가 있음을 깨닫게 해준다.[7] 국가가 특정한 정체성을 국민의 감성에 호소하며 주입할 때 일어나는 억압성과 모순성이 반공주의를 통해 드러나기 때문이다. 감성에 기댄 이데올로기로서의 반공주의는 바로 그 감성 때문에 모순을 드러내며 스스로를 배반하는 것이다.

이 글이 반공주의를 '감성 기획'의 차원에서 바라보는 것은 반공주의가 지배층의 의도대로 대중의 감성을 주조해내는 프로파간다임과 동시에 그것이 때때로 의도치 않은 효과Tocquevillean effect[8]를 발생시키면서 실패로 귀결되고 마는 모순적 프로젝트였음을 드러내기 위해서다. 이 글은 반공주의의 감성이 구현됨과 동시에 균열되는 이중적 징후를 엿볼 매개로 영화라는 매체에 주목한다. 이 글이 대상으로 삼는 1950~1960년대의 영화는 국가의 이데올로기 유포나 국민 오락 차원에서 더할 나위 없이 중요한 위치를 점했다. 영화는 '반공'이라는 억압적 정체성을 강요하는 이데올로기 기제임과 동시에 그에 온전히 동화되지 못하고 이반을 꿈꾸는 저항적 공공성의 단초가 배태되는 하나의 공적 장소다. 이 글에서 '감성 기획'이라는 용어는 반공주의와 '반공영화' 모두에 적용되는 것으로 썼는데, 한편으로는 반공주의 자체가 대중의 감수성을 주조하는 일종의 기획이었음을 강조하기 위해, 다른 한편으로는 이 글이 분석 대상으로 삼는 '반공영화'가 기본적으로 이러한 영화 매체의 특성을 가장 잘 보여주는 대중 상업영화임을 드러내기 위해서다.▪ 이 때문에 반공주의 감성 기획에 기반한 반공영화는 당연히 반공주의를 영화로 구현한 것이어야 한다. 그러나 영화가 제작·상영된 당대에 '반공영화'라 불린 것들을 자세히 살펴보면 의외로 꼭 그렇지만은 않다는 것을 알게 된다. 표면적으로는 반공주의를 설파할지 몰라도 최종적으로 관객에게 주는 정서는 그다지 반공적이지 못한 것이 적지 않기 때문이다.

　　이 글은 '반공영화'가 반공주의를 반영하는 방식에 관심을 두기보다는 반대로 '반공영화'가 전달하는 정서가 지배 전략과 균열을 일으키는 지점을 발견하는 데 목적이 있다. 반공영화에 대한 지배층의 관심이 반공주의의 확산·강화에 있었다면 반공영화가 그것에 정말 기여했는지는 중요한 문제이기 때문이다. 그렇더라도 자료의 한계로 반공영화에 대한 당대 대중의 직접적인 반응을 분석할 수는 없었다. 대신 영화 텍스트 자체가 지닌 담론적/감성적 의미에 천착함으로써 반공영화의 텍스트성이 당대의 맥락과 호응/비호응하는 지점은 어디인지에 관심을 두었다. 다음에서는 강화되는 반공 교육에도 불구하고 반공주의적 감성이 기대에 미치지 못한다는 위기의식이 어떻게 프

▪ 대중상업영화란 극장에서 상영할 목적으로 만들어진 상업적 목적의 영화를 말하며, 경우에 따라 대중영화, 상업영화 등과 혼용한다. 따라서 국가가 직접 제작한 문화영화는 분석 대상에서 제외했다.

로파간다로서의 반공영화에 대한 기대감을 촉발시키고, 그럼에도 불구하고 반공영화가 자신을 잉태한 반공주의를 배반하며 지배 담론/정서에 흠집을 내는 당혹스런 현상은 어디에서 비롯되는 것인지를 살펴본다.

2. 반공주의 훈육의 위기와 감성 프로파간다로서의 영화

반공주의는 일제가 민족해방운동의 핵심 역량이었던 공산주의자들을 탄압하는 과정에서 일제 식민 논리의 하나로 싹터, 해방 후과거 일제와 정서적 공감대를 지녔던 친일파들이 모스크바삼상회의 결정안에 대한 지지를 표명한 좌익을 '반反민족적'이라고 규탄하면서한국 사회에 퍼지기 시작했다.[9] 단독 정부 수립을 전후하여 일어난 여순 사건과 제주 4·3항쟁 등을 진압하는 과정에서 남한의 국가 이데올로기가 된 반공주의는 한국전쟁이 북한에 의해 도발된 '동족상잔의비극'으로 공식화되면서 점차 강화되었다. 이러한 과정은 반공주의가처음부터 이론과 사상의 형식으로 태어난 것이 아니라 감정으로서 먼저 발생해 논리가 나중에 보강된 측면이 크며, 이것이 사회적으로 확산·유통되면서 감성적으로 더욱 경도되고 증폭된 것임을 보여준다.

반공주의가 처음부터 설득력 있는 논리로 남한 대중에게 다가왔기보다 생명을 지키기 위한 자구책으로 '주어진 것'이었기에,[10] 이를유지·강화하기 위해서는 강력한 국가 기구가 필요했다. 하나는 반공주의를 거슬렀을 때 이를 감시·처벌하기 위한 법적 기구와 권력 기구이고, 다른 하나는 이를 국민에게 선전하여 유포시키는 이데올로기적국가 기구다. 전자가 국가보안법(1948)이나 반공법(1961), 그리고 중앙

정보부나 경찰 기구와 같이 폭력과 강제성에 기반한 물리력을 전제로 한다면, 후자는 동의와 자발성에 기초한 고도의 심리적 전략을 필요로 한다. 전자는 반공주의의 폭압적 성격을 그대로 보여주지만, 사실 반공주의의 감성적 확산과 내면화에 결정적인 기여를 한 것은 후자, 곧 학교와 미디어라고 할 수 있다.

특히 반공주의의 강화가 전쟁기와 전쟁 직후보다는 전후 한국전쟁의 이미지를 반복 재생하는 과정에서 이루어졌다는 사실에 주목할 필요가 있다. 곧 지식인 차원에서는 전쟁기에 반공주의적 논설과 담론이 생산되었지만, 대중적 차원에서 반공주의가 받아들여진 데에는 전후 본격화된 반공 대민선전과 반공 교육의 역할이 컸던 것이다.▪ 전쟁 직후부터 각급 학교에서 실시된 반공 교육은 처음에는 반공 교과가 따로 있지 않았고 전반적인 교과목에 '반공'에 대한 내용을 결합시켜 가르치는 형태로 이루어졌다. 이는 반공 교육이 교사의 자율적 선택에 달려 있었음을 뜻한다. 더구나 해방 후 전체주의적 교육 관행을 극복하고자 국민학교 교육과정을 중심으로 교육을 개선하려 했던 교육개혁운동은 반공적 내용을 직접 주입하기보다는 민주주의적 소양을 키우는 가운데 자연스럽게 반공 교육을 시행하는 것을 지향했다.[11] 이는 반공 교육이 민주주의나 휴머니즘과 같은 보편적 정서와 맞닿아 있었다는, 당시 그것이 내포한 함의를 짐작케 한다. 그러다 보니 반공 교육은 자연스럽게 도덕교과에서만 이뤄졌는데, 이러한 현

▪ 한국전쟁은 총 3년간의 전쟁 기간 중 초반 1년을 제외한 나머지 기간이 38선 근처에서의 교전이었기 때문에 남한 주민들이 인민군을 실제로 대면할 수 있었던 시기는 전쟁 발발부터 서울을 수복하고 다시 38선에 다다른 10월 1일까지 약 3개월 남짓에 불과하다. 그 이후에도 '빨치산'을 경험한 남한 주민은 제한적이었다. 이는 반공주의가 실제 경험에서 나온 것이라기보다는 국가의 선전, 교육을 통한 간접 경험에 더 많이 의존하고 있음을 보여준다.

실을 반영해 1957년 반공에 대한 내용을 대폭 강화해 도덕교과에서 공식적인 반공 교육을 실시했다. '도의 교육'이라 불렸던 도덕 교육이 분단국가의 정체성 형성과 관련이 깊음을 떠올릴 때,[12] 반공 교육이 개인, 사회, 국가 윤리를 포괄하는 도덕 교육의 범위 안에 있었던 것은 자연스러운 일이었다.

'반공'을 국시國是로 한다고 천명한 군사정부 아래에서 반공 교육은 크게 강화되었는데, 기존 교과목에 반공적 내용을 결합하는 것에 더해 1주일에 한 시간씩 별도의 교육을 실시했다.[13] 이때에도 도덕교과가 가장 많이 활용되었는데, 도덕교과목 시간을 아예 '반공·도덕' 시간으로 일컫곤 했다. 1960년대 중반 국민학교의 반공 도덕 교육 지침서에서는 "반공·도덕 지도가 생활 지도에 치우쳐 일상적 습관 형성과 관련이 깊은데 이것이 외부로부터의 지도에 그치고 어린이의 내면 형성에 기여하지 못하는" 점을 비판하고 있다. 곧 반공 도덕 교육이 반공주의의 내면화를 위한 철저한 전략으로 채워져야 함을 주장한 것이다. 이러한 목표에 따라 어린이의 정서 발달 과정에 맞춰 종합─심화─보충이라는 3단계로 반공 도덕 교육을 세분하고 세심한 지도를 꾀하는 도덕교과를 지향했다.[14] 반공 교육이 도덕 교육에서 차지하는 비중이 높았다는 것은 개인의 수양과 사회활동에 필요한 인성을 갖추는 데 반공이 결정적인 역할을 하도록 체계화되어 있음을 뜻했다. 곧 '반공'에 관한 내용이 독립적으로 존재한 것이 아니라 국가 생활이나 사회 생활, 심지어는 개인 생활을 다룬 내용에까지 침투해 결합되었다는 것인데, 예컨대 정의감과 효성 같은 개인 생활 역시 '반공'과 관련지어 교육하도록 되어 있었다.[15] 반공주의 교육의 목표는 결국 '반공'이 외부로부터 강제된 형태가 아니라 개인의 심성에서 자연스럽게 우러나와 생활 전반에 걸쳐 반공주의를 실천하도록 함을 목표로 했던 것이다. 이후 반공 교육은 점차 강화되어 1960년대 후반에는 모든 교육에 '반공'이 가장 중요한 목표가 되었다.

　반공 교육이 결정적으로 강화된 또 하나의 계기는 1968년 1월 21일 발생한 북한의 무장간첩 청와대 습격 미수 사건이었다. 이로써 반공 교육 전반에 대한 반성이 일어났고, "무장한 공비들이 수도 서울의 심장부에 접근했다는 충격적인 보도에도 반공 교육에 별로 큰 변화가 일어나지 않는 타성"이 생겼음을 한탄했던 것이다.[16] 특히 1960년대 '승공勝共'과 함께 반공주의의 구호였던 '방첩防諜'이 좀더 강조된 데에는 두 가지 함의가 있었다. 하나는 간첩을 남파시킨 북한에 대한 인식을 새롭게 하는 계기가 된 것이고, 다른 하나는 방첩의 대상이 간첩뿐만 아니라 사회의 '불순분자'='용공' 세력까지 포함하고 있다는 것이다.[17] 1960년대 중반까지만 해도 북한의 지배자와 북한 주민을 이분화해 전자는 악의 우두머리로 여겨 철저히 응징할 터이지만 후자는 그에 희생·착취당하는 불쌍한 동포로 포용하는 전략을 취하던 반공 교육[18]이 1960년대 후반에는 북한 전체에 대해 경계하고 증오심을 일으키는 전략으로 선회했다. 이는 북한을 한 '민족'으로 끌어안기보다는 민족에서 북한을 철저히 배제하는 반북주의의 강화를 뜻했다.■[19] 즉 '반공'은 일반적인 공산주의에 대한 반대라기보다는 북한이라는 구체적인 대상을 향한 것임을 재확인시켜주었다. 또한 방첩 교육의 강조는 어린이들의 인성 교육에도 영향을 미쳤다. '불평불만이 많은 사람'에게 간첩이 접근한다는 식의 논리는 자아 형성 과정에 있는 어린이들이 건전한 비판의식과 민주적 생활 태도를 갖추기보다는 감성 규율

■ 물론 '반북'이 이 시기에 처음 등장한 것은 아니다. 일민주의가 주창되던 시기부터 '민족에서 북한을 배제시키는 반북은 반공의 주 내용을 이루고 있지만 시기에 따라 강조점이 달라졌다는 의미다.

을 통해 그들을 국민으로 훈육하는 것에 교육의 목표가 있었음을 보여준다. 국민의 95퍼센트 이상이 국민학교에 진학하고 중학교는 아직 의무교육이 아니었던 당시의 사정을 고려할 때 이처럼 감성/정서의 차원에서 접근한 반공 교육은 국민의 심성을 근본부터 길들이는 것이었다. 곧 국민의 감수성을 어린 시절부터 반공주의적으로 주조하는 것이 바로 반공 교육이었던 것이다.

　　그러나 이처럼 생활 전방위에서 반공을 강조했음에도 기대만큼 큰 효과를 거두지는 못했다. 무엇보다 학교에서의 반공 교육에서는 정규 교과목 시간 외에도 반공포스터 그리기, 반공표어 짓기, 반공리본 달기, 반공웅변대회 등 다양한 반공활동의 비중이 컸는데 이렇듯 빈번하고 강압적인 활동이 오히려 정서적 무감각과 저항감을 초래했기 때문이다. 한 예로 1967년 부산 지역 교육과학연구원에서 고등학생 1학년 450명을 대상으로 조사한 내용에 따르면 반공 방첩 리본달기와 같은 활동의 효과는 매우 미미했다. 조사 대상의 69.1퍼센트가 "학교 교문에 들어서야 하기 때문에 억지로 반공리본을 단다"고 대답했고 27.3퍼센트는 "시키니까 단다"고 답했다. '반공'이라는 "목적의식을 갖고 있다"는 대답은 전체의 3.6퍼센트에 불과했다. 효과 면에서도 "무감각하다"는 대답이 97.2퍼센트였고 "반공의식을 고취시켜주었다"는 대답은 0.4퍼센트에 불과했다. 반공표어에 대해서도 "아무런 느낌이 없었다"는 대답이 92.9퍼센트에 달했고 "반공 방첩을 해야겠다는 생각이 많이 든다"고 답한 사람은 아무도 없었다.[20] 강원도 교육연구소에서 도내 고등학생 1000명을 대상으로 실시한 반공의식 조사에서도 결과는 비슷했다. 교육자들은 이 조사에서 "현재 북한에 국회가 있다고 생각하느냐"는 질문에 "있다"는 학생이 48.5퍼센트, 북한 주민의 생활수준이 남한과 비교해서 더 낮거나 비슷하다고 보는 학생이

22.8퍼센트였다는 사실에 충격을 받았음을 토로하곤 했다.[21] 반공주의가 생각만큼 국민에게 내면화되지 못했음을 당시의 반공 지식인들은 진단하고 있었던 것이다.

반공 교육의 강화에도 불구하고 실제로는 그 효과가 기대에 못미친다는 사실은 반공주의를 좀더 효율적으로 내면화시킬 교육 방법의 다면화를 요구했다. 반공 교육은 "도덕성의 내면화, 곧 인격 형성과 밀접한 관련"이 있기에[22] '반공'이 "지적인 면보다 정의적情意的이고 감성적인 면에서 내면화되어야 한다"는 주장이 제기되었다.[23] 이러한 차원에서 정규 교육 내에서 실시되는 반공 교육과 더불어 대중 계몽의 필요성이 제기되었는데, 그중에서도 특별한 의의를 지닌다고 강조된 것은 미디어, 특히 영화였다.[24] 영화가 반공 교육의 도구로 각광받은 것은 당시만 해도 TV 보급률이 높지 않았기에 영화가 선전 매체로서 미치는 영향력이 가장 높았기 때문이다. 또한 영화는 교육 효과가 뛰어나며 대상층이 광범위한 시청각 교재라는 인식은 영화에 대한 교육자들의 관심을 끌기에 충분했다.[25] 이러한 인식에 따라 반공 계몽/선전에 있어서 영화, 그것도 극영화의 중요성이 부각되고 급기야 반공영화 육성책이 영화인뿐만 아니라 교육 당국자나 위정자 및 지식인들 사이에서 광범위하게 논의된다. 영화는 강연회나 딱딱한 출판물에 비해 흥미롭게 반공을 전달할 수 있기에 그보다 몇 배나 되는 대중을 동원할 수 있다는 점이 강조되었다.[26] 반공영화가 반공주의를 감성적 차원에서 가장 잘 유포할 수 있는 프로파간다 매체임이 천명된 것이다.

그러나 이런 공감대에도 불구하고 현실적으로 반공영화는 충분히 제작되지 않으며, 혹 제작된다 해도 그 성과는 크지 않다는 평가가 대부분이었다.[27] 또한 반공영화를 육성하는 데 정부 지원책을 강조하다보니 국가적 차원에서 행해지는 북한의 영화 제작 실태에 대해 자세히 소개하는 아이러니한 일도 벌어졌다.[28] "상식적인 훈계조의 설교에서 벗어나지 못하"며, "구호에 의존하는 철학의 빈곤"이야말로 반공영화의 고민이라는 한 영화평론가의 지적은 당시 반공영화가 처한 현실을 잘 보여준다. 곧 '차원 높은 반공영화'가 만들어지려면 "적이니까 증오해야 한다는 식의 정책적 희생물이어서는 안 되며, 무엇 때문에 적이 되었는가를 깨우치게 하는 설득력을 동반해야 한다"는 것이다.[29] 그러나 이처럼 반공주의의 가장 효과적인 도구로 자리매김된 반공영화에 무조건적 증오가 아닌 논리적·정서적 설득력을 요구하는 순간 반공영화는 딜레마에 빠지고 만다. 바로 반공주의의 모순과 복합성이 반공영화에도 혼재되어 있기 때문이다. 이러한 모순은 '반공영화'라는 범주가 만들어지는 과정에서 일찌감치 드러난 것이었다.

3. 반공영화 논쟁의 쟁점들—'반공'과 비非'반공'

'반공영화'는 반공의식을 고취할 목적으로 제작되었거나 반공을 주요 테마로 한 영화를 말한다.■[30] '반공영화'라는 용어가 공식적으로 쓰인 것은 '반공영화'가 제작되기 시작한 뒤 수년이 지난 1950년대 중

■ 따라서 '반공영화'란 실제로 반공주의를 고취하는 영화라는 의미는 아니다. 영화가 만들어진 시기의 생산과 소비의 맥락에서 반공영화로 지칭되거나, 그렇지 않더라도 적어도 '반공적'인 내용을 넣으려고 의도한 영화들이 이에 속한다. 그러므로 전쟁영화, 군사영화, 간첩/첩보영화, 계몽영화, 전쟁멜로드라마 등을 포함하는 다양한 장르를 하위 범주로 둘 수 있다. 한편 분단 현실을 재현하는 영화를 지칭하는 '분단영화'라는 용어를 쓰기도 하는데 1950~1960년대 대부분의 영화가 분단 현실을 직간접적으로 반영한다는 점에서 이 글에서는 지양하고, 좀더 특화된 형태의 '반공영화'라는 용어를 쓰기로 한다.

반에 이르러서다. 최초의 '반공영화'라 일컬어지는 「전우」(1949, 홍개명)나 「성벽을 뚫고」(1949, 한형모)는 개봉 당시에는 '반공영화'라 일컬어지지 않았으며, "공산당의 피의 제재, 철의 규율, 반反자유, 그러한 것들을 제압하는 인간 정신의 승리와 발양을 해명하는 데 목적이 있는" 영화라고 평가[31]되었던 「운명의 손」(1954, 한형모) 역시 '반공영화'라 불리지는 않았다. '반공영화'라는 용어의 발생과 범주화에 결정적인 영향을 미친 것은 1950년대 중반에 제작·상영된 영화 「죽엄의 상자」(1955, 김기영)■와 「피아골」(1955, 이강천)을 두고 벌어진 일련의 논쟁이었다.[32] 곧 어떤 영화가 반공영화냐 아니냐, 혹은 반공적이냐 아니냐를 두고 벌어진 갑론을박은 반공영화의 조건과 반공의 의미에 대한 사회적 정의에 공감대를 형성하는 계기가 되었다. 이 두 영화를 통해 반공을 주제로 한 반공영화가 검열이나 비평 단계에서 그다지 반공적이지 않을 뿐만 아니라 때로는 반공주의에 위배된다는 비판이 제기되었던 것이다. 이 두 영화를 둘러싼 논쟁 과정에 대해서는 이미 기존 연구들이 밝힌 바 있으므로[33] 이 글에서는 논쟁 자체보다는 반공적이지 않다는 증거로 운위된 것들이 왜 반공과 배치되는 것으로 이해되었는지에 초점을 맞추고자 한다. 또한 반공법 위반으로 감독이 구속되었던 영화 「7인의 여포로」(1965, 이만희)의 쟁점들을 통해 지배층과 대중 사이에서 다르게 유통되는 반공주의의 감성을 살펴보려 한다. 이 세 영화는 '반공영화'로 볼 것인가의 논쟁에도 불구하고 당대 '반공영화'의 대표작으로 꼽혔다. 논쟁의 쟁점은 이들 영화에서 나타나는 휴머니즘, 오락성, 그리고 민족 정서가 반공주의와 어떤 관련이 있는가에 있다.

■ 「죽엄의 상자」는 신문에 따라서 「주검의 상자」 또는 「죽음의 상자」라고 표기되어 있다.

반공영화와 휴머니즘

'반공영화'에 대한 가장 치열한 찬반 논쟁은 국가보안법 위반으로 상영이 금지된 「피아골」을 둘러싸고 벌어졌다. 「피아골」은 전북도경의 공보주임이 빨치산으로부터 노획한 기록을 바탕으로 직접 시나리오 작업을 하고, 전북도경과 내무부 치안국에서는 총기류를 지원해주는 등 영화 제작 단계에서는 군경의 협조가 컸다. 그러나 영화가 완성된 뒤 사정은 크게 달라졌다. 문교부는 몇몇 장면을 삭제하거나 수정하는 조건으로 상영 허가를 내주려 했지만, 당시 검열권을 쥐고 있던 국방부 정훈국은 이 영화가 상영되면 좋지 못한 영향을 줄 수 있다며 이를 반대하고 나섰다. 이어 육군본부 정훈감실에서는 이 영화를 두둔했고,■ 내무부는 결론적으로 이 영화를 "반공영화로 보기 곤란하다"는 의견을 냈다.

이 영화가 '반공영화'로서 결격 사유가 있다는 주장의 근거는 크게 두 가지다. 하나는 이 영화에는 빨치산만 나오고 토벌대는 한 명도 나오지 않아 "대한민국은 군대도 경찰도 없는 나라"인 것같이 묘사했다는 점이며, 다른 하나는 빨치산을 영웅화했다는 것이다.[34] 이에 대해 이 영화가 매우 훌륭한 '반공영화'라는 반박이 뒤를 이었다. 평론가이자 언론인인 임긍재는 이 영화를 보면 공산주의자가 얼마나 악랄하고 잔인한지 알 수 있으므로 공산주의의 정체를 국민에게 인식시키고 휴머니즘을 느낄 수 있는 '우수한 반공영화'라고 주장했다.[35] 영화 평론가 이정선 역시 이 영화에서 빨치산들이 경찰이나 국군의 손에 쓰러지는 장면이 없다고 해서 '반국가적'이라는 일부의 결론은 일종의

■「피아골」을 지지한 육군본부 정훈감실에서는 이듬해 이강천 감독에게 좀더 명백한 반공 전쟁영화 「격퇴」의 연출을 맡겼다. 「격퇴」는 김만술 대위의 6·25 참전 실화를 영화화한 것으로 인민군은 거의 나오지 않고 국군들만 등장한다.

'애국적인 흥분'이거나 영화에 대한 몰이해 때문이라고 주장했다.[36]

한편 영화평론가 이청기는 이 영화가 명백한 '반공영화'라고 규정하면서도 이러한 논란을 초래한 원인을 영화 내부에서 찾았다. 첫째, 빨치산들이 죽는 순간까지도 공산주의를 부정하지 않을 뿐만 아니라 인간임을 포기하면서까지 공산주의를 신봉하는 강력한 의지가 드러나 관객에게 혼선을 일으킬 소지가 있다는 것이다. 둘째, 빨치산의 멸망이 공산주의 사상 자체에 대한 회의와 더불어 점점 더 좁혀오는 한국 군경의 압박감 때문이라는 두 가지 원인을 제대로 묘사하지 않았다는 것이다. 셋째, 여주인공 애란이 귀순하는 동기가 "살기 위해서인지, 저항력이 없어졌기 때문인지, 또는 청춘이 아깝기 때문인지, 대한의 민주주의를 그리워해서인지"가 불분명하기 때문에 혼란을 일으킨다는 것이다.[37] 그의 주장은 이 영화가 좀더 '반공영화'다워지려면 이 세 가지 모호성을 걷어내야 한다는 것으로, 결론은 다르지만 검열 당국의 근거를 오히려 강화시켜주는 것이었다. 결국 이 영화는 마지막에 귀순하는 애란의 모습 위로 태극기를 오버랩시킴으로써 가까스로 개봉할 수 있었다.

「피아골」이 반공영화이면서 동시에 반공영화에 대한 당시의 기대치에 못 미쳤던 중대한 이유는 영화 속의 공산주의자에 대한 묘사가 놀라울 정도로 사실적인 나머지 그들의 사상이나 인간적 면모를 두둔하는 효과를 냈기 때문이다. 어떤 것을 반대하기 위해 리얼하게 묘사하면 할수록 그것을 더 잘 알 수 있게 하는 효과를 내는 것이 리얼리즘인데, 예민한 국가 권력의 대리인은 리얼리즘의 본질을 간파한 양 이를 잡아낸다. 「피아골」에서 공산주의를 비판하기 위해 자세히 설명되는 공산주의 이론이 거꾸로 공산주의를 알리는 데 기여할 수 있고 이 때문에 이 영화가 '좋지 못한 악영향'을 미칠 수 있다고 본 검열 당국의 판단은 이러한 점에서 본다면 일면 타당하다. 곧 공산주의를 비판하려다가 오히려 공산주의에 대해 알려주는 꼴이 되기 때문이다.

이처럼 이 영화를 '반공영화'로 보기 어려우며 오히려 관객에게 악영향을 미칠 수 있다는 근거와 이 영화가 매우 훌륭한 반공영화라는 근거는 사실 동일하다고 볼 수 있다. 그것은 바로 휴머니즘이다. 곧 이 영화의 전면에 깔린 휴머니즘이 인간보다 이념을 우선시하는 공산주의에 대한 비판을 가능케 했다는 것이고, 휴머니즘에 충실한 나머지 공산주의자도 고뇌하는 인간이라고 주장함으로써 결과적으로 반공주의에 철저하지 못했다는 것이다. 이처럼 반공영화에 있어서 휴머니즘은 반공주의를 강화하기도, 또 약화시키기도 하는 양면적인 잣대였다.[38] 휴머니즘에 입각해 공산주의를 비판하는 것은 괜찮지만 휴머니즘의 관점에서 공산주의자에게 연민의 시선을 주거나 그들도 인간이라는 식의 묘사를 하는 일은 허용되지 않았던 것이다. 당시 반공주의가 논리적·감성적 차원에서 휴머니즘과 동의어처럼 받아들여졌다고 해도, 휴머니즘적 시선을 공산주의자에게까지 확장시키는 것은 '비非반공적'인 행위라는 반공주의의 감성적 모순이 그대로 드러난다고 할 수 있다.

반공영화와 오락성

그런데 '반공영화'의 조건에 대해 문제가 제기된 것이 「피아골」이 처음은 아니었다. 「피아골」에 앞서 개봉한 영화 「죽엄의 상자」는 주한 미공보원USIS 산하의 리버티 프로덕션Liberty Production에서 제작한 김기영 감독의 첫 장편영화다.■ 흔히 '그로테스크 리얼리즘Grotesque realism'이라고도 불리는 김기영 감독 특유의 연출 스타일이 그 단초를 드러내는 이 영화에 대해 당시의 반공 지식인들 사이에서는 이견이 있었다. 당시 국방부 정훈국장 김종문은 「죽엄의 상자」와 「피아골」이 '상표만 반공'이라며 강도 높게 비판했다. 특히 「죽엄의 상자」와 관련한 그의 비판은 크게 세 가지로 요약해볼 수 있다. 첫째는 이 영화가 "우리 민족의 지상 과제인 반공전쟁을 상업 근성으로 제3자적 각도에서 다"뤄, "반공 전열에서 피를 흘리고 싸우는 한 민족의 운명을 상품으로 취급했다"는 것이다. 둘째는 "적을 영웅화한 반면, 군인 가족과 후방의 국민은 반공 이념이 결여된 무지몽매한 사람들로 묘사했다"는 것이다. 셋째는 이 영화의 제작 동기가 알려지지 않은 소재를 택해 "관중의 호기심을 자극하고 '에로' 취미에 영합하며 공비의 모습을 '그로테스크'하게 그려냄으로써 관중의 '쎈세이슈나리즘'에 구미를 맞추려는 의도"라는 것이다.[39] 게다가 김종문은 이 영화가 '자유 진영을 대표하는 리버티 프로덕션'에서 제작되었음을 유감으로 여기는데,[40] 이는 반공의 최전선인 한국의 '반공영화'가 자유 진영 전체를 대상으로 상영될 수 있기 때문에 반공영화로서 모범을 보여야 함을 주장한다는 점에서 당시 반공주의의 특징이라 할 진영논리적 사고방식을 확인할 수 있다.

　여기서 첫 번째 이슈는 반공이라는 민족의 지상 과제를 상업화하여 제3자적 시각, 객관적/작가 전지적 시선으로 다루었다는 것으로, 곧 영화의 시점에 관한 문제다. 여기서 이 영화의 시점이 제3자적이라는 것은 반공주의적 인물이 명백한 주인공으로 그려지지 않고 후방의 가족들만이 아니라 공산주의자까지 주인공의 일원으로 대등하

■ 이 영화는 필름이 유실되어 오랫동안 찾지 못하다가 2010년 미국 국립문서기록관리청NARA에서 발견되었다. 사운드가 없는 상태로 2011년 5월 일반에 처음 공개되었다.

게 다루었다는 의미다. 이는 두 번째 이슈, 곧 빨치산은 영웅적으로 묘사된 반면 주인공들에게서는 반공 이념이 드러나지 않는다는 영화의 주제에 대한 문제로 연결된다. 세 번째는 영화의 표현 방식을 지나치게 관객의 구미에 맞추었다는 비판이다. 여기서 근거로 제시된 '에로 취미'라든가 '그로테스크'라든가 '쎈세이슈나리즘'의 용어 사용은 결국 감독의 표현주의적 방식이 관객에게 자극적으로 받아들여졌다는 의미로서, 영화의 표현에 관한 문제다. 이 주장을 통해 알 수 있는 사실은 영화의 주제만이 아니라 영화의 시점과 표현 방식 역시 반공영화의 중요한 조건이라는 것이다. 단지 '반공'을 주제로 삼는다고 해서, 혹은 공산주의자들이 궤멸되는 이야기라고 해서 '반공영화'가 될 수는 없었다. 특히 반공주의라는 이념을 상업성/오락성과 서로 모순되는 관계로 보았다는 점이 주목된다.

이에 대해 작가이자 영화평론가인 오영진은 "더욱 우수한 반공영화를 제작해야 하는 영화인을 격려하고자" 반론을 제기했다.[41] 그의 반론은 두 가지로 요약된다. 첫째는 이 영화가 서구에서도 보지 못한 반공영화의 새로운 유형을 제시했다는 것이다. 바로 공산주의자를 주인공으로 삼은 것으로, 이로 인해 '적'의 침투와 공작에 대비한 국민의 주의를 환기시키려 했다. 이는 김종문이 제기한 첫째와 둘째의 문제제기에 대한 대답이다. 두 번째 반론은 "영화의 계몽성이 크면 클수록 교과서 같은 무미건조한 교훈을 피하고 관객이 더욱 친근하고 재미있게 볼 수 있도록 가급적 풍부한 오락적 요소를 가미해야 한다"는 것이다.[42] 곧 '반공영화'의 계몽성과 오락성을 모순관계가 아닌 필수적으로 병행되어야 할 요소로 파악한 것이다. 이러한 주장은 1960년대가 되면 '반공영화'가 장르화되면서 더욱 힘을 얻는다.

반공영화와 민족 정서

반공법 위반으로 문제가 된 영화 「7인의 여포로」는 좀더 복잡한 반공주의의 풍경을 드러낸다. 이 영화는 현재 필름이 남아 있지 만 시나리오 도입부에 나와 있는 줄거리나 대사 등을 보면 적어도 '반 공적'이기 위해 애쓴 영화임에는 틀림없어 보인다. 특히 엔딩 장면에 서 인민군 수색대장이 부하들에게 남한으로 귀순하라고 종용하는 것 에서는 반공적인 주제가 잘 드러난다. "개같이 북으로 끌려가 노예가 되겠는가? 죽기로 싸워 자유를 택하겠는가? 인간에겐 자유를 선택할 자유가 있다. 싸우기 싫은 자는 북으로 가서 노예가 되라. 독재에서 해방되려면 총구를 북으로 돌려라……. 너희들은 증언해라, 이 땅 위 에서 공산주의자와 같이 살 수 없는 까닭을. 구출해라, 끌려가는 동 포를." 이처럼 구구절절 반공주의로 무장한 명백한 '반공영화'가 왜 반공법 위반이라는 것일까?

북한 '괴뢰군'을 찬양하고 빨치산을 인간적으로 그렸다는 이유 로 감독에게 구속영장이 청구된 이 영화에 대해 공보부의 영화 자문 위원 상당수는 몇 군데 장면을 삭제하고 상영 허가를 내주자는 의견 을 냈다. 따라서 처음에는 감독의 구속영장이 기각되고 필름만 압수 되었다.[43] 그러나 검찰은 2차 영장을 신청했고 이만희 감독은 끝내 구 속 수감되었다. 검찰의 공소 요지는 "①대한민국이 북괴를 국가나 교 전 단체로 인정한 듯이 표현하여 북괴의 국제적 지위를 앙양한 점 ② 미군을 호색적이고 야만적인 인간들로, 미국과 제휴하여 일한 자는 죽임을 당한다는 것을 양공주 학살로 표현하여 미국에 대한 증오심 과 반미 감정을 고취한 점 ③간호병이 군에 입대한 경위를 "군대로 얻 어먹으러 왔다"는 등의 독백을 하여 국군에 대한 국민의 불신을 조장 한 점 ④북괴군이 중공군에 예속되어 있지 않고 민족적 자주성이 강해서 공산주의보다 민족애를 앞세우는 용맹스런 군인같이 조작 표현했다는 점" 등이다. 검찰은 "예술의 자유를 빙자하여 그 한계를 벗어남으로써 국가보안법 또는 반공법 위반"이라는 담화문을 발표했고, 담당 검사는 "지식층이 아닌 일반 관객이 이 영화를 보는 경우 북괴의 고무, 찬양, 외세 배격 고취 등 악영향을 미칠 수 있다"고 주장했다. 검찰은 "우리에게 불리한 것은 적에게 유리하다"는 대법원 판례에 의거해 결론을 냈다고 발표했다.[44]

검찰이 특히 문제로 삼았던 것은 두 장면인데, 하나는 탈출하던 포로들이 북한군에 경례하는 장면이고, 또 하나는 성모 마리아상 아래에서 이른바 '양공주'가 중공군 대장에게 일종의 성상납을 하는 장면이다. 검찰은 이에 대해 북한을 존중하고 기독교 국가인 미국을 모독한 것이라고 주장했다. 이에 영화인협회 감독분과위원회, 연기분과위원회를 비롯해 평론가와 교수들이 진정서를 제출하고 예술의 자유에 대한 의견을 펼쳤으며, 전체적인 주제를 보지 않고 소아병적으로 판단한다고 비판했다.[45] 한편 유현목 감독은 1965년 3월 25일 세계문화자유회의 세미나에서 「은막의 자유」라는 발표문을 통해 이 사건에 대해 언급하면서 "괴뢰군 영화는 생명 있는 인간을 표현해야 되며 결코 종전과 같이 그들을 표현해서는 안 된다"고 주장했는데, 이 발표문의 요지가 신문에 실리면서 검찰은 "북한 괴뢰군을 자비와 생명이 있는 인간이라고 선전하는 데 동조했다"며 유현목 감독이 반공법을 위반했다고 주장했다.■[46] 결국 한국영화인협회 감독분과위원회의

■ 문제는 이 자리에서 유현목 감독이 박정희 정권의 '혁명공약' 2조에서 '국시는 반공'이라고 했던 것에 대해 '국시는 자유민주주의'라고 하면서, 반공은 공산주의를 반대하는 방법이지 목적은 자유민주주의이기 때문에 표현의 자유를 허용해야 하고 검열 제도는 민간의 윤리위원회로 돌려줘야 한다고 주장한 것에 있었다.

진정과 갑론을박이 계속된 뒤에야 이 영화는 문제의 장면을 삭제하고 '여포로'라는 제목이 북한 쪽 입장에서 바라본 것이라는 지적을 받아들여 「돌아온 여군」으로 제목을 바꿔 개봉했다.[47] 이 영화는 당시 검찰 당국이 지적한 대로 북한군을 (중공군의 하수로 보지 않고) 독립적인 국가로 보았다는 점과 북한 역시 한민족임을 보여주었다는 점에서 당시 반공주의가 지닌 기본 전제를 부정하는 '반공영화'의 틈새를 드러낸다.

4. 반공영화의 딜레마―반공주의를 배반하는 반공영화

이들 세 영화의 사례를 종합해보면 영화 생산자들이 '반공영화'를 표방했다고 해서 국가가 그것을 '반공영화'로 승인하는 것은 아님을 알 수 있다. 이는 검열 당국이 생각하는 '반공'과 영화인이나 일반 대중이 생각하는 '반공'에 정서적 차이가 있음을 뜻하기도 했다. 그러나 무엇보다도 이러한 차이는 이것이 흥행을 본위로 하는 상업영화/대중영화의 속성 자체에서 발생한다. 전자가 반공적인 메시지를 무엇보다도 중시한다면 후자는 '영화적'인 재미와 감동이 전제될 때에만 '반공'이라는 주제가 의미를 지닌다는 것이다. 그렇다면 '반공적'인 것과 '영화적'인 것은 모순관계에 놓여 있는가?

이를 알아보기 위해 위의 세 영화를 둘러싼 논쟁에서 제기된 문제점을 하나씩 짚어보자. 첫째, 이 영화들이 반공적이 아니라고 비판받은 가장 큰 이유는 공산주의자들을 '자비와 생명이 있는 인간'으로 묘사했다는 점, 곧 공산주의자를 휴머니즘의 관점에서 바라보았다는 것이다. 공산주의는 반휴머니즘의 이념이므로 공산주의자는 '피도 눈

물도 없는' '인륜을 저버리는' '극악무도한' '짐승과도 같은' 존재로 묘
사해야 한다는 것이다. 그러나 공산주의=반휴머니즘=악惡, 반공주
의=휴머니즘=선善이라는 등식이 말해주듯이 '반공영화'가 휴머니즘
을 주제로 삼아야 한다는 것은 당시 반공영화를 제작하는 모든 영화
인에게 상식이었다. 영화의 주제가 휴머니즘이라는 것과 공산주의자
들을 휴머니즘에 입각해서 바라본다는 것 사이에 놓인 간극을 영화
인들이 혼동했다는 것일까?

　　문제는 바로 공산주의자를 주인공으로 설정한 데 있었다. 영화
의 주인공protagonist이란 관객이 감정이입을 하는 대상으로 드라마의
진행 과정에서 그 캐릭터가 변화하는 것을 전제로 하는 능동적인 존
재다. 이 때문에 처음에 '이념의 노예'처럼 보이던 공산주의자(주인공)
라도 드라마가 진행됨에 따라 인간으로서의 본능과 이념 사이에서 갈
등하지 않을 수 없게 되고, 이러한 고뇌는 주인공으로서의 '매력'을 배
가시킨다. 이렇게 보았을 때 「피아골」의 진정한 주인공은 애란일 것이
다. 애란은 영화 초반에 그 누구보다 더 투철하고 냉철한 공산주의자
로 나오는데 이는 전후戰後의 능동적이고 개성적인 아프레걸après-girl을
연상시키며 동시대 남한의 관객에게 주체적이고 능동적이며 리더십까
지 갖춘 매력적인 인물로 받아들여졌을 가능성이 있다. 자신을 시종
차갑게 대하는 철수를 연모하는 인간적인 모습과 결국은 그 누구도
감행하지 못한 "산을 내려가자"는 제안을 하는 결단력까지 갖춘 여주
인공 애란의 존재는 "공산주의자를 인간적으로 그렸다"며 정부 당국
이 불만을 품도록 한 가장 큰 근거라고 할 수 있다. 또한 애란이 사모
하는 철수는 고뇌하는 좌익 지식인의 표상이다. 그는 공산주의에 동
조해 산에 올라오긴 했지만 교조적으로 공산주의를 받아들여 비인간
적 행위를 서슴지 않는 여느 공산주의자와는 차별화된 모습을 보인

다. 일찌감치 빨치산 생활에 회의를 느껴 산을 내려가고 싶었지만 행동에 옮기지 못하는 나약한 인텔리이면서 자신에게 끝없이 애정의 신호를 보내는 애란을 차갑게 대하는 냉정한 인물이기도 하다. 영화의 두 번째 주인공으로서 철수의 매력은 여기에 있다. 캐릭터가 매력적으로 대중에게 다가가는 한 대중은 공산주의자라고 해도 그들에게 감정이입을 하고 연민을 느낄 수밖에 없는 것이다.

　이처럼 반공영화에서 공산주의자를 주인공으로 설정하는 것은 매우 위험한 선택이다. 「피아골」과 같이 빨치산들이 등장하는 영화 「동굴 속의 애욕」(1964, 강범구)은 이러한 위험을 영리하게 피해나갈 수 있는 방법으로 화자를 등장시켰다. 액자 구성의 법정드라마인 이 영화의 주인공은 처벌이 두려워 산으로 올라간 남편을 따라 빨치산이 된 옥녀이지만 영화 전체의 내러티브를 좌우하는 것은 오히려 이 사건의 공판을 보러 가는 기자의 아내다. 기자의 아내는 우리에게 이 이야기를 들려주는 화자이면서 주제를 전달하는 인물이다. 관객은 주인공에게 직접 감정이입을 하기보다는 화자라는 매개체를 통한다. 이 화자의 등장으로 인해 「동굴 속의 애욕」은 굶주림과 성적 본능 같은 인간적인 것들이 이념보다 더 중요하다는 주제를 「피아골」처럼 반공영화냐 아니냐의 논쟁이나 모호함 없이 전달할 수 있었다. 화자는 결국 이 모든 사건을 증언하는 증인이며 반공 이데올로기의 전파자이기도 하다. 게다가 「피아골」의 애란이 공산주의를 회의하는 인물인 철수를 선택함으로써 남한 체제의 우월성을 인정하는 데 반해, 「동굴 속의 애욕」에서 옥녀는 철저한 공산주의자인 동록을 선택하고 그의 아이까지 낳는다. 멜로드라마에서의 승리가 체제의 승리로 귀결되는 일반적인 반공영화에 비춰볼 때▪ 이 영화는 실화이기 때문에 가능한 한 아주 급진적인 결말을 맺고 있는데, 이 역시 사건을 바라보는 화자가 남한 체제의 '풍요로운' 중산층인 까닭에 상쇄되고 용서될 수 있는 성질의 것이다. 이 영화에서 옥녀와 동록은 태극기가 걸린 대한민국 법정의 판결 아래 처벌받고 아이는 국가의 보호 아래 인계된다. 국가를 표상하는 이미지와 화자라는 장치를 통해 공산주의자가 주인공이더라도 1960년대의 반공영화는 대한민국의 우월성을 부각시키며 안전하게 '반공영화'의 지위에 오른다.

그러나 공산주의자를 주인공으로 설정할 수 없다는 것은 반공영화에서 공산주의를 좀더 생생히 묘사하거나 감정이입을 할 수 없음을 뜻함과 동시에 그렇기 때문에 정면으로 비판할 수 없다는 말도 된다. 이 때문에 공산주의자에 대한 묘사는 항상 피상적이고 경직될 수밖에 없으며, 이는 영화 자체가 반공 교조주의적 성격을 띠는 원인이 된다. 1960년대의 간첩·첩보영화들에서 간첩은 주인공이 아니라 주인공인 경찰이나 정부 요원이 잡는 대상이기에 객체화되어 있는 이들의 모습을 생생하게 묘사하기란 불가능했다. 공산주의자도 생생한 인간의 모습으로 그려내야 한다는 감독들의 주장은 영화적 당위였을 뿐, 반공주의의 관점에서는 용납될 수 없었다. 생경하고 현실적이지 못한 경직된 캐릭터로 일관된 영화 속 공산주의자들은 영화의 재미를 떨어뜨림과 동시에 리얼리티도 떨어뜨린다. 1960년대 후반 이후 반공영화가 왜 대중으로부터 외면당하고 멀어져갔는지에 대한 답이 여기에 있다.

둘째, 문제가 된 '반공영화'들에 가해진 비판은 이 영화들이 '반공'이라는 주제보다는 오락성에 치중했다는 것이다. 말하자면 '반공영

■ 한 여자가 남북을 상징하는 두 남성 사이에서 남한 쪽 남성을 선택하고 자유세계에 투항한다는 멜로드라마적 반공영화의 대표작으로는 「운명의 손」을 들 수 있으며 「피아골」 역시 이러한 구도라고 할 수 있다.

화'를 빙자해서 오락영화를 만들었을 뿐, 반공주의 고취라는 목적에 어긋난다는 비판이다. 그러나 오락성이 주제의식을 해친다고 보는 이러한 논리[48]는 이후 진행된 '반공영화'의 대중화로 인해 저절로 사그라진다. 1960년대가 되면 '반공영화' 자체가 하나의 장르화가 되면서 오락성이 더욱 배가되기 때문이다.[49] 이후 영화의 오락성이야말로 '반공영화'의 승패를 좌우하는 열쇠처럼 인식되었다.[50] 이는 1960년대 후반으로 갈수록 '반공영화'의 흥행이 부진한 데서 나오는 고육지책의 논리로 읽힌다. 그렇다면 오락적일수록 더욱 반공적일 수 있다는 것일까? 1960년대 '반공영화'의 장르화는 '반공영화'가 더욱 상업화되면서 흥행을 중시하게 되었음을 뜻한다. '반공영화'의 오락화 경향을 잘 보여주는 것으로는 전쟁영화와 함께 반공영화의 주요 장르가 된 간첩·첩보영화를 들 수 있다. 이는 1960년대 중반 한국을 강타한 '007시리즈'의 성공[***]과 함께 활발히 제작되었는데, 그중에서도 오락성을 극대화한 코미디영화는 '반공영화'가 허용할 수 있는 오락성의 범위가 어디까지인지를 생각해보게 한다.

'007시리즈'의 패러디물인 코미디 영화 「살사리 몰랐지?(007 축소판)」(1966, 김화랑), 「요절복통 007」(1966, 김대희), 「요절복통 일망타진」(1969, 심우섭) 등은 반공보다는 오락성에 더 방점이 있는 듯하지만 결국에는 항상 '반공'이라는 주제의식을 환기하며 결말을 맺는 것

■ 오락성이 반공의식을 해칠 수 있다는 생각은 이미 한국전쟁 전부터 있었던 듯하다. 임종명은 1949년 발생한 간첩 사건에 대한 수사일기 분석을 통해 기록자가 자신의 서술이 대중에게 '흥미성'으로 받아들여질 것을 우려한다면서, 이는 흥미에의 호소가 선전 선동의 정치적 메시지를 약화시킬 수 있음을 드러낸 것이라고 지적하였다.
■■ 이영일은 1960년대 전쟁을 재현한 영화들의 오락화 경향이 전쟁 자체가 생산한 현실감을 잃으면서 수반되는 필연적 추세로 파악했다.
■■■ 1962년에 만들어진 할리우드 영화 「007 살인 번호」(1962, 테런스 영)가 1965년 한국에 수입되어 크게 히트했다.

이 특징이다. 이 영화들에서 간첩을 잡는 인물은 제임스 본드처럼 멋진 정부 요원이 아니라 일반인(영화를 보는 관객)에도 못 미치는 전형적인 코미디의 주인공들이다. 이 영화들은 코미디의 주인공들, 곧 '덜 떨어지고 모자란 인물들'을 통해 '간첩 이야기'라는 서사 자체가 얼마나 허구적이고 아이러니컬한 코미디에 가까운지를 역설적으로 드러낸다. 대상을 은연중 조롱하고 비판하는 장르인 코미디가 심각한 이데올로기를 대변하는 '반공영화'에서도 성행했다는 것은 의외로 적잖은 의미를 내포한다. 바로 가장 반공적인 이야기인 간첩영화와 코미디라는 장르의 만남은 '반공영화'의 가장 중요한 플롯에 혼선을 유도하고 마는 '잘못된' 기획일 가능성이 높다는 것이다.

코미디의 희화화된 주인공들이 간첩이 아니라 그들을 잡아야 할 경찰이나 요원들이라는 설정은 미묘한 감정을 불러일으킨다. 앞서 살펴보았듯이 공산주의자인 간첩은 관객들이 감정이입을 해서는 안 되므로 결코 주인공이 될 수 없다. 영화의 주인공은 간첩이 아니라 간첩을 잡는 사람이 되어야 하며, 그들은 동시에 코미디의 주인공답게 스스로 관객의 눈높이보다 낮은 우스꽝스러운 인물이 되어 관객을 웃게 만든다. 이는 공산주의의 반대편에 서는 남한 사람들을 공산주의자보다 인격적으로나 이념적으로 우월한 사람들로 상정하는 '반공영화'의 전략에 위배되는 일이다. 코미디와 '반공영화'의 만남이 필연적으로 반공주의 자체를 희화화하는 것이 될 수밖에 없음은 이 때문이다. '반공영화'의 전략상 이 둘의 잘못된 만남은 국가의 반공주의 전선을 느슨하게 하고 나아가 국민의 마음속에서 반공주의가 형해화하기 시작하는 징후를 드러낸다.

셋째, 문제가 되는 '반공영화'가 반공주의를 위배했다고 비판받은 가장 큰 이유는 북한 공산주의자들을 같은 민족으로 바라보고 북한을 독립된 국가로 묘사했다는 점 때문이다. 이는 민족으로부터 북한을 배제한 남한 민족주의=반공주의에 입각해서 남북을 하나의 민족으로 보는 통일 지향의 민족주의를 비판한 것이다. 그렇다 하더라도 북한을 정서적으로 민족에서 제외시키는 것은 특히 영화에서 쉬운 일이 아니다. 「7인의 여포로」로 곤욕을 치른 이만희 감독이 "'반공영화'란 이런 거다"를 보여주려는 의도로 만든[51] 「군번 없는 용사」(1966)는 이러한 비판을 불식시키기 위해 북한을 가족으로 치환했다. 이 영화는 남한의 빨치산과는 정반대의 상황, 곧 북한 지역에서의 반공 유격대를 소재로 삼아 공산주의라는 이념의 반인륜성을 고발하는 동시에 공산주의도 가족애를 뛰어넘을 수는 없다고 말하고 있다.

이 영화는 감독의 의도대로 당대의 비평가들로부터 "차원 높은 반공영화"이며 "동족상잔의 비극을 고발한 반공극으로선 거의 완벽한 텍스트"라는 극찬을 받았다.[52] 곧 이 영화가 단순히 공산주의자를 매도하는 것에 그치지 않고 이념보다는 인간이 더 중요함을 역설하고 있기에 더 '반공적'이라는 것이다.[53] 이러한 평가에 힘입어 이 영화는 1966년 대종상에 신설된 반공영화각본상을 수상했다. 그런데 이 영화에는 이러한 의도나 평가와는 다른 묘한 감흥을 불러일으키는 요소가 있다. 이념 때문에 인륜을 저버린 공산주의자가 통한의 눈물을 흘리며 죽어갈 때 관객은 그를 연민하며 한 민족임을 재확인해야 할지 아니면 여전히 그를 증오하는 반공주의적 감성을 유지해야 할지, 감수성의 딜레마에 빠진다. 영화가 관객에게 주는 감동은 두말할 것도 없이 전자를 택해야 가능하다. 공산주의라는 이념은 밉지만 그렇다고 북한의 동포들을 미워할 수 없는 남한 관객의 복잡하고도 모순된 심경이 '반공영화'를 통해 표출된다.

해결 방법은 바로 북한을 지배층과 북한 주민으로 이원화하여 이해하는 것이다. '소련을 조국으로 삼고 적화 야욕을 가진' 지배층과 '공산 독재 아래에서 신음하는' 동포들이라는 이분법은 전자를 여전히 민족의 적으로 배제시키고 후자는 민족으로 끌어안아 통합하려는 이중의 전략을 선택하도록 이끈다. 북한을 독립된 국가로 봐서는 안되는 이유도 바로 여기에 있다. 정부에서 대대적으로 추진한 신금단 부녀의 상봉극을 영화화한 「돌아오라 내 딸 금단아」(1965, 김기풍)에는 이러한 정서가 잘 드러나 있다.[54] 도쿄올림픽에 출전한 북한의 육상선수 신금단 부녀는 10분 동안 눈물의 상봉과 통곡의 이별을 해야 했는데, 이 이벤트의 기획자인 남한 정부는 이 만남을 주선한 남한 정부와 이를 방해한 북한을 대비시킴으로써 '민족적'인 남한과 '반민족적'인 북한이라는 등식을 성립시켰다. 이를 좀더 극적으로 영화화한 「돌아오라 내 딸 금단아」를 지켜본 국민은 한 가족을 생이별시켜야 하는 현실에 가슴 아파하며 눈물을 흘렸을 것이다. 영화평론가 이영일은 이에 대해 "정치인들이 다루는 내셔널리즘과 민중이 생활하고 실감하는 내셔널리즘 사이에는 차이가 있다"고 날카롭게 논평했다.[55] 이것이 바로 민족 개념을 남한만의 개념으로 보느냐, 북한까지 포함한 개념으로 보느냐의 차이이며, 배제의 정서인 반공과 통합의 정서인 민족이 갈등하는 한 양상이라고 할 수 있다.

그런데 영화가 관객에게 주는 감동이란 배제의 정서보다는 통합의 정서에 더 가깝다. 분노나 적개심 같은 부정적인 정서는 대상에 대한 환기와 주체의 각성을 촉발하는 면이 있지만, 대상을 용서하고 포용하는 것만큼의 뜨거운 감동을 일으키지는 못한다. 가장 '반공적'이라고 칭송된 영화들은 대개 가족이나 민족과 같은 통합의 감정과 뜨거운 정서에 기반하고 있다. 대중 상업영화는 애초부터 흥행을 위한 기본 전제인 감동과 재미를 자아내도록 의도된 감성 기획이다. 만일

반공영화가 진정으로 반공주의적이 되려면 북한을 한 민족으로 여겨서는 안 될 것이고, 이는 가장 감동적일 수 있는 부분을 제거하는 결과를 가져올 것이다. 실제로 1960년대 후반 대중상 반공영화상을 수상한 '반공영화'들이 반북적인 색채로 예각화되면서 정형화·도식화되는 것은 이와 관련이 깊다.[56] 이 시기 이후의 '반공영화'들이 연이어 흥행에 실패하면서 상업영화로서의 생명력을 잃어간 이유는 여기에 있다. 상업영화로서의 매력을 잃으면서까지 반공주의를 고취하려던 잘못된 기획으로서의 '반공영화'는 결국 스스로의 생명을 단축시키고, 나아가 반공주의 자체를 약화시키는 결과를 가져온다. 반공주의의 가장 강력한 프로파간다로 각광받았던 '반공영화'가 반공주의를 배반하는 것은 바로 대중영화로서의 정체성을 스스로 저버리는 순간이다. 그러나 앞서 살펴본 것처럼 대중영화로서의 '반공영화'가 본연의 상업적 속성에 충실할 때에도 그것은 필연적으로 반공주의 전략에 흠집을 내게 된다. 이는 결국 대중영화의 정체성을 지키는 것과 반공주의라는 국가 이데올로기는 서로 모순된 관계에 놓여 있음을 뜻한다. 이렇게 보았을 때 반공주의 감성 기획으로서의 '반공영화'는 애초에 불가능한 것일지 모른다.

그러므로 '반공영화'는 휴머니즘과도, 오락화/장르화 경향과도, 민족 정서와도 완전히 동떨어질 수도, 그렇다고 완전히 밀착될 수도 없는 딜레마를 안고 있는 듯 보인다. 1960년대 후반 반공영화는 한편으로는 '반공'이라는 주제가 부차적으로 밀려난 오락영화로 전화되고, 다른 한편으로는 '반공'이라는 메시지가 가장 우선시되는 반북적인 영화로 정형화·도식화되는 양극단의 길을 걷는다. 어느 쪽이든 '반공영화'가 대중의 반공주의 정서를 강화하거나 내면화하는 데 기여하기는 어려워 보인다. 반공주의의 내면화를 위한 대국민 선전의 도구로 기대를 모았던 '반공영화'는 거꾸로 반공주의 논리/감성의 모순을 노출시키는 데 더 크게 기여하면서, 당대 대중의 심성에 완전히 밀착되기 어려웠던 반공주의의 내면 풍경을 적나라하게 드러낸다.

5. 반공영화, 모순된 감성 기획

반공주의는 한반도 남쪽의 신생 독립국가 대한민국의 정체성을 구성하는 결정적 키워드였다. 이 때문에 오랜 시간 반공주의는 결코 건드려서는 안 되는 금기와 불문율의 영역으로 여겨졌고, 이는 시기와 논자에 따라 다른 층위와 함의를 지닌 반공주의를 단순한 이분법으로 바라보게 하는 원인이 되었다. 반공주의는 발생에서부터 논리가 아닌 감정으로 시작되었다. 곧 공산주의/북한에 대한 적대적 감정이 먼저 형성·조장되고, 이를 뒷받침하기 위해 여러 논리가 개발된 것이다. 이러한 반공의 감수성을 확산·전파하기 위한 반공 교육은 역설적이게도 한국에서는 보기 드문 감성·감정 교육이었다. 전통 사회의 감정 교육은 감정을 온전히 표현하는 것에 무관심하거나 오히려 백안시하면서 이를 절제하고 통제하는 데 초점을 두었지만, 본격적인 감성 발산 교육이라 할 반공 교육은 네거티브한 감정을 사회적으로 주조하는 것이었다. 구한말에서 일제강점기의 민족주의 교육이 의분과 분기를 원료로 민족 감정을 일으키는 통합 교육이었다면, 반공 교육은 적개심과 증오, 공포를 주원료로 하는 배제 교육이었다. 양자 사이에는 내부 결속을 위해 타자를 배제하거나 타자를 배제하기 위해 내부 결속을 다지는 선후의 차이와 '한민족' 전체를 통합하는가 분리하는가의 차이가 있었지만, 아주 유사한 외양을 띠기도 했다. 후자가 민족주의의 외피를 입으면서 전자의 감수성을 상당 부분 차용했기 때문이다.

반공주의는 타자를 비판하고 반대하기 위한 논리이자 정서이지만 현실 속에서 다양한 담론과 결합하면서 단순한 반대를 넘어선 새로운 정서를 만들어낸다. 남한에서 반공주의가 지닌 이념적 불구성은 '민족'과 '반민족' 같은 완전히 상반되는 논리와 감성이 모호하게 뒤섞여 있다가 시기에 따라 우세한 정서로 표출되는 복합성과 모순성에 기인하는 것이다. 게다가 그것은 대상에 대한 무지와 공포와 불안이 그에 대한 연민과 동질감을 뛰어넘는 현실 속에서 더 증폭된다. 반공주의가 지닌 다양하고 모순된 혼종성은 반공영화에도 그대로 투영되었지만, 비판과 배척이라는 차가운 정서를 기본으로 하는 반공주의가 재미와 감동을 전제로 하는 영화적 문법과 배치되면서 이 둘은 화해하기 어려운 어색한 만남이 될 확률이 높았다. 따라서 반공주의 훈육의 강화에 대한 필요성과 위기의식 사이에서 태어나 반공주의의 문화첨병으로 기대를 한 몸에 모았던 '반공영화'가 오히려 반공주의를 배반하는 현상은 당대에 검열 당국이 문제로 삼았던 영화만이 아니라 모범적 '반공영화'로 칭송받는 영화들에서도 은연중 드러난다. 휴머니즘, 오락성, 민족 정서라는 대중 상업영화의 흥행 전략은 반공주의의 전략에서 보자면 취할 수도 버릴 수도 없는 뜨거운 감자와도 같았다. 특히 북한을 민족에서 배제하려는 반공주의의 전략이 1950~1960년대의 '반공영화'에서 그리 성공적이지 못했던 것은 일반 대중의 정서 속에서 북한은 여전히 '가족'이고 '민족'이었기 때문이었다.

이처럼 '반공영화'는 딜레마에 처할 수밖에 없는 불안한 기획이었다. 1960년대 반공주의의 내면화는 반공주의의 가장 대표적인 기제인 반공 교육과 '반공영화'를 통해서도 달성되기 어려웠다. 당대 지배 권력이 우려했듯이 '반공영화'의 이와 같은 불안한 지반은 불온성과 저항성이 스며들 수 있는 토양이 되었다. 1970년대 이후 분출되는 대중/민중의 저항적 감수성은 1960년대까지도 국민 개개인의 심성에 완전히 뿌리내리지 못한 반공주의의 틈새에서 소리 없이 싹을 틔워나갔다. 그렇다면 검열 당국자에 의해 반공영화로서의 정체성을 의심받은 문제작을 만든 감독이나 제작자 등 영화의 생산자들이 이러한 저항성을 의도적으로 그들 영화에 삽입했던 것일까? 반공주의를 고취할 임무를 국가로부터 부여받은 영화인들은 대중을 계몽하는 지식인이자 동시에 스스로 대중의 일원으로서 시대의 감수성을 체현하는 존재였다. 이 때문에 영화의 감독이나 작가나 제작자가 무엇을 의도했든 그것이 사회 문맥 속에서 지니는 의미는 그와 별개로 존재한다. 더구나 기획에서부터 상영에 이르는 과정에서 수많은 사람의 생각이 반영되고 그에 맞춰 여러 차례 수정되는 상업영화의 감수성은 이미 감독이나 제작자의 것이 아니라 대중의 것이라 할 수 있으며, 여기서 영화가 공공성의 발현 장소로 자리매김할 가능성이 생겨난다. 따라서 영화인들의 직접적인 의도와 관계없이 '반공영화'라는 반공주의의 야심찬 기획은 그것이 당대 대중의 감수성을 반영하는 대중영화인 한 언제나 실패의 가능성을 안고 출발하는 불안한 모험이었다.

이렇게 보았을 때, 국가 이데올로기의 체현자로서의 영화가 동시에 이에 대항할 수 있는 저항적 공공적 상상력을 잉태할 여지는 다름 아닌 매체 자체에 내재해 있다고 해도 과언이 아니다. 동시에 이러한 영화를 소비·수용하는 관객은 지배 권력으로부터 억압과 통제와 동의의 대상으로서만 존재하는 대중이 아니라, 대중문화의 향유 속에서 스스로도 눈치 채지 못하는 가운데 지배적 감수성과 불화하거나 그로부터 튕겨져 나오는 잠재적 능동성과 저항성을 가진 존재임을 깨닫게 해준다. 곧 반공주의를 학습하고 고취하기 위해서가 아니라 일상의 한 부분이자 일탈 행위로서의 여가/오락을 위해 극장을 찾는 관객 대중은 지배 담론의 전시장이자 대중영화인 '반공영화'를 통해 거꾸로 지배 담론의 균열을 관망하고 즐김으로써 결과적으로 이를 견인해내는 잠재적 저항 행위의 주체이기도 한 것이다. '반공영화'는 증오를 기반으로 하는 반공주의를 지지하는 외양을 띠었다는 점에서도, 그러한 반공주의가 항상 도전과 저항의 가능성에 직면한 불안한 감수성이었음을 은연중 웅변하고 있다는 점에서도, 또한 잠재적 공공적 주체인 대중에게 내재된 은밀하고 모반적인 감수성을 불러일으킨다는 의미에서도, 전형적이면서도 모순적인 '감성 기획'이었다.

10장

감성은 계급을 뛰어넘을 수 있을 것인가

동아시아 「꽃보다 남자들」이 보여준 감성 재현의 동화와 거리화

앤서니 펑·최기숙

1. 동아시아 감성의 공감대와 거리화
―「꽃보다 남자」의 동아시아 버전들

미디어 차원에서 진행되는 세계화는 지역 간 거리를 좁히는 데서 나아가 지역 간 문화 차이를 지우기도 한다. 이때 미디어의 수용과 전파에 따른 문화적 영향력이라는 차원에서 보면, 웹상으로 전 세계의 흥미로운 콘텐츠를 빠르게 흡수하려는 태도는 이미 일반화되었고, 상상력에 대한 공감 능력이 국경을 지우는 매개로 작용하는 것을 확인하는 일은 어렵지 않다. 어떤 면에서 보면 그것은 이미 역사화된 일이다. 국내로 한정해서 보더라도, 한국의 대중문화가 전 세계의 국경을 넘어 열정적 공감을 형성하는 것에 익숙해진 지 오래다(어떤 면에서 보면 오직 세계 각국으로부터 '열정적 공감'을 확보한 '콘텐츠'만이 '한류'로 인지된다는 점에 주목할 필요가 있다. 예컨대 인디 밴드의 음악이나 시청률이 낮은 텔레비전 프로그램은 비록 외국에 알려지더라도 '한류'라 일컫지 않는다. 그런 점에서 '한류'의 핵심 속성으로는 상업성과 흥행성이 매우 중요하게 취급된다. 한류 현상은 자본주의, 상업주의, 세계화, 미디어 권력과 대중적 열정의 즉각적이고도 폭발적인 콜라보레이션이다).

그렇다면 미디어의 진화 속도에 따라 국경을 넘는 문화 콘텐츠들은 생산지의 역사·문화적 특성과 무관하게 각각의 수용 지역과 수

용 대상의 층차, 말하자면 국적·인종·종교·성별·세대·계급·지역 등
의 특성에 관계없이 일정한 공감대를 이룰 수 있을까? 국경을 넘어
교환되는 세계의 대중문화는 지역 간 격차를 지우거나 좁히면서 '감
성적 동화'의 연대를 이뤄내는 것일까, 아니면 여전히 공감할 수 없는
정서상의 여백을 남긴 채 오히려 지역 간 문화 격차를 확인하는 계기
가 되는 것일까.

　　이 글은 이러한 질문에 답하기 위해 한국과 일본, 대만과 중국
등 동아시아 지역에서 인기리에 방영되었던, 원작이 같은 텔레비전 드
라마 「꽃보다 남자」를 중심으로 응답해보려 한다. 시청률로 가시화되
는 시청자의 공감대가 과연 동아시아 내부의 국경을 넘어 공유되고
확산될 수 있는 것인지, 아니면 그와 반대로 원작이 같지만 지역에 따
라 각기 차이를 지닌 드라마로 제작함으로써 지역 간 역사와 문화 특
성이란 좀처럼 좁혀질 수 없는 것으로 나타났는지를 '감성' 차원에서
실험해보기 위한 것이기도 하다. 이를 위해 선택한 것이 바로 텔레비
전 드라마 「꽃보다 남자」[1]다.

　　'유성우流星雨, Meteo Shower' 또는 문자 그대로 '꽃보다 남자'라는
뜻을 지닌 원작 「花より男子」(Hana Yori Dango)는 일본에서 유래한
순정 만화 시리즈의 일본판이다. 요코 가미오神尾葉子가 스토리를 쓰
고 그림을 그린 것인데, 일본에서 격주로 발간된 잡지 『마가렛マガレッ
ト』에 1992년 10월부터 2003년 9월까지 연재되었다. 이는 이른바 '플
라워 포F4'라고 불리는 갑부 집안의 네 명의 소년과 경멸적인 어조로
'잡초'라 불리는 하층민 출신의 소녀 사이에서 일어나는 러브 스토리
를 그린 것이다. 이 드라마의 흥행은 연인들 사이의 가족과 계급적
배경의 분명한 대조 및 갈등으로 인해 일어난다. 2005년 현재 일본에
서 5400만 부가 팔릴 정도로 인기몰이를 했던 이 만화는 아시아에서

크게 히트하며 저마다의 언어로 번역되었다.

만화가 처음으로 드라마로 각색된 것은 '유성화원流星花園, Meteor Garden'이라는 제목으로 2001년에 대만에서 만들어졌다. 이것을 필두로 이 드라마는 아시아에서 젊은 층의 지지를 받는 아이돌 드라마를 유행시키는 계기가 되었다. 이것은 또한 한 지역에서 만들어진 문화 상품이 어떻게 아시아 각지에서 공유되는 대중문화가 될 수 있었는지를 보여주는 전형적이고 선구적인 사례가 되었다. 인터뷰에 따르면, 적어도 5억 명 이상이 이 대만 드라마를 보았고, 그중 일부는 자막을 더빙해서 시청했으며, 16개국에서 널리 방영되었다고 한다. 드라마에서 F4를 맡은 주요 배우들은 엄청난 인기를 끌었으며, 젊은 층의 열렬한 지지를 받는 아이돌 그룹이라는 트렌드는 다른 아시아 지역으로 퍼져나가 결과적으로는 오늘날 소위 드라마계의 아시아 아이돌 스타 시장으로 발전하게 되었다. 이 만화와 텔레비전 방송 프로그램은 다른 아시아 지역에서도 사들여 2005년 일본에서 「꽃보다 남자花より男子」로, 2009년 한국에서 「꽃보다 남자」로, 2009년 중국에서 「유성우를 보러 가자起來看流星雨」로 제작되었다.

「유성화원」이라는 대만의 텔레비전 드라마도 일본 원작의 만화와 마찬가지로 아시아에서 높은 인기를 누리고 있었다. 한국판 「꽃보다 남자」 또한 한국의 KBS 2TV에서 방영되어 7회부터 시청률 1위를 유지했다. 10회부터는 시청률이 30퍼센트를 넘었는데, 이는 동시간대에 방영되었던 다른 드라마와 비교할 때 거의 2배가 넘는 수치였다. TNS 시청률 조사에 따르면, 한국의 「꽃보다 남자」는 최종회에서 34.8퍼센트의 시청률을 기록해 다른 모든 텔레비전 프로그램을 앞질렀다. 한국의 「꽃보다 남자」는 해외에도 수출되어, 버마와 말레이시아를 포함해 11개국 이상의 아시아 국가에서 방영되었다. 이중에서 최고가로 판매된 곳은 일본인데, 한화로 약 50억 정도였다고 한다.

「꽃보다 남자」가 한국뿐만 아니라 아시아 시장에서 큰 인기를 얻은 것은 신분이 다른 남녀 사이의 로맨스라는 익숙한 플롯을 끌어들인 데다 일본의 원작 만화가 이미 번역되어 널리 읽혔고, 8년 전 대만판 「유성화원」이 아시아 시장에서 널리 반응을 얻었기 때문이다. 아시아에서 「꽃보다 남자」는 젊은 층의 폭넓은 인기와 인지도를 확보하고 있었으며, 한국에서는 이른바 '학원물'(학교를 배경으로 삼은 청소년 주인공 만화)이라는 만화 장르의 수용층 사이에서 「꽃보다 남자」가 이미 유명세를 타고 있어, 이 드라마가 텔레비전에 방영되자 트렌디 드라마로서의 위상을 어렵지 않게 확보할 수 있었다. AGB 넬슨이 보도한 바와 같이 「꽃보다 남자」의 주요 시청자는 12~22세 사이의 여성이었다.[2]

한편 '유성우'의 중국판인 「유성우를 보러 가자」는 방영된 지 1주일 만에 텔레비전 드라마 시청률 1위에 올랐다. 그 뒤로 이는 중국 본토에서 '아이돌 드라마의 선구자'가 되었으며, 「꽃보다 남자」는 두 개의 시즌으로 만들어졌다. 이 드라마의 다른 버전들도 아시아에서 인기 있는 담론의 파장을 일으켰다.[3]

이 글에서는 이중에서도 각각 2009년에 한국에서 제작된 「꽃보다 남자」(2009년 1월 15일~3월 31일)와 중국의 「유성우를 보러 가자」(2009년 8월 8일~2010년 8월 30일)를 중심으로 두 드라마에서 남녀 주인공의 로맨스를 조명해 사랑이라는 감정이 갖는 관계적 맥락에 대해 논의해보려고 한다.

이를 위해 한국과 중국에서 방영된 드라마 텍스트를 비교하려고 한다. 그러나 이는 각 지역에서 텔레비전 드라마 제작에 관한 실질적인 차이를 살펴보려는 것이 아니다. 이 드라마는 가난한 소녀와 부유한 소년 사이의 연애를 다룬 것이기에 계급 관계의 차이, 제작 지역 (국가)에서 각 사회 계급을 바라보는 관점에 대한 상상력의 추이와 그에 대한 수용자의 반응 차이, 갈등 관계에 대한 해결 방식 등을 견줘 보는 것이 가능하다.

다시 말해 이 글에서는 텔레비전에서 방영된 드라마 속에 구성된 로맨스 담론이 연인들의 사회·경제적 지위에 반영된 계급 문제를 다룰 수 있도록 어떻게 설계되었는가를 해명하려는 데 관심이 있다. 이때 스토리가 일본 원작의 만화를 바탕으로 삼아 저작권을 지급하고 드라마로 제작한 것이므로 원작의 내용을 완전히 바꿀 수 없는 한계가 있었다는 점, 그 때문에 드라마적 상상력을 발휘하는 데 제한이 뒤따랐다는 점을 감안해야 할 것이다.

이와 관련하여 한국과 중국의 드라마 「꽃보다 남자」에 대해 다음과 같은 질문을 던질 수 있다. 첫째, 사랑/로맨스의 형상화가 사회적 불평등을 없애고 줄이거나 은폐할 정도의 사회적 힘을 구성하는가. 둘째, 이에 대해 한국과 중국의 접근법에는 차이가 있는가. 셋째, 이 차이들을 설명할 수 있는 맥락적 요인들은 무엇인가. 넷째, 연애 관계가 계급 관계를 직접적으로 부각시키고 또 이에 도전하는 중핵적인 추동력이 되고 있는가.

이 글에서는 두 드라마를 비교하기 위해 제작 환경의 차이를 고려하면서 일차적으로 인물과 플롯의 분석에 집중하되, 두 나라의 사회 계급에 대한 대중의 인식과 계급 관계에 대한 상상력을 주요하게 고려하려 한다. 이어 텔레비전 텍스트에 나타난 것처럼 감성이 계급 차이를 극복할 유력한 힘으로 여겨질 수 있는지에 관심을 둘 것이다. 이때 세대와 젠더 문제를 고려하며, 계급 차이가 있는 남녀 주인공의 사랑을 가능케 하는 문화적 상상력의 매개는 무엇인가에 대한 동아시아의 지역별 차이성에 주목해볼 것이다.

2. 텔레비전 드라마에서 문화자본과
감성의 상호 관계 및 지역별 특성

「꽃보다 남자」의 주요한 플롯은 계급 차이가 있는 남녀 주인공이 극심한 갈등을 겪다가 연인 관계로 변모하는 방향에서 구성된다. 그런데 이러한 관계의 변화를 드라마화하는 과정에서 각국의 문화적 맥락과 사회적 조건에 따라 남녀 간의 연애 관계에 대한 해석적/상상적 차이가 발견된다. 이 장에서는 이를 사랑이라는 감성 요소와 여기에 관여하는 문화자본의 상관관계를 중심으로 해명하되, 한국과 중국이라는 지역적 특성의 차원을 고려한다.

감성과 텔레비전 드라마

감성을 바라보는 구조적 틀은 심리학으로부터 유래하는데, 그 의도는 감정이나 감수성, 정서적 반응을 별개의 범주로 분류하고 각각을 일반적인 반응들과 연결시키려는 데 있었다. 실번 톰킨스(Silvan Tomkins, 1995)는 감성적 경험은 타고난 반응 체계인 동시에 '이데올로기적이고 감성적인 상호 작용을 통해 형성되고 내포되는 복합적인 매트릭스'라는 두 가지 차원을 통해 구성된다고 보았다. 좀더 실질적인 사고방식이나 행동적 반응과는 달리, 감성은 여러 면에서 '관계 속의 만남이 갖는 힘'과 동의어이며, 때로는 안정적이고 때로는 유동적이다. 감성은 찰나적이기도 하며 때로는 좀더 지속적인 관계나 상태의 부딪침, 과시 또는 표현으로 분석 가능한 요소들이다. 사람들은 특정 맥락에서 어떤 능력을 고양시키기 위해 종종 이 감성적 힘을 입증하고 표현하며 활용한다.

이 글에서 제안하는 기본 주장은 감정·쾌락·정서란 단지 텔레비전과 그 밖의 미디어를 통해 오락적으로 전달되는 무의미한 개인적 느낌들에 불과한 것이 아니라는 데 있다. 이러한 느낌들이 구조화되고 양식화될 수 있다면 이는 감성으로 이해될 수 있는데, 감성이란 젠더·인종·사회 계급·세대별 집단과 같은 특정한 사회 범주에 힘을 부여하거나, 역으로 이를 박탈할 수도 있다.

한국 드라마 「꽃보다 남자」와 중국 드라마 「유성우를 보러 가자」에서 감성의 표현은 계급·세대·젠더 등 계층의 배경에 대항하여 인물에게 힘이 부여되는 것과 관련된다. 이 글의 초점이 세대 차나 젠더 관계를 해명하는 데 있진 않지만, 감성적 요소가 드라마 속 인물의 계급 정체성을 희석시키거나 그 지위를 변화시킬 수 있으며, 드라마야말로 통념과 이상을 구축하기 위한 감성적 수단이 투쟁하는 장임을 고려할 필요가 있다.

계급과 문화자본에 관한 상반된 논의들

상황에 따라 감성 요소가 계급 정체성의 변화에 무관하며, 그보다는 문화자본의 요소가 강력한 힘을 발휘한다는 사회학적 시각이 존재한다(Bourdieu, 1973). 부르디외는 미시적 차원에서의 문화자본이란 제도의 수호자나 동료에 의해 인정되고 보상받는 교육 제도 안의 개인들에게 지식, 실용적 기술, '게임의 법칙'에 대한 감각을 갖추도록 하는 희귀한 자원이라고 정의한 바 있다(Mads Meier Jaeger, 2012). 계급 관계를 변화시킬 수 있는 것은 사랑이나 연애의 감성이 아니라 가시적으로 사회적 힘을 발휘할 수 있는 문화자본이라는 것이다.

부르디외에 따르면 문화자본에는 체화된 상태의 문화자본, 객관적 상태의 문화자본, 그리고 제도화된 상태의 문화자본 등 세 가지 상태가 있다(Bourdieu, 1973). 이 글에서는 주로 제도화된 상태라는 개념을 들어 중국판 「유성우를 보러 가자」를 대상으로 삼아, 어떻게 이런 문화자본이 주인공 무롱 윤하이와 여주인공 주유순의 계급차이에 관한 이분법적 대립을 깨뜨리는지를 탐색해보려고 한다. 물론 여주인공 주유순을 구성하는 데에는 고유하게 타고난 '체화된 문화자본'이 있을 수 있으며, 이를 통해 그녀는 자신이 타고난 배경인 서민계층에서 벗어나 부유한 상류 계급의 남주인공 무롱과 동등한 지위를 차지할 수 있음을 고려할 것이다.

개념 적용에 대해서는 문화자본의 기능과 사회적 중요성, 문화자본과 교육 제도의 관계, 그리고 문화자본의 분배가 사회 계급과 지위 변화에 어떤 영향을 미치는지에 관한 많은 선행 연구를 참고했다. 거시적 관점에서 문화자본이라는 개념은 이주와 문화 가로지르기에 관한 연구에서 널리 활용되었다(Umut Erel, 2010; Paul DiMaggio, 1982). 많은 연구자가 연구 사례로 도시나 국가를 선정해 지리학적, 인구학적 관점에 기초를 두고 문화자본의 깊은 영향력과 역할을 밝혀내고자 했다(Johanna L. Waters, 2006; Sunhwa Lee & Mary Brinton, 1996; Nan Dirk De Graaf, Paul M. De Graaf, & Gerbert Kraaykamp, 2000; M. Kalmijn and G. Kraaykamp, 1996; P DiMaggio, T Mukhtar, 2004; A.V. Ochkina, 2011).

문화자본이라는 개념을 활용한 주요한 연구에서 인종과 젠더는 교육과 문화자본의 상호 작용에서 고려되는 두 개의 주요한 요소다. 일부 연구자는 학교와 교실 차원에서는 미시적 수준에서 정치적인 고려가 이뤄지므로, 인종 간 차이를 없애는 데 교육은 단지 미약한 효력을 지닐 뿐이라고 주장한다(James W. Ainsworth-Darnell, 1999). 반면 Matthijs Kalmijn과 Gerbert Kraaykamp(1996)는 좀더 낙관적인 시각에서 학교 교육을 통해 흑백이 통합되며, 흑인들의 문화적 상승이 이뤄질 수 있다고 주장했다. 그리고 이러한 움직임이 일종의 문화적 자본을 형성해, 특권을 부여받은 소수자 그룹이 사회적으로 상승할 동기를 제공할 수도 있다고 언급했다.

젠더, 학교 교육, 그리고 문화자본 사이에서 작용하는 구체적인 관계에 대해 연구자들은 문화적 자본을 생성하는 과정에서 젠더가 차지하는 중요성을 인정해왔다(Paul DiMaggio, 1982). 예컨대 일부 연구자(Susan A. Dumais, 2002 등)는 여학생들이 학교에서 미래의 성공을 위해 스스로 문화자본을 사용하도록 격려받는다고 주장한다. 그러나 학교에서 여학생들이 젠더적으로 평등하게 자신의 성취를 인정받을 수 있는 것처럼, 사회에 나왔을 때에도 평등한 보상을 받는 것은 아님을 인정해야 한다(Mickelson, 1989). 이 점을 고려했을 때, 학교 안에서 일어나는 사건을 다룬 이른바 '학원물'이 교육 공간으로서의 학교와 그 바깥의 현실사회가 지니는 상관성을 어떻게 다루고 있는지에 주목해야 할 것이다. 또한 감성 요소에 대한 접근은 이러한 관계성을 염두에 두어야 할 것이다.

이 글에서 다루는 두 편의 드라마가 지닌 내러티브는 모두 학교와 그 바깥에서 발생하고 경험되며 인지되는 젠더 및 계급 불평등의 요소를 작중 인물의 관계 갈등과 결부시켜 구성되고 있다. 따라서 계급 차이라는 사회적 문제가 각 드라마에서 작중 인물의 성격이나 가치관의 차이라는 개인적 성향으로 전이되거나, 사랑이라는 감성적 요인으로 무마되거나 치환되며, 때로는 그렇게 포섭되는 과정에 주목할 필요가 있다. 동시에 중국 드라마에 나타난 것처럼 학교 교육이 문화 자본을 구축할 수 있는 매개가 되어, 여주인공 주유순이 이로써 상류층 남자 친구인 무룽 윤하이와 균형잡힌 지위 관계를 획득하는 과정을 살펴볼 것이다.

하나의 이야기, 지역화의 두 사례

분석에 들어가기에 앞서, 두 개의 드라마가 한국과 중국이라는 특성에 맞게 어떻게 지역화되었는가에 대한 배경을 짚어보자. 한국판 「꽃보다 남자」는 부자들을 위한 '신화 학교'가 그 배경이다. 여기에는 글로벌 기업 신화 그룹의 후계자인 구준표와 더불어 F4라 불리는 그의 재벌 친구들인 윤지후, 소이정, 송우빈이 다니고 있다. 가난한 여학생 금잔디는 매스컴으로부터 추문을 보호하려는 학교의 조치로 신화 학교에 입학하게 된다. 이 드라마에서 구준표, 윤지후, 금잔디 사이에 형성되는 로맨스는 감정 교환이라는 감성 요소를 매개로 삼각관계를 이룬다.

특히 한국판에서는 사치스럽고 호화로운 구준표와 평범한 서민으로 나오는 금잔디의 계층적 배경 차이가 유머러스하게 과장됨으로써 감성이 경제적 계급 차이를 압도하는 요소인 것처럼 작용한다. 그리고 그처럼 현실 조건을 뛰어넘는 동화적 낭만성을 드라마적 판타지로 만들어, 이를 유희적으로 수용하게 하는 방향으로 전개된다. 계급 차이를 지닌 남녀 주인공의 사랑 이야기가 갖는 판타지가 강조될수록 드라마적 흥미는 고조되며, 시청자는 이룰 수 없는 사랑이 결국은 이뤄지는 데서 카타르시스를 얻는다. 그것은 한국의 멜로드라마가 갖는 구조적 전형성이자 어느 정도 전통을 이루고 있는 것이기도 하다. 그리고 바로 그러한 것을 가능케 하는 매개로 '사랑'이라는 감성적 요소가 주요하게 관철되어왔다는 점이 주목을 요한다.

　　금잔디와 구준표의 관계 변이에는 감정선의 변화가 중요한 요소로 작용한다. 이는 금잔디와 윤지후의 관계 변화에도 그대로 적용된다. 금잔디는 가족사에 상처를 안고 있는 윤지후의 내면과 과거에 감성적으로 개입하는 방식으로 관계 변화를 이루어갔다. 한국의「꽃보다 남자」에서 인물 간의 정서적 교감과 이해는 계급 차이를 압도하는 요소로 작용했다.

　　이런 드라마적 관계 설정을 현실적 맥락과 견줘본다면, 감성 요소가 계급이라는 현실의 문제를 초과하도록 설정함으로써 금잔디가 처한 현실 문제가 희석되었다는 점을 지적할 수 있다. 시급제 아르바이트를 하는 가난한 금잔디가 이른바 '88만원 세대'로 호명되는 청년층을 '사회적으로' 대변하기보다는, 사랑으로 현실의 장애를 뛰어넘는 순애보(일본 만화『캔디캔디』류의 명랑 소녀와 억척 소녀 이미지의 혼합)의 주인공으로 조명된 점도 한국적 멜로드라마의 전통이라는 차원에서 별도로 고찰해야 할 부분이다. 여기에는 원작 만화의 스토리로부터 자유로울 수 없다는 '저작권 계약' 문제 외에 '시청률'이라는 제작 여건이 사회 문제에 대한 비판과 현실의 유희화(판타지화)라는 양자 사이에서 모종의 타협을 조율해가고 있다는 가능성을 제기하고자 한다. 아울러 한국의 TV 드라마에서는 남녀가 계급 차이를 뛰어넘어 사랑을 완성시키면서 감정의 순수성을 입증하는 과정을 주요하게 활용해왔음을 강조하고자 한다.

　　중국 드라마에서도 남녀 주인공의 갈등 관계나 변화의 방향이 그리 다르지는 않다.「유성우를 보러 가자」에서 주유순은 서민 출신으로, 고등학교 때 뛰어난 성적과 탁월한 수행평가를 인정받아 유명한 엘리트 대학인 앨리스톤 경영대에 들어간다. 그러나 그녀의 삼촌은 모아둔 돈만으로는 비싼 등록금을 감당할 수 없었기에 빚을 지고 만다.

한편 (원작에서 F4의 변주인) 남자 주인공 H4, 무룽 윤하이, 두 안무 레이, 샹관 루이취안과 예 수오는 앨리스톤 대학에 재정 지원을 하는 집안의 2세이자 캠퍼스의 젊은 귀족으로서, 거의 모든 여학생의 관심을 받는 우상이다. 오직 주유순만이 그들에게 대항하는 인물로 등장한다. 네 명의 청년은 부모의 통제로부터 벗어나기 위해 학교에서 도망치는 희망을 품고, 많은 계략과 비행을 계획하는 가운데 주유순과는 애증이 공존하는 복잡하고도 특별한 관계로 얽힌다. 마침내 네 명의 청년은 경쟁 속에서도 강하고 독립적인 태도로 분투하는 주유순에게 감화되고, 무룽 윤하이와 주유순은 사랑에 빠진다. 드디어 H4는 자신들의 삶의 목표를 발견하며, 책임감 있고 성실한 어른으로 성장한다.

중국의 「유성우를 보러 가자」가 보여주는 로맨스는 한국의 드라마보다 더 긍정적인 주제를 담고 있는 듯 보인다. 대부분의 장면은 샤먼厦門에서 촬영되었는데, 이곳은 해안 도시로서 여느 내륙 도시와는 다르며 좀더 현대적이라 여겨지는 곳이다. 그러나 주어진 조건과 배경, 지역에서의 제작, 그리고 토착 브랜드의 협찬과 재정 지원 등을 고려한다면, 텔레비전 드라마로 제작하는 과정상의 상상력에 여전히 많은 제약이 뒤따랐다는 것과, 적어도 한국판보다는 과장이 덜하다는 사실을 알 수 있다.

한국 드라마에서는 소위 명품 협찬이 이뤄져 상류층의 사치스러운 문화가 과장되게 표현되었지만, 중국 드라마에서는 국내 브랜드가 주로 협찬했기에 상대적으로 계급적 위화감이 누그러져 표현되었다. 이러한 차이는 드라마 제작의 경제적 여건과 협찬 등의 현실적 요소가 드라마에서 구성되는 갈등의 형성 조건 및 전개 방향을 결정짓는 현실 배경적 맥락으로 작용한 결과다.

사회적 불평등과 텔레비전

　　그렇다면 문제는 미디어가 문화적 구성에서 현실을 그대로 반영하고 있는지, 그렇다면 그것은 어느 정도인지를 가늠하는 것이다. 글로벌 경제라는 환경 속에서 주요 도시들과 경제적으로 부상하고 있는 여러 국가에서 막대한 소득 격차 현상이 나타나고 있는 것은 분명하다. 따라서 사회 불평등에 대한 대중의 인식은 종종 미디어가 어떻게 불평등을 강조하는지 또는 격감시켜 전달하는지의 결과에 영향을 받는다. 예컨대 2011년 한국에서 사유 재산이 가장 많은 40인이 발표되었을 때, 그중에는 미화를 기준으로 억만장자가 21명 포함되어 있었다. 이러한 수치는 2009년에 5명, 2010년에 11명이었던 데 비하면 월등히 늘어난 것이다. 세계은행에서 발표한 한국의 지니계수(불평등 격차의 심각성을 보여주는 것)는 2007년에 31.3으로, 2001년에 'CIA 세계 페이스북'에 발표한 수치인 31.0과 비슷하다. 이는 미국보다 단지 조금 낮은 정도이고, 대부분은 선진국인 유럽 국가들에 비견할 만한 것이었다.

　　반면 중국은 2011년에 빈곤선(최저한도의 생활을 유지하는 데 필요한 수입 수준)이 2300RMB(대략 미화 363달러)에서 설정되었으며, 현재 1억2800만 명의 중국인이 최하위층을 이루는 것으로 보고되었다. 2009년에 CIA에서 발표한 지니계수는 48이었는데, 이는 한국보다 훨씬 더 높은 수치였다. 사회적 혼란과 불화, 반발을 피하기 위해 '화해'에 최우선 순위가 주어진 이 독재국가에서(Fung, 2010), 악화되는 사회 불평등에 대한 사회적 감수성을 억압하기 위해 국영방송이 안간힘을 써야 했던 것이다.

한편 텔레비전은 오락적 매체이며, 동화 같은 스토리는 시청자를 확보하고 끌어들이기 위한 수단임을 인식해야 한다. 그때 미디어가 사회 문제를 위한 해결책임을 상정할 수 있다. 한국에서는 사회 불평등이 허구적 스토리의 결말 부분에서 상상력을 발휘해 극복될 수 있다면, 사회 불평등이 극단적으로 설정된 부분은 본질적으로 시청자들에게 좀더 드라마틱한 효과를 창출할 수 있게 된다. 이렇게 본다면 감성적 힘이 사회 변화를 위한 추동력으로 작용하도록 설정된 러브 스토리는 문화적 해결책으로도, 상업 전략으로도 설득력이 있어 보인다.

그러나 다른 한편으로, 미디어는 사회적이거나 정치적인 기능을 지니고 있다. 한국에서 미디어는 현재 상황에 정당성을 부여하며 동시에 현실적인 사회 형세를 담아낸다. 독립적인 미디어를 보유한 민주주의 국가는 사회적 불평등을 다루는 연애물을 허용할 수 있다. 그것이 비록 동화 같은 환상적인 방식으로 이뤄진다고 해도, 사회적 불평등이 고조된 로맨스는 시청자의 극적 몰입도를 높이며, 그 과정에서 현실의 사회적 불평등이 어느 정도 환기된다는 점을 배제하기 어렵다.

그러나 중국처럼 정치적으로 통제받는 국가에서는 미디어가, 특히나 공영 방송이 사회 불평등을 서술하거나 인정하기라도 할 수 있을지 의문이다. 그렇다면 중국의 미디어는 사회 갈등을 회피하는 기능을 하는 것이며, 사회 불평등을 다룸으로써 사회적 감수성을 자극할 위험을 최소화시키고 있다는 해석이 가능해진다.

3. 계급 갈등─화해인가 저항인가

이제 한국과 중국의 「꽃보다 남자」가 사회 계급과 계급 관계를 다루는 방식의 차이를 비교·대조하기 위해 드라마에 설계된 플롯의 차이와 인물 형상화 방식이라는 구체적인 논거에 주목해보자. 그중에서도 특히 드라마에 상정된 계급 갈등의 추이를 비교하기 위해 가족 간 갈등과 가족 배경의 차이, 계급 간 의사결정의 충돌 지점을 설정하고 이를 해결하는 방식의 차이에 주목해보려고 한다. 이러한 비교 지점은 궁극적으로는 남녀 주인공으로 대변되는 계급 갈등을 두 드라마가 어떻게 구현하는지, 또한 그 과정에서 세부 내러티브와 드라마적 장치를 통해 해당 요소를 어떻게 통제하는지를 보여줄 수 있기 때문이다. 또한 이러한 비교는 계급 갈등의 차이에 접근하는 양국의 정서와 공감대 형성의 추이를 파악하는 관건이 될 수 있다.

가족 갈등이 약화된 중국판과 심화된 한국판

무엇보다도 중요한 것은 드라마에서 사회적 맥락이 어떻게 구성되는가를 이해하는 것이다. 두 개의 상이한 버전에서 부잣집 아들의 두 어머니를 비교하는 것은 각 사회에서 상류층이 갖는 이미지에 대한 문화 생산의 위치를 강조하게 될 것이다.

중국 드라마에서 H4의 리더인 무롱 윤하이의 부유한 어머니는 좀더 '납득할 만한' 재벌로서의 전형적인 모습을 보여주었다. 의외로 서민층에 대한 그녀의 반감이나 편견은 드라마에서 별달리 부각되지 않는다. 무엇보다도 그녀는 경외심을 불러일으키는 사람으로 형상화되었다. 그녀는 아랫사람들의 존엄성을 존중하지만, 자신의 아들딸에 대한 가정교육은 매우 엄격한 편이다.

이와 대비되게 한국 드라마에 등장한 구준표의 어머니 강 회장은 타인에게 무관심하고 몰인정한 사람으로 그려졌다. 그녀는 자신의 감정을 드러내는 인물이 아니다. 시청자는 그녀의 얼굴에서 드러나는 감정상의 표정을 거의 볼 수 없다. 구준표의 어머니는 사업과 가족을 완전히 통제하는 인물로서 주변 사람들로부터 '마귀할멈'으로 불리곤 한다. 그러나 중국 드라마에서는 그런 경멸성을 띠며 희화화된 명칭이 남자 주인공의 '엄마'에게 덧입혀지지 않는다.

이와 관련하여 특히 한국 드라마에서 갈등을 약화시키거나 혹은 악화시키기 위해 각 인물의 특징을 '별명'을 통해 부각시키는 것을 주요한 방법으로 활용했다는 점에 주목해야 할 것이다. 중국에서는 사회적 지위의 차이를 함축하는 별명이 거의 사용되지 않았다. 중국의 「유성우를 보러 가자」에서 남자 주인공 무룽 윤하이는 이른바, 일종의 니트NEET족▪(교육받지 않고 고용이나 훈련을 받지 않은 집단)이라 할 수 있는데, 이는 특정 세대의 차이를 뜻한다기보다는 신세대가 가족에 대해 의존하는 사회 현상을 반영한다.

두 드라마의 차이는 가난한 여주인공이 어떻게 해서 엘리트 학교에 다니게 되었는지를 처리하는 방식에서도 드러난다. 중국 드라마에서는 주유순의 학업 성적이 매우 뛰어났기에 그녀의 삼촌은 그녀가 학업을 계속하는 데 등록금을 내줄 의사가 있었다. 그러나 한국 드라마에서 금잔디가 신화 학교에 들어가는 과정에 대한 설정은 상층과 하층의 분명한 차이와 긴장을 시사하고 있다. 한국 드라마에서는 아

▪ '니트NEET족'이란 'Not in Education, Employment or Traning'의 첫 글자를 따 만든 신조어로, 청년 무직자를 말한다. 보통 15~34세 사이의 취업 인구 가운데 미혼으로 학교에 다니지 않으면서 가사일도 하지 않는 사람을 가리키며 무업자無業者라고도 한다. 취업에 대한 의욕이 전혀 없기 때문에, 일할 의지는 있지만 일자리를 구하지 못하는 실업자나 아르바이트로 생활하는 프리터족과 다르다(위키피디아 참조).

래로부터의 저항이 강한 것이 발견되는 반면, 중국 드라마에서는 저항이 야기되지 않았다.

　　한국의 「꽃보다 남자」에서 금잔디는 학교에 옷을 배달하러 가는 길에 자살을 시도하려는 학생을 살려준다. 나중에 그녀의 행동이 언론에 크게 보도되어 그녀는 영웅적 사건의 주인공으로 올라선다. 그리고 그녀에게는 F4의 아성에 도전하는 용기가 있다는 뜻으로 한국의 '원더 걸' 또는 '잔 다르크'라는 꼬리표가 붙여진다. 수많은 부정적인 기사가 보도되어 신화 그룹의 이미지에 직접적인 손상을 입히자, 그룹의 수익에도 영향을 미친다. 바로 그 때문에 강 회장(구준표의 어머니)은 대중을 진정시키려고 금잔디를 신화 귀족 학교에 입학시켜야 했던 것이다(1회).

　　신화 학교에 입학한 뒤 금잔디에게는 드라마 속의 상류층에 의해 '왕따' '잔디밭' '잡초' '세탁' 등의 별명이 붙여졌다. 이는 드라마 전체에 걸쳐 사회 내부의 계급적 적대감을 환기하고 있다.

저항하는 서민층의 아이콘─가난한 소녀와 가족 배경의 차이

　　두 드라마의 여주인공 금잔디(한국)와 주유순(중국)은 모두 가난한 소녀로, 저항하는 서민층의 아이콘으로 등장한다. 이 여주인공이 드라마 내부에서 구성하는 역할과 그 문화적 의미를 해명하기 위해 각 드라마에서의 가족 배경 차이에 주목해보자. 그리고 이들이 가족 내부에서 겪는 갈등의 정도 차이, 가족 구성원의 인물 형상화 방식, 부모의 역할이라는 세 가지 차원을 고려해본다.

　　첫째, 한국판에서는 상류층 가족 내부의 갈등이 좀더 강조된 것처럼 보인다. 이는 한국에서 이른바 부유층의 가족 간 갈등에 대한 상상을 압축하여 보여주는 듯하다. 한국판 「꽃보다 남자」 24회에서 구준표는 "평생 동안 단 한 번이라도 어머니처럼 행동한 적이 있어요? 어머니도 아니고 그럴 자격도 없으니 제발 그런 척하지 마세요"라고 말했다. 어머니가 여주인공 금잔디를 끊임없이 위협하자 구준표는 "더 이상 잔디를 괴롭히지 마세요. 만약 이걸 지키지 않는다면, 이 모든 걸 망쳐버리겠어요"(14회)라고 대들었다.

한편 중국 드라마에서는 상류층 가족의 내적 갈등이 항상 억압되어 있는 편이다. 따라서 가족 구성원 내부의 갈등이 극도로 표출되는 일은 거의 없다. 그러나 한국 드라마에서는 주인공의 누나인 구준희마저 자신의 어머니를 직접적으로 비난하며 대드는 장면을 연출한다. 구준희는 어머니가 보여주는, 이른바 상류층의 멘털리티에 반발해 "이렇게까지 내가 희생해도 엄마는 만족하지 못하는 거죠, 그렇죠? 엄마가 호텔 사업에 야망을 품었을 때, 딸을 판 거나 다름없었다구요. 이제는 해외 투자에 야심을 가지시더니 아들을 저버리시는군요. 이 모든 게 우리의 행복을 위해서였다고요? 행복, 그게 뭔지 말해보세요!"(17회)라고 말하기도 했다. 가족보다 성공을 중시하는 어머니의 야심을 딸 입장에서 노골적으로 비판한 것이다.

이처럼 한국의 「꽃보다 남자」에서 상류층 가족은 심각한 갈등이 잠재되어 있는 문제적 대상으로 조명되었다. 이에 반해 금잔디로 대표되는 서민 가족은 다소 속물성을 보이지만, 가족애가 두드러지고 서로 사랑하는 관계로 설정됨으로써 감성적 차원에서는 돈이 많은 상류층을 압도할 수 있는 가치 있는 관계로 조명되었다. 그리고 이것은 불평등한 경제적 조건을 지닌 두 남녀 주인공을 어느 정도 비교 가능한 위상으로 위치 변경시키는 정서적 요소로 작용했다. 가족애가 있고 진심을 나누는 금잔디의 가족은 돈은 많지만 갈등이 심하며 인간미가 없는 상류층과 정서적 차원에서 대등한 균형 관계를 이루는 듯 보인다. 여기서 정서적 결속력이 경제적 지위와 맞대결할 정도의 문화적 힘을 지닌 것으로 표현된 것은 다분히 한국적이다.

둘째, 비록 어느 정도 비슷한 내용을 공유함에도 불구하고, 두 드라마에서 여주인공의 가족 구성원들은 확연히 다른 모습으로 그려졌다. 한국 드라마에서 금잔디의 부모님은 욕심 많고 물질주의적이며, 딸에게 부자를 낚아오라고 말하는 등 속물적 성향을 내비친다. 예를 들어 금잔디의 엄마는 "다른 여자애들은 몸매를 가꾼다고 난리인데, 넌 뭐 하는 거니? 그렇게 많이 먹지 마. 살찌면 부잣집 도련님이 거들떠나 보겠니?"(1회)라고 말하는 식이다. 금잔디가 구준표와 밤을 새우거나 해외여행이라도 가면 그녀의 어머니는 "가라, 가, 가, 잔디야! 네가 우리 집의 영광이구나!"(5회)라며 적극적으로 지지했다. 딸이 신분 상승을 이루면 부모도 유리한 고지에 서리라고 계산한 것이다. 이들은 경제적·계급적인 상승 욕망을 노골적으로 드러냈으나, 그 수위는 시청자의 정서적 거부감을 일으키지 않는 선에서 조절되었다.

이와 더불어 한국 드라마에서는 상류층과 가난한 집안이 직접 대립하는 장면이 설정되었다. 구준표의 어머니인 강 회장이 금잔디의 어머니에게 3000만 원을 줄 테니 구준표와 금잔디를 헤어지게 해달라고 말하자, 금잔디의 어머니는 쌀 한 통을 강 회장의 머리 위에 쏟아부어 모욕감을 주었다. 그러나 동시에 그녀는 "나는 고작 3000만 원으로 만족하진 않을 거야. 우리 딸 잔디가 구준표랑 결혼하면, 신화 그룹 전체가 우리 것이 될 텐데!"(10회)라고 말함으로써 자신에게 더 야심찬 계획이 있다는 속물성을 가감 없이 드러냈다.

이 서민층 인물은 사회에서 돈을 중시하는 문화의 일부이거나 적어도 그로부터 영향을 받고 있는 존재다. 그러나 강 회장으로부터 여러 차례 타격을 받자 금잔디의 어머니는 강 회장 앞에 무릎을 꿇도록 강요받고, 급기야 사죄까지 해야 했다. 그 뒤에 그녀는 자신의 머리 위에 한 통의 쌀을 쏟아부었다(12회).

한편 중국 드라마에서 여주인공 주유순 가족의 집안 배경은 이와는 아주 다르다. 주유순의 어머니는 솔직하고 겸손하며 열심히 일하는 전통적인 중국의 어머니 상이다. 그녀는 딸을 통해 신분 상승을 하려는 욕망을 보이지 않으며, 주유순과 무룽 윤하이가 하룻밤을 밖에서 보냈다는 소문이 났을 때, 한국 드라마에서처럼 딸을 부추기는 대신 꾸지람을 했다("너는 왜 스스로를 소중히 여기지 않는 거니? 나는 네가 부자와 결혼하길 기대하지 않아. 그저 공부 잘하고 믿을 만한 사람이 되길 바란다."(12회)).

이와 반대로 그녀와 함께 사는 삼촌은 주유순이 상류층 남자와 결혼하기를 바라는데, 그렇다고 해서 금잔디의 부모가 갈망하는 만큼은 아니다. 주유순의 어머니는 무룽 윤하이의 어머니인 셴과 직접적인 갈등을 겪도록 설정되었다. 한국판과 비교하자면, 주유순의 어머니는 그다지 물질주의적이지는 않으며, 유교적 이미지에 걸맞은 어머니로서의 역할을 유지했다.

셋째, 부모 역할 중 또 다른 차원에서 중요한 차이를 보이는 요소는 남자 주인공 아버지다. 그는 대기업의 창립자이며, 두 드라마가 아무리 서로 다르다고 해도, 모두 자본주의의 권력을 상징하는 인물임에는 분명하다. 한국 드라마에서의 아버지는 그저 보이지 않는 인물로 나오기에 세부적인 이야기가 많이 꾸려지지는 않았다.

반면 중국 드라마에서의 아버지는 존경할 만하고 마음이 따뜻하며 매우 지혜로운 사업가로 등장했다. 그는 가난한 집안 출신으로 자수성가해서 유명한 사업가가 되었으며, 상류층 출신의 여자아이(무롱 윤하이의 어머니인 셴)와 결혼했다(22회). 이후에 그는 아들인 무롱 윤하이가 비슷한 상황에 맞닥뜨려 좌절과 절망으로 가득 차 있을 때, 자연스럽게 아들의 정신적 지주가 되어주었다. 그는 아들에게 어떤 일이 있어도 공부를 열심히 하라며 격려하는 한편(24회), 가난한 여자친구의 독립심과 근면성실함을 인정해주라고 조언했다(22화). 이렇듯 중국 드라마에서는 상류층과 하류층 사이의 이분법적 대립이 극렬하게 설정되지 않았다. 달리 말해본다면, 중국 드라마에서는 계급 차이를 강조하지 않으려고 했던 것이다.

상류층에 저항하는 보조 인물의 차이

텔레비전 드라마에서의 조연들도 내러티브의 논리를 완성시키는 데 일조한다. 이를 통해 시청자는 사회 구조에서 발생하는 권력관계들을 쉽게 목격할 수 있다. 두 드라마에서 서민 집안 출신이지만 상류층을 위해 일하며 생계를 이어가는 조연을 찾기란 쉽지 않다. 중국의 「유성우를 보러 가자」에서 앨리스톤 귀족 학교의 교장은 솔직하고 존경할 만하며 책임감 있는 남자로서, 무롱 집안을 위해 일하는 고용인이다. H4를 대하는 그의 태도는 "나는 내 학교의 어떤 학생이라도 중퇴하는 것을 허용하지 않을 것이다"(3회)라는 신조에서 확인된다. 그는 고용인으로서 좀더 서민적인 정체성을 띠는 동시에, 상류층 출신의 H4를 보살피는 처신을 했다.

중국과는 달리 한국의 「꽃보다 남자」에서 구준표 집안의 최고 집사 할머니는 중국판에서의 교장과 마찬가지로 그 집안에 충성하면서도 고용주인 강 회장에게 저항하는 용기도 지니고 있다. 그녀는 집안의 모든 행정 업무에 관여할 뿐만 아니라, 구준표와 금잔디의 사적인 관계에도 개입한다. 강 회장이 금잔디에게 떠나달라고 부탁했을 때

집사 할머니는 해고할 권한은 자신에게 있다며(21회), 강하게 맞섰다.

요컨대 한국 드라마에서는 사업가와 서민층의 계급 갈등을 회피하지 않는 듯하다. 오히려 이에 대한 대중의 욕구를 반영하는 편이다. 서민층은 상류층에 대해 '기죽지 않으며', 상류층과의 갈등에 맞닥뜨려도 단지 서민이기 때문에 의견을 감춘다거나 포기하지 않음으로써 자존감을 유지하는 관계를 형성했다. 그러나 중국판은 계급 간 위계 차이를 증폭시키려 하지 않으며, 따라서 주요한 갈등들은 항상 마지막까지 미뤄진다. 드라마에 숨겨진 목적은 드라마 전체를 통해 서로 다른 계급들 사이에서 느끼는 화해에 대한 감각이다.

4. 사회적 격차―좁아지는가 넓어지는가

서로 경제적 차이가 있는 두 남녀 주인공이 갈등을 겪다가 연인이 되는 스토리는 로맨스의 전형이다. 그러나 두 남녀의 사랑이 이뤄지는 과정에서 각 인물이 표상하는 사회적 위치에 대한 의미론적 맥락은 드라마가 제작되는 지역별 문화 양식 차이에 따라 다르게 구성된다. 그리고 이러한 과정은 남녀 간의 연애가 갖는 의미에 대해서도 서로 다른 해석을 내릴 여지를 제공한다.

연애 장면의 구성과 갈등 방식의 차이

「꽃보다 남자」의 원작 만화에서도 서사의 핵심은 두 주인공의 사랑이었으며, 이는 한국과 중국에서 드라마로 제작되었을 때에도 다르지 않았다. 그런데 두 드라마에서 사랑과 연애 관계를 표현하는 대조적인 방식은 계급적 위계라는 권력 구조에 대해 전혀 다른 관점을 제시하고 있다. 예컨대 중국판에서는 주유순이 지속적으로 무롱 윤하이의 공부를 돕는 역할을 강조했다. 한편 한국판에서는 여주인 공과 남주인공의 사회적 격차를 과장되게 드러내는 데 강조점을 두 었다.

구준표의 금잔디를 향한 사랑의 감정이 진척되었을 때, 그는 그 녀에게 사치스러운 선물을 사주고 호기를 부리는 것으로 마음을 전 하려고 했다. 1억 원이 넘는 드레스와 구두(2회), 하트로 장식된 섬(5 회), 골프장 데이트(8회), 라면을 먹으러 삿포로에 가자는 제안(11회) 등, 남주인공이 호감을 사기 위해 한 말들은 사랑의 감성을 전하기보 다는 오히려 계급 간 위화감을 드러냈다. 남주인공은 재력을 바탕으 로 호혜를 베풂으로써 사랑을 표현했으며, 여주인공은 이를 대수롭지 않게 여기는 방식으로 불평등한 계급 관계를 조정하려 했다. 계급 차 이는 관계 방식에 대한 정서적 응대와 감정 교환을 통해 변환되고 조 정되는 것처럼 표현되었다.

말하자면 한국의 「꽃보다 남자」에서 계급 차이를 압도하는 것은 감성적 관계나 정서로 맺어진 관계의 연대였다. 예컨대 결말 부분에서 구준표와 금잔디의 사랑이 '이뤄질 때'(멜로드라마에서 이는 '청혼'이나 '결혼'으로 표상된다), 이는 남자 주인공이 기억상실을 겪으면서도 금잔 디에 대한 사랑을 기억함으로써 가능했음을 환기해야 할 것이다. 한 국판에서 사랑의 진정성에 대한 입증은 경제적 배경이나 계급 관계의 서열과는 무관하게, 관계 형성의 가장 핵심 요건으로 전제되고 요청 되었다. 처음에는 사랑을 촉발시키는 매개로 작용했음이 분명한 경제 적 부나 계급적 우월성이라는 요건이 완전히 사라진 뒤에도 둘 사이 에 끝까지 사랑이 유지되는가가 사랑의 순수성과 진정성을 담보하는 공감대의 요건이 되었다.

물론 여기에는 사랑을 주도하는 '부자-소년'과 사랑을 수락하는 '빈자-소녀'라는 경제적·젠더적 위계가 작동했다. 이 또한 한국적 멜로드라마의 전형적인 구도라는 점에서 역사적 맥락성에 대한 고려가 이뤄져야 한다(예컨대 한국의 텔레비전 드라마에서는 언제부터 어떤 식으로 사랑의 승리를 보여주었는가라는 질문을 던져볼 수 있다).

한편 한국과 중국의 드라마적 차이를 보여주는 또 다른 예로 F4와 여주인공 사이의 갈등을 들 수 있다. 일본의 원작 만화에서는 '레드카드'를 이용하는 장난에 대해 말하는 에피소드가 나온다. '레드카드'는 F4가 학교에서 싫어하는 학생들을 벌주기 위해 쓰는 신호다. 레드카드가 누군가의 사물함에 들어 있으면 모든 학생이 그 학생과 거리를 두며 공공장소에서 창피를 주기 시작한다. 한국판에서는 어느 날 갑자기 금잔디의 사물함에 레드카드가 붙고, 얼마 뒤에 그녀는 다른 학생들로부터 밀가루 세례를 받는다. 금잔디는 몹시 화가 나서, "부자들은 밀가루가 금만큼이나 귀중하다는 걸 절대로 알지 못할 거야. 이 밀가루 한 포대면 팬케이크를 얼마나 많이 만들 수 있는데"(1회)라고 울면서 소리쳤다. 금잔디는 자신의 신체에 가해진 부당한 폭력성을 정면으로 비판하는 대신, 부자들이 일상의 가치를 가볍게 취급하는 태도에 비난의 화살을 돌렸다. 소녀 금잔디가 경험하는 폭력성이란 단지 신체에 고통을 가하는 데 있지 않고 부자들이 돈을 대하는 태도와 일상을 바라보는 시선임을 드러낸 것이다.

계급 갈등을 극명하게 보여주는 이러한 에피소드는 학교를 배경으로 삼고 있는 데다 청소년이 등장하는 까닭에 이를 극단적으로 나아가지는 않았다. 반면 중국 드라마에서 이 부분은 계급 갈등을 유발할 수 있기에 완벽히 생략되었다. 한국에서는 감성 교류가 계급 갈등을 완화시키는 매개로 동원되었다면, 중국에서는 그러한 갈등 자체를 제거함으로써 로맨스에 치중했다.

사회적 갈등의 오락화 또는 실종

이 드라마의 중심 갈등이라고 할 사회적 갈등에 대해 중국 드라마가 갈등의 실종이라고까지 할 만한 미약한 방식을 보여줬다면, 한국 드라마는 갈등 자체를 오락화하는 현격한 차이를 드러냈다. 두 개의 드라마에서 사회적 갈등이 처리되는 방식을 경험과 생활 조건 및 공간 설정, 세부 장치의 차이를 통해 비교해보자.

첫째, 서민층 삶의 경험이라는 시각에서 두 드라마를 비교하자면, 무엇보다도 중국판에서는 남주인공이 여주인공의 일상을 체험한다는 플롯을 삭제한 점이 주목을 끈다. 한국 드라마에서는 이 부분을 강조해 계급 간의 위화감을 희화화했다. 구준표가 처음으로 금잔디의 집에 왔을 때 금잔디의 어머니는 비싼 생선을 대접했지만, 구준표는 "세상에 이렇게 작은 생선"이라고 대꾸했다(5회). 구준표는 금잔디의 집이 "내 방 화장실보다 작은 것 같"다며, "난민 캠프"(8회)에 비유했다. 가난한 금잔디의 삶은 그녀를 사랑하는 상층부 소년의 순진무구한 반응 속에서, 불편함이나 고생스러움이 아니라 장난스런 농담처럼 취급되었다.

금잔디네 형편이 어려워져서 옥탑방에 살게 되었을 때(18회), 구준표는 바퀴벌레와 인스턴트 라면뿐인 가난을 체험하게 된다. 구준표는 금잔디네 가족과 김치도 담그고, 대중목욕탕에서 목욕도 하며, 길거리에서 파는 싸구려 음식도 즐겼다. 그 과정에서 상류층과 서민층의 커다란 격차가 강조되었고, 이는 드라마 후반부에서 그들이 사랑 또는 감정으로 이런 격차를 지울 수 있는 방도를 열어두게 된다. 그러나 중국판에서는 계급 문제가 아주 민감한 사회 현상이기에 텔레비전

방송국이 그것을 공개적으로 이야기할 수 없었다.

둘째, 생활 조건의 차이를 가장 두드러지게 드러내는 공간 구성 방식의 차이라는 점에 주목해보자. 드라마에서 공간 설정은 부자와 빈민의 격차를 보여주기 위해 가장 눈에 띄는 시각적 내러티브로 구성되었다. 드라마 제작과 수용을 둘러싼 사회적 맥락의 차이 때문에 F4의 집이나 생활 조건에 관한 디테일은 두 드라마에서 완전히 달라졌다. 중국판에서는 H4가 부유하게 사는 것을 볼 수 있지만, 호화롭고 풍요로운 라이프스타일과 실질적인 생활 환경을 구체적으로 보여주는 장면은 극히 드물었다. 기껏해야 무롱 윤하이가 수영장과 정원이 있는 집을 소유하고 있다는 정도인데, 그는 한국판에서의 구준표처럼 하녀나 경호원을 두지는 않았다. 중국판의 여주인공 주유순은 부자가 아니지만 살 집을 구하기 어려울 만큼 가난하지도 않다. 말하자면 그녀는 중국의 전형적인 중산층 출신이다.

금잔디의 삶은 이와는 완전히 다르고, 불행하다고까지 할 정도로 조명되었다. 사실 금잔디의 집은 빈민층이라고는 할 수 없는 서민층인데, 드라마에서는 극적 효과를 위해 재벌 집안인 구준표 집안과의 대조를 과장함으로써 가난을 불행의 차원에서 조명한 것이 특징이다. 네 명의 가족이 같이 쓰는 하나의 방은, 2회와 8회에 묘사된 것처럼, 구준표의 화장실보다도 작다. 5회에서 구준표가 금잔디를 위해 새 가구를 사주었을 때, 조그만 문 때문에 침대를 집 안으로 들이지 못할 정도였다. 집안 사정으로 금잔디는 집을 떠날 수밖에 없게 되었고, 평평한 지붕 위에서 남동생과 살면서 매일매일 패스트푸드만 먹어야 했다. 금잔디 남동생의 가장 큰 소원은 피자 한 조각을 먹는 것이었다는 작은 일화가 제시되기도 했다(20회).

이처럼 한국판에서는 극적 장치로 부자와 빈자를 극명하게 대조시키는 방법을 활용했다. 구준표의 가족은 정원, 수영장, 전용 비행기와 섬이 있는 근사한 성을 소유하고 있다. 여기에는 집사장에서부터 하녀들에 이르는 명백한 계급 관계가 짜여 있으며, 이들은 제도화된 방식에 따라 행동하고 일한다. 더구나 5회에서 구준표는 금잔디와 전용 비행기를 타고 신화 그룹 소유의 섬으로 여행을 갔다. F4의 다른 멤버인 소이정은 또 다른 멤버인 송우빈도 두바이에 섬을 샀다고 말했다. 이들의 부와 재력은 드라마적으로 과장되게 표현되어 부유층에 대한 환상과 희화화의 선을 아슬아슬하게 넘나들었다. 한국판에 비해 중국판에서는 사회적 불평등과 빈곤을 비중 있게 다루지는 않았다. 좀더 정확히 표현하자면, 중국판에서는 계급 격차를 은폐하고자 했으며, 잠재된 모순은 가려졌다.

셋째, 두 드라마에서 사회적 갈등에 대한 접근 방식의 차이를 보여주는 것은 드라마 내부에서 서민층을 대변하는 또 다른 인물을 등장시키는가의 여부를 통해 확인된다. 다시 말해 불평등에 대한 비가시성이 상층과 하층 사이에서 갈등의 존재 여부를 입증한다고 볼 수 있다. 중국판에서는 서민층의 이해를 분명하게 대변하는 인물을 거의 찾아볼 수 없었다. 여주인공인 주유순조차 F4라는 특권층이자 부유층에 도전하는 정의의 사도는 되지 못했다. 그러나 한국판에서는 원작 만화에서처럼 하제라는 이름의 인물이 나오는데, 그는 금잔디가 구해준 남학생의 동생이다. 그는 F4와 그들로 대변되는 상류층에 대해 극도의 증오를 띠는 인물이다. 준표에게 복수하기 위해 여자친구인 금잔디를 납치한 일화(12회)는 오늘날 한국의 불평등 문제를 부각시켰다.

이처럼 한국 드라마에서는 여러 층위에서 계급과 각 계급을 대변하는 대표 인물들 사이의 구분이 명백하게 표현된 반면 중국판에서는 사회와 계급 갈등이 실종된 채로 구성되었다.

5. 한국과 중국 드라마에서 문화자본과 감성의 역할

한국과 중국이 제작한 드라마 「꽃보다 남자」에서 남녀 주인공의 관계 변화에 결정적으로 영향을 미치는 것은 각기 다르게 상상되었다. 비록 동일한 텍스트를 원작으로 삼고 있지만, 이것을 드라마로 제작하면서 해당 국가에서의 공감대를 전제로 재구성되었기에 갈등 많은 연애를 성사시키는 요인에 대한 설득력 있는 전개를 펼치려면 이에 대한 유력한 문화적 요인을 제안해야 했다.

한국 드라마에는 주인공이 사랑에 빠지기 전에 금잔디가 상류 사회의 언어나 매너, 매력을 갖추지 않았다는 이유로 비난받는 장면이 되풀이되어 설정되었다. 언어가 언어적 자본으로 간주될 수 있고, 유창한 언어의 습득이 체화된, 또는 언어적 문화자본의 일종으로 간주될 수 있다면(Bourdieu, 1990: 114), 상류층과 서민층 사이의 관계는 애초부터 성립되지 않는다고 할 수 있다. 여주인공이 그 단계의 문화자본을 갖고 있지 않기 때문이다.

중국판에서는 여주인공인 주유순이 무롱 윤하이의 집에서 식모로 일할 때, 무롱 윤하이의 부모가 그녀를 대하는 태도는 바뀌었다. 반대로 주유순도 무롱 윤하이가 수업에서 뛰어난 발표를 했을 때 처음으로 그를 대하는 태도를 바꿨다(5회). 이들이 상대에 대한 태도에 변화를 보이는 계기는 감정의 힘이 아닌 문화자본에서 비롯된다. 문화자본은 상류층과 서민층 사이의 일종의 '교환'을 포함한다(Bourdieu, 2010: 227). 성공적인 관계의 전제 조건은 서민층(중국판에서의 주유순)이 엘리트 대학인 앨리스톤 대학에서 교육을 받는 과정을 통해 문화자본을 축적할 수 있도록 하는 것이다. 드라마의 내러티브는 주유순의 뛰어난 학업 성적과 그녀의 꿈에 대한 열정이 그녀가 무롱 윤하이의 집안과 맺어지도록 하는 데 적절하게 작용했다. 예컨대 무롱 윤하이의 아버지는 주유순이 자기 아들의 공부를 도와 아들을 바꾸어놓을 거라고 기대했고, 그 때문에 둘 사이의 관계를 지지했다(22회).

　이 드라마는 사랑이 한 사회의 위계화된 계급 제도를 무너뜨리지는 못하지만, 연인이 서로 사랑하는 관계일 때, 사랑이라는 요소가 서민층으로 하여금 상류층 구성원에 상응하는 특정한 수준의 문화자본을 획득할 수 있도록 추동하는 경향이 있다는 발상을 보여주었다.

　이와 달리 한국판에서는 문화자본의 '교환'이 없었다. 오히려 연애 관계가 진척된 뒤에도 문화자본은 좀처럼 변하지 않았다. 이는 금잔디가 구준표한테 하인들에게 친절히 대하라고 채근할 때, 그리고 구준표가 자기 문화자본의 수준을 바꾸기보다 서민층의 감수성을 이해하도록 만드는 과정을 통해 드러났다(21회). 한국판에서는 사랑만이 둘의 연애를 가능케 하는 감성적 힘으로 작용하는 것처럼 표현되었다. 그러나 중국판에서는 문화자본의 변화가 가난한 집 딸과 부잣집 아들이 만남을 지속시킬 수 있는 요인으로 표현되었다.

　이를 중국판과 비교하기 위해 한국판에서 구준표의 어머니인 강 회장이 금잔디에 대한 적대감을 보이지 않았던 첫 부분, 즉 구준표가 사고를 당한 뒤 금잔디가 강 회장에게 그 아들의 취미와 생활에 대해 말해주는 상황을 예로 들어보자. 강 회장은 자신이 아들에 대해 아무것도 모른다는 사실을 알고 매우 놀라워하는 것처럼 보인다(24회). 이는 결코 문화자본의 문제라고 볼 수 없다. 한국판에서 금잔디가 구준표에 대해 느끼는 매력은 완전히 감정적인 것으로, 중국판에서처럼 어떠한 문화자본의 교환도 함축하고 있지 않다. 한국 드라마에서는 사랑이 관계의 목적으로 상정되었고, 사랑으로 계급 차가 극복될 수 있다는 발상이 상상력의 근간으로 작용하면서 시청자의 공감대를 형성했다.

그러나 중국판에서 사랑은 상류층과 서민층의 관계에서 문화자본이 작동하는 과정을 설정하는 수단이 되었다. 예를 들어 중국판에서 무롱 윤하이는 주유순의 관심을 끌기 위해 무슨 일이 있어도 시험에서 좋은 성적을 얻고자 공부에 매진했다(6회, 26회) 부르디외식으로 보자면, 교육 제도는 '지식의 위계'로 상정되었다(Bourdieu, 2010: 328).

중국판에서 학교 교육은 주유순의 문화자본의 수준을 효과적으로 향상시켜 그녀가 상류층인 무롱 윤하이의 집안과 결혼하도록 하는 유력한 방식으로 작용했다. 결국 주유순은 권위주의적인 교육 제도가 재생산해낸 인물이자, 상류층의 문화자본이 재생산한 존재에 불과하다고 볼 수 있다. 이에 비해 한국의 제작자들은 좀더 자유로운 편이었다. 그들은 서민층 출신의 침입자 금잔디가 신화 학교에 들어가는 서사를 창안했고, 그녀와 구준표의 감정적 관계를 통해 원래 상류층이 만들었던 교육 제도의 권위에 도전하게 했기 때문이다.

6. 열린 사회에서의 감성적 관계

결론적으로 텔레비전이라는 대중 매체에 의해 담론이 형성되고 확산된다는 점에서 텔레비전이 문화적 투쟁의 장임을 인정해야 한다.

제작자나 작가가 인정하지 않는다 해도 미디어로 재현된 담론은 결코 이데올로기적으로 중립적이지 않다. 텔레비전 드라마의 상상력은 그 지역의 사회적·문화적·경제적·정치적 맥락에 의해 크게 제약받는다. 정치적으로 좀더 자유로우며 자본주의가 작동하는 한국에서는 텔레비전 드라마 제작자들이 주어진 현실에 도전장을 내밀거나, 또는 적어도 텔레비전 드라마에서 사회적인 문제들을 직접적으로 반영할 수 있다. 그러나 그것은 현실의 사실적 재현이라기보다는 시청자들의 욕망과 조율하며 상상적으로 재구성된 방식으로 드러났다.

상업적인 의도가 들어 있다 해도 드라마에서 다뤄진 문제가 현실 맥락과는 다소 동떨어진 채 상상적 해결을 제시하는 것이 시청자에게는 호소력을 지닌다. 이는 드라마가 현실의 완전한 재현이 아니라 유희적 변용에 근거한 상상력의 산물이라는 인식이 전제되었기 때문이다. 이 과정에서 감성, 사랑의 힘, 로맨스 등은 인간관계나 사회를 바꿀 힘을 지닌 것으로 여겨졌으며, 이때 계급 차이로 인해 발생하는 근원적인 문제들을 희미하게 하거나 지워버리는 현상이 나타났다. 비록 계급 갈등이 존재하는 것으로 표현되었더라도, 한국 텔레비전 드라마에서 보듯이 그 갈등은 감성적 힘으로 해결되는 것으로 나타났다.

물론 중국 드라마의 경우 러브 스토리에서의 감정선은 드러나 있었다. 그러나 중국의 텔레비전 드라마는 로맨스나 감정 관계가 오직 남녀 인물의 문화자본을 변화시키는 매개로만 작용함을 보여주었다. 사실 「꽃보다 남자」의 중국 버전인 「유성우를 보러 가자」에서는 심각한 계급 차가 존재한다는 것을 인정하지 않았다고 볼 수 있다. 그리고 이것은 부패, 불균등한 발전, 비민주적인 정치 체제와 같은 사회 불평등으로부터 기인하고 있는 문제들을 희석시키려는 국가 정책과 일치했다. 국가의 어젠다는 경제성장의 시기에 신흥 부자와 빈민 사이의 격차를 강조하는 대신 조화의 담론을 만들어내는 데 집중되었던 것이다.

한편 한국에서 정부가 사회 불평등을 어떻게 다루고 있는지에 대해 전반적으로 논하는 것은 이 논문의 문제의식을 넘어선다. 그러나 적어도 미디어가 더 민주적이고 자유롭다면, 사회 불평등이 영원하지는 않으며 평등도 가능할 수 있다는 담론을 만들어낼 수 있을 것으로 보인다.

결론적으로 말해 한국의 드라마는 감성을 강력한 공감적 요소로 전제하면서 이를 사회 불평등도 뛰어넘을 수 있는 강력한 힘으로 상정하는 문법을 보이며, 감성적 힘의 교환이 계급과 문화의 차이를 초월할 수 있고 사회적 불평등을 좁힐 수도 있다고 보는 상상적 구도를 드러냈다. 그리고 시청자는 드라마 내부에서 지나치게 과장된 불평등의 요소를 유머와 오락으로 소비하면서 사회 비판적 시선을 유희적으로 전치하는 시청자의 위치를 생성해냈다.

| 1장 |

1_ 앨버트 허쉬먼, 『열정과 이해관계: 고전적 자본주의 옹호론』, 김승현 옮김, 나남출판, 1994.

2_ 이에 대한 개요는 데이비드 하비의 다음 글을 참조하라. 데이비드 하비, 『신자유주의: 간략한 역사』, 최병두 옮김, 한울, 2007; 『자본이라는 수수께끼: 자본주의 세계경제의 위기들』, 이강국 옮김, 창비, 2012.

3_ 미셸 아글리에타, 『위기, 왜 발발했으며 어떻게 극복할 것인가?』, 서익진 옮김, 한울, 2009; 미셸 아글리에타·로랑 베레비, 『세계 자본주의의 무질서: 새로운 위기와 조정에 직면한 세계경제』, 서익진 외 옮김, 길, 2009.

4_ Randy Martin, *Financialization of daily life*, Philadelphia: Temple University Press, 2002.

5_ 이는 화폐론과 관련된 현재 논쟁의 초점이기도 하다. 자세한 것은 다음 글을 참조하라. 제프리 잉햄, 『돈의 본성』, 홍기빈 옮김, 삼천리, 2011.

6_ 데이비드 하비, 『자본이라는 수수께끼』, 이강국 옮김, 창비, 2012, 83쪽.

7_ 존 메이너드 케인스, 『고용, 이자 및 화폐의 일반이론』, 조순 옮김, 비봉출판사, 2007, 189~190쪽.

8_ Hyman P. Minsky, *Can "It" happen again?: essays on instability and finance*, Armonk, N.Y.: M.E. Sharpe, 1982; 찰스 킨들버거·로버트 알리버, 『광기, 패닉, 붕괴 금융위기의 역사』, 김홍식 옮김, 굿모닝북스, 2006. 최근 금융위기에 비춰 민스키 주장의 가치를 역설하며 민스키의 이론을 설명하는 글로는 다음을 참조하라. 조지 쿠퍼, 『민스키의 눈으로 본 금융위기의 기원: 시장을 파괴하는 보이지 않는 손을 보다』, 김영배 옮김, 리더스하우스, 2009.

9_ 카를 마르크스, 『자본 I-1』, 강신준 옮김, 길, 2011.

10_ 찰스 킨들버거·로버트 알리버, 앞의 책, 77쪽.

11_ 로버트 J. 쉴러, 『이상과열』, 이강국 옮김, 매일경제신문사, 2003, 208쪽.

332

12_ 로버트 J. 쉴러, 앞의 책, 207쪽.
13_ 로버트 J. 쉴러, 앞의 책, 208쪽.
14_ 잭 바바렛, 「서론: 왜 감정이 중요한가」, 『감정과 사회학』, 박형신 옮김, 이학사, 2009, 8쪽.
15_ 잭 바바렛, 앞의 책, 210쪽.
16_ 잭 바바렛, 앞의 책, 214쪽.
17_ 존 L. 캐스티, 『대중의 직관』, 이현주 옮김, 반비, 2012, 20쪽.
18_ 존 L. 캐스티, 앞의 책, 17쪽.
19_ 존 L. 캐스티, 앞의 책, 42쪽.
20_ 존 L. 캐스티, 앞의 책, 2장 참조.
21_ 존 L. 캐스티, 앞의 책, 31쪽
22_ 존 L. 캐스티, 앞의 책, 50쪽.
23_ 존 L. 캐스티, 앞의 책, 100쪽.
24_ 아르노 빌라니·로베르 사소 편, 『들뢰즈 개념어사전』, 신지영 옮김, 갈무리, 2012, 350쪽.
25_ 아르노 빌라니·로베르 사소, 앞의 책, 351쪽.
26_ Urs Staheli, *Decentering the Economy, Governmentality: current issues and future challenges*, edited by Ulrich Bröckling, Susanne Krasmann and Thomas Lemke, New York: Routledge, 2011, p. 276.
27_ 잭 바바렛, 앞의 책, 7~8쪽.
28_ 조반니 아리기, 『장기 20세기: 화폐, 권력, 그리고 우리 시대의 기원』, 백승욱 옮김, 그린비, 2008.
29_ 앨버트 허쉬먼, 앞의 책.
30_ 데이비드 하비, 『(데이비드 하비의) 맑스 자본 강의』, 강신준 옮김, 창비, 2011, 150쪽.
31_ 카를 마르크스, 『자본 III-(下)』, 김수행 옮김, 비봉출판사, 2004, 707쪽.
32_ Mary Mellor, *The Future of Money: From Financial Crisis to Public Resource*, London: Pluto Press, 2010; 제프리 잉햄, 앞의 책.
33_ 가라타니 고진, 『트랜스크리틱: 칸트와 마르크스 넘어서기』, 송태욱 옮김, 한길사, 2005; 이마무라 히토시, 『화폐 인문학: 괴테에서 데리다까지』, 이성혁·이혜진 옮김, 자음과모음, 2010.
34_ Brian Rotman, *Signifying Nothing: The Semiotics of Zero*, Stanford, California: Stanford University Press, 1993; Jean-Joseph Goux, *Symbolic economies: after Marx and Freud*, translated by Jennifer Curtiss Gage, Ithaca: Cornell University Press, 1990.
35_ 카를 마르크스, 앞의 책, 637쪽.
36_ 카를 마르크스, 앞의 책, 548쪽.
37_ 스테판 에셀, 『분노하라』, 임희근 옮김, 돌베개, 2011.

| 2장 |

1_ S. Gordon, "The Sociology of Sentiments and Emotion," in *Social Psychology: Sociological Perspectives*, edited by M. Rosenberg and R. Turner, New York: Basic Books, 1981; T. D. Kemper, "How Many Emotions are There? Wedding the Social and the Automatic Components," *American Journal of Sociology* 93, 1987, pp. 263~289; Jan E. Stets and Jonathan H. Turner, *The Sociology of Emotions*, cambridge University Press, 2005; Jan E. Stets and Jonathan H. Turner, *Handbook of the SOCIOLOGY OF EMOTIONS*, Springer Science+Business Media, LLC, 2007; 잭 바바렛, 『감정의 거시사회학』, 박형신·정수남 옮김, 일신사, 2007; 박형신·정수남, 「거시적 감정사회학을 위하여」, 『사회와 이론』 15, 2009, 195~234쪽; 하홍규, 「분노를 보다-감정과 사회적 맥락」, 『감성연구』 6집, 2013.

2_ Mark H. Davis, "Empathy," Jan E. Stets and Jonathan H. Turner, *Handbook of the SOCIOLOGY OF EMOTIONS*, Springer Science+Business Media, LLC, 2007, pp. 443~462; C. Einoff, "Empathic concern and prosocial behaviors: a test of experimental results using survey data," *Social Science Research* 37(4), 2008, pp. 1267~1283; C. D. Batson, et al., "Empathy and the collective good: Caring for one of the others in a social dilemma," *Journal of Personality and Social Psychology* 84, 1995, pp. 171~189; Christopher S. Schumitt and Clark Candace, "Sympathy," Jan E. Stets and Jonathan H. Turner, *Handbook of the SOCIOLOGY OF EMOTIONS*, Springer Science+Business Media, LLC, 2007, pp. 467~485; L. Wispe, "The Distinction between sympathy and empathy: To call forth a concept, a word is needed," *Journal of Personality and Social Psychology* 50, pp. 314~321. 또한 공감을 인간본성으로 이해한 리프킨(『공감의 시대』, 이경남 옮김, 민음사, 2010)의 논의도 참고할 만하다.

3_ 민문홍, 『에밀 뒤르켐의 사회학』, 아카넷, 2002.

4_ 이런 측면을 잘 설명해주는 저서는 김종엽의 『연대와 열광』(창작과 비평사, 1998)이다. 사례를 제외한 아래 몇 단락의 내용은 그의 논의를 요약한 것에 가깝다.

5_ Chris Schilling, "Emotions, embodiment and the sensation of society," *The Sociological Review* 45(2), 1997, pp. 195~219.

6_ 랜달 콜린스, 『사회적 삶의 에너지』, 진수미 옮김, 한울, 2009.

7_ Anthony Giddens, *Modernity and Self-Identity*, Cambridge: Polity Press, 1991; Anthony Giddens, *The Transformation of Intimacy*, Stanford University Press, 1992.

8_ 긍정 감정은 호혜의 빈도를 높이거나 그 관계를 지속시킨다. 최근 공감의 긍정 감정이 다양한 도움 행동을 유발하는 것에 관한 연구들이 주목을 받고 있다(박성희, 「공감의 구성요소와 친사회적 행동의 관계 연구」, 『교육학연구』 34(5), 1996; 전신현, 「감정과 도움행동」, 『감정연구의 새로운 지평』, 제1회 한국학중앙연구원 현대한국연구소 국내학술회의 자료집, 2009; Dovidio and Schroeder, 1990; C. Einoff, "Empathic concern and prosocial behaviors: a test of experimental results using survey data," *Social Science Research* 37(4), 2008; Eigenberg and Miller, 1987). 그러나 일부에서는 감사를 부채와 구별하기도 하는데 후자는 단순히 주고받는 관계로서 오히려 협소한 반응을 일으키는 행위다. 다시 말하면 감사와 달리 '즐겁지 않은' 의무감이라는 것이다.

9_ 그러나 곧 어머니가 여전히 생존해 있고 자신을 잘 돌보고 있다는 사실에 안심하고 건강한 관계를 맺게 된다(칼루 싱, 『죄책감』, 김숙진 옮김, 이제이북스, 2004, 47쪽).

10_ 지그문트 프로이트, 『토템과 타부』, 김종엽 옮김, 문예마당, 1995; 지그문트 프로이트, 『문명 속의 불만』, 김석희 옮김, 열린책들, 1997.

11_ 이러한 시각은 미드의 일반화된 타자, 쿨리의 '거울 자아'의 논의와 동일한 선상에 있다고 할 수 있다. 미드의 상징적 상호 작용에 대해 하홍규(「조지 허버트 미드와 정신의 사회적 구성」, 『철학탐구』 30집, 2011)를 참조하라.

12_ 이에 대한 논의는 차후 과제로 남겨둘 것이다. 나는 「도덕감정과 호혜경제」(한국학중앙연구원, 연세대 융합감성과학연구단 학술대회 발표문, 2010)에서 이를 '십시일반十匙一飯의 일반적 호혜'라고 부른 바 있다.

| 3장 |

1_ Susan Bandes, *The Passions of Law*, N.Y.: New York University Press, 1999, p. 128.

2_ Susan Bandes, 앞의 책, 1장.

3_ 역사에서의 감정을 다루는 연구 영역은 최근 점점 확장되어가는 추세다. Barbara H. Rosenwein, "Worrying about Emotions in History," *American Historical Review* 107, 2002, pp. 821~845 참조.

4_ Daniel Smail, *The Consumption of Justice*, Ithaca, N.Y.: Cornell University Press, 2003, pp. 1~28.

5_ 『태종실록』 18권, 9년 7월 19일.

6_ 『태종실록』 18권, 9년 7월 19일.

7_ 『태종실록』 11권, 6년 3월 20일.

8_ 『태종실록』 28권, 14년 8월 13일.

9_ 『세종실록』 7권, 20년 1월 29일.

10_ 조선에서 효의 가치와 감정에 대한 논의는 JaHyun Kim Haboush, "Filial Emotions and Filial Values: Changing Patterns in the Discourse of Filiality in Late Choson Korea," *Harvard Journal of Asiatic Studies*, vol. 55, no. 1(June 1995), pp. 129~177 참조.

11_ "何謂人情? 喜怒哀懼愛惡欲, 七者弗學而能.", 『禮記』 9장.

12_ 고대 중국에서의 정情 개념에 대한 추가 논의는 Myeong-Seok Kim, "An inquiry in the development of the ethical theory of emotions in the Analects and the Mencius," Ph.D. Dissertation, University of Michigan, 2008 참조.

13_ Jisoo Kim, *The Emotions of Justice: Gender, Status, and Legal Culture in Early Modern Korea*(근간).

14_ 원의 감정에 대한 추가 논의는 Jisoo Kim, "Voices Heard: Women's Right to Petition in Late Chosŏn Korea," Ph.D. Dissertation, Columbia University, 2010 참조.

15_ Susan Stark, "Virtue and Emotion," *Noûs*, vol. 35, no. 3(Sep 2001), pp. 440~441.

16_ 최재석, 『한국가족연구』, 민중서관, 1966; Martina Deuchler, *The Confucian Transformation of Korea: A Study of Society and Ideology*, Cambridge, Mass.: Council on East Asian Studies and Harvard University Press, 1992; JaHyun Kim Haboush, "The Confucianization of Korean Society," in Gilbert Rozman, ed., *The East Asian Region: Confucian Heritage and Its Modern Adaptation*, Princeton, N.J.: Princeton University Press, 1991, pp. 84~110; Mark Peterson, *Korean Adoption and Inheritance: Case Studies in the Creation of a Classic Confucian Society*, Ithaca, N.Y.: Cornell University Press, 1996.

17_ 한국 사회의 유교화의 과정과 결과에 대해서는 Martina Deuchler, 앞의 책; JaHyun Kim Haboush, 앞의 책, 1991 참조.

18_ Martina Deuchler, 앞의 책, p. 244.

19_ 『고려사』 96:10, 109:15b-16; 이규보, 『동국이상국집』 37, 37:14; 모든 인용은 Martina Deuchler 앞의 책, p. 66을 참조.

20_ 이정란, 「남성 부럽지 않는 고려 여성」, 『고려시대 사람들은 어떻게 살았을까』, 청년사, 2007, 265쪽.

21_ 김두헌과 도이힐러는 몽고 점령기 훨씬 이전부터 일부다처제가 존재했다고 본다. 그러나 장병인은 고려왕조가 법적으로는 일부일처제의 관례를 유지했으며 정부가 일부다처의 혼인 사례를 처벌하는 예들을 제공했다고 주장한다. Deuchler, 앞의 책, p. 68; 김두헌, 「조선 첩제사 소고」, 『진단학보』 11권, 진단학회, 1939, 43~93쪽; 장병인, 「고려시대 혼인처에 대한 재검토」, 『한국사연구』 71집, 한국사연구회, 1990, 1~30쪽 참고.

22_ 모계중심 사회에서의 '방문하는 남편'에 대한 설명에 대해서는 Robin Fox,

Kinship and Marriage, Harmondsworth, U.K.: Penguin Books, 1967 cited in Deuchler, *The Confucian Transformation of Korea*, p. 69 참고.

23_ Deuchler, 앞의 책, p. 72.

24_ 정지영, 「조선후기의 여성 호주 연구」, 서강대 박사학위논문, 2001; 「조선후기 과부의 또 다른 선택」, 『역사와 문화』 5집, 문화사학회, 2002, 225~261쪽; 「조선후기 첩과 가족 질서」, 『사회와 역사』 65집, 한국사회사학회, 2004, 6~40쪽; 「조선시대 혼인장려책과 독신여성」, 『한국여성학』 20권 3호, 한국여성학회, 2004, 5~38쪽 참고.

25_ 조선시대 재산 상속에 관한 구체적인 논의는 다음을 참조. 최재석, 『한국 가족 연구』, 민중서관, 1966; Martina Deuchler, 앞의 책; Mark Peterson, 앞의 책; 문숙자, 『조선시대 재산상속과 가족』, 경인문화사, 2005.

26_ 문숙자, 「조선전기 무자녀 망처 재산의 상속을 둘러싼 소송 사례」, 『고문서연구』 5집, 한국고문서학회, 1994, 39~60쪽.

27_ 조선후기 여성의 법적 서사에 관한 논의는 Jisoo Kim의 박사논문(2010), 84~132쪽을 참조.

28_ 『단종실록』 4권, 원년 11월 5일.

29_ '順德之妻, 旣以希孟爲子, 其奴婢必欲傳於希孟, 豈欲傳於同産乎? 有違人情.' 『단종실록』 4권, 즉위년 11월 5일.

30_ 『단종실록』 4권, 즉위년 11월 5일.

31_ 『단종실록』 4권, 즉위년 11월 5일.

32_ '叔蕃田民, 從叔蕃舊券, 鄭氏自家有傳繼田民, 許鄭氏任便, 於人情, 大義, 庶幾兩便.' 『단종실록』 4권, 즉위년 11월 5일.

33_ 『단종실록』 4권, 즉위년 11월 5일.

34_ 『단종실록』 5권, 1년 1월 20일.

| 4장 |

1_ 송철의·이현희·장윤희·황문환 역주, 『역주 증수무원록언해』, 서울대학교출판부, 2004, 86쪽.

2_ 허경진의 『조선 위항문학사』(태학사, 1997, 377쪽)에 보면, 특히 당시 아전이나 서리직을 맡고 있는 중인들은 양반들이 하기 싫어했던 업무인, 글씨를 베끼거나 문서를 작성하는 작업을 대신하고 양반에게 결재를 맡았다고 한다. 다산의 『목민심서牧民心書』와 『흠흠신서』에서도 관리들이 아전들에게 문서 작성을 대신 맡기는 실태를 지적했고, 윤기尹愭(1741~1826)도 문집 『무명자집無名子集』「논형법論刑法」에서 간사한 아전들이 자의적으로 문서를 작성하거나 고치는 일鼓吏舞文에 대하여 개탄했다.

3_ 이유원李裕元, 『임하필기林下筆記』 제22권 「문헌지장편文獻指掌編」 '무원록無冤錄', 숙종 어제 인引의 내용.

4_ "死者之冤未雪, 生者之冤又成, 因一命而殺兩命數命, 仇報相循, 慘何底止." 王又
槐 撰, 『洗冤錄集證』 「檢驗總論」, 『筆記小說大觀』, 12編 7, 臺北: 新興書局, 民
國 65, 1976, 4491쪽.

5_ 김호, 「약천 남구만의 형정론刑政論에 대한 다산 정약용의 비판」, 『국학연
구』 19, 2011, 665~698쪽 참조.

6_ 한상권 교수는 18세기 중후반을 예치禮治나 무송無訟의 명분이 약화되고
예법병중론禮法並重論이 대두되는 시기로, 형정이 통치 수단의 중심으로
자리잡았다고 보았다. 자세한 내용은 한상권, 「조선시대 교화와 형정」, 『역
사와 현실』 79, 2011, 286~289쪽 참조.

7_ 자세한 내용은 최기숙, 「감성과 공공성: 감성의 역사를 묻다: 조선시대 감
정론의 추이와 감정의 문화 규약―사대부의 글쓰기를 중심으로」, 『동방학
지』 159, 2012, 20쪽 참조.

8_ 『다산시문집』 제14권 '상형고초본祥刑考草本에 발跋함'.

9_ 자세한 내용은 심희기, 「復讐考序說」, 『法學研究』 第26卷 第1號 通卷 第33號,
1983, 8쪽을 참조.

10_ 필자는 석사학위논문에서 『흠흠신서』 『심리록』 『추관지』에 모두 실려 있는
이 사례의 글쓰기 방식을 자세히 분석하여, 이 세 종의 편찬서 중 『흠흠신
서』에 가장 다양한 법률 공문서가 수록되었으며, 저자의 의견이 적극적으로
반영되어 있도록 구성되었음을 밝힌 바 있다. 자세한 사항은 졸고, 「흠흠신
서의 구성과 서술방식 연구」, 연세대학교 국어국문학과 석사학위 논문.

11_ 심재우 교수의 연구에 따르면, 『심리록』에 수록된 가족과 친족을 대상으로
한 살인 사건 총 162건의 가해자와 피해자를 성별에 따라 분석한 결과, 남
성이 여성을 살해한 사건이 94건으로 큰 비중을 차지한다. 이 연구는 『심
리록』에 남편이 간통한 부인의 주리를 틀거나, 코를 베고 팔뚝을 잘라내는
참혹한 고문과 살인을 저지른 사건이 실려 있음을 소개하고 있다. 자세한
내용은 심재우, 『조선후기 국가권력과 범죄 통계』, 태학사, 2009, 174~180
쪽 참조.

12_ 자세한 내용은 홍인숙, 「봉건 가부장제의 여성 재현: 조선 후기 열녀전」,
『여성문학연구』 5, 2001, 276~303쪽 참조.

| 5장 |

1_ 전우용 외, 「일제하 경성 주민의 직업세계(1910~1930)」, 『한국 근대사회와 문
화 3』, 서울대학교출판부, 2007, 106~107쪽; 서지영, 「식민지 도시 공간과 친
밀성의 상품화」, 『페미니즘연구』 11(1), 2011, 14쪽. 실제로 '하녀'의 구체적인
명칭은 다양했다(2장 참조).

2_ 전우용 외, 앞의 책, 138~139쪽.

3_ 「어멈문제(一) 사람대접못밧는 불상한 안잠자기」, 『동아일보』, 1926. 11. 3.

4_ 匪之助, 「京城の下女研究」, 『朝鮮及滿洲』 83, 1914. 6, 126쪽.

5_ 방기중, 「1930년대 조선 농공병진정책과 경제통제」, 『일제 파시즘 지배정책과 민중생활』, 혜안, 2004 참조.

6_ 1960~1970년대에 이농의 결과로 미혼 여성들이 도시에 빈민층으로 대거 유입되었다(김정화, 「1960년대 여성 노동—식모와 버스안내양을 중심으로」, 『역사연구』 11, 2002, 85~88쪽; 김원, 「식모는 위험했나?」, 『그녀들의 反역사 여공 1970』, 이매진, 2005, 134~139쪽 참조). 이 시기에 식모, 여공, 창녀 등의 여성 서발턴Subaltern을 둘러싼 논의가 다시 한번 폭발적으로 증가한 바 있다.

7_ 전우용 외, 앞의 책, 142~143쪽.

8_ 강이수, 「일제하 근대 여성 서비스직의 유형과 실태」, 『페미니즘연구』 5, 2005. 10; 윤지현, 「1920~30년대 서비스직 여성의 노동실태와 사회적 위상」, 『여성과역사』 10, 2009. 6. 이들은 '신여성'과 '여공'의 틈새에서 새롭게 영역을 넓혀간 신흥 여성 서비스직을 네 가지 유형으로 구분한다. 도시화·상업화에 따라 등장하는 판매 서비스직('데파트걸' '티켓걸' '엘리베타걸' 등), 교통·통신 분야의 '할로걸'과 '버스걸', 가사사용인 집단의 가사 서비스직, 전통적 접객업을 포함한 접객 서비스직(예기, 기생, '카페걸', 여급 등)이 그것이다.

9_ 이상경, 「여성의 근대적 자기표현의 역사와 의의」, 『민족문학사연구』 9, 1996; 권희영, 「1920~30년대 '신여성'과 모더니티의 문제」, 『사회와역사』 54, 1998; 전은정, 「신여성/식민지, 근대, 가부장제의 교차로: 근대 경험과 여성주체 형성과정」, 『여성과사회』 11, 2000. 4; 최혜실, 『신여성들은 무엇을 꿈꾸었는가』, 생각의나무, 2000; 문옥표, 『신여성』, 청년사, 2003; 김경일, 「여성의 근대, 근대의 여성」, 푸른역사, 2004; 김수진, 「1920~30년대 신여성담론과 상징의 구성」, 서울대 박사학위논문, 2005; 소영현, 「젠더 정체성의 정치학과 '근대/여성' 담론의 기원」, 『여성문학연구』 16, 2006. 12; 서지영, 「민족과 제국 '사이': 식민지 조선 신여성의 근대」, 『한국학연구』 29, 2008. 11.

10_ 이효재, 「일제하 한국여성 노동연구」, 『한국학보』 4, 일지사, 1976; 서형실, 「식민지 시대 여성 노동 운동에 관한 연구」, 이화여대 석사학위논문, 1990; 강이수, 「1930년대 면방대기업 여성 노동자의 상태에 대한 연구」, 이화여대 박사학위논문, 1992; 김경일, 「일제하 여성의 일과 직업」, 『사회와역사』, 2002. 9; 강이수, 「근대 여성의 일과 직업관」, 『사회와역사』 65, 2004; 강이수, 「일제하 근대 여성 서비스직의 유형과 실태」, 『페미니즘연구』 5, 2005; 윤지현, 「1920~30년대 서비스직 여성의 노동실태와 사회적 위상」, 『여성과역사』 10, 2009. 6.

11_ 유숙란, 「일제시대 농촌의 빈곤과 농촌 여성의 출가出嫁」, 『아세아여성연구』 43(1), 2004; 서지영, 「식민지 도시공간과 친밀성의 상품화」, 『페미니즘연구』 11(1), 2011. 4.

12_ 서지영, 「식민지 시대 카페 여급 연구」, 『한국여성학』 19(3), 2003. 12; 서지영, 「식민지 근대 유흥 풍속과 여성 섹슈얼리티」, 『사회와역사』 65, 2004. 5; 서지영, 「식민지 시대 기생 연구(1)」, 『정신문화연구』 28(2), 2005. 6; 서지영, 「식민

지 조선의 모던걸」,『한국여성학』22(3), 2006. 9; 권명아, 「풍속 통제와 일상에 대한 국가 관리」,『민족문학사연구』33, 2007; 서지영, 「여공의 눈으로 본 식민지 도시 풍경」,『역사문제연구』22, 2009. 10.

13_ 여성 하위주체 연구와 관련해서 오해를 없애기 위해 강조해두고 싶은 것은, 여성을 둘러싼 공적/사적 영역의 재구조화와 그에 따른 유동성이 야기한 문제들을 검토하고자 하는 이 글이 하녀의 하위주체성Subalternity에 주목하면서도 하위주체의 복원만을 지향하지는 않는다는 점이다. 여성을 포함한 하위주체에 대한 그동안의 연구는 하위주체의 역사적 재현과 '타자 내부의 타자로서의' 하위주체의 위상이 갖는 '대표 불가능성'을 강조해왔다(Gayatri Spivak, "Can the Subaltern Speak?", *Marxism and the Interpretation of Culture*, Cary Nelson and Lawrence Grossberg(eds.), Urbana and Chicago: Univ. of Illinois Press, 1988, pp. 271~313; 김택현, 「그람시의 서발턴 개념과 서발턴 연구」,『역사교육』83, 2002. 9; 김택현, 「다시, 서발턴은 누구/무엇인가」,『역사학보』200, 2008. 12 참조). 이러한 연구의 의미를 충분히 끌어안으면서도, 이 글에서는 스피박이 「하위주체는 말할 수 있는가」를 통해 강조했던 바가 어쩌면 하위주체의 목소리를 들을 수 없게 된 경위에 대한 추적, 특히 젠더화된 하위주체들이 깊은 침묵에 빠지게 된 경위를 재추적해야 한다는 역설적 강조인지도 모른다는 사실을 환기하고자 한다(태혜숙,『대항지구화와 '아시아' 여성주의』, 울력, 2008, 72~73쪽). 이러한 문맥을 염두에 두고 이 글에서는 하위주체를 둘러싼 구조적 억압을 거시적으로 통찰할 수 있는 시선의 확보 쪽으로 논의를 진전시키고자 한다. 이 글에서는 '하위주체'가 획일적인 것도 고정된 것도 아니라는 전제에 입각해서 이른바 '하위주체화'의 구성적 메커니즘을 검토할 것이다.

14_ 근대 이후 사회적 영역의 출현으로 공적/사적 영역의 재구조화가 이루어진 사정에 관해서는 한나 아렌트,『인간의 조건』, 이진우·태정호 옮김, 한길사, 1996, 74~132쪽 참조.

15_ 현재 이성 중심주의와 근대에 대한 비판적 거점 가운데 하나로 거론되고 있는 '감정' 연구는 감정, 정서, 감성, 정동, 느낌 등의 용어가 갖는 함의 차이를 포함해서 활용 가능성을 두고 다양한 논의가 진행되고 있다. 진행 중인 논의를 관통하는 '감정' 연구의 전제를 간략하게 정리하자면 다음과 같다. '감정이 표현되는 장소는 구체적이고 즉각적인 '관계'이지만 그것은 항상 사회문화적으로 규정된 '관계'라고 할 수 있다(에바 일루즈,『감정 자본주의』, 김정아 옮김, 돌베개, 2010, 14~15쪽). '감정'은 개인과 사회 구조 그리고 관계들에 동시적으로 포함되어 있는 것이다. 이에 따라 '감정'은 그것을 유발한 구조적 권력관계 및 신분관계 그리고 개별자의 상관성을 포착할 수 있는 거멀못으로 활용될 수 있다(잭 바바렛,『감정의 거시사회학』, 박형신·정수남 옮김, 일신사, 2007, 118쪽). 이때 주목할 것은 '감정이 표현되는 것이라기보다 조절되고 규율되는 것에 가깝다'는 사실이다. 이 점에 착안할 때 '감정' 연구는 감정의 규율과 통제로 가시화되는 감정의 위계(와 그와 결합된 사회적 위계)를 보

여줄 수 있다. 감정의 규율과 긴밀한 상관성을 갖는 사회적 위계를 통해 감정 (표현)의 사회적 허용 범위를 유추할 수 있는 규율의 강도를 역상으로 포착할 수 있는 것이다. 감정에 기입되어 있는 계급 위계와 젠더 위계 등에 착목한, 관계와 사회 구조의 산물로서의 '감정'에 대한 연구를 통해 본고 특히 3장에서는 하위주체의 감정이 구조적 형성물임을 검토하고자 하며, 위계적이고 불평등한 감정 구조를 추적함으로써 새로운 공공성 논의의 시발점으로 삼고자 한다. ('감정' 연구와 함께 하위주체와 감정 연구의 결합은 현재 서구에서도 점진적으로 시도되는 새로운 연구 경향 가운데 하나다. Sneja Gunew, "Subaltern Empathy: Beyond European Categories in Affect Theory," *Concentric: Literary and Cultural Studies* 35(1), 2009. 3, pp. 11~30 참조)

16_ 김은희, 「無産婦人의 운동은 어대로 가나」, 『삼천리』 4(1), 1932. 1, 105쪽.

17_ 「어멈문뎨(二) 나위해일하는그들 동정과은혜로대해」, 『동아일보』, 1926. 11. 4.

18_ 더구나 조선총독부 1930년 '국세조사'에 따르면 116만 명에 이르는 도시 노동자들 대부분이 '잡직노동자'(날품팔이, 가내수공업자, 공장과 광산 노동자)였다. 전체 노동자의 40퍼센트에 달하는 이들 다음으로 큰 집단은 27.6퍼센트(31만 9000명)를 차지하는 도시 가정의 '가사사용인'이었다. 박순원, 「식민지 공업 발전과 한국 노동계급의 등장」, 신기욱·마이클 로빈슨, 『한국의 식민지 근대성』, 도면회 옮김, 삼인, 2006, 210쪽.

19_ 「줄이다못해 鐵窓行自願」, 『동아일보』, 1929. 3. 9.

20_ 유숙란, 앞의 책, 70~81쪽.

21_ 匪之助, 「京城의下女研究」, 『朝鮮及滿洲』 83, 1914. 6, 127쪽.

22_ 전우용 외, 앞의 책, 2007, 106~107, 138쪽.

23_ 「점차구하기힘드는식모 금년은더욱구하기어려워」, 『매일신보』, 1937. 11. 13.

24_ 「어멈문뎨(一) 사람대접못밧는 불상한 안잠자기」, 『동아일보』, 1926. 11. 3.

25_ 鞠O任, 「젊은 안잠자기 手記」, 『별건곤』 25, 1930. 1, 97쪽.

26_ 「主人物品竊取」, 『동아일보』, 1926. 9. 20.

27_ 정재욱, 「食母의秘密」, 『동아일보』, 1937. 9. 7.

28_ 「안잠자기 失職期」, 『중앙일보』, 1932. 4. 19.

29_ 「돈ㅅ벌이하는 女子職業探訪記: 삼천세계에 몸부칠곳업는 안잠자기와행랑어멈(상)」, 『동아일보』, 1928. 3. 2.

30_ Louise Tilly·Joan Scott, 『여성·노동·가족』, 김영·박기남·장경선 옮김, 후마니타스, 2008, 103~117쪽.

31_ 「돈ㅅ벌이하는 女子職業探訪記: 삼천세계에 몸부칠곳업는 안잠자기와행랑어멈(하)」, 『동아일보』, 1928. 3. 3.

32_ 鞠O任, 「젊은 안잠자기 手記」, 『별건곤』 25, 1930. 1, 97쪽.

33_ 「돈ㅅ벌이하는 女子職業探訪記: 삼천세계에 몸부칠곳업는 안잠자기와행랑어멈(상)」, 『동아일보』, 1928. 3. 2.

34_ 「下女를 亂打, 가해자를 취조」, 『동아일보』, 1930. 2. 21.

35_ 이로사, 「현대사 60년의 주인공들: (1) 식모」, 『경향신문』, 2008. 8. 3.

36_ 이로사, 「현대사 60년의 주인공들: (1) 식모」, 『경향신문』, 2008. 8. 3.

37_ 김은희, 「無産婦人의 운동은 어대로 가나」, 『삼천리』 4(1), 1932. 1, 104쪽.

38_ 김은희, 「無産婦人의 운동은 어대로 가나」, 『삼천리』 4(1), 1932. 1, 105쪽.

39_ 김은희, 「無産婦人運動論」, 『삼천리』 4(2), 1932. 2, 66쪽.

40_ 「점차구하기힘드는식모 금년은더욱구하기어려워」, 『매일신보』, 1937. 11. 13.

41_ 「가정, 가혹! 한 달에 한번쯤은 식모에게도 노는 날을 주자!(下)」, 『조선중앙일보』, 1936. 4. 5.

42_ 「가정, 식모들에게도 노는 날을 주자!」, 『조선중앙일보』, 1935. 4. 28.

43_ 「가정의 큰 문제―우리생활을좌우하는 식모문제는크다」, 『동아일보』, 1935. 10. 8; 「家庭― 本社主催 家庭經濟座談會(二)― 食母無用論」, 『매일신보』, 1936. 1. 3; 「食母안두니까 무척 경제가 됩니다」, 『매일신보』, 1938. 1. 4; 承敬愛, 「生活改善私案 : 식모두는페해, 식모때문에쓰는비용을 가족의단락비로쓰게하십시다」, 『동아일보』, 1938. 1. 11; 申公淑, 「生活改善私案 : 식모때문에받는손해 수짜로만 일년에二百四十원이다」, 『동아일보』, 1938. 1. 12.

44_ 『감정노동』의 저자는 '감정노동'이란 용어를 신자유주의 이후 노동 전반에 자신의 개성을 개입시키거나 사교성을 활용하는 등 감정적 노동을 직업적 구조에 종속시키는 직업군과 노동에 한정해서 사용한다. 특히 하층 계급과 관련해서는 감정의 억압/규율/규제가 요청된다고 해도 그것 자체가 감정노동은 아님을 명시한다(Alie Russell Hochshild, 『감정노동』, 이가람 옮김, 이매진, 2009, 197~233쪽). 저자 입장에 동의하면서도, 이 글에서는 '감정노동'에 대한 좀더 유의미한 논의를 위해 '감정노동'의 개념적 재규정과 역사적 계보화 작업이 필요한 것은 아닌가 재고해보고자 한다. 이에 따라 이 글에서는 식민지 조선에서 하위주체의 감정규율 과정이 당대적 차원에서의 '감정노동'일 수 있음을 고려해보려 한다. 사실 젠더 차원에서 접근하자면 근현대를 막론하고 대개의 여성 노동자들이 담당하고 있는 '돌봄 노동'과 그로부터 야기되는 '감정(자기)규율' 등을 감정노동의 범주에서 배제하기는 어려울 것이며, 실제로 상당수의 여성 노동자가 하층 계급과 겹쳐 있기도 하다. 이러한 복합적인 상황을 염두에 두면 '감정노동'과 '감정규율'의 근친적 성격을 간과할 수 없을 것으로 판단된다.

45_ 서지영, 「식민지 도시 공간과 친밀성의 상품화」, 『페미니즘연구』 11(1), 2011, 17~23쪽.

46_ 「어멈문데(一) 사람대접못밧는 불상한 안잠자기」, 『동아일보』, 1926. 11. 3.

47_ 물론 이러한 인식은 미디어가 '하녀'를 바라보는 시선을 반영하고 있으며 사회 통념을 강화하는 데 중요한 역할을 하기도 했다.

48_ 秦雨村, 「단편소설 식모 (3)」, 『매일신보』, 1938. 3. 13.

49_ 「가난이 원수―구차한 살림사리가실혀저서飮毒自殺한『食母』」, 『매일신보』, 1936. 7. 21; 「마음 검은 下女」, 『매일신보』, 1939. 12. 5; 「虛榮에 뜬 下女」, 『매일신보』, 1939. 12. 8 외 다수.

50_ 「식모주의」, 『조선중앙일보』, 1934. 8. 31; 「주인물건훔친 젊은 안잠자기」, 『조

선중앙일보』, 1934. 10. 31;「주인집의 보석금, 이천여원어치 절취, 금은상 하
녀로 있는 여자, 월여만에 필경 發露」,『조선중앙일보』, 1935. 6. 7;「主人白金
指環 훔친 美人下女의 懺悔－훔처노코서 양심에 가책바더 女子二十 虛榮時代」,
『매일신보』, 1935. 10. 8;「下女가 窃盗－주인의 돈을」,『매일신보』, 1936. 1.
29;「惡食母 本報記事보고 被害者 續出 각기들 압흘 닷투어 낫하나 東門署 매
우 奔忙－平林司法主任 談」,『매일신보』, 1936. 12. 20;「動機는 同情하나 法은
그러찬타 主人돈 훔친 下女」,『매일신보』, 1937. 3. 27;「注意할『食母』! 主人집
돈을 窃取逃走」,『매일신보』, 1938. 12. 8;「情夫歡心 사고저 下女의 竊盗」,『동
아일보』, 1939. 11. 21 등.

51_「失戀을當하고 自殺圖謨한女子」,『중앙일보』, 1932. 2;「妙齡女 飲毒」,『동아
일보』, 1933. 6. 4;「妙齡女飲毒；市內宮井洞 鄭箕洪씨 집 下女」,『동아일보』,
1933. 6. 5;「안잠자기, 음독자살, 신세 비관하고」,『조선중앙일보』, 1935. 1.
13 등.

52_「瞬間의 享樂으로 畢竟은 殺兒犯」,『동아일보』, 1931. 12. 2.

53_「某官吏夫妻를 相對 墮胎敎唆로 告訴」,『동아일보』, 1933. 8. 6.

54_「便所에 棄兒 려관하녀가(平壤)」,『동아일보』, 1931. 12. 23.

55_ G. Duby and M. Perrot, 「여성 범죄자들」,『여성의 역사 3』, 조형준 옮김, 새
물결, 1999, 677~683쪽.

56_ 송영,「용광로」,『개벽』70호, 1928. 6, 60쪽.

57_ 김려순,「식모도 사람」,『동아일보』, 1937. 6. 9.

58_「어멈문제(三) 나위해일하는그들 동경과은혜로대해」,『동아일보』, 1926. 11. 5.

59_「어멈문제(三) 나위해일하는그들 동경과은혜로대해」,『동아일보』, 1926. 11. 5.

60_「하녀를두엇슬째 어쩌게하면 심복케할가」,『동아일보』, 1929. 12. 12.

61_「本社主催 家政經濟座談會 (七) 식모 두지 말고 주부의 손으로 집안 일 처리하
자」,『매일신보』, 1936. 1. 8.

62_ 김동인,「一日一文 食母難」,『매일신보』, 1935. 8. 2.

63_ 김려순,「식모도 사람」,『동아일보』, 1937. 6. 9.

64_「1929년 경성부 직업소개소에서 조사된 가장 높은 취업률은」,『동아일보』,
1929. 3. 8.

65_「不景氣! 生活亂! 暗澹한 失職群의 行列」,『중외일보』, 1930. 9. 10.

66_「需要만코供給적어 仁川에食母學校」,『매일신보』, 1937. 6. 29;「仁川 下女學校
卒業後에 就職 斡旋」,『동아일보』, 1937. 8. 5;「仁川 下女學校 第一回卒業 四五
名」,『동아일보』, 1937. 10. 10.

67_「점차구하기힘드는식모 금년은더욱구하기어려워」,『매일신보』, 1937. 11. 13.

68_ 염상섭,「一日一文 食母」,『매일신보』, 1935. 7. 13. 조선인 가정을 기피하는 구
직자들에 비판적이지만, 이 글은 남의집살이를 하고자 하는 이들이 일본인
가정을 선호한 원인을 정확하게 짚고 있다.

69_「가정의 큰 문제－우리생활을좌우하는 식모문제는크다」,『동아일보』, 1935.
10. 8.

70_「가정의 큰 문제-우리생활을좌우하는 식모문제는크다」, 『동아일보』, 1935.
    10. 8.
71_「여성논단, 식모의 폐지(상)」, 『조선중앙일보』, 1936. 2. 14.
72_承敬愛, 「生活改善私案 : 식모두는폐해, 식모때문에쓰는비용을 가족의단락비
    로쓰게하십시다」, 『동아일보』, 1938. 1. 11.
73_申公淑, 「生活改善私案 : 식모때문에받는손해 수짜로만 일년에二百四十원이
    다」, 『동아일보』, 1938. 1. 12.
74_洪善杓, 「一日一人 食母饑饉」, 『매일신보』, 1939. 7. 8.
75_ 잭 바바렛, 『감정의 거시사회학』, 박형신·정수남 옮김, 일신사, 2007, 104쪽.
76_ 한나 아렌트, 『인간의 조건』, 이진우·태정호 옮김, 한길사, 1996, 87쪽.

| **6장** |

1_ 언문과 (고)소설의 관계에 대해서는 최기숙, 「언문소설의 문화적 위치와 문자
    적 근대의 역설: 근대초기 '춘향전'의 매체 변이와 표기문자·독자층의 상호
    관련성」, 『민족문화』 60호, 고려대학교 민족문화연구소, 2013을 참조.
2_ 『남원고사』의 현대어 번역 및 비평은 이윤석·최기숙, 『남원고사』, 서해문집,
    2008을 참조.
3_ 「남원고사」에 실린 사설시조 '구운몽'은 육당본 『청구영언』, 『해동유요』, 『가
    곡』 등의 가사집에 실려 있다(윤덕진, 「〈남원고사〉계 춘향전의 시가 수록과 시가
    사의 관련 모색」, 『한국시가연구』 27집, 한국시가학회, 2009, 314쪽)고 되어 있으
    나, 『해동유요』에서 사설시조 구운몽은 찾지 못했다.
4_ 이에 관해서는 최기숙, 「조선시대 감정론의 추이와 감정의 문화 규약: 사대부
    의 글쓰기를 중심으로」, 『동방학지』 159호, 연세대학교 국학연구원, 2012를
    참조.
5_ 김상환, 「프로이트, 메를로-퐁티, 그리고 새로운 신체 이미지」, 『철학과 인문
    적 상상력』, 문학과지성사, 2012, 119쪽.
6_ '감성affect'에 대한 정의 및 연구사적 경향에 대해서는 Melissa Gregg
    and Gregory J. Seigworth (edited.), *The Affect Theory Reader*, Duke
    University, 2010, 1장; 아르노 빌라니·로베르 사소 편, 『들뢰즈 개념어 사
    전』, 신지영 옮김, 갈무리, 2012, 348~353쪽을 참조.
7_ 알랭 바디우, 『사랑 예찬』, 조재룡 옮김, 길, 2010, 24~25쪽.
8_ 이윤석 교주본(『남원고사 원전비평』, 보고사, 2009)에서는 '마음 심자心字 갈
    지자之字'를 '천천히 비틀비틀 걷는 걸음걸이'로 해석했고, 김동욱·김태준·
    설성경 교주본에서는 '천천히 걷는 걸음걸이'(『춘향전 비교연구』, 삼영사, 1979,
    55쪽)로 해석했는데, 이 글에서는 '마음心 가는대로之'라는 뜻으로 해석할 여
    지가 있다고 본다.
9_ 앙리 베르그송, 『웃음/창조적 진화/도덕과 종교의 두 원천』, 이희영 옮김, 동

서문화사, 2008, 46~55쪽. 이에 따르면 「남원고사」의 작가는 이도령의 '기계 장치화'된 시선과 사고 패턴을 희화화하면서, 수용자로 하여금 사랑에 빠진 이도령을 객관적으로 관망하게 하여 사랑의 속성에 대해 사유할 수 있는 기 회를 제공했다고 볼 수 있다.

10_ 사랑의 대상에 대한 부재의 관념·정서·사유에 관해서는 롤랑 바르트, 『사랑 의 단상』, 김희영 옮김, 문학과지성사, 1991, 27~33쪽의 「부재자 absent」 항 목을 참조.

11_ 우에노 치즈코, 『여성혐오를 혐오한다』, 나일등 옮김, 은행나무, 2012, 88쪽.

12_ 에바 일루즈, 『사랑은 왜 아픈가: 사랑의 사회학』, 김희상 옮김, 돌베개, 2013, 206쪽.

13_ 진실성에 대한 이론적 접근을 찰스 테일러는 Lionel Trilling이 『성실성과 진 실성Sincerity and Authenticity』에서 현대 사회에서의 자기실현의 개념을 정의하기 위해 동원한 '자기 진실성authenticity'의 개념을 참조했다. 그는 이 를 현대사회의 도덕적 이상으로 기술하고자 했다(찰스 테일러, 『불안한 현대사 회The Malaise of Modernity』, 송영배 옮김, 이학사, 2001, 27쪽).

14_ 이 글에서 설정한 사랑의 윤리성은 앞서 언급한바, 키르케고르가 지적했던 것처럼 사랑의 경험에 관한 두 번째 단계인 '윤리성'의 맥락과도 일치한다.

| 7장 |

1_ 예를 들어 왕펑훼이王鵬惠, 「종족 군집에 대한 상상과 나와 다른 세계의 건 설: 명청 시기 귀주·운남 지역 이민족 서사와 그에 대한 인류학적 분석族群 想像與異己建構:明淸時期滇黔民族書寫的人類學分析」, 타이베이: 국립대만대 학교 인류학 대학원 석사논문, 1999; 왕펑훼이, 「실의한 국가종족, 詩意의 민 족, 기억을 잃은 종족 / 나라: 민국시기 소수민족의 그림자失意의國族,詩意의 民族,失憶의族／國: 顯影民國時期의少數民族」, 타이베이: 국립대만대학교 인 류학 대학원 박사논문, 2008.

2_ 장커펑張軻風, 「다른 시선: 명청소설 속에 나타난 운남 풍경異樣의目光:明淸 小說中的雲南鏡像」, 『明淸小說硏究』 4기, 2012, 1728쪽. 이 연구는 소설 속의 운남 이미지를 주로 다루었지만 실은 서남지역의 현상으로 확대할 수 있다.

3_ 양신, 「전정기」, 『사고전서존목총서四庫全書存目叢書』, 台南: 莊嚴文化, 역사부 127권, 1996, 672쪽.

4_ 동광원董廣文, 「『전정기』의 민속학적 가치『滇程記』的民俗學價値」, 『雲南民族 學院學報』(哲學社會科學版) 19권 Vol.2, 2002.3, 85~89쪽.

5_ 관련된 논의는 쑨캉이孫康宜의 「명나라 중기와 말기의 문학 신탐구中晩明之 交文學新探」, 『北京大學學報』(哲學社會科學版)43권 6기, 2006.11, 2332쪽; 쑨 캉이, 「주변의 '통변'을 향하여: 양신의 문학사상 탐구走向邊緣의'通變':楊愼 的文學思想初探」, 『中國文學學報』 1기, 2010.12, 359~368쪽 참고.

6_ 앞의 주석과 같음.

7_ 장커펑이 이를 통해 명나라 사람의 지리 지식 성장 수준을 알 수 있다고 설명했다. 장커펑, 「다른 시선: 명청소설 속에 나타난 운남 풍경異樣的目光:明淸小說中的雲南鏡像」, 『明淸小說研究』 4기, 2012, 25쪽.

8_ 육차운의 일생은 『건륭 항주부지乾隆杭州府志』 『광서 강음현지光緒江陰縣志』 등을 참조하거나 짜오징선趙景深·장쩡위엔張增元이 편집한 『지방지에 저록되어 있는 원명시기 산곡가 전기方志著錄元明淸曲家傳略』, 北京: 中華書局, 1987, 256쪽 참조.

9_ 「『상론지평』『석의대정』『사문표이』제요尚論持平」「析疑代正」「事文標異」提要」, 『四庫全書總目, 子部雜家類存目』, 臺北: 臺灣商務印書館, 제3권, 1983, 774~775쪽.

10_ 주이준朱彝尊, 『폭서정집사주曝書亭集詞註』 제3권 『강호재주집江湖載酒集 하권』, 만강홍滿江紅, 「강음현령으로 가는 육운사를 보내며送陸雲士宰江陰」, 『속수사고전서續修四庫全書』, 上海: 上海古籍出版社, 1724권, 2002, 531쪽에 수록.

11_ 탕우쩡湯右曾. 자는 서애西崖이고 절강성 인화仁和 사람이다. 강희연간 무진년에 진사에 급제해 이부시랑까지 올랐다. 작품으로는 「회청당시초懷淸堂詩鈔」가 전한다(『청사고淸史稿』, 臺北: 鼎文書局, 권266, 1981년, 9956~9958쪽 참조). 절중시파浙中詩派로 일컬어지며 주죽타朱竹垞와 이름을 나란히 하였다(「懷淸堂詩鈔提要」, 『四庫全書』 제1325권, 434~435쪽 참조). 이종쿼이易宗夔, 『신세설新世説』, 천리리陳麗莉·인포尹波 교정, 成都: 四川大學出版社, 1998 및 『품조品藻』, 128~129쪽에도 보인다. 장웨이빙張維屛, 『국조시인 고증개론國朝詩人徵略』, 천용쩡陳永正 교정, 廣州: 中山大學出版社, 15권, 2004, 235~236쪽 참조.

12_ 유수鈕琇, 「고승속편觚賸續編」, 『사고전서존목총서』, 자부 250권 Vol.3, 29~30쪽 「홍낭자紅娘子」참조. 훅닉惑溺, 『신세설』, 339쪽에도 보인다.

13_ 육차운, 「동계섬지」, 『중국소수민족 옛 문헌 집성中國少數民族古籍集成』(한문판), 成都: 四川民族出版社, 2002 참조.

14_ 우용짱吳永章, 「동계섬지」, 『중국남방민족 지서류 주요 서적 제요 및 해석中國南方民族史志要籍題解』, 北京: 民族出版社, 1991, 171~173쪽 참조.

15_ 육차운, 「도월기」, 『북서서언北墅緖言』, 『사고전서존목총서』 집부237권, 台南: 莊嚴文化, 1997, 357~358쪽.

16_ 유일하게 비교할 수 있는 작품은 진정陳鼎의 『전검토사혼례기滇黔土司婚禮記』에 나와 있는 묘족 여성의 복장에 대한 상세한 묘사다. 그러나 그 작품에는 더 강한 상징적 의미가 담겨 있어서 육차운의 의도와는 차이가 있다. 『전검토사혼례기』에 관한 논의는 후샤오전胡曉真, 「여행, 엽기, 그리고 고고학旅行·獵奇與考古」, 『中國文哲研究集刊』 29期, 2006. 9, 47~83쪽 참고.

17_ 호접판은 옛날에 책을 장정하던 방식이다. 판심版心을 중심으로 나비 날개 모양으로 마주 접어 책을 장정했다 하여 붙은 이름이다.

18_ 「북서서언 제요北墅緖言提要」, 『四庫全書總目, 集部別集類存目』 제4권, 886쪽.

19_ 이와 관련된 논의는 후샤오젠, 「'검서'의 서술 책략과 서남 시각'黔書'的書寫策略與西南視野」 참고(미간 원고).

20_ 노사성盧思誠, 『광서강음현지光緖江陰縣志』, 『光緖四年刻本』, 臺北: 成文出版社, 17권, 1983, 1970쪽.

21_ 진정, 「전검기유」, 『사고전서존목총서』 사부 255권, 26쪽에 수록했다.

22_ "그 책은 주로 산천초목의 승경을 기록하고 있고, 사람에 관한 내용은 소략하다. 모두 50여 조목이 있는데, 대리부大理府만 자세하게 기록하고 있어 거의 책의 절반 정도를 차지한다. 이는 석동규釋同揆의 『이해총담』에서 따온 것이나 부분 생략하고 초록한 것이다. 이전 사람들은 걸핏하면 진정의 책을 인용했지만, 그의 글이 『이해총담』에서 나온 줄은 알지 못했다." 팡구어위方國瑜, 「전유기 개론滇遊記槪說」, 『雲南史料叢刊』, 昆明: 雲南大學出版社, 11권, 2001, 373~374쪽.

23_ 진정, 앞의 글, 21쪽.

24_ 진정, 앞의 글, 30쪽.

| 8장 |

1_ 「풍설회인도」와 관련된 정보는 김현권, 「오경석과 淸 문사의 회화교류 및 그 성격」, 『강좌 미술사』 37, 한국불교미술사학회(한국미술사연구소), 2011, 221쪽을 참조.

2_ 이덕무, 『청장관전서靑莊館全書』, 제63권 천애지기서天涯知己書 척독尺牘 부附 시문詩文; 홍대용, 『담헌서湛軒書』, 외집 3권 항전척독杭傳尺牘 건정동필담乾淨衕筆談 속續

3_ 박지원의 거처 그림에 관해서는 이종묵, 『조선의 문화공간 4책』, 휴머니스트, 2006, 299~325쪽을 참조.

4_ 서유본徐有本, 『좌소산인집左蘇山人集』, 「운룡산인소조기雲龍山人小照記」. 이 자료는 정민, 「가장 빛났던 순간에 대한 회상─이조원 생일 시회」, 네이버 '문학동네' 카페 [우리 시대의 명강의_정민] 제21화, 2013에서 접했다.

5_ 오숭량의 거처와 관련된 시문 및 회화에 관해서는 후지츠카 치카시, 『추사 김정희 연구: 조청문화 동전의 연구』, 윤철규·이충구·김규선 옮김, 과천문화원, 2009, 431~453쪽; 김현권, 「김정희파의 한중회화교류와 19세기 조선의 화단」, 고려대 박사학위논문, 2010, 262~273, 461~466쪽을 참조.

6_ 김현권, 앞의 책, 2011, 220~221쪽.

7_ 이상적, 「王元照山水畫册, 曾經斲攷, 有王虜舟, 黃左田題識, 亦梅自燕市購得, 示余屬題」, 『은송당집恩誦堂集』, 속집 시律 4권.

8_ 김현권, 앞의 책, 2011, 225~226쪽.

9_ 김현권, 앞의 책, 2010, 209쪽을 보면 청 문인화가 장심張深이 자신의 서실을

그린 「괴근소축도槐根小築圖」를 보내어 김정희를 비롯한 조선 문인들의 글을 받아 책으로 꾸미려 한 일도 있었다.

10_ 이 그림의 도판과 관련 설명은 『연행사와 통신사』(후마 스스무, 2008) 속표지 부분에 실려 있다.

11_ 정민, 「가장 빛났던 순간에 대한 회상—이조원 생일 시회」, 네이버 '문학동네' 카페 [우리 시대의 명강의_정민] 제21화, 2013.

12_ 『간송문화 제83호: 명청시대회화』, 2012, 147쪽.

13_ 특정인의 별서가 부채 그림 형식으로 그려져 선물용 그림·감상화의 특질을 띠게 되는 조선 후기의 사례에 대한 분석은 조규희, 「朝鮮時代 別墅圖 硏究」, 서울대 고고미술사학과 박사학위논문, 2006, 240·253쪽 참조.

14_ 이현일, 「자하시 연구」, 성균관대 박사학위논문, 2006, 149~151쪽 참조.

15_ 이종묵, 앞의 책, 236쪽; 이현일, 앞의 책, 149~150쪽 참조.

16_ 홍현주, 『홍현주시문고洪顯周詩文稿』(규장각본), 해거재시초海居齋詩鈔 2집 권 1, 「蘆舫月夜集同人作」, "자하 노인이 집 뒤의 소원小園에다 배 모양의 소루小 樓를 세우려 했다霞老, 屋後小園, 欲起舫樣小樓."

17_ 신위의 시 「제시령도 위이경소작題詩舲圖 爲李景蕭作」, 『경수당전고警修堂全 藁』, 책22를 보면, 청 옹방강—김정희와 신위를 비롯한 추사 일파 문사들이 교유하고 숭모했던 청 문인—이 문학적으로 중시했던 작가 송宋 육유陸游의 재명齋名인 '시경詩境', 그리고 옹방강의 교유인사 청 법식선法式善의 호號인 '시감詩龕'과 함께 이경소라는 조선 인물의 자字인 '시령詩舲'이 재배치됨으로 써, 옹방강을 경모하는 인물로 이경소를 자리매김하는 내용이 등장한다. 앞 서 본 신위의 '벽로음방碧蘆吟舫'이 시적 정취와 은거의 꿈을 담은 재실명이 었다면, 여기서는 그와는 또 다른 맥락에서, 당시 조선 문사들이 지닌 옹방 강 숭모열의 한 징표로 '시령詩舲'이라는 배 모티프의 자호字號가 등장한 것 이다. 남아 있는 「시령도」 그림 이미지 자체만 보면 언뜻 일반적인 산수화나 일반 화제畫題처럼 생각되기 쉽지만, 실상 이 그림은 추사 일파와 옹방강 일 파 간의 한중교유적 맥락과도 맞닿아있는 회화라고 할 수 있다.

18_ 김현권, 앞의 책, 2010, 257쪽 참조.

19_ 「녹의음시도綠意吟詩圖」 관련 정보들은 이현일, 앞의 책, 171~173쪽을 참조.

20_ '별호도別號圖'의 개념과 중국에서의 유행 시기(명대 강남 문화예술계에서 성 행함), 조선 내에서 별호도 성격의 그림이 그려져 문인의 유사초상 혹은 대 체초상의 의미를 띠고 자기 표상적 매체로서 기능하게 된 사례들은, 이경화, 「姜世晃의 〈淸供圖〉와 文房淸玩」, 『미술사학연구』 271·272, 2011; 이경화, 「초 상에 담지 못한 사대부의 삶—이명기와 김홍도의 〈徐直修肖像〉」, 『미술사논단』 34, 2012, 156쪽; 조규희(2006), 31쪽 참조.

21_ 추사 일파의 한중교유에서 나타나는 당호·인장·서재·서화 소장 등을 둘러싼 소동파 관련 물질문화 및 소장문화가 갖는 의미를 탐색하는 작업은 신지원, 「당호를 통해서 본 19세기 초 소동파 관련 서화 소장 문화와 대청 문화 교 류」, 『한국문화』 45, 2009에서 이루어졌다.

22_ 안대회, 「19세기 사대부가 그린 황량한 풍경의 사연―친구와 그림」, 네이버캐스트 [한국학, 그림과 만나다], 2012에서 인용되어 접한 자료다.

23_ 조규희, 앞의 책.

24_ 김현권, 앞의 책, 2010, 211쪽.

| **9장** |

1_ 반공주의의 역사성을 분석한 대표적인 연구로는 서중석, 『한국 현대 민족운동 연구 2, 1948~1950: 민주주의, 민족주의, 그리고 반공주의』, 역사비평사, 1996; 김득중, 『빨갱이의 탄생―여순사건과 반공 국가의 형성』, 선인, 2009 등이 있다. 반공주의의 시기별 변화에 주목한 연구로는 김정훈·조희연, 「지배담론으로서의 반공주의와 그 변화―'반공규율사회'의 변화를 중심으로」, 조희연 편, 『한국의 정치사회적 지배담론과 민주주의 동학』, 함께읽는책, 2003; 후지이 다케시, 「제1공화국의 지배 이데올로기―반공주의와 그 변용들」, 『역사비평』 83, 2008 여름호; 후지이 다케시, 「4.19/ 5.16 시기의 반공체제 재편과 그 논리」, 『역사문제연구』 25, 2011. 반공주의 담론의 감성적 측면에 천착한 연구로는 이하나, 「1950~60년대 반공주의 담론과 감성 정치」, 『사회와 역사』 95, 2012 등이 있다. 또한 스파이 담론에 대한 최근의 연구 성과들은 '간첩' 담론이 '반공 국민'이라는 주체 형성에 미친 영향을 밝히고 있어 반공주의 형성의 다양한 측면에 시사점을 주고 있다. 「특집: 한국현대사와 스파이 담론」, 『역사연구』 22, 2012 참조.

2_ 상허학회, 『반공주의와 한국문학』, 깊은 샘, 2005; 김진기 외, 『반공주의와 한국문학의 근대적 동학 1』, 한울, 2008; 김진기 외, 『반공주의와 한국문학의 근대적 동학 2』, 한울, 2009.

3_ 대표적인 연구로는 김준현, 「반공주의의 내면화와 1960년대 풍자소설의 한 경향―이호철·서기원의 단편을 중심으로」, 『상허학보』 21, 2007; 김진기 외, 「반공의 내면화와 정체성 구축―손창섭 소설을 중심으로」, 앞의 책, 2009; 오영숙, 「1960년대 첩보액션영화와 반공주의」, 『대중서사연구』 22, 2009 등이 있다.

4_ 반공주의가 가진 논리와 감성의 다면성과 역동성에 대해서는 이하나, 앞의 글 참조.

5_ 레이몬드 윌리암스, 『마르크스주의와 문학』, 박만준 옮김, 지만지, 2009, 212쪽.

6_ 한나 아렌트, 『인간의 조건』, 이진우 외 옮김, 한길사, 1996, 91쪽.

7_ 사이토 준이치, 『민주적 공공성―하버마스와 아렌트를 넘어서』, 윤대석 외 옮김, 이음, 2009, 27~30쪽.

8_ 뤼시마이어 외, 『자본주의 발전과 민주주의―민주주의의 비교역사연구』, 박명림 외 옮김, 나남출판, 1997, 461쪽.

9_ 모리 요시노부, 「한국 반공주의이데올로기 형성과정에 관한 연구―그 국제정

치사적 기원과 제특징」, 『한국과 국제정치』 5, 1989, 176~177쪽.

10_ 김정훈·조희연, 앞의 책, 125쪽.

11_ 강일국, 「해방이후 국민학교의 교육개혁운동과 반공 교육의 전개과정」, 『교육사회학연구』 12-2, 2002, 3~8쪽.

12_ 이유리, 「1950년대 '道義敎育'의 형성과정과 성격」, 『한국사연구』 144, 2009.

13_ 강일국, 앞의 글, 10쪽.

14_ 최병칠, 『국민학교 반공·도덕 교육의 이론과 실제』, 천일문화사, 1965, 20~22쪽.

15_ 당시 도덕교과에서 반공적 내용이 차지하는 비중은 전체의 13.6퍼센트인데, 학년별로는 2학년이 25퍼센트로 가장 높았다. (최병칠, 앞의 책, 49~262쪽.)

16_ 강우철, 「반공 교육의 현실과 반성」, 『기독교사상』 126, 1968, 51쪽.

17_ 반공교재에서 간첩의 포섭대상자로 제시된 사람은 불평불만자, 외로운 사람, 불량자, 걸인, 자랑하는 사람, 군인, 학생 등이었다. (아세아문제연구소, 『반공계몽독본』, 1967, 204쪽.)

18_ 박관수, 『반공 교육의 지도』, 한국시청각교육자료연구원, 1965.

19_ 후지이 다케시, 앞의 글, 2008, 119~124쪽.

20_ 권남술, 「반공도덕 교육의 구체적 지도방안」, 『교육과학연구원 연구논문집』 18, 1967, 63~73쪽.

21_ 박순재, 「반공·도덕 교육의 당면과제」, 『강원교육』 79, 1968, 7~9쪽.

22_ 한창섭, 「내면화를 기하는 반공도덕 교육」, 『교육제주』 6, 1968, 28~33쪽.

23_ 주상우, 「반공 교육의 강화」, 『부산교육』 161, 1970, 17~19쪽.

24_ 박세화, 「반공태세 강화를 위한 소고」, 『경찰』 2-4, 1963, 126~132쪽.

25_ 이청남, 「논단: 시청각을 통한 반공운동」, 『자유』 15, 1964, 34~35쪽.

26_ 1964년 6월부터 한 달간 한국반공연맹 주최로 실시된 대규모 지방순회 반공계몽강연회에서 전국적으로 이 강연을 들은 총인원이 20만 명 미만인 데 반해, 이 시기 전국적으로 상영되었던 반공영화 「나는 속았다」(1964, 이강천)는 총 관람자수가 200만 명을 돌파했다고 한다. (박인철, 「반공계몽과 극영화가 차지하는 위치」, 『자유』 16, 1964, 52~53쪽.)

27_ 민유동, 「반공영화의 육성책을 논한다」, 『자유』 16, 1964, 50~51쪽.

28_ 김남식, 「내가 본 북한의 영화」, 『자유』 16, 56~57쪽.

29_ 김종원, 「영상과 반공론 — 한국의 반공영화」, 『자유공론』 16, 1967, 196~201쪽.

30_ '분단영화'에 대해서는 이영일, 「분단비극 40년 영상 증언한 한국영화」, 『북한』 150, 북한연구소, 1984; 김의수, 「한국 분단영화에 관한 연구」, 서강대 석사학위논문, 1999; 변재란, 「남한영화에 나타난 북한에 대한 이해」, 『영화연구』 16, 2001 참조.

31_ 이정선, 「영화평 「운명의 손」을 보고」, 『한국일보』, 1954. 12. 19.

32_ 정영권, 「한국 반공영화 담론의 형성과 전쟁영화 장르의 기원 1949~1956」, 『현대영화연구』 10, 2010, 385~391쪽.

33_ 「죽엄의 상자」를 둘러싼 논쟁에 대해서는 정영권, 위의 글, 393~394쪽; 김한

350

상, 「냉전체제와 내셔널 시네마의 혼종적 원천—「죽엄의 상자」 등 김기영의
미공보원USIS 문화영화를 중심으로」, 「영화연구」 47, 2011, 102~104쪽 참조.
「피아골」의 반공 논쟁에 대해서는 김소연, 「전후 한국의 영화담론에서 '리얼
리즘'의 의미에 관하여: 「피아골」의 메타비평을 통한 접근」, 김소연 외, 「매혹
과 혼돈의 시대: 50년대 한국영화」, 소도, 2003, 43~48쪽; 김권호, 「전쟁 기
억의 영화적 재현: 한국전쟁기 지리산권을 다룬 영화들을 중심으로」, 최정기
외, 「전쟁과 재현: 마을 공동체의 고통과 그 대면」, 한울, 2008, 263~266쪽
참조.

34_ 「영화 「피아골」 상영중지—좋지 못한 영향을 고려」, 「조선일보」, 1955. 8. 25.

35_ 임긍재, 「선전가치와 영화예술성—반공영화 비판의 시비, 특히 「피아골」을 중
심하여」, 「동아일보」, 1955. 8. 12.

36_ 이정선, 「한국영화의 새로운 스타일—「피아골」의 소감」, 「경향신문」, 1955. 9.
30.

37_ 이청기, 「「피아골」에 대한 소견—주제는 고답적인 반공효과 노린 것(상)」, 「한
국일보」, 1955. 9. 1.

38_ 김소연, 앞의 글, 47~56쪽.

39_ 김종문, 「국산 반공영화의 맹점—「피아골」과 「죽음의 상자」에 대해서」, 「한국
일보」, 1955. 7. 24.

40_ 김한상은 이를 한국영화의 지정학적 위치에 대한 인식이 영화의 스타일에 대
한 입장을 규정하는 것이라고 보았다. (김한상, 앞의 글, 103쪽.)

41_ 오영진, 「반공영화의 몇 가지 형(상)」, 「한국일보」, 1955. 8. 3.

42_ 오영진, 「반공영화의 몇 가지 형(하)」, 「한국일보」, 1955. 8. 4.

43_ 「영화와 사상성—반공과 예술의 한계」, 「경향신문」, 1965. 2. 8.

44_ 「영화계에 계엄—이만희 감독 구속의 안팎」, 「조선일보」, 1965. 2. 6.

45_ 「이만희 감독에 관대한 처분을」, 「동아일보」, 1965. 2. 9; 이영일, 「1965년 내
외영화 결산—한국영화 총평」, 「영화예술」, 1966. 1.

46_ 유현목, 「우리의 국시가 자유민주주의임을 아느냐」, 「씨네 21」, 2001. 1. 2.

47_ 「극한 상황 속의 기발한 사건 「돌아온 여군」」, 「신아일보」, 1965. 8. 7.

48_ 임종명, 「초기 대한민국製 간첩 이야기의 서사와 흥미성」, 「역사연구」 22,
2012, 49~55쪽.

49_ 이영일, 「6.25동란의 영화적 증언—추상화 경향과 시점의 이동」, 「세대」 1-1,
1963, 290쪽. 마찬가지 논리에서 '반공영화'의 오락화는 반공주의가 점차 현
실감을 상실해가는 징후로도 파악될 수 있다.

50_ 서윤성, 「반공영화의 시대적 사명: 승공정신이 보다 투철해져야 할 때」, 「코리
아시네마」, 1972. 3.

51_ 「군번 없는 용사」의 시나리오 작가인 한우정에 의하면 이만희 감독이 이 영화
를 기획, 제안하면서 직접 이렇게 말했다고 한다. (한국영상자료원 구술영상,
「한우정 2부: 반공전쟁영화의 개척자, 가장 기억에 남는 「군번 없는 용사」」, 2005.)

52_ 「차원 높은 '반공영화' 「군번 없는 용사」」, 「중앙일보」, 1966. 3. 29.

53_「초점 맞춘 반공 군사극 — 이만희 감독 「군번 없는 용사」」, 『서울신문』, 1966. 3. 26; 「이색적인 '반공영화' 「군번 없는 용사」」, 『신아일보』, 1966. 3. 26.

54_이 실화는 영화화되기 전인 1964년 11월 5일 KBS-TV의 방송극 「실화극장」의 제1화로서 「아바이 잘가오」라는 제목으로도 소개된 바 있다. (「KBS-TV 인기프로 「실화극장」의 실화」, 『서울신문』, 1967. 8. 19.)

55_이영일, 「영화와 사상성, 반공과 예술의 한계: 정치적 연결 없도록」, 『경향신문』, 1965. 2. 8.

56_1966년에 신설된 대종상 반공영화상에는 우수반공영화상과 반공영화각본상이 있었다. 수상작은 다음과 같다. 우수반공영화상—「8240 K.L.O.」(1966, 정진우), 「돌무지」(1967, 정창화), 「카인의 후예」(1968, 유현목), 반공영화각본상—「군번 없는 용사」(1966, 이만희), 「고발」(1967, 김수용), 「제3지대」(1968, 최무룡). 이 중에서 반복적 색채가 강조되는 것은 반공영화상을 의식하고 제작된 것으로 보이는 1967년 수상작부터다.

| **10장** |

1_이 글에서 언급한 「꽃보다 남자」는 대만 드라마 「流星花園」, 일본 드라마 「花より男子」, 한국 드라마 「꽃보다 남자」와 중국 드라마 「起來看流星雨」를 아우르는 통용어cover term로 사용했다. 이하 각국에서의 드라마 타이틀은 한국어 번역어를 사용하되, 「 」로 표시했다.

2_http://www.chinadaily.com.cn/hqyl/2009-08/21/content_8598545.htm 참조

3_앞의 사이트 참조.

참고문헌

| 1장 |

가라타니 고진, 『트랜스크리틱: 칸트와 마르크스 넘어서기』, 송태욱 옮김, 한길사, 2005

마르크스, 카를, 『자본 I-1』, 강신준 옮김, 길, 2011

_____, 『자본 III-(下)』, 김수행 옮김, 비봉출판사, 2004

바바렛, 잭, 「서론: 왜 감정이 중요한가」, 『감정과 사회학』, 박형신 옮김, 이학사, 2009

빌라니, 아르노·로베르, 사소, 『들뢰즈 개념어사전』, 신지영 옮김, 갈무리, 2012

쉴러, 로버트 J., 『이상과열』, 이강국 옮김, 매일경제신문사, 2003

아글리에타, 미셸, 『위기, 왜 발발했으며 어떻게 극복할 것인가?』, 서익진 옮김, 한울, 2009

아글리에타, 미셸·베레비, 로랑, 『세계 자본주의의 무질서: 새로운 위기와 조정에 직면한 세계경제』, 서익진 외 옮김, 길, 2009

아리기, 조반니, 『장기 20세기: 화폐, 권력, 그리고 우리 시대의 기원』, 백승욱 옮김, 그린비, 2008

에셀, 스테판, 『분노하라』, 임희근 옮김, 돌베개, 2011

이마무라 히토시, 『화폐 인문학: 괴테에서 데리다까지』, 이성혁·이혜진 옮김, 자음과모음, 2010

잉햄, 제프리, 『돈의 본성』, 홍기빈 옮김, 삼천리, 2011

캐스티, 존 L., 『대중의 직관』, 이현주 옮김, 반비, 2012, 20쪽

케인스, 존 메이너드, 『고용, 이자 및 화폐의 일반이론』, 조순 옮김, 비봉출판사, 2007

쿠퍼, 조지, 『민스키의 눈으로 본 금융위기의 기원: 시장을 파괴하는 보이지 않는 손을 보다』, 김영배 옮김, 리더스하우스, 2009

킨들버거, 찰스·알리버, 로버트, 『광기, 패닉, 붕괴: 금융위기의 역사』, 김홍식 옮김, 굿모닝북스, 2006

하비, 데이비드, 『데이비드 하비의 맑스 자본 강의』, 강신준 옮김, 창비, 2011
_____, 『신자유주의: 간략한 역사』, 최병두 옮김, 한울, 2007
_____, 『자본이라는 수수께끼: 자본주의 세계경제의 위기들』, 이강국 옮김, 창비, 2012
허쉬먼, 앨버트, 『열정과 이해관계: 고전적 자본주의 옹호론』, 김승현 옮김, 나남출판, 1994

Goux, Jean-Joseph, *Symbolic economies: after Marx and Freud*, translated by Jennifer Curtiss Gage, Ithaca: Cornell University Press, 1990
Martin, Randy, *Financialization of daily life*, Philadelphia: Temple University Press, 2002
Mellor, Mary, *The Future of Money: From Financial Crisis to Public Resource*, London: Pluto Press, 2010
Minsky, Hyman P., *Can "It" happen again?: essays on instability and finance*, Armonk, N.Y.: M.E. Sharpe, 1982
Rotman, Brian, *Signifying Nothing: The Semiotics of Zero*, Stanford, California: Stanford University Press, 1993
Staheli, Urs, *Decentering the Economy, Governmentality: current issues and future challenges*, edited by Ulrich Bröckling, Susanne Krasmann and Thomas Lemke, New York: Routledge, 2011

| **2장** |

김광기, 「왜 사회세계엔 '전형'이 반드시 필요할까?」, 『한국사회학』 36(5), 2002
_____, 「알프레드 슈츠와 '자연적 태도'」, 『철학과 현상학 연구』 25, 2005
김상준, 「중간경제론—대안경제의 논리와 영역」, 『경제와 사회』, 2008 겨울호
김왕배, 「도덕감정과 호혜경제」, 한국학중앙연구원, 연세대 융합감성과학연구단 학술대외 발표문, 2010
_____, 「호혜경제의 탐색과 전망」, 『사회와 이론』 19, 2011a
_____, 「자살, 죽음 충동의 해체사회」, 김경일 외, 『사건으로 한국 사회 읽기』, 이학사, 2011b
김종엽, 『연대와 열광』, 창작과비평사, 1998
김한원·정진영 편, 『자유주의 시장과 정치』, 도서출판 부키, 2006
김홍중, 『마음의 사회학』, 문학동네, 2011
니체, 프리드리히, 『도덕의 계보』, 백승영 해제, 서울대학교 철학사상연구소, 2005
딜타이, 빌헬름, 『체험·표현·이해』, 이한우 옮김, 책세상, 2002
리프킨, 제레미, 『공감의 시대』, 이경남 옮김, 민음사, 2010
마르쿠제, 헤르베르트, 『일차원적 인간』, 박병진 옮김, 한마음사, 2009

모스, 마르셀, 『증여론』, 이상률 옮김, 한길사, 2002
민경국, 「하이에크: 자생적 질서, 지식의 문제, 그리고 자유의 헌법」, 김한원·정진
영 편, 『자유주의 시장과 정치』, 도서출판 부키, 2006
민문홍, 『에밀 뒤르켐의 사회학』, 아카넷, 2002
바바렛, 잭, 『감정과 사회학』, 박형신 옮김, 이학사, 2009
_____, 『감정의 거시사회학』, 박형신·정수남 옮김, 일신사, 2007
박성희, 「공감의 구성요소와 친사회적 행동의 관계 연구」, 『교육학연구』 34(5),
1996
박순성, 「스미스의 자유주의의 경제, 정치, 도덕 시장경제 질서와 절제된 자유주
의」, 『사회비평』 제12호, 나남출판, 1994
박영주, 「규범적 사회제도와 시장 메커니즘: 도덕감정 대 합리적 이기심을 중심으
로」, 『한국거버넌스 학회보』 제11권 1호, 2004
박정호, 「마르셀모스의 『증여론』」, 『문화와 사회』 7, 2009
박형신·정수남, 「거시적 감정사회학을 위하여」, 『사회와 이론』 (15), 2009
백욱인, 「대중 소비생활구조의 변화」, 『경제와 사회』 (21), 1994
볼로뉴, 장-클로드, 『수치심의 역사』, 전혜정 옮김, 에디터, 2008
스미스, 아담, 『도덕감정론』, 박세일·민경국 옮김, 비봉출판사, 2009
신진욱, 「사회운동의 연대형성과 프래이밍에서 도덕감정의 역할」, 『경제와 사회』
73호, 2007
싱, 칼루, 『죄책감』, 김숙진 옮김, 이제이북스, 2004
이매뉴얼, 리키, 『불안』, 김복태 옮김, 이제이북스, 2003
이재혁, 「선물의 hau: 증답경제의 정치경제학과 관계자본」, 『한국사회학』 45(1),
2011
전신현, 「감정과 도움행동」, 『감정연구의 새로운 지평』, 제1회 한국학중앙연구원
현대한국연구소 국내학술회의 자료집, 2009
전주성, 「애덤 스미스: 경제적 자유와 시장중심의 개혁」, 김한원·정진영 편, 『자
유주의 시장과 정치』, 도서출판 부키, 2006
짐멜, 게오르그, 『짐멜의 모더니티 읽기』, 김덕영·윤미애 옮김, 새물결출판사,
2005
최종렬 편, 『뒤르케임주의 문화사회학』, 이학사, 2007
콜린스, 랜들, 『사회적 삶의 에너지』, 진수미 옮김, 한울, 2009
프로이트, 지그문트, 『토템과 타부』, 김종엽 옮김, 문예마당, 1995
_____, 『문명 속의 불만』, 김석희 옮김, 열린책들, 1997
하홍규, 「조지 허버트 미드와 정신의 사회적 구성」, 『철학탐구』 30집, 2011
_____, 「분노를 보다-감정과 사회적 맥락」, 『감성연구』 6집, 2013

Alexander, Jeffery C., *The Modern reconstruction of claasical thought*,
Berkeley: Univ. of California, 1982
Barbalet, Jack, "Smith's Sentiments (1759) and Wright's Passions (1601): the

beginnings of sociology," *The British Journal of Sociology* 56(2), 2005

Batson, C. D., *The altruism question: Toward a social-psychological answer*, Hillsdale, NJ: Lawrence Erlbaum Associates, 1991

Batson, C. D., et al., "Empathy and the collective good: Caring for one of the others in a social dilemma," *Journal of Personality and Social Psychology* 84, 1995

Blau, Peter M., *Exchange and power in Social life*, John Wiley & Sons, INC, 1964

Davis, Mark H., "Empathy," Stets, Jan E. and Turner, Jonathan H., *Handbook of the SOCIOLOGY OF EMOTIONS*, Springer Science+ Business Media, LLC, 2007

Durkheim, E., *The rules of sociological method*, London: Macmillian Press, 1982

Durkheim, E., *The Division of Labor in Society*, trans. by Halls, W. D., The Free Press, 1984

Einoff, C., "Empathic concern and prosocial behaviors; a test of experimental results using survey data," *Social Science Research* 37(4), 2008

Fredrickson, B. L., "Gratitude, like other positive emotions, broadens and builds," *The psychology of gratitude*, 2004

Fromm, Erich, *Escape from freedom*, New York: Discus Books/Published by Avon, 1965

Giddens, Anthony, *Modernity and Self-Identity*, Cambridge: Polity Press, 1991

Giddens, Anthony, *The Transformation of Intimacy*, Stanford University Press, 1992

Goodwin, Jeff and Jasper, James M., "Emotions and Social Movements," Stets, Jan E. and Turner, Jonathan H., *Handbook of the SOCIOLOGY OF EMOTIONS*, Springer Science+Business Media, LLC, 2007

Gordon, S., "The Sociology of Sentiments and Emotion," in *Social Psychology: Sociological Perspectives*, edited by M. Rosenberg and R. Turner, New York: Basic Books, 1981

Gregory, C. A., *Gift and Commodities*, London: Academic Press, 1982

Habermas, Jurgen, *Knowledge and Human Interest*, Heinemann Educational Books Ltd, 1972

Kemper, T. D., "How Many Emotions are There? Wedding the Social and the Automatic Components," *American Journal of Sociology* 93, 1987

Lewis, Michael and Haviland, Jeannette M., *Handbook of emotions*, New York: Guilford Press, 1993

Malinowski, Bronislaw, *Crime and Custom in Savage Society*, LITTLEFIELD, ADAMS & CO, 1966

Mead, G. H., *Mind Self & Society*, The University of Chicago, 1934

Sahlins, Marshall, *Stone Age Economics*, Chicago: Aldine-Atherton, 1972

Schilling, Chris, "Emotions, embodiment and the sensation of society," *The Sociological Review* 45(2), 1997

Schumitt, Christopher S. and Candace, Clark, "Sympathy," Stets, Jan E. and Turner, Jonathan H., *Handbook of the SOCIOLOGY OF EMOTIONS*, Springer Science+Business Media, LLC, 2007

Schutz, Alfred, *On phenomenology and social relations*, n.p.: The University of Chicago Press, 1975

Stets, Jan E. and Turner, Jonathan H., *The Sociology of Emotions*, CAMBRIDGE University Press, 2005

Stets, Jan E. and Turner, Jonathan H., *Handbook of the SOCIOLOGY OF EMOTIONS*, Springer Science+Business Media, LLC, 2007

Turner, Jonathan H. and Stets, Jan E., "Moral Emotions," Stets, Jan E. and Turner, Jonathan H., *Handbook of the SOCIOLOGY OF EMOTIONS*, Springer Science+Business Media, LLC, 2007

Weber, Max, *The Methodology of the Social Sciences*, The Free Press, 1949

Wispe, L., "The Distinction between sympathy and empathy: To call forth a concept, a word is needed," *Journal of Personality and Social Psychology* 50, 1986

| 3장 |

『태종실록』, 『세종실록』, 『단종실록』, 『고려사』, 『예기禮記』, 이규보, 『동국이상국집』

김두헌, 「조선 첩제사 소고」, 『진단학보』 11권, 진단학회, 1939

문숙자, 『조선시대 재산상속과 가족』, 경인문화사, 2005

_____, 「조선전기 무자녀 망처 재산의 상속을 둘러싼 소송 사례」, 『고문서연구』 5집, 한국고문서학회, 1994

이정란, 「남성 부럽지 않는 고려 여성」, 『고려시대 사람들은 어떻게 살았을까』, 청년사, 2007

장병인, 「고려시대 혼인처에 대한 재검토」, 『한국사 연구』 71집, 한국사연구회, 1990

정지영, 「조선시대 혼인장려책과 독신여성」, 『한국여성학』 20권 3호, 한국여성학회, 2004

_____, 「조선후기 과부의 또 다른 선택」, 『역사와 문화』 5집, 문화사학회, 2002

_____, 「조선후기 첩과 가족 질서」, 『사회와 역사』 65집, 한국사회사학회, 2004
_____, 「조선후기의 여성 호주 연구」, 서강대 박사학위논문, 2001
최재석, 『한국가족연구』, 민중서관, 1966

Rosenwein, Barbara H., "Worrying about Emotions in History," _American Historical Review_ 107, 2002
Smail, Daniel, _The Consumption of Justice_, Ithaca, N.Y.: Cornell University Press, 2003
Kim, JaHyun, Haboush, "Filial Emotions and Filial Values: Changing Patterns in the Discourse of Filiality in Late Choson Korea," _Harvard Journal of Asiatic Studies_, vol. 55, no. 1(June 1995)
Kim, JaHyun, Haboush, "The Confucianization of Korean Society," in Gilbert Rozman, ed., _The East Asian Region: Confucian Heritage and Its Modern Adaptation_, Princeton, N.J.: Princeton University Press, 1991
Kim, Jisoo, _The Emotions of Justice: Gender, Status, and Legal Culture in Early Modern Korea_(출간 예정)
Kim, Jisoo, "Voices Heard: Women's Right to Petition in Late Chosŏn Korea," Ph.D. Dissertation, Columbia University, 2010
Peterson, Mark, _Korean Adoption and Inheritance: Case Studies in the Creation of a Classic Confucian Society_, Ithaca, N.Y.: Cornell University Press, 1996
Deuchler, Martina, _The Confucian Transformation of Korea: A Study of Society and Ideology_, Cambridge, Mass.: Council on East Asian Studies and Harvard University Press, 1992
Myeong—Seok, Kim, "An inquiry in the development of the ethical theory of emotions in the Analects and the Mencius," Ph.D. Dissertation, University of Michigan, 2008
Fox, Robin, _Kinship and Marriage_, Harmondsworth, U.K.: Penguin Books, 1967 cited in Deuchler, _The Confucian Transformation of Korea_
Bandes, Susan A., _The Passions of Law_, N.Y.: New York University Press, 1999
Stark, Susan, "Virtue and Emotion," _Noûs_, vol. 35, no. 3(Sep 2001)

| **4장** |

丁若鏞, 『역주 欽欽新書』 1~3권, 박석무·정해렴 옮김, 현대실학사, 1999
『국역 심리록 1』, 민족문화추진회, 1998
『국역 심리록 3』, 민족문화추진회, 1999

『국역 심리록 5』, 민족문화추진회, 2006
『大明律直解』, 서울大學校奎章閣, 2001
『洗冤錄集證』, 『筆記小說大觀』, 12編 7, 臺北: 新興書局, 民國 65, 1976
『역주 증수무원록언해』, 송철의·이현희·장윤희·황문환 역주, 서울대학교출판부, 2004
『秋官志』1, 법제처, 1975
『형전사목·흠휼전칙』, 법제처, 1976

강혜종, 「흠흠신서의 구성과 서술방식 연구」, 연세대학교 대학원 국어국문학과 석사학위논문, 2009
김건우, 「법리학적 자연주의의 의의와 한계: 라이터Brian Leiter의 자연주의 중심으로」, 서울대학교 대학원 법학과 박사학위논문, 2013
김욱동, 『리얼리즘과 그 불만』, 청하, 1989
김호, 「약천 남구만의 형정론刑政論에 대한 다산 정약용의 비판」, 『국학연구』 19, 2011
_____, 「『흠흠신서』의 일고찰—다산의 과오살 해석을 중심으로」, 『조선시대사학보』 54, 2010
대우학술총서 공동연구(정대현, 임일환, 박정순, 이승환, 허란주, 허라금, 이상화, 김상봉, 이진우, 임홍빈), 「눈빛 낯빛 몸짓」, 『감성의 철학』, 민음사, 1996
도미야 이따루富谷至, 『유골의 증언』, 임대희·임병덕 옮김, 서경문화사, 1999
리쩌허우, 『화하미학』, 권호 옮김, 동문선, 1999
마이어호프, 한스, 『문학 속의 시간』, 이종철 옮김, 문예출판사, 2003
박애경, 「詩와 歌의 위계화와 歌의 위상을 둘러싼 제 논의」, 『열상고전연구』 33집, 2011
박영도, 「실학의 공공성: 다산茶山의 실학적 공공성의 구조와 성격: 몇 가지 비판적 고찰」, 『동방학지』 제160호, 2012
신동일, 「법과 문학」, 『인천법학논총』 제2집, 1999
심경호, 『한문산문미학』, 고려대학교출판부, 2013
심재우, 『조선후기 국가권력과 범죄 통제』, 태학사, 2009
심희기, 「復讐考序說」, 『法學研究』 第26卷 第1號 通卷 第33號, 1983
_____, 『韓國法制史講義』, 삼영사, 1997
안경환, 『법과 문학 사이』, 까치, 1995
유승희, 「조선후기 獄案修啓의 실태와 『秋曹決獄錄』의 편찬」, 『서지학연구』 제46집, 2010
윤재현, 「다산 정약용의 복수론」, 『다산학』 제3호, 2002
이글턴, 테리, 『비평과 이데올로기』, 윤희기 옮김, 열린책들, 1987
이희주, 「『순자』에 나타난 통치자의 특성」, 『동양정치사상사』 8, 2009
정긍식, 「법서의 출판과 보급으로 본 조선사회의 법적 성격」, 『서울대학교 法學』 제48권 제4호, 2007

조성을, 「정약용의 형정관」, 『學林』 23, 2002
최기숙, 「감성과 공공성 : 감성의 역사를 묻다: 조선시대 감정론의 추이와 감정의 문화 규약— 사대부의 글쓰기를 중심으로」, 『동방학지』 159, 2012
한상권, 「조선시대 교화와 형정」, 『역사와 현실』 79, 2011
허경진, 『조선 위항문학사』, 태학사, 1997
홍인숙, 「봉건 가부장제의 여성 재현: 조선 후기 열녀전」, 『여성문학연구』 5, 2001

Abrams, M. H., 『문학용어사전』, 최상규 옮김, 예림기획, 1997
Bodde, Derk, and Morris, Clarence, *Law in imperial China: exemplified by 190 Ch'ing Dynasty cases with historical, social, and juridical commentaries*, Massachusetts: Harvard University Press, 1967
Dolin, Kieran, *A Critical Introduction to Law and Literature*, Cambridge University Press, 2007
Murphy, Jefrie G., *Punishment and the Moral Emotions*, New York: Oxford University Press, 2012
Williams, Raymond, *Marxism and literature*, Oxford: Oxford University Press, 1977

| 5장 |

『동아일보』 『매일신보』 『별건곤』 『중앙일보』 『경향신문』 『조선중앙일보』 『중외일보』
강이수, 「1930년대 면방대기업 여성 노동자의 상태에 대한 연구」, 이화여대 박사학위논문, 1992
_____, 「근대 여성의 일과 직업관」, 『사회와역사』 65, 2004
_____, 「일제하 근대 여성 서비스직의 유형과 실태」, 『페미니즘연구』 5, 2005
권명아, 「풍속 통제와 일상에 대한 국가 관리」, 『민족문학사연구』 33, 2007
권희영, 「1920~30년대 '신여성'과 모더니티의 문제」, 『사회와역사』 54, 1998
김경일, 「일제하 여성의 일과 직업」, 『사회와역사』, 2002
_____, 『여성의 근대, 근대의 여성』, 푸른역사, 2004
김수진, 「1920~30년대 신여성담론과 상징의 구성」, 서울대 박사학위논문, 2005
김원, 「식모는 위험했나?」, 『그녀들의 反역사 여공 1970』, 이매진, 2005
김은희, 「無産婦人의 운동은 어대로 가나」, 『삼천리』 4(1), 1932
김정화, 「1960년대 여성 노동―식모와 버스안내양을 중심으로」, 『역사연구』 11, 2002
김택현, 「그람시의 서발턴 개념과 서발턴 연구」, 『역사교육』 83, 2002
_____, 「다시, 서발턴은 누구/무엇인가」, 『역사학보』 200, 2008
문옥표, 『신여성』, 청년사, 2003

바바렛, 잭, 『감정의 거시사회학』, 박형신·정수남 옮김, 일신사, 2007

박순원, 「식민지 공업 발전과 한국 노동계급의 등장」, 신기욱·마이클 로빈슨, 『한국의 식민지 근대성』, 도면회 옮김, 삼인, 2006

방기중, 「1930년대 조선 농공병진정책과 경제통제」, 『일제 파시즘 지배정책과 민중생활』, 혜안, 2004

서지영, 「식민지 시대 카페 여급 연구」, 『한국여성학』 19(3), 2003

＿＿＿, 「식민지 근대 유흥 풍속과 여성 섹슈얼리티」, 『사회와역사』 65, 2004

＿＿＿, 「식민지 시대 기생 연구(1)」, 『정신문화연구』 28(2), 2005

＿＿＿, 「식민지 조선의 모던걸」, 『한국여성학』 22(3), 2006

＿＿＿, 「민족과 제국 '사이': 식민지 조선 신여성의 근대」, 『한국학연구』 29, 2008

＿＿＿, 「여공의 눈으로 본 식민지 도시 풍경」, 『역사문제연구』 22, 2009

＿＿＿, 「식민지 도시 공간과 친밀성의 상품화」, 『페미니즘연구』 11(1), 2011

서형실, 「식민지 시대 여성 노동 운동에 관한 연구」, 이화여대 석사학위논문, 1990

소영현, 「젠더 정체성의 정치학과 '근대/여성' 담론의 기원」, 『여성문학연구』 16, 2006

송영, 「용광로」, 『개벽』 70호, 1928

아렌트, 한나, 『인간의 조건』, 이진우·태정호 옮김, 한길사, 1996

유숙란, 「일제시대 농촌의 빈곤과 농촌 여성의 출가出嫁」, 『아세아여성연구』 43(1), 2004

윤지현, 「1920~30년대 서비스직 여성의 노동실태와 사회적 위상」, 『여성과역사』 10, 2009

이상경, 「여성의 근대적 자기표현의 역사와 의의」, 『민족문학사연구』 9, 1996

이효재, 「일제하 한국여성 노동연구」, 『한국학보』 4, 일지사, 1976

일루즈, 에바, 『감정 자본주의』, 김정아 옮김, 돌베개, 2010

전우용 외, 「일제하 경성 주민의 직업세계(1910~1930)」, 『한국 근대사회와 문화 3』, 서울대학교출판부, 2007

전은정, 「신여성/식민지, 근대, 가부장제의 교차로: 근대 경험과 여성주체 형성과정」, 『여성과사회』 11, 2000

제몬 데이비스, 나탈리, 『여성의 역사 3』, 조형준 옮김, 새물결, 1998

최혜실, 『신여성들은 무엇을 꿈꾸었는가』, 생각의나무, 2000

태혜숙, 『대항지구화와 '아시아' 여성주의』, 울력, 2008

틸리, 루이스·스콧, 조앤, 『여성·노동·가족』, 김영·박기남·장경선 옮김, 후마니타스, 2008

혹실드, 앨리 러셀, 『감정노동』, 이가람 옮김, 이매진, 2009

匪之助, 「京城の下女研究」, 『朝鮮及滿洲』 83, 1914

Gunew, Sneja, "Subaltern Empathy: Beyond European Categories in Affect Theory," *Concentric: Literary and Cultural Studies* 35(1), 2009

Spivak, Gayatri, "Can the Subaltern Speak?," *Marxism and the Interpretation of Culture*, Cary Nelson and Lawrence Grossberg(eds.), Urbana and Chicago: Univ. of Illinois Press, 1988

| 6장 |

김동욱·김태준·설성경, 『춘향전 비교연구』, 삼영사, 1979
바디우, 알랭, 『사랑 예찬』, 조재룡 옮김, 길, 2010
바르트, 롤랑, 『사랑의 단상』, 김희영 옮김, 문학과지성사, 1991
베르그송, 앙리, 『웃음/창조적 진화/도덕과 종교의 두 원천』, 이희영 옮김, 동서문화사, 2008
빌라니, 아르노·사소, 로베르, 『들뢰즈 개념어 사전』, 신지영 옮김, 갈무리, 2012
우에노 치즈코, 『여성혐오를 혐오한다』, 나일등 옮김, 은행나무, 2012
윤덕진, 「〈남원고사〉계 춘향전의 시가 수록과 시가사의 관련 모색」, 『한국시가연구』 27집, 한국시가학회, 2009
이윤석, 『남원고사 원전비평』, 보고사, 2009
이윤석·최기숙, 『남원고사』, 서해문집, 2008
일루즈, 에바, 『사랑은 왜 아픈가: 사랑의 사회학』, 김희상 옮김, 돌베개, 2013
최기숙, 「언문소설의 문화적 위치와 문자적 근대의 역설: 근대초기 '춘향전'의 매체 변이와 표기문자·독자층의 상호 관련성」, 『민족문화』 60호, 고려대학교 민족문화연구소, 2013
_____, 「조선시대 감정론의 추이와 감정의 문화 규약: 사대부의 글쓰기를 중심으로」, 『동방학지』 159호, 연세대학교 국학연구원, 2012
테일러, 찰스, 『불안한 현대사회The Malaise of Modernity』, 송영배 옮김, 이학사, 2001

Gregg, Melissa and Seigworth, Gregory J.(edited.), *The Affect Theory Reader*, Duke University, 2010

| 7장 |

「북서서언 제요北墅緖言提要」, 『四庫全書總目, 集部別集類存目』 제4권
「「상론지평」「석의대정」「사문표이」 제요」, 『四庫全書總目, 子部雜家類存目』, 臺北: 臺灣商務印書館, 제3권, 1983
『청사고』, 臺北: 鼎文書局, 권266, 1981
「懷淸堂詩鈔提要」, 『四庫全書』 제1325권
노사성, 『광서강음현지』, 『光緖四年刻本』, 臺北: 成文出版社, 17권, 1983

동광원,「『전정기』의 민속학적 가치『滇程記』的民俗學價值」,『雲南民族學院學報』(哲學社會科學版)19권 Vol.2, 2002

만강훙,「강음현령으로 가는 육운사를 보내며」,『續修四庫全書』, 上海: 上海古籍出版社, 1724권, 2002

쑨캉이,「명나라 중기와 말기의 문학 신탐구」,『北京大學學報』(哲學社會科學版) 43권 6기, 2006

_____,「주변의 '통변'을 향하여: 양신의 문학사상 탐구」,『中國文學學報』1기, 2010

양신,「전정기」,『사고전서존목총서四庫全書存目叢書』, 台南: 莊嚴文化, 역사부 127권, 1996

왕펑훼이,「실의한 국가종족, 詩意의 민족, 기억을 잃은 종족 / 나라: 민국시기 소수민족의 그림자」, 타이베이: 국립대만대학교 인류학 대학원 박사논문, 2008

_____,「종족 군집에 대한 상상과 나와 다른 세계의 건설: 명청 시기 귀주·운남 지역 이민족 서사와 그에 대한 인류학적 분석」, 타이베이: 국립대만대학교 인류학 대학원 석사논문, 1999

우용짱,「동계섬지」,『중국남방민족 지서류 주요 서적 제요 및 해석』, 北京: 民族出版社, 1991

유수,「고승속편」,『사고전서존목총서』, 자부 250권 Vol.3「홍낭자紅娘子」편

육차운,「도월기」,『북서서언北墅緒言』,『사고전서존목총서』집부237권, 台南: 莊嚴文化, 1997

_____,「동계섬지」,『중국소수민족 옛 문헌 집성中國少數民族古籍集成』(한문판), 成都: 四川民族出版社, 2002

이종쿼이,『신세설新世說』, 천리리·인포 교정, 成都: 四川大學出版社, 1998

장웨이빙,『국조시인 고증개론』, 천용쩡 교정, 廣州: 中山大學出版社, 15권, 2004

장커펑,「다른 시선: 명청소설 속에 나타난 운남 풍경」,『明淸小說硏究』4기, 2012

주이준,『폭서정집사주』제3권「강호재주집 하권」

진정,「전검기유」,『사고전서존목총서』사부 255권

짜오징선·장쩡위엔(edited.),『지방지에 저록되어 있는 원명시기 산곡가 전기』, 北京: 中華書局, 1987

팡구어위,「전유기 개론」,『雲南史料叢刊』, 昆明: 雲南大學出版社, 11권, 2001

훅닉,「신세설」

후샤오전,「여행, 엽기, 그리고 고고학」,『中國文哲硏究集刊』29期, 2006

_____,『검서』의 서술 책략과 서남 시각」(미간)

| 8장 |

김동준,「18세기 安山圈 文人의 좌절과 소망—王世貞 코드로 읽는 意園과 生誌銘」, 한국한문학회 2013년도 하계학술발표대회 발표문집, 2013

김현권, 「김정희파의 한중회화교류와 19세기 조선의 화단」, 고려대학교 박사학위 논문, 2010

_____, 「오경석과 淸 문사의 회화교류 및 그 성격」, 『강좌 미술사』 37, 한국불교미술사학회(한국미술사연구소), 2011

신지원, 「당호를 통해서 본 19세기 초 소동파 관련 서화 소장 문화와 대청 문화 교류」, 『한국문화』 45, 2009

심경호, 「화원에서 얻은 단상: 조선후기의 화원기」, 『(수정 증보) 한문산문의 내면 풍경』, 소명출판, 2003

안대회, 「상상 속의 정원」, 『문헌과 해석』 16, 문헌과해석사, 2001

_____, 「18·19세기의 주거문화와 상상의 정원: 조선 후기 산문가의 記文을 중심 으로」, 『진단학보』 97, 진단학회, 2004

_____, 「19세기 사대부가 그린 황량한 풍경의 사연—친구와 그림」, 네이버캐스트 [한국학, 그림과 만나다], 2012 (웹자료)

이경화, 「姜世晃의 〈淸供圖〉와 文房淸玩」, 『미술사학연구』 271-272, 2011

_____, 「초상에 담지 못한 사대부의 삶—이명기와 김홍도의 〈徐直修肖像〉」, 『미술 사논단』 34, 2012

이종묵, 『조선의 문화공간 4책』, 휴머니스트, 2006

이현일, 「자하시 연구」, 성균관대학교 박사학위논문, 2006

정민, 「18, 19세기 문인지식층의 원예 취미」, 『한국한문학연구』 35, 한국한문학회, 2005

_____, 「가장 빛났던 순간에 대한 회상—이조원 생일 시회」, 네이버 '문학동네' 카 페 [우리 시대의 명강의_정민] 제21화, 2013 (웹자료)

조규희, 「朝鮮時代 別墅圖 研究」, 서울대 고고미술사학과 박사학위논문, 2006

『간송문화 제83호: 명청시대회화』(전시도록), 한국민족미술연구소 발행, 2012

렐프, 에드워드, 『장소와 장소상실』, 김덕현·김현주·심승희 옮김, 논형, 2005

후마 스스무, 『연행사와 통신사』, 하정식·정태섭·심경호·홍성구·권인용 옮김, 신 서원, 2008

후지츠카 치카시, 『추사 김정희 연구: 조청문화 동전의 연구』, 윤철규·이충구·김 규선 옮김, 후지츠카 아키나오 편, 과천문화원, 2009

| 9장 |

『교육제주』『경찰』『기독교사상』『부산교육』『북한』『세대』『씨네 21』 『영화예술』『자유』『자유공론』『코리아시네마』 『경향신문』『동아일보』『서울신문』『신아일보』『조선일보』『중앙일보』『한국일보』

강일국, 「해방이후 국민학교의 교육개혁운동과 반공교육의 전개과정」, 『교육사회 학연구』 12-2, 2002

권남술, 「반공도덕교육의 구체적 지도방안」, 『교육과학연구원 연구논문집』 18,

1967

김권호, 「전쟁 기억의 영화적 재현: 한국전쟁기 지리산권을 다룬 영화들을 중심으로」, 최정기 외, 『전쟁과 재현: 마을 공동체의 고통과 그 대면』, 한울, 2008

김득중, 『빨갱이의 탄생—여순사건과 반공 국가의 형성』, 선인, 2009

김소연, 「전후 한국의 영화담론에서 '리얼리즘'의 의미에 관하여 : 〈피아골〉의 메타비평을 통한 접근」, 김소연 외, 『매혹과 혼돈의 시대: 50년대 한국영화』, 소도, 2003

김의수, 「한국 분단영화에 관한 연구」, 서강대학교 석사학위논문, 1999

김정훈·조희연, 「지배담론으로서의 반공주의와 그 변화 – '반공규율사회'의 변화를 중심으로」, 조희연 편, 『한국의 정치사회적 지배담론과 민주주의 동학』, 함께읽는책, 2003

김준현, 「반공주의의 내면화와 1960년대 풍자소설의 한 경향 – 이호철·서기원의 단편을 중심으로」, 『상허학보』 21, 2007

김진기 외, 『반공주의와 한국문학의 근대적 동학 1』, 한울, 2008

김한상, 「냉전체제와 내셔널 시네마의 혼종적 원천 – 〈죽엄의 상자〉 등 김기영의 미공보원(USIS) 문화영화를 중심으로」, 『영화연구』 47, 2011

뤼시마이어 외, 『자본주의 발전과 민주주의 – 민주주의의 비교역사연구』, 박명림 외 옮김, 나남출판, 1997

모리 요시노부, 「한국 반공주의이데올로기 형성과정에 관한 연구 – 그 국제정치사적 기원과 제특징」, 『한국과 국제정치』 5, 1989

박관수, 『반공교육의 지도』, 한국시청각교육자료연구원, 1965

변재란, 「남한영화에 나타난 북한에 대한 이해」, 『영화연구』 16, 2001

사이토 준이치, 『민주적 공공성– 하버마스와 아렌트를 넘어서』, 윤대석 외 옮김, 이음, 2009

상허학회, 『반공주의와 한국문학』, 깊은 샘, 2005

서중석, 『한국 현대 민족운동 연구 2, 1948~1950: 민주주의, 민족주의, 그리고 반공주의』, 역사비평사, 1996

아렌트, 한나, 『인간의 조건』, 이진우 외 옮김, 한길사, 1996

아세아문제연구소, 『반공계몽독본』, 1967

오영숙, 「1960년대 첩보액션영화와 반공주의」, 『대중서사연구』 22, 2009

윌리암스, 레이몬드, 『마르크스주의와 문학』, 박만준 옮김, 지만지, 2009

이유리, 「1950년대 '道義敎育'의 형성과정과 성격」, 『한국사연구』 144, 2009

이하나, 「1950~60년대 반공주의 담론과 감성 정치」, 『사회와 역사』 95, 2012

임종명, 「초기 대한민국제 간첩 이야기의 서사와 흥미성」, 『역사연구』 22, 2012

정영권, 「한국 반공영화 담론의 형성과 전쟁영화 장르의 기원 1949~1956」, 『현대영화연구』 10, 2010

최병칠, 『국민학교 반공—도덕 교육의 이론과 실제』, 천일문화사, 1965

후지이 다케시, 「4.19/5.16 시기의 반공체제 재편과 그 논리」, 『역사문제연구』 25, 2011

_____, 「제1공화국의 지배 이데올로기 – 반공주의와 그 변용들」, 『역사비평』 83, 2008 여름호

* 영화/영상/시나리오 자료
〈죽엄의 상자〉(1955, 김기영) / 〈피아골〉(1955, 이강천) / 〈7인의 여포로〉(1965, 이만희)
〈동굴 속의 애욕〉(1964, 강범구) / 〈살사리 몰랐지?(007 축소판)〉(1966, 김화랑)
〈요절복통 007〉(1966, 김대희) / 〈요절복통 일망타진〉(1969, 심우섭) / 〈군번 없는 용사〉(1966, 이만희)
한국영상자료원 구술영상, 〈한우정 2부 : 반공전쟁영화의 개척자, 가장 기억에 남는 〈군번 없는 용사〉〉, 2005

| 10장 |

Fung, Anthony, "Harmonizing the Global Recession in China," _Popular Communication_ 8(3), 2010

Bourdieu, P., Cultural Reproduction and Social Reproduction, In R. Brown (ed.), _Knowledge, Education, and Cultural Change: Papers in the Sociology of Education_, New York: Taylor & Francis, 1973

_____, The forms of capital, In J. Richardson (ed.), _Handbook of Theory and Research for the Sociology of Education_, New York: Greenwood, 1986

_____, _Distinction_, New York: Taylor & Francis, 2010

Bourdieu, P. and Passeron, J. C., 2nd ed. _Reproduction in Education, Society and Culture_, Thousand Oaks, CA: Sage, 1990

De Graaf, N. D., De Graff, P. M. and Kraaykamp, G., "Parental Cultural Capital and Educational Attainment in the Netherlands: A Refinement of the Cultural Capital Perspective," _Sociology of Education_ 73(2), 2000

DiMaggio, P., "Culture and Cognition," Annual Review of Sociology, _Annual Reviews_ 23, 1997

DiMaggio, P. and Mukhtar, T., "Arts participation as cultural capital in the United States, Signs of decline?," _Poetics_ 32(2), 2004

Dumais, S. A., "Cultural Capital, Gender, and School Success: The Role of Habitus," _Sociology of Education_ 75(1), 2002

Erel, U., _Migrant Women Transforming Citizenship: Life Stories from Britain and Germany_, Oxon, UK: Ashgate Publishing Group Abingdon, 2009

Jaeger, M. M., "Does Cultural Capital Really Affect Academic

Achievement? New Evidence from Combined Sibling and Panel Data," *Sociology of Education* 84(4), 2011

Kalmijn, M. and Kraaykamp, G., "Race, Cultural Capital and Schooling: An Analysis of Trends in the United States," *Sociology of Education* 69(1), 1996

＿＿＿, "Social stratification and attitudes: a comparative analysis of the effects of class and education in Europe," *The British Journal of Sociology* 58(4), 2007

Lee, S. and Brinton, M. C., "Elite Education and Social Capital: The Case of South Korea," *Sociology of Education* 69(3), 1996

Mickelson, R. A., "Gender, Bourdieu, and the Anomaly of Women's Achievement Redux," *Sociology of Education* 76(4), 2003

Ochkina, A. V., "The Social Mechanisms of the Reproduction of the Cultural Capital of Families in a Provincial Russian City," *Russian Education & Society* 53(3), 2011

Roscigno, V. J. and Ainsworth−Darnell, J. W., "Race, Cultural Capital, and Educational Resources: Persistent Inequalities and Achievement Returns," *Sociology of Education* 72(3), 1999

Tomkins, S., *Shame and Its Sisters: A Silvan Tomkins Reader*, In Sedgwick E. K. and Frank A. (eds.), Durham, NC: Duke University Press, 1995

Waters, J. L., "Geographies of cultural capital: education, international migration and family strategies between Hong Kong and Canada," *Transactions of the Institute of British Geographers* 31(2), 2006

1장 │ 서동진, 「정동의 경제, 경제의 정동: 금융화된 주체의 감성」, 연세대 국학연구원 HK사업단 제20차 사회인문학 워크숍, 2012년 11월 27일, 위당관 313호

2장 │ 김왕배, 「도덕감정: 부채 의식과 감사, 죄책감의 연대」, 『사회와 이론』 23집, 한국이론사회학회, 2013

3장 │ Jisoo M. Kim, "Law and emotion: tension between filiality and fidelity in a property dispute of early Chosŏn Korea", 『동방학지』 제162집, 연세대 국학연구원, 2013

4장 │ 강혜종, 「공감역학共感力學'의 장場, 조선후기 판례집의 내러티브」, 『열상고전연구』 제37집, 2013

5장 │ 소영현, 「1920~1930년대 '하녀'의 '노동'과 '감정': 감정의 위계화와 여성 하위주체의 감정규율」, 『민족문학사연구』 50호, 민족문학사학회, 2012

6장 │ 최기숙, 「'감성적 인간'의 발견과 감정의 복합성·순수성·이념화: 19세기 국문소설 〈남원고사〉의 '사랑'의 표상화 맥락」, 『고소설 연구』 34집, 한국고소설학회, 2012

7장 │ 후샤오전, 「명청문학 속의 중국 서남부 지역서사」, 연세대 국학연구원 HK사업단 제26차 사회인문학 워크숍, 2013년 5월 29일, 위당관 313호

8장 │ 김기완, 「19세기 한·중 거주지 재현 예술」, 『한국한문학연구』 51, 한국한문학회, 2013

9장 │ 이하나, 「반공주의 감성 기획, '반공영화'의 딜레마: 1950~60년대 '반공영화' 논쟁을 중심으로」, 『동방학지』 159집, 연세대 국학연구원, 2012. 이 논문은 2008년도 정부재원(교육과학기술부 학술연구조성사업비)으로 한국연구재단의 지원을 받아 연구되었음(NRF-2008-361-A00003).

10장 │ 앤서니 펑·최기숙, 「TV드라마에서의 감성: 〈꽃보다 남자〉의 한중 비교를 중심으로」, 『동방학지』 161집, 연세대 국학연구원, 2013

지은이 소개

서동진 | 계원예술대 융합예술학과 교수. 저서 『자유의 의지, 자기계발의 의지』 『디자인 멜랑콜리아』, 공저 『속물과 잉여』 『지금 여기의 진보』, 역서 『섹슈얼리티: 성의 정치』 외 다수.

김왕배 | 연세대 사회학과 교수. 저서 『산업사회의 노동과 계급의 재생산』 『도시, 공간, 생활세계』, 공저 『사건으로 한국사회 읽기』 『열풍의 한국 사회』, 역서 『사회학 이론』 외 다수.

김지수 | 조지워싱턴대 역사학과 교수. 저서 *The Emotions of Justice: Gender, Status, and Legal Performance in Early Modern Korea*(근간), 논문 "Crossing the Boundary of Inner Quarters: Elite Women's Petitioning Activity in Late Chosŏn Korea" "Individual Petitions: Petitions by Women in the Chosŏn" 외 다수.

강혜종 | 연세대 국학연구원 HK연구보조원. 논문 「다산의 글쓰기와 공공성: 『경세유표』의 구성과 서술방식」 「〈환희기〉재론: 연암의 정치적 알레고리 분석의 일고」 「20세기 여성 문사에 대한 사회적 시선과 여성의 사회 참여 방식: 『송설당집』과 『소파여사시집』을 중심으로」 「『흠흠신서』의 구성과 서술방식 연구」 외 다수.

소영현 | 연세대 국학연구원 HK연구교수. 저서 『문학청년의 탄생』 『부랑청년 전성시대』 『분열하는 감각들』 『프랑케슈타인 프로젝트』, 공저 『감정의 인문학』 『속물과 잉여』, 공편저 『문학사 이후의 문학사』 외 다수.

최기숙 | 연세대 국학연구원 HK교수. 저서 『처녀귀신』 『환상』, 논문 「언문소설의 문화적 위치와 문자적 근대의 역설」 「조선시대 감정론의 추이와 감정의 문화 규약」 「혜환, 무명자, 항해의 비평적 글쓰기를 통해 본 '인-문'의 경계와 글쓰기의 형이상학」 「노화의 공포와 공생지향의 상상력」 외 다수.

후샤오전胡曉真 | 대만 중앙연구원 중국문철연구소 교수. 저서 『新理想, 舊體例與不可思議之社會—清末民初上海「傳統派」文人與閨秀作家的轉型現象』 『才女徹夜未眠—近代中國女性敘事文學的興起』, 편저 『經典轉化與明清敘事文學』 『日常生活的論述

與實踐』외 다수.

김기완 | 연세대 강사. 공저 『한국학, 그림을 그리다』, 공역 『풀어쓰는 국문론집성』, 논문 「조선후기 사대부 초상화찬 연구」 「노론의 학통적 맥락에서 본 송시열 초상화찬」 외 다수.

이하나 | 연세대 국학연구원 HK연구교수. 저서 『국가와 영화』 『대한민국, 재건의 시대(1948~1968)』, 공저 『감정의 인문학』 외 다수.

앤서니 펑 | 홍콩중문대 커뮤니케이션과 저널리즘학과 교수. *Asian Popular Culture: the Global (Dis)continuity, Melodic Memories: The Historical Development of Music Industry in Hong Kong, Global Capital, Local Culture: Transnational Media Corporations in China*, 공저 *Imagining Chinese Communication Studies, Policies for the Sustainable Development of the Hong Kong Film Industry* 외 다수.

옮긴이

3장은 최기숙·정용경(연세대 국학연구원 HK연구보조원), 7장은 이주해(연세대 중문과 강사), 10장은 최기숙·정용경이 옮겼다.

찾아보기

감성사회

© 서동진 김왕배 김지수 강혜종 소영현 최기숙 후샤오전 김기완 이하나 앤서니 펑 2014

| 1판 1쇄 | 2014년 5월 7일 |
| 1판 2쇄 | 2014년 6월 10일 |

지은이	서동진 김왕배 김지수 강혜종 소영현
	최기숙 후샤오전 김기완 이하나 앤서니 펑
펴낸이	강성민
편집	이은혜 박민수 이두루
편집보조	유지영 곽우정
마케팅	정민호 이연실 정현민 지문희 김주원
온라인 마케팅	김희숙 김상만 한수진 이천희

펴낸곳 (주)글항아리 | 출판등록 2009년 1월 19일 제406-2009-000002호

주소	413-120 경기도 파주시 회동길 210
전자우편	bookpot@hanmail.net
전화번호	031-955-8891(마케팅) 031-955-8897(편집부)
팩스	031-955-2557

| ISBN | 978-89-6735-109-0 93300 |

글항아리는 (주)문학동네의 계열사입니다.

이 도서의 국립중앙도서관 출판시도서목록(CIP)은 e-CIP홈페이지(http://www.nl.go.kr/ecip)와 국가자료공동목록시스템(http://www.nl.go.kr/kolisnet)에서 이용하실 수 있습니다.(CIP제어번호: CIP2014012469)

이 저서는 2008년 정부(교육과학기술부)의 재원으로 한국연구재단의 지원을 받아 수행된 연구임 (NRF-2008-361-A00003)